ANNA EICHINGER

EINFACH (AN)REITEN

Anreiten und Training selbst in die Hand nehmen

Müller Rüschlikon

Einbandgestaltung: R2 I Ravenstein, Verden

Titelfoto: Sabrina Reiter

Bildnachweis: Alle übrigen Fotos stammen von Sabrina Reiter, www.simages.at. Weitere Fotos sind von Katharina Gerletz Fotografie https://www.facebook.com/katharina.gerletz.fotografie und Sonja Rabitsch: http://www.diesonne-photographiert.com

ISBN 978-3-275-02301-1

Postfach 103743, 70032 Stuttgart

Ein Unternehmen der Paul Pietsch Verlage GmbH & Co. KG

1. Auflage 2024

Sie finden uns im Internet unter www.mueller-rueschlikon-verlag.de

Gesamtleitung: Claudia König

Innengestaltung: R2 I Ravenstein, Berlin

Druck und Bindung: Graspo CZ, 76302 Zlin

Printed in Czech Republic

Inhalt

Das Junge Pferd – und was nun? 6

- Der Kobold 7
- Barilla, Tarabaya und Pina Colada 7
- Die Jungpferde – die Schimmelbande 8
- Einfach Reiten? 10
- Meine 10 Prinzipien der Pferdeausbildung 11

Voraussetzungen für das Anreiten 12

- Ist das Pferd mental bereit für die Ausbildung? 12
- Physische Voraussetzungen: Bewegungslehre und Pferdekörper 15
- Biotensegrität 16
- Knochen und Skelett 20
- Gelenke 22
- Der Kopf des Pferdes 23
- Das Genick 25
- Die Muskeln am Genick 27
- Das Zungenbein 27
- Dehnungshaltung – Ja oder Nein? 28
- Die Biegung der Wirbelsäule 32
- Die Halswirbelsäule 38
- Die Brustwirbelsäule 39
- Die Lendenwirbelsäule 39
- Schaltzentrale Becken und Kreuzdarmbeingelenk 41
- Das Hüftgelenk – oder warum drehen Pferde in den Hinterhandgelenken beim Auffußen? 42
- Tragkraft und Hankenbiegung: Muskulatur 43

Was muss das Pferd vor dem Anreiten können? 50

- Ausrüstung für das Pferd in der Vorschule 51
- Check – ist mein Pferd für das Anreiten bereit? 53
- Beispiele aus der Praxis 59

Ausrüstung 61

- Mit oder ohne Gebiss? 62
- Sättel – die Qual der Wahl 68
- Interview mit Sattelexpertin Simone Garnreiter 70

Die Bausteine der Ausbildung 74

- Zwanglosigkeit 74
- Losgelassenheit 77
- Durchlässigkeit 78
- Vorwärts 80
- Tempo und Takt 84
- Zum Treiben kommen 86
- Anlehnung 88

Praxis: Aufsteigen üben 90

Kann ich alleine aufsteigen? 92

Praxis: Die ersten Schritte unter dem Reiter 96

Wer soll in den Sattel steigen? 97

Wie häufig sollten die Reiteinheiten gesteigert werden? 99

Wie viel Unterstützung braucht das Pferd? 100

Hilfe für den Ausbilder 101

Geradeaus oder auf gebogener Linie 110

Der seitwärts treibende innere Schenkel 110

Der seitwärts treibende äußere Schenkel 111

Zusammenfassung des Lehrplans in der Grundschule vom Boden 112

Die Arbeit im Team: Longieren mit dem Reiter 113

Lösen und formen an der Longe 113

Tipps und Wissen rund ums Zackeln 115

Der erste Trab an der Longe 119

Antraben üben oder Bewegung erhalten? 120

Leichttraben oder aussitzen? 126

Wann nehmen wir den Galopp dazu? 128

Was macht die Hand an der Longe? 132

Wie lange bleiben wir an der Longe? 134

Anreiten ohne Helfer vom Boden 136

Bekannte Hilfen übertragen ohne Helfer 142

Schenkelhilfen 142

Zum Treiben kommen 145

Der äußere Schenkel 148

Die Hand 149

Erste Paraden 154

Durchparieren 155

Wir reiten Einfach 158

Sind wir noch am Anreiten oder reiten wir schon? 158

Der statische Sitz 161

Der fühlende Sitz 162

Der abwartende Sitz 162

Der wissende Sitz 163

Der Grundsitz: Wie man sitzen soll 163

Die Vorstellung von Balance: Bilder für den Sitz 168

Der visuelle Pädagoge 169

Reiten der Grundgangarten 174

Übergänge 180

Gangsalat 180

Übergänge zwischen den Gangarten 180

Natürliche Übergänge 181

Übergänge vom Sattel spüren 181

Übergänge von niedrigen in höhere Gangarten 182

Was macht das Pferd in welchem Übergang? 182

Mehrstufige Übergänge 184

Übergänge innerhalb einer Gangart 184

Warum nutzen wir eigentlich Übergänge? 185

Welche Probleme können bei Übergängen auftreten? 186

Aus der Praxis 187

To-dos für den Ausbilder 190

Schenkelweichen 193

Vor dem Timing kommt das Gefühl 196

Das Pferd unter sich spüren 198

Eine Frage des Timings 200

Das Timing für den formgebenden Schenkel 201

Das Timing für das korrekte Vorwärts 202

Das Timing für verwahrende (bremsende) und treibende Hilfen 204

Das Timing für den korrekten Takt 205

Das Timing für den schnelleren Takt 205

Muss der Schenkel immer treiben? Wer treibt eigentlich? Und wann? 206
Das Timing für die korrekte Brustkorbrotation 206
Das Timing für den äußeren, von sich weg biegenden Schenkel 206
Das Timing für den rahmenden Schenkel 207
Das Timing für die korrekte »Lenkung« 207
Timing für das Entfernen des Klebers – wenn das Pferd an der Bande klebt und nicht wenden möchte 208
Das korrekte Timing, wenn das Pferd nach innen fällt 209
Timing in verschiedenen Wendungen 209
Timing zwischen gebogener und gerader Linie 210
Timing für den Handwechsel 211
Timing für alle Übergänge 212
Timing für alle Seitengänge 213
Das korrekte Timing in Seitengängen 224
Das korrekte Timing für Sekundarhilfen 225

Das korrekte Timing für das richtige Händchen 226

Das Timing für stellende/lösende Hilfen 226
Das Timing für Paraden 228
Das Timing für das Nachgeben 230
Das Timing für das korrekte Rückwärtsrichten 231

Timing für Gertenhilfen 234

Das Timing für das Aussetzen der Hilfen 236

Fragen aus der Praxis 240

Was mache ich, wenn das Pferd eine Hilfe nicht versteht? 240
Was mache ich, wenn das Pferd beim Anreiten nicht vorwärtsgeht? 242
Was mache ich, wenn das Pferd sich nicht formen lässt? 244
Was mache ich, wenn das Pferd das Tempo nicht einhalten kann und den Takt verliert? 247
Was mache ich, wenn das Pferd beim Anreiten nicht vorwärtsgeht? 248
Was mache ich, wenn das Pferd mich nicht sitzen lässt? 248
Was mache ich, wenn das Pferd in den Seitengängen an Tempo verliert? 249
Was mache ich, wenn das Pferd immer wieder fest wird? 250
Was mache ich, wenn es mit dem Galopp nicht klappt? 251
Was mache ich, wenn sich das Pferd hinter die Hand stellt? 252

Schlusswort und Widmung 254

»Sicherheit« ist ein wichtiges Thema sowohl im Umgang mit Pferden als auch beim Reiten. Auf einigen Fotos sind Reiter ohne Helm zu sehen. Ich möchte ausdrücklich darauf hinweisen, dass zur eigenen Sicherheit jeder Reiter einen Reithelm tragen sollte. *Anna Eichinger*

VIDEOLINK

Dieser Link führt zu den in diesem Buch enthaltenen Video-Clips zum Ansehen.

Das Junge Pferd – und was nun?

2,321 Millionen Menschen in Deutschland zählen sich zu den pferdebegeisterten Reitern, 700.000 würden gerne reiten oder wieder in den Sport einsteigen. In Österreich geht man von offizieller Seite von mehr als 400.000 Personen aus, die im Reitsport daheim sind.

Ein Großteil der Pferdemenschen sind Reiterinnen (78 %), im Durchschnitt 38 Jahre alt und gut ausgebildet. An oberster Stelle im Zusammensein mit dem Pferd stehen eine enge Beziehung und die Naturverbundenheit[1].

Ein Traum aus Kindheitstagen, den sich die meisten Reiterinnen und Reiter früher oder später erfüllen möchten, ist natürlich das eigene Pferd. Meine persönliche Geschichte mit jungen Pferden kommt dem einen oder anderen Leser vielleicht aus diesem Grund auch bekannt vor.

1 Studie des Marktforschungsinstituts IPSOS aus dem Jahr 2019 im Auftrag der FENA sowie Angaben des OEPS (Österreichischer Pferdesportverband)

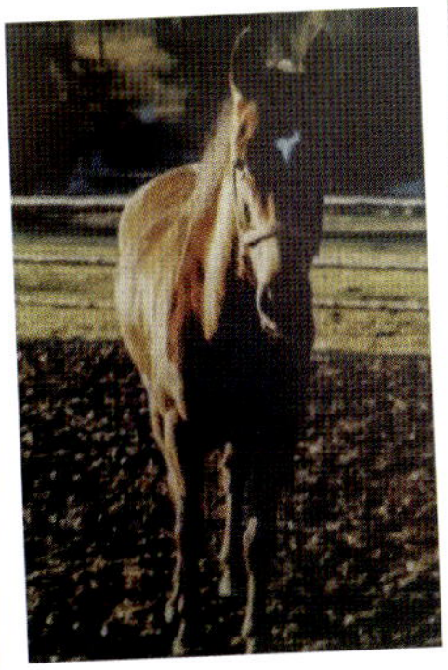

Kobold

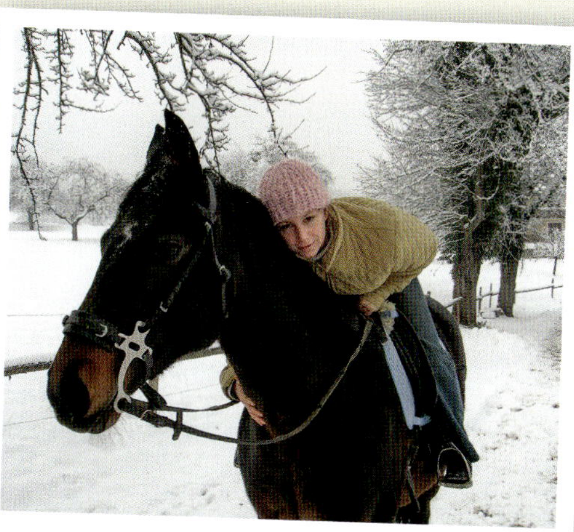

Barilla

Der Kobold

Ich hatte großes Glück, denn nur wenige Schritte von meiner Haustür entfernt war ein Trakehnergestüt, auf dem ich mich in jeder freien Minute aufhielt. Bereits mit sechs Jahren wünschte ich mir ein eigenes Pferd. »Wenn Du 18 bist ...«, hieß es dann. Doch ich hatte Glück. Ich war 13, als ich den dreijährigen Trakehnerhengst »Wiesenkobold« mein erstes eigenes Pferd nennen durfte. Zu diesem Zeitpunkt hatte ich Fliegengewicht bereits im Sattel einiger junger Pferde gesessen und einen Einblick in die Jungpferdeausbildung bekommen.

Der Pachtvertrag für das Gestüt lief aus und so wurde für meinen Kobold ein neues Zuhause gesucht. Als junges Mädchen war ich mit den Eindrücken im neuen Stall überfordert. Ich hatte viele Fragen zur Pferdeausbildung, wollte alles richtig machen und die Verantwortung nicht aus der Hand geben. So kam es, dass ich meinen dreijährigen Wiesenkobold im Alter von 14 Jahren ziemlich selbstständig anritt und das mit Erfolg. Meine wichtigsten Assistenten waren die große Galoppbahn, Schimmelwallach Felix und mein Vater, die vorausritten und so das Tempo und die Gangart vorgaben. Ich brauchte nichts weiter, als die Hilfen nach und nach hinzuzufügen. Natürlich gab es einige Rückschläge und den einen oder anderen Sturz. In den zwei Jahren mit meinem hübschen Braunen waren wir zu einem vertrauten Team im Gelände und im Viereck zusammengewachsen. Fünfjährig starb mein Kobold leider viel zu früh an den Folgen einer Kolik. Die Einfachheit und Unbeschwertheit, die er mich gelehrt hatte, sollte ich für viele Jahre aus den Augen verlieren.

Barilla, Tarabaya und Pina Colada

Mein nächstes Pferd – meine Stute Barilla – stellte mir so viele »Fragen«, die ich ihr schlichtweg nicht beantworten konnte. Ich musste mit großer Demut feststellen, dass über 20 Jahre Reiterfahrung nichts taugen, wenn man nicht weiß, warum man was, wie und wann umsetzen muss und welchen Sinn welcher Inhalt für ein Pferd überhaupt macht.

Durch puren Zufall traf ich auf die Akademische Reitkunst und nach und nach fand ich Antworten auf Barillas Fragen. Ich stellte fest, dass es in der Reitkunst nicht ums Ankommen geht, es geht nicht um ein spezielles Ziel. Je mehr man weiß, umso eher

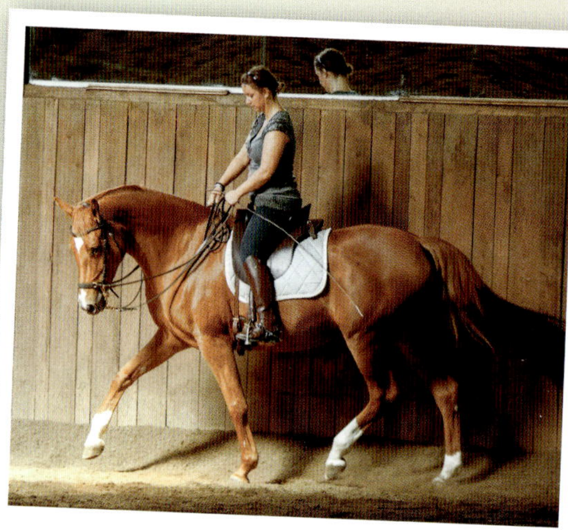

Tarabaya

weiß man, dass man nichts weiß. Aber der Wissensdurst und die Neugierde machen uns zum Entdecker und Abenteurer. So bedeutet für mich Akademische Reitkunst heute, viele Fragen zu stellen, Hypothesen zu formulieren und zu überprüfen. Es gibt immer etwas dazuzulernen.

Meine Warmblutstuten Tarabaya und Pina Colada haben mich gelehrt, was man wirklich unter Schubkraft versteht, ob dies überhaupt der richtige Ausdruck ist, wie das Fußungsverhalten der Pferde die Bewegungsqualität beeinflusst und wie ich Inhalte mittels einer einfühlsamen Pädagogik dem Pferd und auch dessen Ausbilder verständlich mache.

Die Jungpferde – die Schimmelbande

2017 verliebte ich mich in meinen Lipizzaner Conversano Aquileia I, kurz Konrad, er sollte nicht der einzige Schimmel bleiben. Das Team vergrößerte sich mit Lipizzaner Maestoso Amena I, Lusitano Mandrake und Conversano Sostenuta II (Schnucks), einem weiteren Lipizzaner. Konrad kam dreijährig zu mir und hat mir geholfen, meinen Weg der Jungpferdeausbildung intensiv zu reflektieren. Man könnte auch sagen: Er ist der Co-Autor dieses Buches.

Wie heißt es so schön: Man bekommt immer das Pferd, das man verdient. Rückblickend sage ich sehr dankbar, dass mir meine Pferde maßgeblich dabei geholfen haben, einen roten Faden für die Jungpferdeausbildung, so vielseitig und individuell sie doch ist, zu finden. Einen roten Faden hatte ich mir von Anfang an gewünscht, besonders aber im Zusammensein mit meiner Barilla. Sie kam damals fünfjährig zu mir und zählte somit natürlich noch zu den Jungpferden. Wenn wir uns noch einmal an die eingangs erwähnten Zahlen erinnern, dann wird klar: Wir sind unheimlich viele Menschen, die Pferde lieben.

Und gerade der Liebe wegen wünschen wir uns eine schonende, durchdachte und liebevolle Ausbildung für sie. Aber wie geht das?

Dass die Zeit der großen Reitakademien vorbei ist, wo man Reiten quasi als universitäre und elitäre Ausbildung genoss, das bedauerte schon der große deutsche Reitmeister Gustav Steinbrecht (1885) in seinem Werk »Das Gymnasium des Pferdes«.

»Die alten Meister setzten ihre Schüler auf vollkommen durchgebildete Schulpferde, zunächst in den Pilaren, ohne Bügel und Zügel. Hier bedarf es nur der Anweisung, sich unbefangen, gerade, wie man gewachsen ist, hinzusetzen, das Gesäß ordentlich breit zu machen und dann die Beine natürlich herabhängen zu lassen, um den Schüler in einer geordneten, taktmäßigen Bewegung der Piaffe bald so in die Fühlung mit dem Pferde zu bringen. … Wenn daher heute die Klage allgemein laut wird, dass wir keine Bereiter mehr haben, denen man ohne größte Sorge ein junges Pferd anvertrauen kann, so ist dies nur die natürliche Folge davon, dass es keine akademischen Reitschulen mehr gibt, auf denen Schulpferde ausgebildet werden, die dann die wahren Lehrer des Reiteleven abgeben«, Gustav Steinbrecht, Gymnasium des Pferdes, 1885.

Bedeutet Steinbrechts Analyse, die ja bereits vor 140 Jahren niedergeschrieben wurde, dass wir »Freizeitreiter« unser Ziel, das eigene Pferd auszubilden, am besten doch gleich sein lassen sollten? Einerseits bestärkt uns Steinbrecht nicht unbedingt mit dem folgenden Satz:

»Es ist eine sehr verbreitete, aber ganz falsche Ansicht, dass das junge Pferd, dessen Gefühl noch nicht ausgebildet ist, und das weder Zügel noch Schenkel kennt, für die ersten Übungen keines feinen Reiters bedürfe, sondern durch den ersten besten Reitknecht, der genug Sitz hat, sich nicht abwerfen zu lassen, aus dem Gröbsten herausgearbeitet werden könne.«

Andererseits sagt Steinbrecht aber auch: *»Wie jeder Vater es vorziehen wird, seinen Kindern den ersten Elementarunterricht durch einen wissenschaftlich gebildeten Mann, als durch einen beschränkten Schulmeister erteilen zu lassen, so sollte doch auch jeder Pferdebesitzer sein junges Pferd von vornherein einem gebildeten, kunstgerechten Bereiter übergeben.«*

Nachdem ich selbst die Erfahrung gemacht hatte, dass es mehr Schaden als Nutzen sein kann, sein Pferd aus der Hand zu geben, möchte ich Mut machen. Mut zum Selbermachen, Mut, selbst der gebildete und kunstgerechte Bereiter zu werden, den sich unsere Pferde wünschen würden!

Konrad, Schnucks, Anna, Mandrake und Amena.

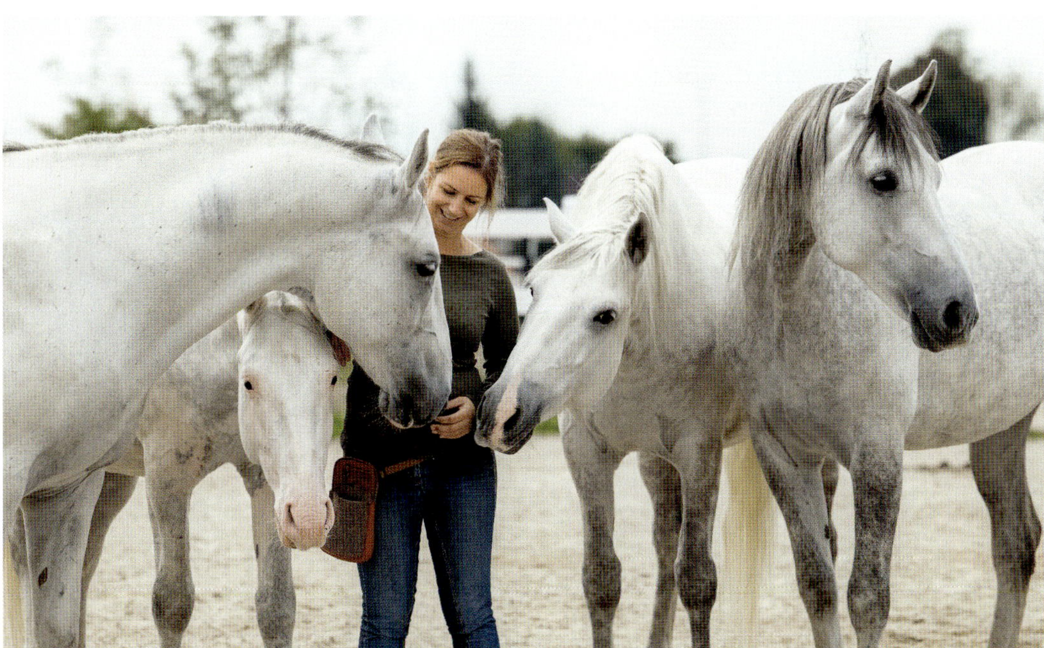

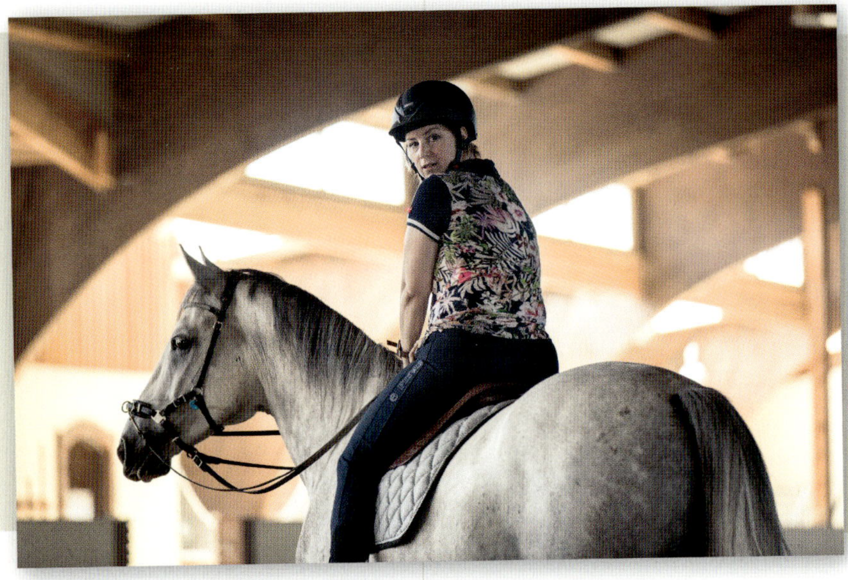

Muss es immer schwierig sein? Wie war das mit dem Traum von »Einfach Reiten«?

Einfach Reiten?[2]

Vielen Reitern geht es heute so wie mir. Wir haben bereits eine Ausbildung in einer Reitschule genossen, vielleicht sogar das eine oder andere Reitabzeichen gemacht, manchmal sogar ein paar Turnierstarts erfolgreich absolviert und trotzdem stellt uns das erste eigene junge Pferd vor eine große Aufgabe.

Wir haben viele Fragen. Was ist richtig, was ist falsch? Wie möchte ich mein Pferd ausbilden? Schaffe ich das auch selbstständig, wenn ich mir keinen Dauerberitt leisten kann oder möchte? Woher weiß ich, welche Fragen ich meinem Trainer überhaupt stellen soll? Alles klingt so plausibel und doch bleibt hier eine große Unsicherheit zurück, ob wir tatsächlich immer die richtigen Entscheidungen für unser Pferd treffen.

Als ich die Akademische Reitkunst kennen lernte, wurden eine Menge meiner Fragen beantwortet. Alles schien einerseits kompliziert, andererseits aber doch auch logisch. Manchmal war ich mir trotz aller Logik sicher, dass ich es nicht schaffen würde, die Inhalte selbst umzusetzen und dann auch noch meinem Pferd beizubringen. Ich wollte es mir nicht einfach machen, aber ich wollte doch so gerne »Einfach Reiten«. Einfach wissen, warum, wann, welcher Ausbildungsschritt dran ist und wie ich meine Pferde bestmöglich auf das Gerittenwerden und die weitere Ausbildung vorbereiten kann. Gleichzeitig wünschte ich mir den unbeschwerten Umgang aus Kindertagen mit dem Pferd zurück.

Aus dieser Idee entstand 2013 das Projekt »Einfach Reiten«. »Einfach Reiten« bedeutet, dass wir Reiten und den Umgang mit dem Pferd von der Bodenarbeit bis zum gelösten Ritt über ein Sommerfeld nicht zu verkopft und kompliziert angehen. Auf alle Fragen gibt es Antworten und auch eine einfache und machbare Umsetzung. Diese Idee soll uns nun auch bei der Ausbildung des Jungpferdes beim Anreiten begleiten.

Es gibt viel über Pferde zu lernen, aber manchmal sind wir ob der vielen Eindrücke und Fachbegriffe überfordert; mein Ziel ist es, Ihnen einen roten Faden für die Ausbildung an die Hand zu geben, gleichzeitig viel Wissen aus der Praxis weiterzugeben und vor allem viel Freude und Zuversicht. Aus der Erfahrung mit meinen eigenen und vielen Jungpferden von Schülern habe ich meine »10 Prinzipien der Pferdeausbildung« entwickelt.

2 In Verbindung mit meinem Ausbildungskonzept »Einfach Reiten«, schreiben ich das Wort Reiten stets groß.

Meine 10 Prinzipien der Pferdeausbildung

1. Das Wohl von Pferd und Mensch steht an erster Stelle. Eine »Methode« darf weder Reiter noch Pferd physisch wie psychisch in Gefahr oder unter großen Druck setzen. Daher suchen wir im Training mit dem Pferd immer nach dem ...

2. grünen Bereich. Im grünen Bereich gibt es die Möglichkeit zu wachsen und zu verstehen. Die Fähigkeit zu lernen und zu verstehen wird geschult, auch die motorischen Fähigkeiten werden von Reiter und Pferd verbessert, um so nach und nach über sich hinauszuwachsen und den orangen Bereich allmählich grün zu malen. Niemals im roten Bereich arbeiten, das würde Mensch und Pferd erheblichen Schaden zufügen. Pferde haben ein unheimliches Langzeitgedächtnis, was schlechte Erfahrungen anbelangt. Das sollten wir nie vergessen!

3. Es gibt für alles eine Erklärung. Wir können nicht alles wissen und in jedem Bereich Experte sein. Wir können aber gezielt nachfragen. Es gibt keine blöden Fragen. Selbst wenn man als Schüler etwas noch nicht weiß – man kann immer weiter nachfragen. Scheinen die Antworten des Lehrers unverständlich, dann gibt es vielleicht auch Wissenslücken beim Trainer. Wer seinen Trainer löchert, prüft ihn auf Herz und Nieren.

4. Ethik. Ein guter Mensch (Reiter) sein. Wir sind nicht unfehlbar, aber es geht um das Bemühen!

5. Künstlich? Nein, danke! Das Pferd geht nicht ehrlich über den Rücken? Mein Pferd wird nervös und gestresst, wenn ich gewisse Lektionen abfrage oder den Schwierigkeitsgrad steigere? Hilfsmittel wie Hilfszügel oder andere Methoden nutzen? Auch hier stoßen wir auf Ablehnung, denn Pferde müssen sich mitteilen dürfen, vor allem wenn es um physische und mentale Grenzen geht. Das Ziel ist ein ehrliches Ergebnis und selbst wenn eine Sache gut aussieht, sich für Pferd und Reiter jedoch nicht gut anfühlt, dann gibt es wohl noch Verbesserungsbedarf.

6. Geduld. Eine schwere Prüfung, vor allem für Reiter, die sofort JETZT ein Ergebnis hätten. Gerne wird dann eben auch einer Methode die »Schuld« gegeben, wenn nicht alles sofort klappt. Viele Dinge brauchten in der Vergangenheit ihre Zeit. Wer beispielsweise eine Fremdsprache in der Schule gelernt hat weiß, dass es eine Zeit lang dauert, bis man eine neue Sprache flüssig beherrscht. Warum geben wir also uns selbst in der Reiterei so wenig Zeit?

7. Immer positiv denken – auch wenn es nicht nach Plan läuft. Denken wir vielleicht zu wenig über das »Haben«, dafür aber mehr über das »Soll« nach? Ein Blick zurück zu den Hürden, die bereits hinter uns liegen, stärkt unser Selbstvertrauen und gibt Kraft für neue Herausforderungen. Und auch in diesen liegt ein wunderbarer Schatz verborgen. Wir werden so unendlich viel mehr können, wenn wir hohe Hürden überwunden haben.

8. Balance in der Ausbildung. Denken wir über die Aufgabe und das ihr zugrunde liegende Gegenüber nach. Tragkraft braucht beispielsweise auch ein gewisses Maß an Schubkraft. Die Arbeit an der Kraft benötigt vice versa auch ein gewisses Maß an Ausdauertraining. Und wer alles zu »verkopft« angeht, der braucht auch mal ein ordentliches Maß an »Seele baumeln lassen«. Es muss also immer alles im Gleichgewicht sein.

9. Der Weg ist das Ziel. Ziele sollten klar und in Etappen formuliert werden. Wer in Endergebnissen denkt, der hat keine Freude am Prozess des Wachsens und Lernens. Schlüsseln wir also unsere große Wegstrecke in kleine Etappen oder Meilensteine auf, dann haben wir beim Lernen auch messbare Ergebnisse und stellen an uns und unser Pferd nicht gleich die großen Herausforderungen. Außerdem hilft es ungemein, alle einzelnen Schritte ordentlich auszuformulieren, das macht klar:

10. Reite den Inhalt und nicht die Lektion. Das bringt uns zurück zu den W-Fragen: Was, warum, wie, wann, womit, woher ... Wer den Inhalt gut formulieren kann, der »Reitet Einfach«.

Voraussetzungen für das Anreiten

Ist das Pferd mental bereit für die Ausbildung?

Wie schrieb der große Reitmeister Alois Podhajsky so schön: ***»Zwei Lebewesen, deren Leistung in ausgeglichener Zusammenarbeit besteht, müssen sich gegenseitig verstehen, um zu einem Erfolg zu kommen.«***

Oder anders Bent Branderup:
»Zwei Geister müssen wollen, was zwei Körper können.«

Das Verständnis füreinander bezieht sich also nicht nur auf das Wesen, die Wahrnehmung der Psyche des Pferdes, sondern auch auf das Wissen um dessen Körper.

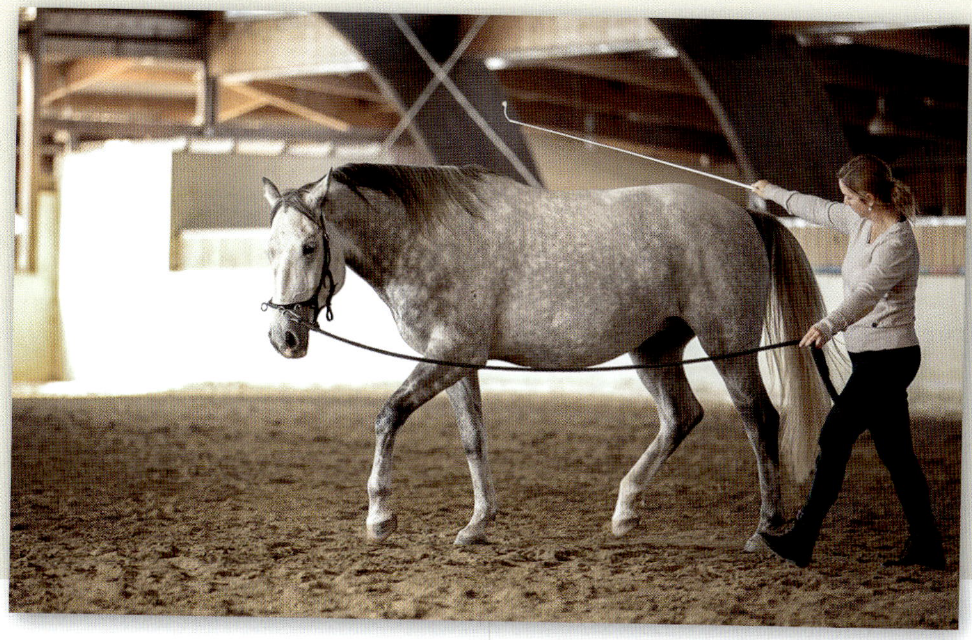

Konrad 2018, vierjährig auf einem Lehrgang. Geritten sind wir damals noch nicht, auch wenn Konrad physisch und mental bereits sehr reif schien.

Manchmal fällen wir beim Pferd etwas vorschnell ein Urteil hinsichtlich seines Charakters. Der eine Reiter beschreibt sein Pferd als introvertiert, der andere hat einen gänzlich extrovertierten Begleiter, der seinen Ausbilder immer wieder aus der Reserve lockt. Die Beschreibung des Gegenübers, die Wahrnehmung des Pferdes in allen Facetten, hilft uns, mit unserem Pferd besser umzugehen und eine gute Kommunikationsgrundlage zu finden. Was wir aber keinesfalls dabei außer Acht lassen dürfen: Auch wir befinden uns niemals im Stillstand, wir entwickeln uns ständig weiter, wir sind morgen anders als wir es heute sind. Und so geht es auch unseren Pferden. Stecken wir unsere Pferde daher keinesfalls in eine Schublade, aber »legen« wir sie dennoch immer wieder psychoanalytisch auf die Couch und überlegen: Wie ticken unsere Pferde eigentlich?

In den Schriften der Alten Meister wird das Pferd als Individuum immer wieder hervorgehoben, besonders bei Antoine de Pluvinel. Seine Empfehlung aus dem 17. Jahrhundert hat noch heute Gültigkeit: *»Es ist die unausbleibliche Folge einer unüberlegten Vorgehensweise, dass das freundliche Wesen des Pferdes verloren geht oder es in unverbesserliche Untugenden verfällt.«*

Wir sollten uns im Klaren darüber sein, wer unser Schüler eigentlich ist, bevor wir uns an den Lehrplan machen.

VIDEO

Erst mal kennen lernen: Das zweite Mal mit PSL Mandrake in der Halle unterwegs nach seiner Ankunft aus Portugal.

Beispiel Tarabaya aka Tabby

Meine Trakehner-Fuchsstute Tarabaya kam vierjährig zu mir und war bereits angeritten. Trotzdem sollten wir den Weg noch einmal von vorne beschreiten. Tabby kannte den Reiter in den Grundgangarten,

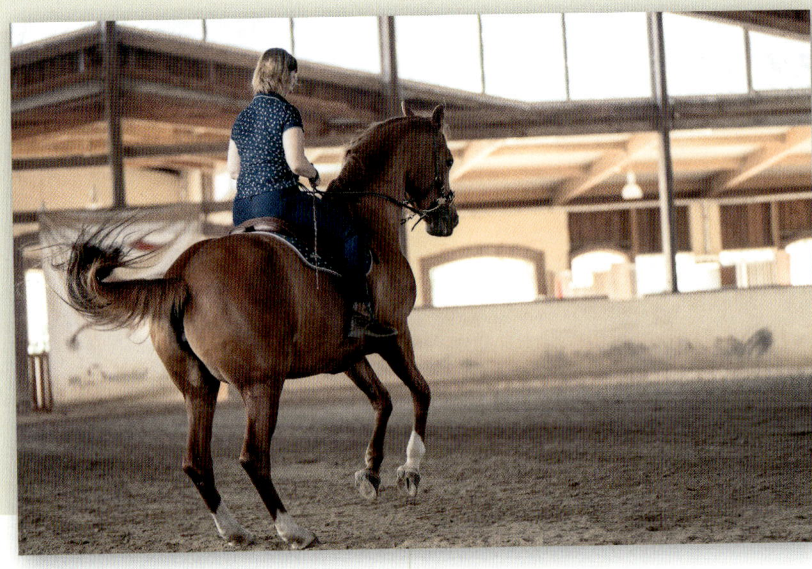

Besonders die Hankenbeugung fiel Tabby mental schwer. Meine Aufgabe war es stets, ihren Glauben an sich selbst zu fördern.

allerdings fußte sie extrem breitbeinig, die Gelenke der Hinterhand drehten sich nach außen in der Standbeinphase. Generell war meine mit viel »Go« ausgestattete Stute nicht immer sicher, wo sich ihre vier Beine gerade befanden. Dazu kam, dass sie sich schnell überfordert fühlte und in unsicheren Situationen nicht unbedingt die Nerven behielt.

YouTube-VIDEO

In diesem Video lernen Sie meine Stute Tabby kennen.

In der Ausbildung von Tabby war es daher sehr wichtig, dass ich mich selbst nicht verunsichern ließ. Ich musste alle Aufgaben gut vorbereiten und visualisieren. Erst wenn ich ein klares Bild vor Augen hatte, konnte ich ihr die notwendige Ruhe und Sicherheit vermitteln. Auch wenn sie häufig nicht an ihre eigenen Fähigkeiten glaubte, musste ich ihr mit großer Sicherheit vermitteln, dass sie die gestellten Herausforderungen mit Leichtigkeit bewältigen konnte. Der Schlüssel, Tabby physisch zu stärken, lag immer in ihrem Glauben an sich selbst. Auch wenn die physischen Schwierigkeiten vielleicht eher ins Auge sprangen, da sich Tabby durchaus selbstbewusst und sicher zeigte. Wir kennen jedoch das Sprichwort von den bellenden Hunden, die dann doch nicht beißen. Genau so war Tabby – oder anders gesagt – ein Feuerdrache, der dann doch nicht Feuer spuckte.

Beispiel Conversano Aquileja aka Konrad

Konrad war mit sich und der Welt absolut im Reinen als er zu mir kam. Er war selbstbewusst, klar im Kopf und schien vor nichts Angst zu haben. Und er hatte einen absoluten Drang, mir alles recht zu machen und mir zu gefallen. Klingt jetzt eigentlich nach einem Jackpot, hat aber auch seine Tücken. In der Ausbildung von Konrad muss ich mir immer wieder in Erinnerung rufen, dass ich ihn für seine Leistung bestätige. Wird alles »selbstverständlich«, dann neigt Konrad auch dazu zu zweifeln. Physisch bringt Konrad alle Herausforderungen mit, allerdings ist es nicht immer einfach, ein williges und motiviertes Pferd zu bremsen, wenn man grundsätzlich in der Jungpferdearbeit alle Zeit der Welt haben sollte.

Antoine de Pluvinel gibt uns auch hier Folgendes mit auf dem Weg: *»Wir sollten besorgt sein, das Pferd nicht zu verdrießen und seine natürliche Anmut zu erhalten, sie gleicht einem Blütenduft der Blüten, der niemals wiederkehrt, wenn er einmal verflogen ist.«*

Diesen Satz sollten wir im Trainingstagebuch unserer Jungpferde rot anstreichen.

Als Ausbilder unserer Pferde müssen wir geschickt darin sein, den Spagat zwischen Unterforderung und Überforderung zu schaffen. Aus der Grundausbildung am Boden können wir bereits gut abschätzen, ob wir einen temperamentvollen Geist, der in Bewegung gut zuhören kann, vor uns haben, oder ein Pferd, das sich alles langsam und sehr genau anschauen möchte.

Übung:

- Wer ist unser vierbeiniger Schüler?
- Wie lernt das Pferd? Lernt es gerne?
- Ist es freudig dabei oder eher »schüchtern« und zurückhaltend?
- Merkt sich dein Pferd neue Inhalte auf Anhieb oder braucht es einige Wiederholungen?
- Wie würdest du den Charakter deines Pferdes beschreiben?
- Wie würde der Lehrplan für dein Pferd aussehen, wenn du dich anfangs vor allem auf seine Persönlichkeit konzentrieren würdest?
- Und wie passen deine Analysen mit der Selbstbeobachtung zusammen? Bist du ein ähnlicher Typ oder genau das Gegenteil?

Physische Voraussetzungen: Bewegungslehre und Pferdekörper

»Bios« kommt aus dem Griechischen und bedeutet »Leben«. Die Biomechanik ist somit die Wissenschaft der Mechanik des Lebens. Einer der ersten »Biomechaniker«, der uns Reitern ein großes Vermächtnis in puncto Tragkraft hinterlassen hat, war »Xenophon«. Er beschreibt ganz genau das Zusammenspiel aus Vorgriff und Beugung der Hinterbeine.

Im Grunde sagte uns Xenophon 400 v. Chr. bereits alles: *»Reite die Hinterbeine des Pferdes nach vorne und gib ihm eine Parade, sodass es in den Gelenken*

Konrad hat mich zum Nachdenken gebracht, ob wir jedes »Geschenk« eines begabten Pferdes tatsächlich annehmen sollten, nur weil ihm Lektionen leichtfallen. Auf diesem Bild spielen wir mit der Galopppirouette in der Bodenarbeit.

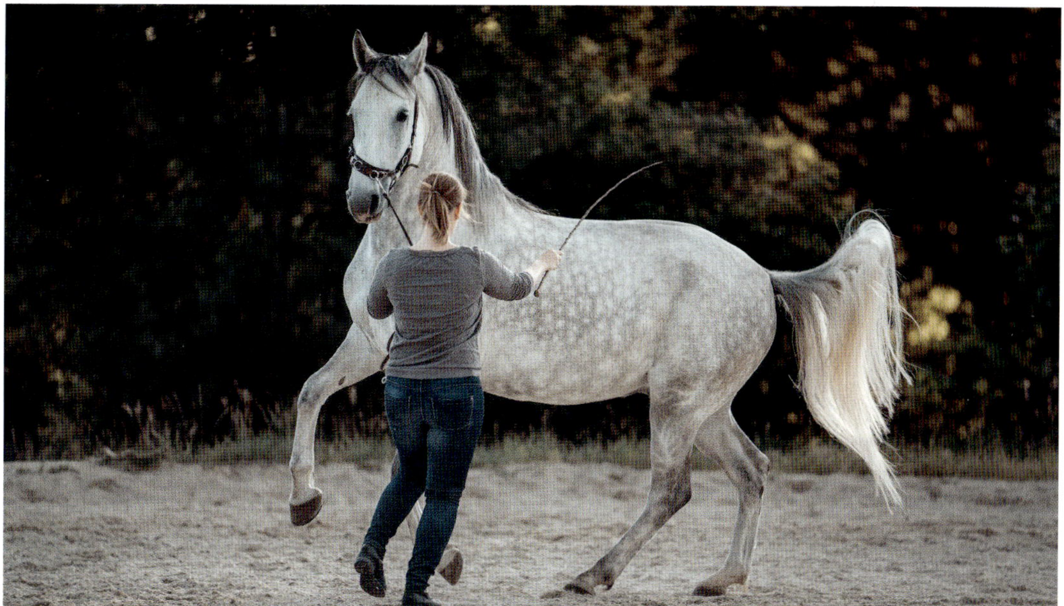

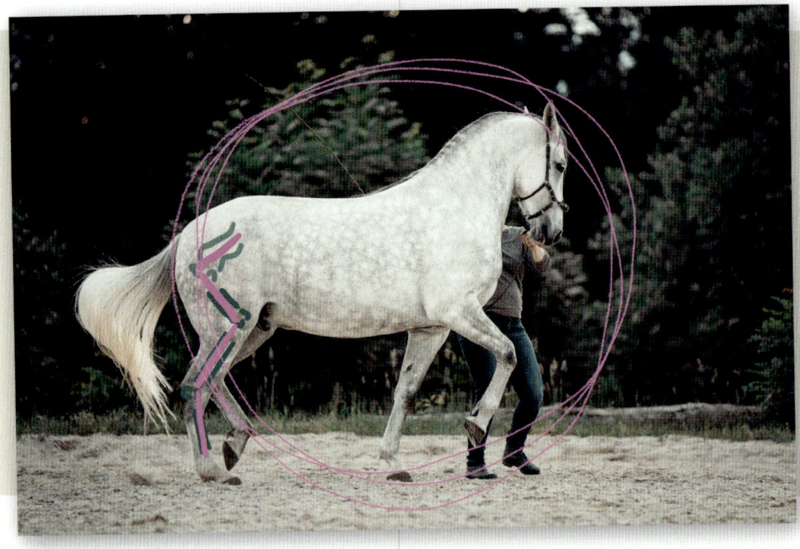

Hebelgesetze oder Spannungszustände? Wie erklären wir die Bewegungslehre des Pferdes heute funktional? Der Blick in den Pferdekörper lohnt sich für jeden Ausbilder.

der Hinterhand beugt und die Vorhand hebt.« Aber mit den neuesten Erkenntnissen aus der Biotensegrität und der genauen Vorstellung, welche Prozesse im Pferdekörper bei Bewegung stattfinden, ist längst nicht alles gesagt.

Biomechanik gibt uns eine relativ klare Vorstellung und Beschreibung davon, wie sich die Gelenke im Pferdekörper zueinander bewegen, welche Muskeln miteinander arbeiten oder sich gegenseitig in ihrer Tätigkeit behindern können.

Biomechanik selbst gibt uns auch ein recht klares Vokabular an die Hand, um Vorgänge im Pferdekörper besser zu beschreiben. Es lohnt sich, über Bewegungsabläufe und Anatomie Bescheid zu wissen. Damit können wir Tierärzte, Hufschmiede, Osteopathen, Chiropraktiker und natürlich unsere Trainer besser löchern, wenn wir es genauer wissen wollen.

Biotensegrität

Biotensegrität ist ein moderner Begriff in der Reiterei. Der Begriff wurde maßgeblich geprägt vom amerikanischen Orthopäden Stephen M. Levin. Er bezeichnet Biotensegrität als kein eigenes »Fach«. Je intensiver man sich allerdings damit beschäftigt, umso mehr bekommt man den Eindruck, Biotensegrität wäre vor allem etwas für biomechanische Mathe-Physik-Geeks. Kurz gesagt (wenn man das überhaupt kann) kommt man bei der Beschäftigung mit Biotensegrität nicht an zahlreichen architektonisch hoch interessanten Objekten aus Stäbchen und Fäden vorbei. Das unterstreicht auch die Essenz, die hier zugrunde liegt. Es geht nämlich primär um Spannungs- und Kompressionszustände. Was hier nicht nur sprichwörtlich ausgehebelt wird, sind die biomechanischen Prinzipien und Annahmen um die Hebelgesetze.

Bei den Hebelgesetzen wird davon ausgegangen, dass ein aufrechter Stand primär durch das Zusammenspiel von Knochen und Muskeln mit entsprechenden Hebeln organisiert wird. Bei der Biotensegrität geht man aber eher davon aus, dass die Muskulatur, besser gesagt die Faszien, einen gewissen Spannungszustand brauchen. Auch in der Reiterei sprechen wir immer wieder von einem Zustand der positiven Spannung, wobei hier auch die Bilder verspannter Pferde zunehmen. Besser wäre es daher von einer ausreichenden Tonisierung der Muskulatur zu sprechen. Das bedeutet negative Verspannung muss einer gesunden Tonisierung weichen. Der Körper ist dabei so clever, dass das tensegrale System einerseits Last verteilt, andererseits dafür aber wenig Energie benötigt.

Denken wir an Schubkraft und Tragkraft – es geht also immer auch um Kräfte, die auf den Körper wirken. Wenn wir davon ausgehen, dass sich das tensegrale System gut selbst organisiert, um Lasten zu verteilen, dann können wir uns das am besten am Beispiel eines Kletterers vorstellen. Ein Mann klettert ohne Seil einen Berg hinauf. An den Felsen hält er sich fest, bis er ausrutscht und seinen gesamten Körper über seine Hand stabilisiert, die den Felsvorsprung umklammert. Rein physikalisch – und sorry jetzt wird's gruselig – müsste ja die Kraft überwiegen, der Arm aus dem Schultergelenk springen, weil er nicht die Power dazu hat, sich zu halten. Das tensegrale System organisiert sich jedoch dergestalt, dass es den Kräften besser Widerstand leisten kann, die auf Knochen und Muskulatur des Armes im Einzelnen einwirken.

An dieser Stelle kommt die Bedeutung von Sehnen und Bändern und ganz besonders von Faszien ins Spiel. Es zeigt sich aus vielen Bewegungsstudien von Mensch und Tier ganz eindeutig: Faszien können ähnlich wie Muskulatur Energie speichern und freisetzen.

Biotensegrität wird somit zu einem System von Spannung und Tonisierung aller Elemente, die den Körper in Balance, Haltung und Bewegung bringen. Wird das biotensegrale System trainiert, wirkt sich das natürlich positiv auf die Biegsamkeit, Stärke und gesamte Gesundheit des Systems aus.

Wir sprechen in der Reiterei auch häufig von einem Zustand der positiven Spannung. Manche lehnen den Spannungsbegriff ab, da sie damit eher Verspannung als Entspannung in Verbindung bringen. Komplette Entspannung macht aber auch keine kraftvolle Bewegung aus. Die Tonisierung der Muskulatur ist abhängig

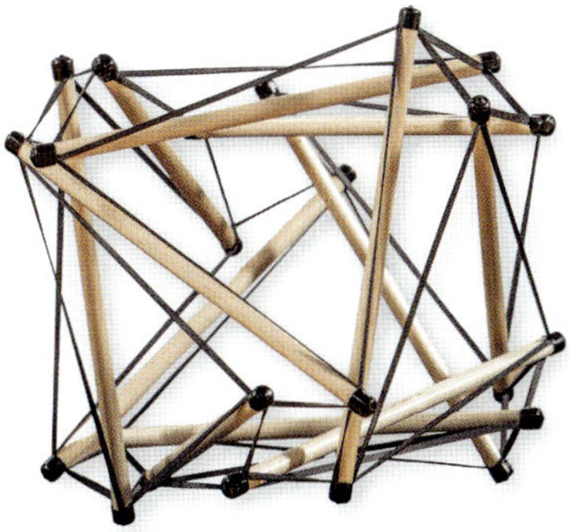

Foto: © iStockphoto.com/CasarsaGuru

Tensegrity

Das Spiel mit der Biotensegrity zeigt Welsh-Stute Xenia eindrucksvoll im Freilauf.

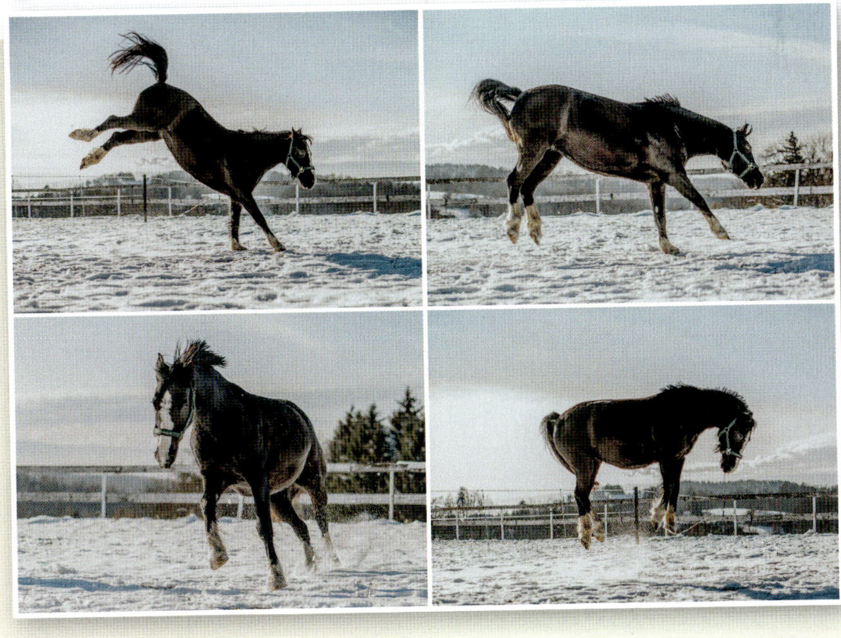

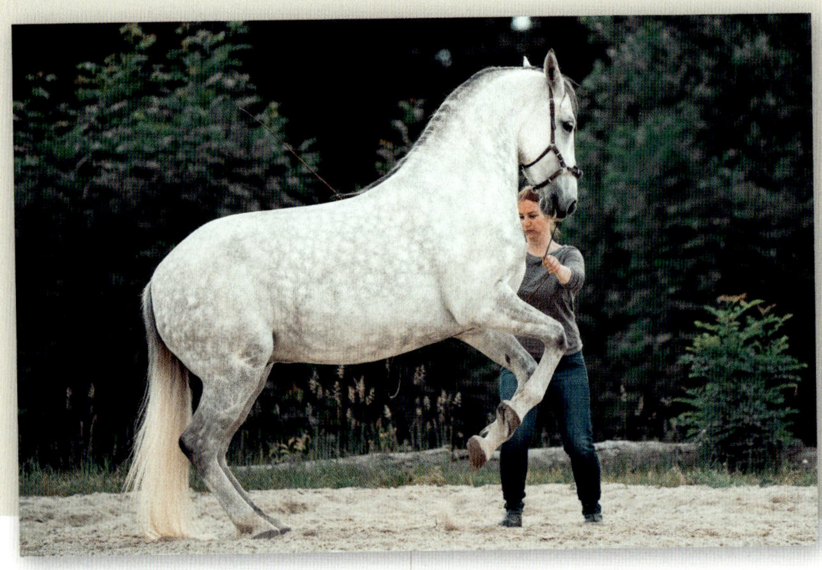

Konrad in der Levade, ein Spiel aus Stabilität und Mobilität.

von Reflexen. Je nachdem, wie die einzelnen Knochen und Gelenke zueinander stehen, wird sich der Spannungszustand verändern. Da Faszien alle Gelenke, Muskeln, Sehnen und Bänder mit ihrer Haut bedecken, sind nicht nur Muskeln als Spieler und Gegenspieler gekennzeichnet, auch die Faszienzüge bedingen einander. Wenn wir sehen, dass das Pferd mit einem Bein kürzer tritt, muss uns trotzdem klar sein, dass der Pferdekörper immer als gesamtes Konstrukt zu bewerten ist. Durch das Wissen rund um die verschiedenen Muskeln und ihre Funktion wird klar, warum ein Zustand der Dauerspannung für einzelne Muskeln nicht möglich ist – Bewegung muss immer durch ein vielfältiges Spektrum geprägt sein. Wenn ein Muskel über einen längeren Zeitraum konzentrisch, also zusammengezogen, angespannt ist, dann wird auch die Faszie kurz gespannt. Bei übermäßiger Dehnung des Muskels wirkt sich das auch auf die Faszie aus. Dies unterstreicht, dass übermäßiges Training einer bestimmten Formgebung für die physische Gesundheit des Pferdes nicht abträglich ist. Wenn wir also ständig über Tragkraft nachdenken und mit vollem Fokus darauf trainieren, benutzen wir keine Schubkraft mehr. Einseitigkeit und damit eine Veränderung der Faszienstruktur bedeutet nachhaltigen Schaden. So genannte »Lanzenstiche« sind sichtbare Veränderungen in der Muskulatur am Hals des Pferdes, die durch extreme Vorhandaktionen ausgelöst werden können bei gleichzeitig hoher Spannung und Aufrichtung des Pferdes im Hals. Manchmal reicht aber auch eine schnelle und unüberlegte Bewegung aus, um den Körper aus der Balance zu bringen. Das kann ich selbst bestätigen, als ich einen schweren Gegenstand auf den Zehenspitzen stehend angehoben und mir dabei den Rücken »verrissen« hatte. Damals war meine linke Schulter prompt 15 Zentimeter kürzer und ich fühlte mich wie der Glöckner von Notre Dame.

VIDEO

Wie gestaltet sich Konrads Kraftabdruck und damit die Kraftübertragung aus der Hinterhand? Egal welche Theorie wir vorher »gebüffelt« haben, es zählt immer der Eindruck und die Beobachtung. Lassen wir uns hier auch von unserem Bauchgefühl leiten. Wir müssen kein Fachchinesisch beherrschen, unser Bauch sieht häufig schon sehr gut, wie sich Kraftübertragung gestaltet.

Bei einer solchen Fehlstellung ist rasche Hilfe notwendig, ansonsten sorgt der Körper selbst dafür, die neuen verletzungsbedingten Zugspannungslinien irgendwie zu halten und meldet diese Fehlhaltung auch durch Schmerzen und Funktionsstörungen. Die gute Nachricht: Manuelle Therapie und Bewegungsübungen können den Stoffwechsel und die Elastizität der Faszie erneut herstellen. Dieses Phänomen sollten wir bei der Gestaltung eines umfangreichen Trainingsplans im Hinterkopf behalten. Ebenso ist die psychische Komponente nicht zu unterschätzen:

Ein vielleicht nicht ganz bequemes Experiment: Wir waren alle schon mal in einem Stimmungstief. Unsere Haltung wird sich auch in unserem Körper zeigen. Wir nehmen die Schultern nach vorne, die Atmung ist eingeschränkt, der Brustkorb wirkt eingesunken und das wirkt sich natürlich auch auf unsere Atmung aus, je länger dieser Zustand andauert. Niemand, der stolz, aufrecht und voller Energie durchs Leben schreitet, wird von sich selbst sagen, er sei deprimiert. Unsere chronisch schlechte Haltung wird aber auch vom Fasziensystem übernommen und wirkt sich dann natürlich auch in weiterer Folge auf den gesamten Muskel- und Faszienstoffwechsel aus.

Bewegung ist gesund und soll Freude machen. Ein Pferd, das ständig in seiner Haltung korrigiert wird und nichts richtig macht, wird sich vielleicht zunächst mal weniger freudig seinem Ausbilder zuwenden, aber es wird auch an Selbstbewusstsein und Selbstsicherheit verlieren und kaum noch Freude an der Arbeit empfinden. Wer selbst schon mal einen ungeliebten Job absolvieren musste, der weiß, wie sich das auch auf die Freizeit ausgewirkt hat. Demnach beeinflussen wir durch unser Training, wie sich das Pferd »privat« bewegt.

Ganz spannend sind die Forschungsergebnisse hinsichtlich des Zusammenhangs von Biotensegrität, Schmerz und Faszien.

Wer Schmerz empfindet, begibt sich häufig auf Spurensuche (zumindest ist das ratsam, bevor einfach wahllos Schmerzmittel konsumiert werden) und berührt auch gerne den Schmerzpunkt.

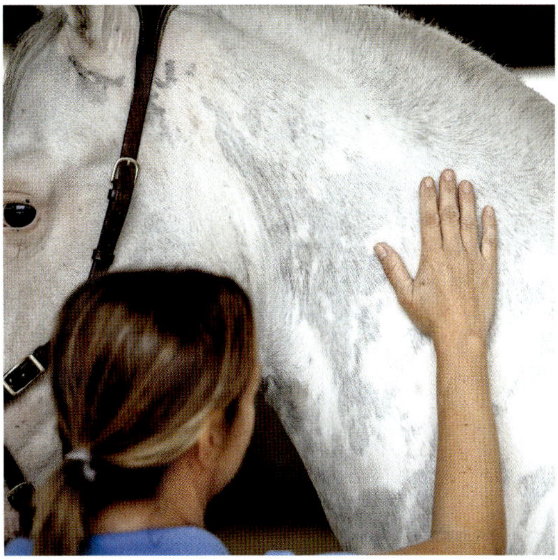

Berührungen haben einen großen Einfluss. Wenn wir genau hinspüren, können wir Unterschiede in der Festigkeit und der Wärme des Gewebes ertasten. Wer sein Pferd öfter »scannt« spürt rasch etwaige Veränderungen auf.

An dieser Stelle darf ich meine eigene Leidensgeschichte erzählen. Schwerer Reitunfall im Jahr 1997, damals bin ich mit dem Pferd gestürzt und habe mir nachhaltige Schäden im Bereich des 11. und 12. Brustwirbels zugezogen. Röntgenologisch sind heute in diesem Bereich Protrusionen, also vorwölbende Bandscheiben, bekannt, ebenso gibt es einen Vorfall zwischen dem 5. Lendenwirbel und 1. Steißbeinwirbel.

Wir finden hier also röntgenologische Befunde, die zu meinen Schmerzen passen. Erstaunlicherweise gibt es auch ähnliche röntgenologische Befunde bei Menschen meines Alters, die allerdings von keinen Schmerzen berichten. Woran liegt das? Was machen diese Menschen anders?

Häufig besteht zwischen Schmerz und Bewegung ein kausaler Zusammenhang.

Wie sieht ein gesundes tensegrales System aus?

Denken wir wieder an unsere tensegralen Modelle. Es lohnt sich, ein solches Modell mal selbst in der Hand zu halten, denn man wird entdecken: wird ein

Teil bewegt, dann bewegen sich alle Teile. Gesunde, funktionale Tensegrität erlaubt also Bewegung überall. Und ist das tensegrale System gestört, dann können die Strukturen nicht miteinander kommunizieren – der Flow ist unterbrochen. Wir können uns das folgendermaßen vorstellen: Ein gezerrtes Handgelenk kann sich auf die Bewegung der Finger, aber auch der darüber liegenden Strukturen – die Bewegung von Elle und Speiche – somit einem steifen Ellenbogen, Oberarm und Schulter auswirken.

Unser tensegrales System kann also jederzeit gestört werden – das kann durch Verklebung der Faszien passieren, aber auch durch Blockaden, Verletzungen etc. Faszien haben hier eine besondere Bedeutung – nicht umsonst sind Faszientraining, Faszienmassage, Faszientechnik in aller Munde – nicht nur, wenn es um die Reiterei geht.

Als Trainer unserer Pferde sollten wir jedenfalls niemals das Endprodukt einer Lektion vor Augen haben, sondern den Inhalt und den Prozess des Lernens erkennen, wann und warum es an Balance fehlt und wann ein Gelenk möglicherweise über- oder zu wenig belastet wird.

Es lohnt sich, als Ausbilder neugierig zu sein, was die neuesten Erkenntnisse im Bereich der Biotensegrity hervorbringen. Leider gibt es darüber gerade im Pferdebereich noch wenig Fachliteratur. Auch wenn Biotensegrity sich sehr komplex anhören mag – die wichtigsten Punkte für die Gesunderhaltung des Pferdes sind Bewegungsvielfalt und möglichst wenig Bewegungseinschränkung und Kontrolle. Das Pferd muss sich ausprobieren können und braucht Energie. Ein junges und gesundes Pferd kommt bereits mit allen Möglichkeiten zu uns. Es kann bereits piaffieren, es kann Schulsprünge, es kann ohne Probleme den Galopp wechseln. Halten wir uns immer vor Augen, in welchem Spannungszustand das Pferd zu uns kam. Meine Lipizzaner und auch Lusitano Mandrake wuchsen auf unzähligen Hektar Weideland auf – die drei »Steirer« auch in den heimischen Alpen während der Sommermonate. Das bedeutet ein umfangreiches propriozeptives Training. Pferde, die so aufwachsen, bringen mit Sicherheit beste Voraussetzungen für ein Leben als Reitpferd mit – allerdings liegt es auch in unserer Verantwortung, weiterhin optimale Haltungs- und Trainingsbedingungen zu garantieren. So bin ich sehr glücklich über die herausfordernden Steigungen auf unseren Koppeln, durch die sich die Pferde ganz ohne mein Zutun fit und trittsicher halten können.

YouTube-VIDEO

Amena dreijährig im Spiel mit der Energie. Amena ist ein Experte in Körpersprache – deswegen fällt es ihm leicht, Bewegungsvorschläge auszuprobieren.

Knochen und Skelett

Knochen gehören zu den härtesten Substanzen im Pferdekörper. Wenn man vom Bindegewebe spricht, dann gehören auch die Knochen dazu. Das Skelett des Pferdes besteht aus 205 Knochen, allein die Wirbelsäule aus über 50 von ihnen.

Das Skelett hat verschiedene Aufgaben:

- Es schützt die inneren Organe.
- Die einzelnen Knochen bilden eine bestimmte Form und sorgen durch Gelenkverbindungen für Bewegung.
- Knochen haben eine große Funktion in puncto Statik.
- Knochen sind die Ankerstelle für Muskulatur und Bänder.

Wann ist ein Pferd ausgewachsen – oder – warum ritten die Alten Meister ihre Pferde erst mit sechs oder gar acht Jahren an?

Die meisten Pferde werden heute bereits im Alter von drei Jahren geritten und auf Auktionen oder Zuchtschauen vorgestellt. Für die Alten Meister war es selbstverständlich, je nach Aufzucht und klimatischen Bedingungen, ein Pferd erst zwischen sechs und acht Jahren anzureiten. (Siehe dazu auch François Robichon de la Guérinière, École de Cavalerie, 1733)

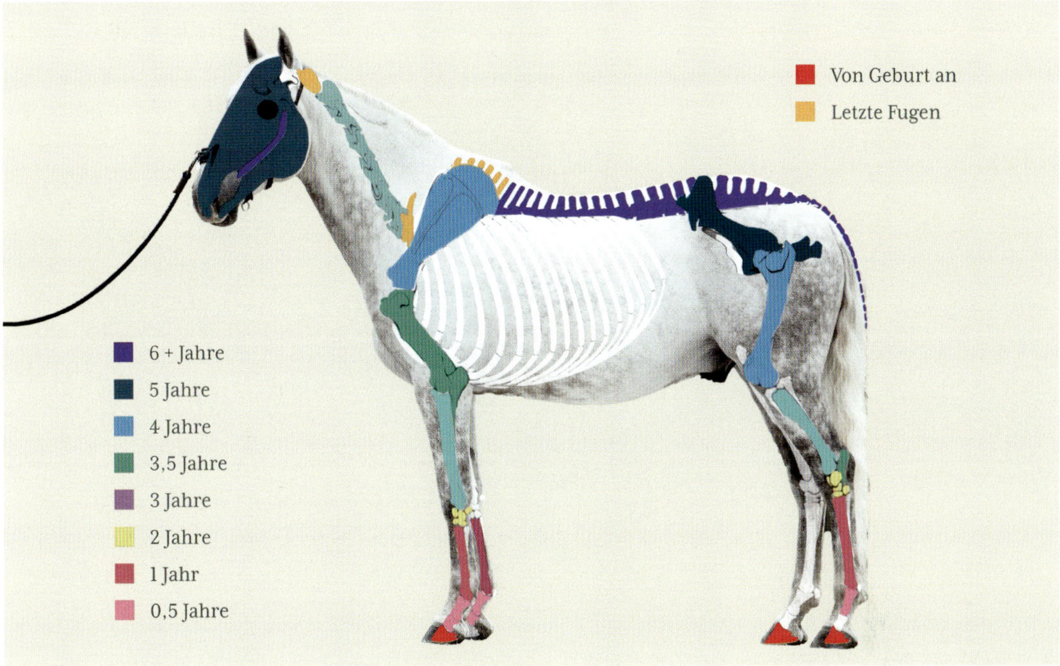

VIDEO

Im Video habe ich die Entwicklung unseres Lipizzaners Amena dokumentiert.

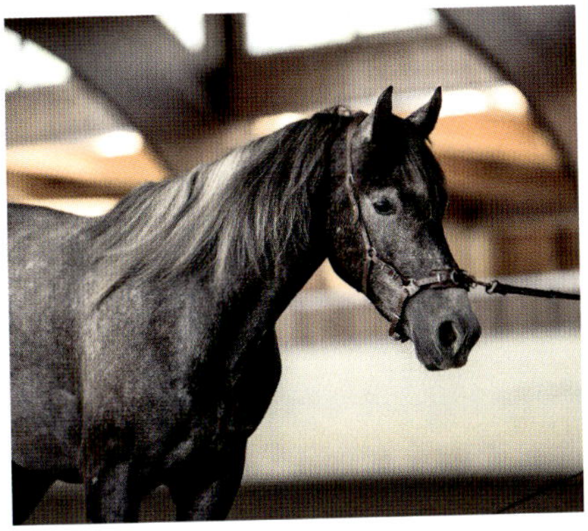

Maestoso Amena, dreijährig

Heute wissen wir genau, dass das Längenwachstum eines Pferdes erst mit dem fünften Lebensjahr abgeschlossen ist. Einige Wachstumsfugen schließen sich in gewissen Gliedmaßenabschnitten mit sechs Monaten, die letzten Wachstumsfugen jedoch erst mit sieben Jahren. Einem dreijährigen Pferd (bzw. dessen Rücken) ist eine längere Belastung daher noch nicht zuzumuten.

Alois Podhajsky schreibt in »Die klassische Reitkunst«: *»Der junge Lipizzaner kommt im vierten Lebensjahr zur Spanischen Hofreitschule. Er ist ein ausgesprochen spätreifes Pferd, das erst im siebten Lebensjahr seine volle Entwicklung erreicht. Dieser Umstand muss bei der Ausbildung berücksichtigt werden, denn trotz höchster Leistungsanforderung darf die Gesundheit des Pferdes nie leiden. Die Lebensdauer von zu früh und zu forciert gearbeiteten Pferden wird genauso verkürzt, wie sich Menschen, die als Kinder zu früh zur Arbeit herangezogen werden, vorzeitig verbrauchen. Das Ziel einer systematischen Schulung muss aber sein selbst bei höchsten Anforderungen an ein Reitpferd, seinen Gesundheitszustand nicht nur zu erhalten, sondern auch seine Lebensdauer – wie bei jeder*

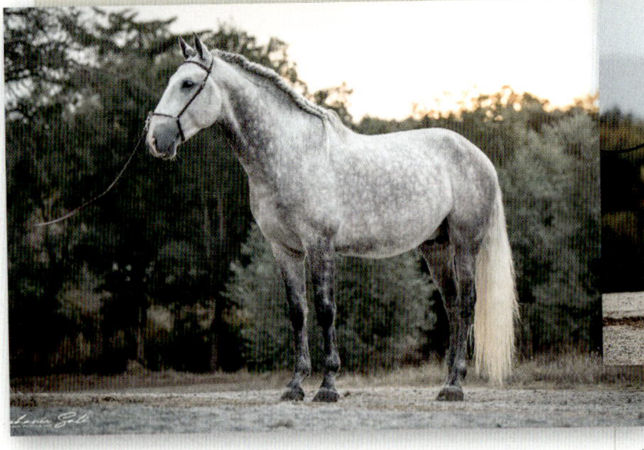

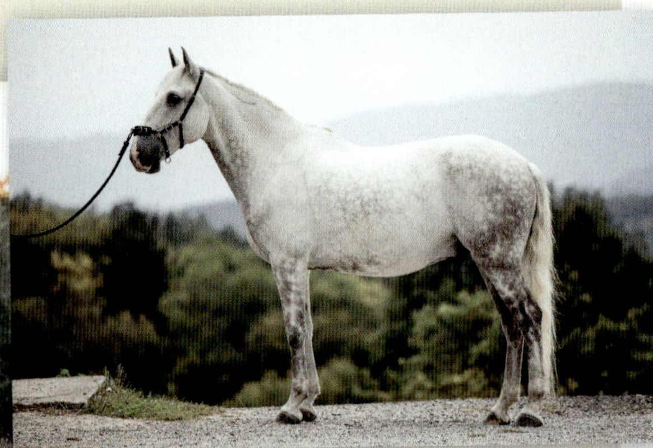

Auch wenn junge Pferde bereits erwachsen und fertig entwickelt wirken – da wird sich noch einiges verändern. Mandrake im Vergleich drei- und siebenjährig.

richtigen sportlichen Betätigung zumindest nicht zu verkürzen.« (Die Klassische Reitkunst, Rowohlt, Reinbek, 1980)

Podhajsky attestiert an dieser Stelle eine Spätreife, die allerdings nicht nur für die Lipizzaner gilt, sondern für alle Pferderassen zu berücksichtigen ist.

Gerade das Kreuzbein und die letzten Dornfortsätze des Widerrists sind relativ spät ausgewachsen. Selbst wenn wir also ein »reif« anmutendes Pferd vor uns haben, könnte uns erst der Röntgenblick auf das Kreuzbein zuverlässig verraten, wann mit der gerittenen Arbeit begonnen werden kann. Darunter verstehe ich eine regelmäßige, tatsächliche Belastung unter dem Reiter.
Eine zu starke Belastung der Knochensubstanz kann auch zu Deformierungen führen. Die so genannten Osteoblasten, also jene Knochenzellen, die auf dem Knochen aufliegen und für Auf- und Abbau von Knochensubstanz verantwortlich sind, bezeichne ich gerne als »Beamte« des Skeletts. Ein Beamter geht nicht wirklich in Pension, er geht in den Ruhestand, kann aber für einen bestimmten Einsatz wieder aktiviert werden. So geht es auch den Osteoblasten, die durch eine übermäßige Belastung wieder aktiviert werden und Knochengewebe produzieren. Gerade bei jungen Pferden sind somit bereits sichtbare Überbeine ein lauter Warnschuss.

Das bedeutet im Umkehrschluss natürlich nicht, Belastung gänzlich zu vermeiden. Das Wachstum, die Stärke und die Konsistenz von Knochen sind abhängig von Belastungsreizen. Daher ist es wichtig, den Knochen ein gewisses Ausdauertraining zugutekommen zu lassen. Verletzte Pferde, die länger in der Box bleiben müssen, weisen eine deutlich erhöhte Kalziumkonzentration im Blut auf. Das passiert, weil sich der Knochen auflöst, wenn er zu wenig oder gar nicht belastet wird.

Gelenke

Gelenke werden durch zwei oder mehrere Knochen gebildet. Ihre Beweglichkeit wird durch Knorpel ermöglicht, diese dienen auch als Stoßdämpfer. Die einzelnen Knochen sind durch einen Gelenkspalt getrennt, in dem sich die Gelenkflüssigkeit (Synovia) befindet.

Die Biomechanik geht davon aus, dass Muskeln für die Bewegung der einzelnen Gelenke zuständig sind, allerdings ist deren Bewegungsradius durch Kapseln und Bänder begrenzt. Auf den ersten Blick ist Bewegung daher eine Aufgabe von Gelenken. Die Propriozeption, also die unbewusste Wahrnehmung der eigenen Bewegung, Stellung, Spannung, Haltung und Lage im Raum, gibt über das Nervensystem als sechstem Sinn genaue Information, ob das Pferd auf eine ebene oder unebene Fläche tritt. So werden in Windeseile Bewegung und Haltearbeit gesteuert.

Bewegung sorgt für eine Versorgung des Gelenks mit Gelenkflüssigkeit. Diese Flüssigkeit unterstützt den Knorpel auch als Stoßdämpfer und bietet dem Gelenk Schutz. Knorpel kann bei Überlastung oder Unterbelastung Schaden nehmen, wenn dadurch die Nährstoffversorgung des Gelenks nicht mehr wie geschmiert läuft. Aus diesem Grund sind Aufwärmphasen und eine ordentliche Ruhephase am Ende des Trainings sowie genügend Bewegung im Alltag des Pferdes essenziell.

Die Gelenkkapsel verändert sich mit dem Alter, die Elastizität nimmt durch den geringeren Flüssigkeitsanteil ab. Daher ist ein Wegstellen oder »Ruhigstellen« von Senioren auch nicht ratsam, ohne Belastungsreize altern unsere Pferde schneller.

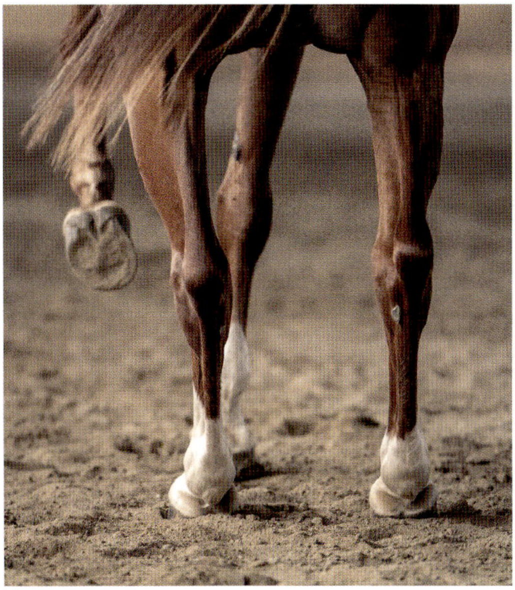

Der Körper – ein Wunderwerk. Tabby in der kompletten Hankenbeugung der Hinterhandgelenke.

Der Kopf des Pferdes

Kopf, Genick und Nasenbein des Pferdes sind für uns als Reiter natürlich wichtig, wenn es um die Anpassung des Zaumes bzw. Kappzaumes geht. Wenn wir einen Kappzaum anpassen, dann gib es eine kleine Faustregel: Der Nasenriemen sollte mindestens vier Finger breit unterhalb des Jochbeins und vier Finger breit oberhalb der Nüstern liegen. Das Nasenbein kann durch falsch verschnallte Zäume Schaden nehmen: Hier verlaufen wichtige Nervenbahnen. Ertastbare Wärme- und Kälteunterschiede geben ebenso Aufschluss über eine mögliche Schädigung.

Tarabaya trägt ein Cavesal von Jossy Reynvoet – ein sehr sanfter und leicht anpassbarer Kappzaum.

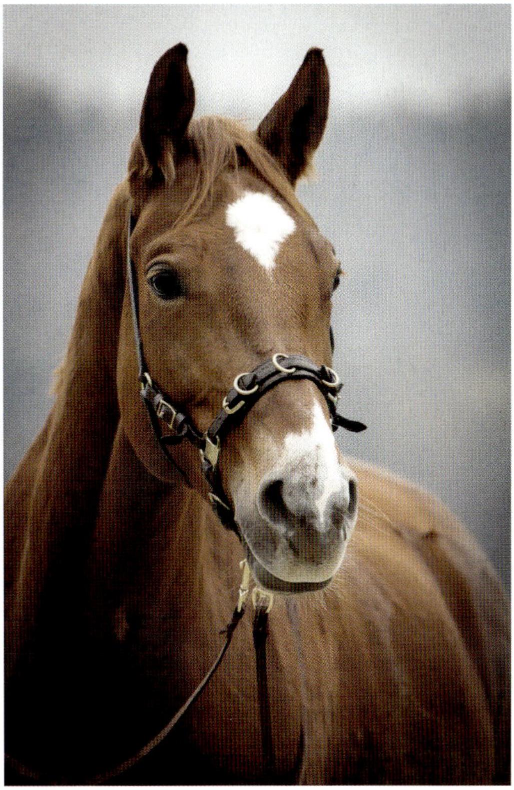

Denken wir erneut an die dreijährigen Pferde, die bereits der Öffentlichkeit geritten präsentiert werden. Die beiden Unterkieferäste verknöchern im zweiten oder dritten Lebensjahr.

Dies sollte ebenso bei der Arbeit mit Halftern, Kappzäumen und Gebissen zu beachten sein. Das Kiefergelenk verbindet den Unterkiefer mit dem Oberkiefer. Es ist durch eine knöcherne Verbindung direkt mit dem Schädel und funktional mit den Kopfgelenken verbunden. Kiefergelenk und Zungenbein

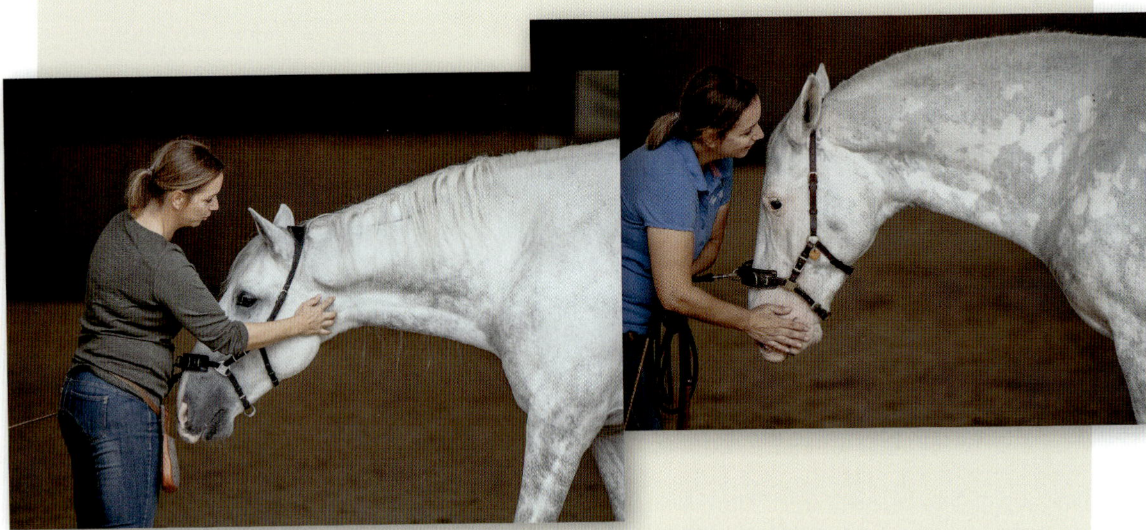

Mandrake und Schnucks unterscheiden sich deutlich in puncto Ganaschenfreiheit. Schnucks hat das etwas höher angesetzte Genick, Mandrake hat sehr breite Ganaschen, bei entsprechender Dehnungshaltung lässt sich der Abstand der Ganasche vom ersten Halswirbel gut ertasten.

können bei Blockaden ebenso die Bewegungsqualität der gesamten Wirbelsäule beeinflussen. Auch die Losgelassenheit der Kieferregion spielt für den Reiter eine große Rolle. Daher sind auch engmaschige zahnärztliche Kontrollen gerade beim Jungpferd, wo viel Entwicklung durch den Zahnwechsel stattfindet, notwendig, um beispielsweise der Ausprägung eines Wellengebisses entgegenzuwirken.

Solche Fehlstellungen würden sich nicht nur auf die Futteraufnahme, Verwertung und Verdauung auswirken, natürlich beeinflusst eine Läsion am Kiefergelenk auch den gesamten Pferdekörper und dessen Bewegungsqualität. Auch schmerzhafte Haken im Wangenbereich sind häufig Ursache für ein klares Nein des Pferdes, wenn es eine Aufgabe einfach nicht zu lösen vermag.

Wenn sich der Reiter darüber beklagt, dass das Pferd beim Reiten den Kopf nicht nach unten nehmen kann, dann wäre die erste zu klärende Frage, ob das Pferd mit gesenktem Kopf fressen kann. Pferde verbringen normalerweise mindestens 18 Stunden am Tag in einer Fressposition mit tief gesenktem Kopf. Die Kaubewegung sorgt für Entspannung, die Winkel an der Ganasche werden geöffnet – dieser offene Ganaschenwinkel ist später für die Erarbeitung einer korrekten Stellung und Biegung notwendig.

Auch wenn wir uns vornehmen, mit sehr weicher und einfühlsamer Hand zu reiten, als Reiter haben wir einen sehr starken Einfluss auf den Kiefer des Pferdes. Aber auch unpassende Sättel, schlechte Polsterung, zu enge Kammern, schief sitzende Reiter (das berühmte Einknicken in der Hüfte) beeinflussen den gesamten Pferdekörper und damit außerdem die natürliche Schiefe.

Das Pferd versucht nun auch, Schiefen durch die Platzierung des Unterkiefers auszugleichen. Wenn dann der Reiter zudem noch beispielsweise mit einem Gebiss longiert, kann der Unterkiefer gar nicht richtig platziert werden. Bei einer korrekten Stellung sollte der Unterkiefer des Pferdes leicht nach außen verschoben sein. Das Pferd verwirft sich im Genick, wenn der Oberkiefer deutlich nach außen zeigt, der

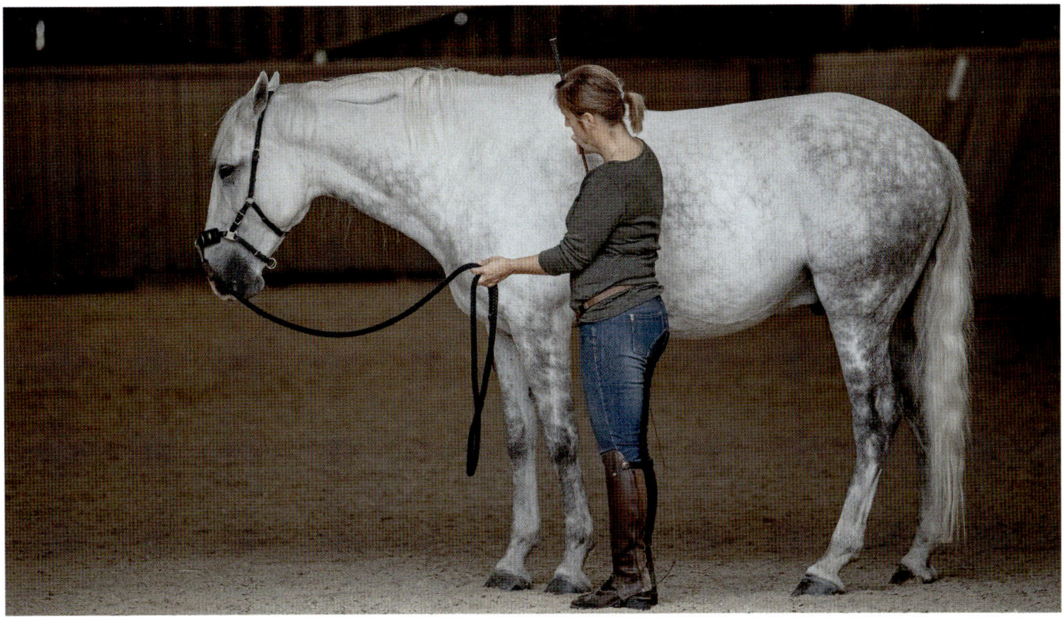

Mandrake beim Lösen im Stehen in der seitlichen Führposition. Die Stellung ist auf diesem Bild nicht korrekt, Mandrake biegt sich nicht um den linken Schenkel, hier substituiert durch die Gerte, sondern nimmt eher Rechtsbiegung und Stellung an. Der linke Unterkiefer rotiert nach links, das rechte Ohr wirkt leicht höher.

Kopf wird schräg gestellt, der Unterkiefer bewegt sich nach innen. Hakt es an der Stellung, dann führt das in weiterer Folge auch zu einer fehlerhaften Biegung.

Ein zu stark gespannter, äußerer Zügel verhindert nicht nur die Dehnung der äußeren Oberlinie, er sorgt auch für Verspannungen am Kiefergelenk.

Somit steht kein Gelenk für sich alleine. Eine riesige Kettenreaktion ist die Folge: Muskulatur hält sich fest, falsche Muskelgruppen werden angesprochen.

Das Genick

Für viele Reiter DAS Problem der Reiterei: Das Pferd muss durchs Genick gehen. Das Genick soll in der Versammlung der höchste Punkt sein. Darin sind sich die meisten Reiter sogar einig. Allerdings kursieren zwischenzeitlich so viele Theorien und Schulen, aber auch viele unschöne Bilder, die aufgerollte Pferdehälse zeigen. »Durchs Genick gehen« ist mittlerweile nicht nur eine Glaubensfrage, sondern wird auch für den Ausbilder aufgrund der vielen Meinungen, wie es nun richtig geht und wie es auf keinen Fall umgesetzt werden soll, zur unüberwindbaren Hürde.

Wie bei allen Vorgängen im Pferdekörper lohnt es sich, einerseits darüber nachzudenken, was da in ihm passiert, andererseits nach einer passenden Formulierung zu suchen. Ist die Hergabe des Genicks nicht gleich eine ganz andere Bezeichnung, die uns auch besonders aufmerksam hinsichtlich der Psyche des Pferdes macht?

Hergeben hat nichts mit »sich aufgeben« zu tun, »sich hinzugeben« ist nur möglich, wenn man seinem Gegenüber vertraut. Wir können die Physis des Pferdes besonders beim Reiten nicht ohne die Psyche betrachten.

Das Genick besteht aus dem Hinterhauptbein, dem ersten Halswirbel (Atlas) und dem zweiten Halswirbel (Axis). Der erste Halswirbel wird Atlas genannt. Für ihn ganz typisch sind die sogenannten Atlasflügel, die sich zu einem Ring schließen. Was dem Atlas fehlt,

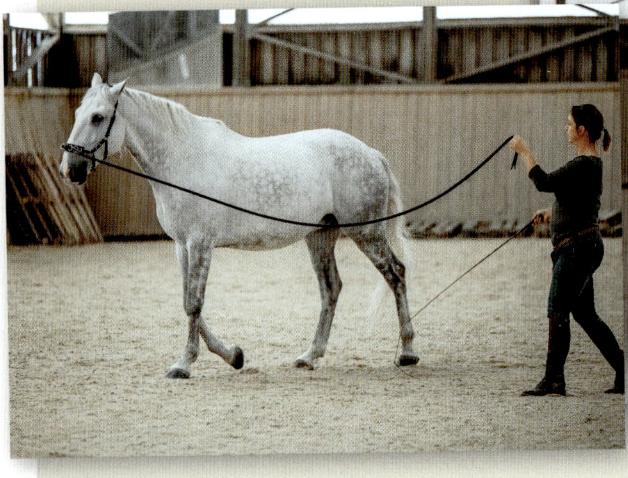

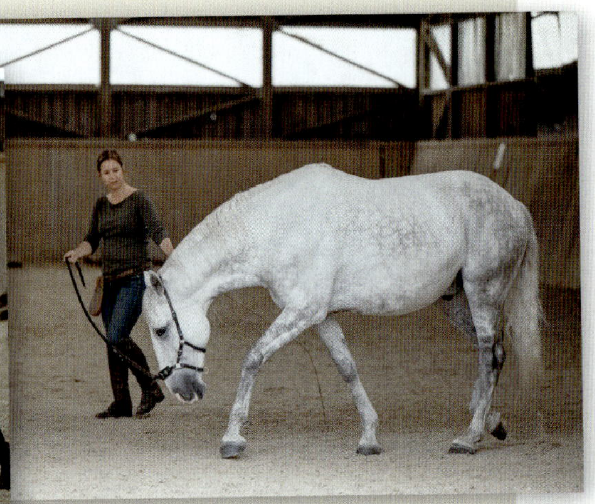

Mandrake ist nicht über den Rücken zur Hand unterwegs, seine Nase federt mehr in Richtung Sattellage als in Bewegungsrichtung der Vorderbeine. Der Rücken ist festgehalten, das Vorderbein bleibt förmlich im Sand stecken.

Jetzt kommt Mandrake etwas zu tief, trotzdem sorgt bereits die Entspannung der Oberlinie für ein deutlich anderes Bild. Stellung und Formgebung werden durch die Dehnung und das Öffnen in der Ganasche möglich.

sind die typischen Dornfortsätze – gut ertastbar sind aber die beiden Querfortsätze – die oben genannten Atlasflügel. Der Atlas bildet mit dem Hinterhaupt das so genannte Atlanto-Okzipital-Gelenk – das so genannte Ja-Sager-Gelenk. Dieses Scharniergelenk ist für die Auf- und Abbewegung des Kopfes (für den so genannten Wackeldackel-Effekt zuständig). Außerdem ist dieses »Ellipsoidgelenk« für eine seitliche Stellung des Genicks zuständig. Stellung ist aber nur mit einem offenen Genickwinkel – mit so genannter Ganaschenfreiheit – möglich.

Dies lässt sich auch gut ertasten, wenn wir mit unseren Fingerspitzen von den Atlasflügeln zur Ganasche fühlen. Viel Platz ist da nicht und wollen wir die Ohrspeicheldrüsen des Pferdes nicht durch unsachgemäße Platzierung des Kopfes stauchen, dann müssen wir immer zuerst über eine Dehnungshaltung für Ganaschenfreiheit sorgen.

Bewegt sich das Pferd losgelassen und entspannt, kann man die Nickbewegungen deutlich sehen. Schwingt ein Vorderbein nach vorne, wird der Hals ein wenig angehoben, im Moment des Auffußens senkt sich der Kopf. Ein Pferd, das sich in der Halsmuskulatur verspannt, kann diese Nickbewegung nicht mehr zulassen, diese Verspannung lässt sich auch am Gangbild entlarven, nicht nur an der fehlenden Nickbewegung. Der Vorgriff der Vorderbeine wird stark reduziert, außerdem wird sich auch das plane Auffußen des Hufs verändern.

Das Pferd fußt mit dem Ballen zuerst auf oder rammt die Zehenspitze tief in den Sand.

Der Atlas und der zweite Halswirbel, genannt Axis, sind durch einen »Zahn« verbunden, der in den Atlas hineinragt. Zwischen dem ersten und zweiten Halswirbel findet eine Rotationsbewegung statt, also auch eine seitliche Bewegung, die aber nicht mit Stellung, wie wir sie im reiterlichen Sinn verstehen, verwechselt werden darf. Hier finden wir also ein Drehgelenk, das Atlanto-Axial-Gelenk, oder vereinfacht gesagt, das »Nein-Sager«-Gelenk.

Stellen wir uns ein Pferd vor, das die Nase weit nach oben nimmt, dann ist eine seitliche Bewegung nicht mehr möglich. Auch wenn das Pferd den Kopf weit hinter die Senkrechte nimmt, ist eine seitliche Bewegung nicht mehr machbar. Nur wenn die Nase vor oder an der Senkrechten ist, kann das Pferd den Kopf zur Seite nehmen. Ein Verwerfen im Genick findet immer zwischen erstem und zweitem Halswirbel statt.

Was ist aber jetzt zu tief oder zu hoch? Alles, was im Genick passiert, korrespondiert mit dem gesamten Pferdekörper. Es gibt also nur EIN ehrliches Über-den-Rücken-Gehen. Entweder kann es das Pferd – oder eben nicht.

Ist das Pferd in Hals und Genick zu hoch oder zu tief eingestellt, wird es unweigerlich den Rücken wegdrücken oder sich verspannen. Die dreidimensionale Schwingung der Wirbelsäule, die sich aus der Kraftübertragung der Hinterhand über das Becken ergibt, wird dann empfindlich gestört. Das zeigt sich eben auch in der Bewegung bei oben genanntem Beispiel, wenn der »Wackeldackel« blockiert wird, beispielsweise durch eine festgestellte oder rückwärts wirkende Hand.

Die Muskeln am Genick

Die einzelnen Wirbel und Gelenke können sich natürlich nicht ohne das Zusammenspiel der Muskeln bewegen. Jene Muskeln, die die Bewegungen im Atlanto-Okzipital-Gelenk und im Atlanto-Axial-Gelenk auslösen, sind somit für die Bewegungen des Kopfes zuständig. Dies sind die sogenannten kurzen Kopf- und Halsmuskeln. Am Kopf und am Genick haben viele Muskeln Ansatzstellen, die später an Rumpf, Schulter oder Halswirbelsäule den zweiten Ansatz finden. Das gesamte Muskelsystem muss entspannen, wenn es um die oben beschriebene Hergabe des Genicks geht.

In der Bodenarbeit wird klar – wer den Kopf des Pferdes lediglich am Kappzaum nach unten zieht, fordert einen Widerstand heraus. Nur durch eine gefühlvolle Hand kann das Pferd in der Bodenarbeit langsam lernen zu entspannen und auch sich bei offenem Ganaschenwinkel nach links und nach rechts zu stellen.

Wichtig für uns Reiter: Die Muskulatur am Genick ermüdet rasch und kann noch lange keine statische Arbeit – also »Haltearbeit« – leisten. Daher sind ein Wechsel in der Formgebung sowie ein Strecken und Dehnen des Halses so wichtig.

Das Zungenbein

Das Zungenbein ist ein kleiner Knochen mit großer Wirkung; zu finden ist es zwischen den beiden Unterkieferknochen des Pferdes. Es stellt die gelenkige Verbindung zum Schläfenbein her und liegt zwischen Zunge und Kehlkopf. Optisch erinnert es an einen kleinen Schlitten.

Über Muskeln und Faszien ist das Zungenbein direkt und indirekt mit dem Schädel und dem Unterkiefer, dem Funktionsbereich Brustbein, Schultergelenk-Oberarm und dem Funktionsbereich Becken-Kreuzbein, verbunden. Das Zungenbein hat außerdem eine Verbindung zum Kehlkopf, es liegt also seitlich des Rachens. Über den Hörkanal besteht eine Verbindung zum Kopf.

Die vielen oben genannten Verbindungen machen klar, warum das Zungenbein von so großer Bedeutung für das Pferd ist. Das lässt sich ganz einfach im Selbsttest ausprobieren: Einfach auf einem Cavaletti oder einer Slackline balancieren und explizit fühlen, was die eigene Zunge bei Gleichgewichtsübungen macht. Neben der Balance hat das Zungenbein auch eine wichtige Funktion beim Kauen und Schlucken.

Für uns Reiter ebenso wichtig zu wissen: Das Zungenbein ist lediglich durch die Muskulatur, aber nicht mittels einer knöchernen Verbindung mit dem Zungengrund und Kehlkopf verbunden. Das heißt, der Bereich ist auch fragil und anfällig für Läsionen. Spürt der Reiter eine unruhige Verbindung zum Pferdemaul, kann diese natürlich auch durch einen Schiefstand des Zungenbeins ausgelöst worden sein. Abgesehen davon, dass dies für das Pferd nicht sonderlich angenehm ist, werden vermehrt Gleichgewichtsstörungen immer häufiger auf einen Befund am Zungenbein zurückgeführt.

Einige Sprichwörter unterstreichen zudem die Gewichtigkeit emotionaler Stresszeichen:

So *»können wir etwas nicht mehr sehen«*, oder *»nicht mehr hören«* – oder wir müssen *»die Zähne zusammenbeißen«*.

Wer nun wirklich für einige Minuten die Zähne fest zusammenbeißt, wird relativ rasch Schmerzen im Kiefergelenk registrieren, die auch unmittelbar in den Bereich der Halswirbelsäule ausstrahlen.

Auch Pferde machen sich bei emotionalem Stress im Unterkiefer fest, sie beißen ebenso wie wir, wenn es hart auf hart kommt, die Zähne zusammen. Daher sollten wir uns stets an Nuno Oliveira halten, der seinen Schülern schon riet: *»Reiten Sie Ihr Pferd glücklich.«*

VIDEO

Jungpferdearbeit im Rückblick. Mandrake zwei Wochen nach unserem ersten Treffen in Österreich.

Verletzungen oder Blockaden am Zungenbein des Pferdes sind fast immer durch Menschenhand verursacht. Das kann ein unbeabsichtigtes Manöver am Zügel sein, aber auch bei Zahnbehandlungen oder Medikamentengabe, wenn die Zunge aus dem Maul genommen wird, können Läsionen entstehen. Dieses Wissen sollten wir auch im Hinterkopf haben, wenn wir über die Frage: mit Gebiss oder gebisslos nachdenken.

Dehnungshaltung – Ja oder Nein?

Dehnungshaltung oder nicht, das ist die nächste für uns als Ausbilder relevante Frage. Bodenarbeit und Longieren bereiten unser junges Pferd auf das spätere Gerittenwerden vor.

Einerseits geht es bei der Vorbereitung um die Entwicklung einer gemeinsamen Sprache, sodass Hilfen von Mensch und Pferd verstanden und umgesetzt werden, andererseits lernt das Pferd bereits eine bestimmte Körperhaltung kennen, die ihm das Tragen des Reitergewichts später erleichtert. Die Krux ist jedoch – wir trainieren am Boden das Pferd ohne Reitergewicht, daher muss es mit uns vom Sattel aus

Unterstützung vom Boden: Gemeinsam zeigen Judith vom Sattel und ich vom Boden aus der jungen Welsh-Stute Xenia die Formgebung über den Rücken.

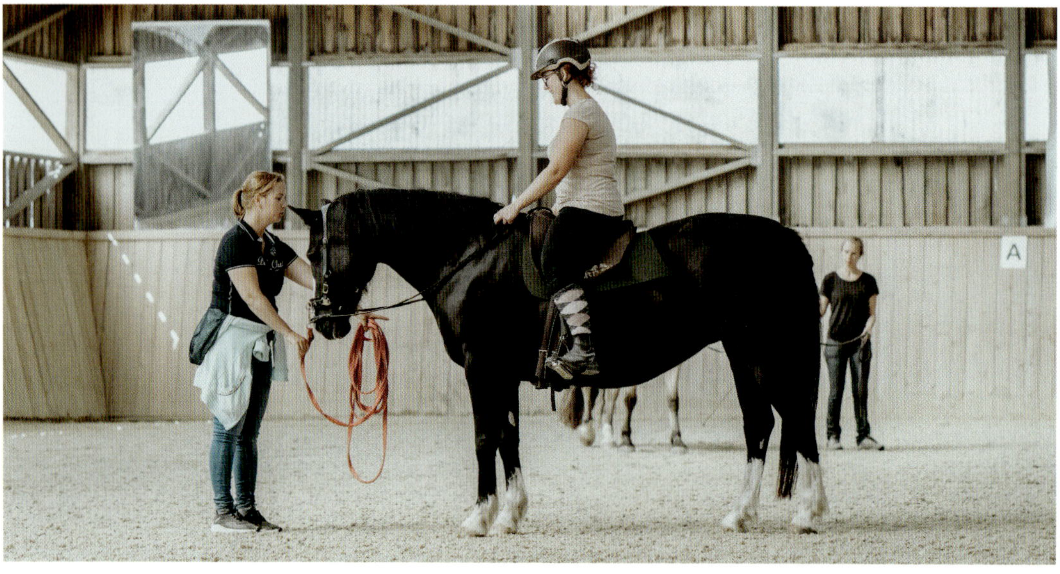

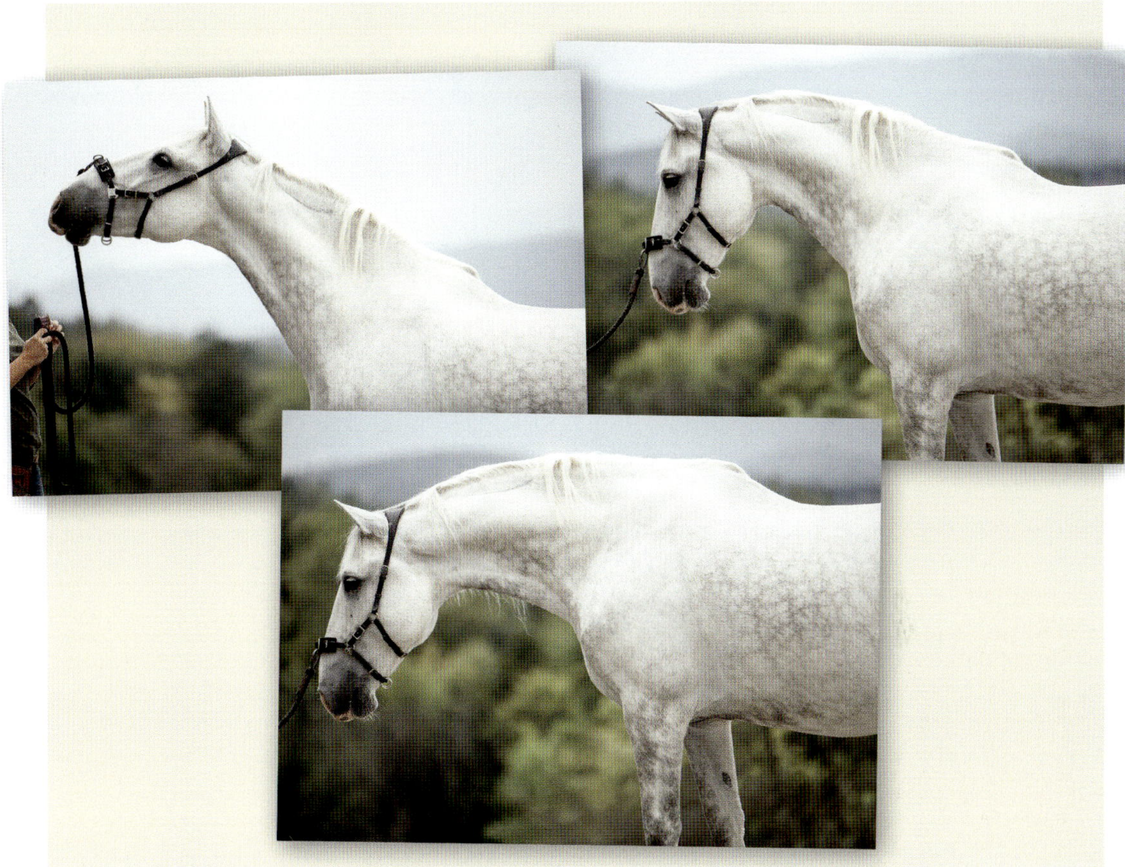

Mandrake in unterschiedlicher Halsposition – die unterschiedliche Halsposition wirkt sich auch auf die Kyphose (Aufwölbung) und Lordose (Wegdrücken) der Wirbelsäule aus.

alle bisher gelernten Schritte noch einmal wiederholen. Hier ist das Verständnis, wie sich das Pferd mit dem Reitergewicht abfindet, maßgeblich. Belasten wir den jungen Pferderücken, wird das Pferd ihn aufwölben und ihn verkrampfen. Auf die gewichtsmäßige Belastung antwortet das Pferd also zunächst mit krampfhafter Aufspannung des Rückens, in weiterer Folge wird es sich wieder entspannen und den Rücken entlasten, damit sind die Gewöhnung an den Reiter und die Tragfähigkeit noch lange nicht erreicht, denn das Pferd wird den Rücken nun eher nach unten durchdrücken.

An dieser Stelle sollten wir uns vor Augen führen, wie die Wirbelsäule des Pferdes aufgebaut ist. Die Pferdewirbelsäule besteht aus sieben Halswirbeln, 18 Brustwirbeln, sechs Lendenwirbeln und fünf Kreuzwirbeln sowie ca. 20 Schweifwirbeln. Die Wirbelsäule verläuft vom Genick bis zum dritten Halswirbel in einer Aufwölbung, vom vierten bis zum 10. Brustwirbel drückt sich die Wirbelsäule nach unten in eine Lordose und danach vom 11. Brustwirbel bis zum Steißbein haben wir wieder eine Kyphose.

Die vordere Hälfte der Dornfortsätze ist nach hinten (in Richtung Hinterhand) geneigt. Wer nachzählen möchte wird feststellen, dass die Dornfortsätze der Brustwirbelsäule ab dem 14. Brustwirbel kürzer werden und sich vermehrt aufrichten. Die Wirbel davor sind eher nach hinten gerichtet, ab Brustwirbel Nummer 14 stehen sie eher vertikal. Dies ist der so genannte »Umkehrwirbel« – und genau hier sitzen wir später als Reiter. Zählen wir weiter bis Brustwirbel Nummer 16, stellen wir fest, dass sich die Dornfortsätze nun weiter nach vorne neigen. Außerdem werden die Dornfortsätze wieder bis zum dritten Lendenwirbel länger. Je weiter wir die Wirbelsäule nach hinten verfolgen, umso eher neigen sich die Dornfortsätze am Kreuzbein nach hinten.

Warum interessiert uns als Reiter eigentlich, ob die Dornfortsätze nach hinten oder vorne ausgerichtet sind? Die Natur hat sich bei der Richtung der Dornfortsätze etwas gedacht: So ist die Länge der Dornfortsätze am Widerrist maßgeblich dafür verantwortlich, ob das Nackenband den Kopf und Hals des Pferdes gut tragen kann. Wenn der Rücken sich aufwölbt und unter Dehnung kommt, entfernen sich die Dornfortsätze ein wenig voneinander. Die Kette der Dornfortsätze ist quasi so angepasst, dass wir das Pferd reiten können – vorausgesetzt wir reiten es korrekt über den Rücken.

Allerdings verfügen nicht alle Wirbel über Dornfortsätze. So haben Halswirbel keine ausgeprägten Dorn- oder Querfortsätze. Die Brustwirbelsäule verfügt über sehr lange Dornfortsätze, die wir teilweise auch sehr gut ertasten können, beispielsweise im Widerristbereich (zweiter bis neunter Brustwirbel). Die Querfortsätze sind ein markantes »Markenzeichen« der Lendenwirbelsäule. Das Kreuzbein oder auch Os Sacrum (heiliger Knochen) ist wie sein Name besagt kreuzförmig aufgebaut. Für die Ausbildung des jungen Pferdes ist wichtig zu beachten, dass die Knochenfugen sich beim »Sakrum« erst im Alter von 5 Jahren schließen. Werden Pferde zu früh belastetet, kann dies im schlimmsten Fall später die Fähigkeit zur Hankenbiegung ruinieren. Ganz charakteristisch für das Kreuzbein sind seine zwei Flügel, die durch Bänder mit dem Becken verbunden sind. Für uns Reiter befindet sich hier die Energiezentrale des Bewegungswunders Pferd: Hier wird die gesamte Kraft aus der Hinterhand auf die Wirbelsäule übertragen – und dies zeigt sich in einer dreidimensionalen Schwingung vom Becken bis zum Genick. Diese Übertragung wird als »Schwung« bezeichnet. Hier müssen wir Reiter aufpassen, denn als Menschen assoziieren wir Schwung gerne mit »beschwingt sein« oder »großer Bewegung« oder »viel Energie«. Schwung bedeutet aber, dass ein Körper zum Schwingen gebracht wird. Bei korrekter Schwingung ist die Bewegung der Wirbelsäule des Pferdes dreidimensional. Es kommt zu einer Bewegungsamplitude nach oben-unten, zur Seite und zur Rotationsbewegung des Brustkorbs.

Die Ausrichtung der Dornfortsätze ist somit für die Frage der Belastung des Rückens interessant. Wird der Rücken durchgedrückt, nähern sich die Dornfortsätze an, im schlimmsten Fall gar so, dass zwischen den Dornfortsätzen der Wirbelsäule kaum noch Platz bleibt. Da die Dornfortsätze lediglich die Spitze des Eisbergs sind und bei der Befundung von Kissing Spines im bildgebenden Verfahren mittels Röntgen als Indikator herangezogen werden, mag man sich gar nicht ausmalen, wie stark die Wirbel bei unphysiologischer Belastung komprimiert werden.

Verlaufen die ersten Schritte unter dem Reiter schwankend, unsicher und klamm, fühlt sich der Reiter in eine tiefe Mulde gesetzt, weil das Pferd versucht, die neue Belastung lediglich durch das Knochengerüst zu tragen. Unser junges Pferd weiß noch nicht, wie es den Reiter durch Zuhilfenahme seiner Muskulatur und des Faszienapparats tragen soll. Stehen uns Bodenarbeit und Longieren und im besten Fall ein leichter Reiter zur Verfügung, kann der Ausbilder am Boden die bereits bekannten Hilfen umsetzen und dem Pferd das Tragen der Last somit erleichtern. Dazu aber später mehr.

Bleiben wir beim unausgebildeten und relativ unvorbereiteten Pferd. Ein Pferd kann uns tragen – selbst ohne Muskeln. Lediglich Skelett und Bänder können die Last am Rücken halten – das haben einige Versuche im Labor ergeben – in der Praxis zeigt sich jedoch relativ rasch eine Ermüdung. Das Pferd stellt die Vorderbeine dann weit unter den Rumpf, die Hinterbeine werden weg von der Körpermasse nach hinten gestellt – es fällt wie ein Kartenhaus auseinander.

Eine negative Spirale entsteht, das Pferd entwickelt ein neues Bewegungskonzept, in dem es die Rückenmuskeln anspannt, um sich das Reitergewicht leichter zu machen. Wie oft hören wir den Ratschlag:

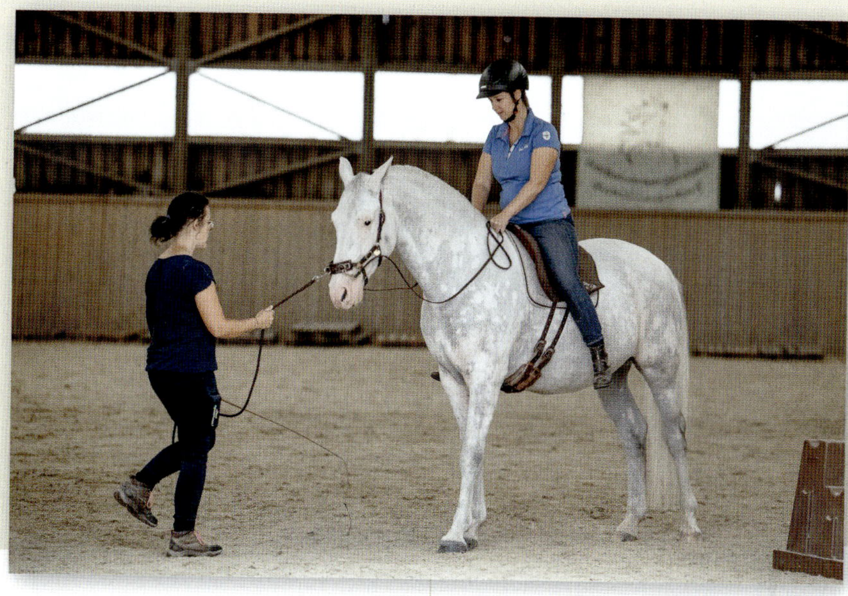

Conversano Sostenuta beim ersten Aufsteigen. Man kann deutlich sehen, dass für ihn das Reitergewicht noch ungewohnt ist.

»Wenn du etwas Schweres hebst, dann spanne deine Bauchmuskeln an.« Das gilt natürlich auch für das Pferd. Die so genannte »untere Verspannung« wird für uns in der Ausbildung des Pferdes essenziell. Dies ist mitunter auch der Grund, warum wir in den ersten Ausbildungsschritten am Boden die Gerte als inneren Schenkel benutzen.

In der Schenkellage am Gurt angewandt, können wir so auch die Bauchmuskulatur unter Zuhilfenahme von etwas Längsbiegung aktivieren, um den Rücken anzuheben. Die Rückenmuskulatur zählt zur Bewegungsmuskulatur des Pferdes, sie ist also von Haus aus nicht zum Tragen gemacht.

VIDEO

Mandrake bei einem der ersten Versuche aufzusteigen.

Eine Woche später sieht das schon ganz anders aus.

Vom Sattel aus geübt wurde zwischen diesen Einheiten nicht:

VIDEO

Und so sieht das Ganze eine Woche später aus.

Hier wird die Formulierung, dass das Pferd »den Rücken hergeben« soll, einmal mehr durch die genaue Beschäftigung mit der Anatomie des Pferdes verständlich. Als Reiter kommen wir auf Pferden, deren Rücken festgehalten und nicht losgelassen ist, nicht zum Sitzen. Das Pferd, das sich im Freilauf noch prächtig präsentierte, wirkt nun in seinen Schritten kurz und angespannt. Gerade die Vorderbeine können nicht mehr frei nach vorne schwingen. Setzen wir hier also lediglich auf den Faktor »Gewöhnung«, reiten wir ein Pferd sehr schnell in die Abwärtsspirale der Trageerschöpfung, denn der lange Rückenmuskel ist zu

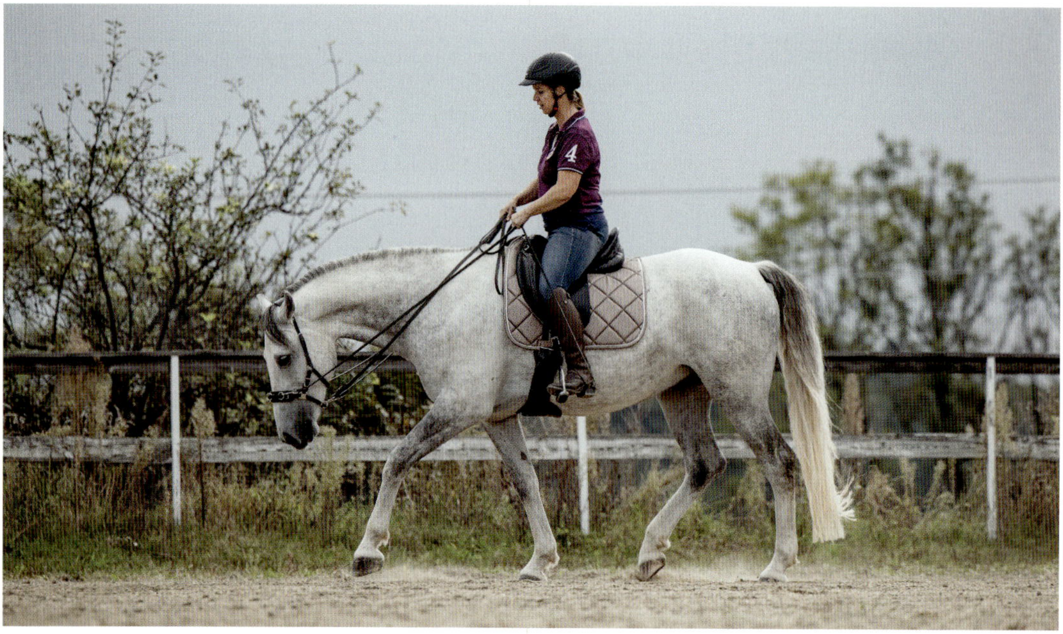

Amena schwingt über den Rücken zur nachgiebigen Hand.

einer dauerhaften Spannung nicht konstruiert. Ein erneutes Hochnehmen und Loslassen des Rückens ist die Folge, welches sich kontinuierlich auf die Beschaffenheit der Wirbelsäule auswirkt und eines Tages eventuell die Diagnose »Kissing Spines« zu Tage führt.

Die Biegung der Wirbelsäule

Dressur und Ausbildung des Pferdes müssen sich daher immer an der Natur des Pferdes orientieren. Schauen wir uns also die Bewegung der Wirbelsäule und des Rückens genauer an: Der Rücken kann sich beugen und strecken, das haben wir bereits in der Reaktion des jungen Pferdes hinsichtlich der Belastung bemerkt. Ein hergegebener Rücken hebt sich natürlich auch an, was uns aber als Reiter am meisten interessiert, ist die dreidimensionale Schwingung der Wirbelsäule. Diese ist in allen Gelenken der Wirbelsäule möglich, ausgenommen die Verbindung zwischen erstem und zweitem Halswirbel. Schwung bezieht sich somit auf die Schwingung der Wirbelsäule und nicht wie so häufig angenommen auf Energie und Vorwärts.

Wenn wir das Pferd in eine Dehnungshaltung, in ein korrektes Vorwärts-Abwärts einladen, dann wird der Raum zwischen den Gelenkflächen größer. Das begünstigt in weiterer Folge die Beweglichkeit der Wirbelsäule, die Schwingungen sind nach oben, zur Seite und in Rotation möglich. In der Dehnungshaltung steht die Wirbelsäule in einer deutlichen Kyphose, das heißt, wir heben die Lordose zwischen 3. Halswirbel und 10. Brustwirbel etwas auf. Die Zunahme der Beweglichkeit hat natürlich auch eine größere Instabilität zur Folge, was vielleicht in manchen Reitlehren ein Erklärungsmodell für das starke Aufrichten des Pferdehalses liefert. Wird die Lordose in diesem Bereich verstärkt, dann wird das Bewegungsausmaß der einzelnen Gelenke verringert, dies fühlt sich für den Reiter eventuell auch stabiler an. Heißt das im Umkehrschluss, jegliche Aufrichtung ist schlecht? Nein, denn hier kommen Faszien und Muskeln ins Spiel, deren Mobilität und Stabilität durch das Training und die weitere Ausbildung gezielt gekräftigt werden sollen.

Wir haben bereits erfahren, dass sich der lange Rückenmuskel zum Tragen der Reiterlast nicht versteifen darf. Die eigentliche Aufgabe für das Tragen fällt somit anderen Muskelgruppen zu.

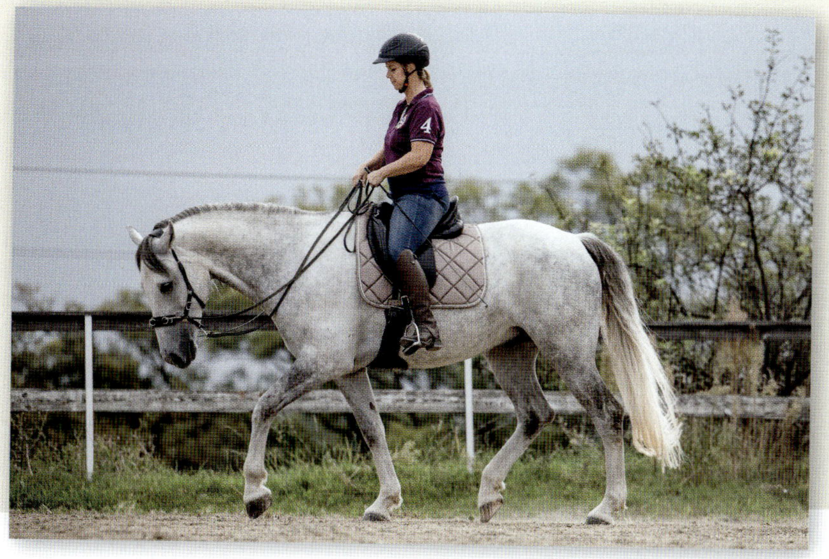

Amena richtet sich langsam auf. Der Genickwinkel könnte in diesem Moment noch etwas mehr geöffnet sein. Amena darf sich aber in der Formgebung finden, so lange der Rückenschwung gleichmäßig und die Bauchmuskulatur aktiv ist.

Hier kommen Hals und Vorhand mit den Rumpfträgern ins Spiel. Für uns als Ausbilder sind hier zwei Gruppen interessant: einerseits Muskeln, die von den Hals- und Brustwirbeln in Richtung Genick verlaufen und für das Tragen des Kopfes verantwortlich sind. Andererseits Muskeln, die von den Rückenwirbeln über den Widerrist und die Pferdeschultern zu den Halswirbeln verlaufen.

Wenn wir unserem jungen Pferd im Stehen bereits beibringen, den Kopf zu senken, aktivieren wir dabei das Nackenband, das vor allem im Bereich des Widerrists aktiv wird und die Dornfortsätze aufrichtet. Der Rücken wölbt sich auf bis zum 14. Brustwirbel, der genau in der Mitte der Sattellage liegt. Die Dehnung des Halses führt aber nicht nur zu einer Aufrichtung der Dornfortsätze, auch die Bauchmuskulatur wird aktiv, wenn Bewegung und Energie ins Spiel kommen. Ein Hochheben des Kopfes löst genau das Gegenteil aus, das Becken kippt ab und die Hinterbeine des Pferdes können nicht mehr unter den Bauch des Pferdes fußen. Sie treten kurz, hinter dem 14. Brustwirbel und im Bereich der Lendenwirbelsäule hängt der Rücken durch. Das Nackenband und in weiterer Folge das Oberdornfortsatzband sind also maßgeblich an der Tragfähigkeit des Rückens beteiligt. Man nennt diese Konstruktion auch den passiven Trageapparat, wobei uns für das Reiten natürlich ein aktives Tragen interessiert.

Jetzt kommt noch ein zweiter Faktor ins Spiel. Wir erinnern uns: Das Zungenbein weist im Unterkiefer zu seinen verschiedenen Funktionsbereichen keine knöcherne Verbindung auf, sondern ist lediglich durch Muskulatur aufgehängt. Das gilt auch für die gesamte Vorhand.

Pferde verfügen über kein Schlüsselbein, das heißt, es gibt keine knöcherne Verbindung zwischen Vorhand und Wirbelsäule. Eine faszinierende Konstruktion, die uns die Frage aufzwingt: Was trägt denn nun eigentlich den Reiter? Wie kann das Pferd sich selbst und dann auch noch einen Reiter tragen, ohne dass der Rumpf zwischen den Vorderbeinen zusammensackt?

Zu den Rumpfträgern gehören alle Muskelgruppen, die den Rumpf des Pferdes zwischen den Vorderbeinen aufhängen. In jüngster Zeit ist der Begriff der Biotensegrität in der Pferdeausbildung stark in Mode gekommen. Hier wird vehement diskutiert, ob

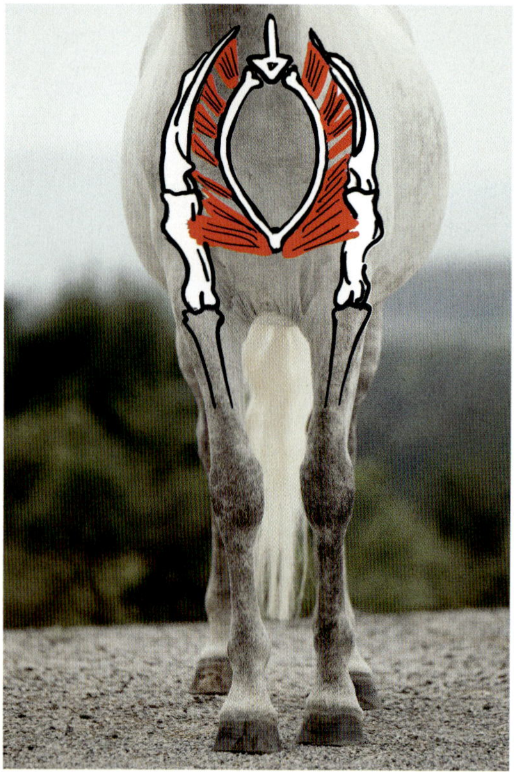

Pferde haben kein Schlüsselbein, der Rumpf ist relativ lose in der Muskulatur »aufgehängt«. Die »tragende« Rolle fällt den Rumpfträgern zu.

Hebelgesetze für den Pferdekörper noch stimmig sind, ob die Theorie von Lastarm- und Kraftarm ihre Gültigkeit hat und inwieweit tensegrales Wissen die Bewegungsphysiologie am besten erfassen kann.

Wenn wir uns erneut den Mangel einer knöchernen Verbindung zwischen Vorhand und Rumpf vor Augen führen, dann schöpfen wir aus dem Biotensegrity-Modell spannende Bilder. Faszien leben von Bewegungsvorstellung. Das unterstreicht auch das Reiten im Gelände – die Natur generiert für uns eine Vielzahl an »Hürden«, die das Pferd überwinden muss. Mal geht es bergab, mal geht es bergauf, mal klettern wir über Wurzeln oder einen großen Baumstamm. Der Boden unter den Hufen fühlt sich im Bach anders an, als auf der befestigten Forststraße usw.

Geben wir dem Faszienkörper etwas zu tun – einerseits sind es die Aufgaben, die das Pferd dazu veranlassen, nicht die Haltung zu verlieren. Andererseits – und hier denken wir an unser Tensegrity-Modell – bewirkt Druck auf das Modell an einer anderen Stelle im Körper wiederum eine Reaktion. Die Frage ist also, wie das Pferd mit den Standbeinphasen am Boden Kraft umwandelt. Lässt es sich in den Boden sinken oder drückt es mit der Vorhand gegen den Reiter aufwärts. Kraft darf sich immer durch Stimuli entwickeln, für uns als Ausbilder ist hier lediglich notwendig zu wissen, dass die Termini Tempo, Takt und Schwung, mit besonderer Betonung auf taktmäßiger Bewegung, das Tensegrity-Modell vielleicht weniger komplex erklären. Takt bedeutet ein sauberes und rhythmisches Fußen der Pferdebeine. Untaktmäßige Bewegungen, abgebremste oder ins Extrem gespannte Bewegungen sorgen in Zeitlupenstudien für Taktfehler in den Gangarten und entlarven damit die schlechte Bewegungsqualität des Pferdes. Die Schwebephase ist hier besonders wichtig für den Trab zu nennen, manchmal sehen wir Pferde mit Einbeinstütze im Trab, dann wiederum gibt es Pferde, denen die Schwebephase zu Gunsten eines bequemen Sitzgefühls mit »vermeintlicher« Tragkraft abtrainiert wurde – in beiden Fällen bricht das fasziale System mit allen Folgen für den gesamten Körper und dessen Haltung zusammen.

Wo wird nun Bewegung ausgelöst? Als Motor für Bewegung wird natürlich prompt die Hinterhand des Pferdes genannt. Das Konzept der Wirbelsäule ist jedoch noch älter und nach dem Henne-Ei-Prinzip lässt sich sagen: ohne Wirbelsäule keine Bewegung. An dieser Stelle kommt die berühmte Biegung ins Spiel. Gehen wir von folgender Situation aus:

Da wir am Boden einen besseren Überblick haben, führen wir unser Pferd in der Frontposition, das heißt, wir laufen in der Bodenarbeit rückwärts vor dem Pferd. Wir sind in diesem Beispiel auf der linken Hand unterwegs, das Pferd lässt seinen Hals fallen, wir bewerten dies zunächst als korrekte Dehnungshaltung. In dieser Position können wir nun das Genick und den Widerrist beobachten. Kippt der Widerrist von uns aus betrachtet nach links, also nach außen, wie eine Haifischflosse, machen wir folgende Feststellung:

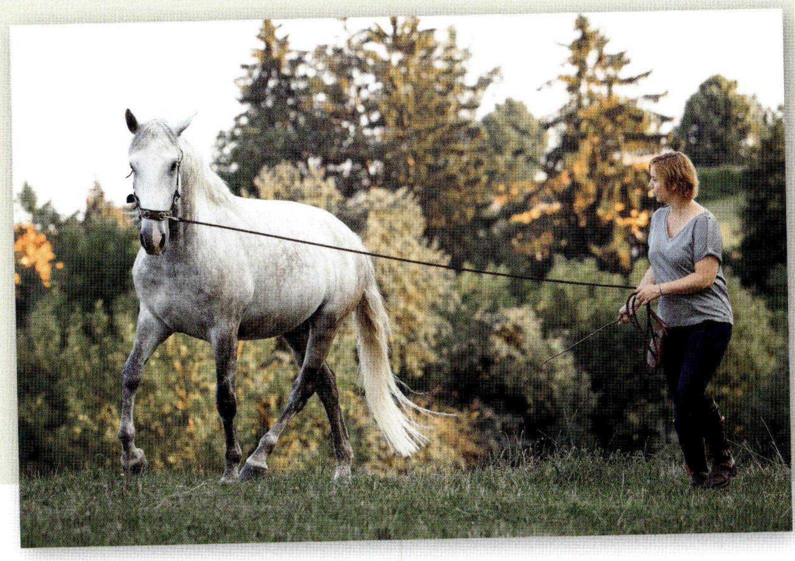

Abwechslungsreiches Training im Gelände ist gesund für den gesamten Faszienkörper.

- Das Pferd hat den Rücken nicht wirklich hergegeben. Der Rücken ist weggedrückt, das Pferd scheint zwar gebogen, allerdings ist das Kippen des Widerrists nach außen hin ein Zeichen für falsche Biegung. Die Verbindung zwischen Hand und Pferdenase fühlt sich allerdings recht stabil an.
- In dieser Situation müssen wir noch einmal zum Startpunkt zurück. Aber es heißt nicht »Mensch ärgere dich«, sondern »Mensch, forsche genau, was da im Pferdekörper passiert«. Wir überprüfen zunächst die Nachgiebigkeit im Genick. Ist die Verbindung zwischen Hand und Pferdenase leicht

Was können wir aus der Frontposition beobachten? Wie nehmen wir Balance im Pferdekörper wahr? Martina Frei und ihr dreijähriger PRE Duende.

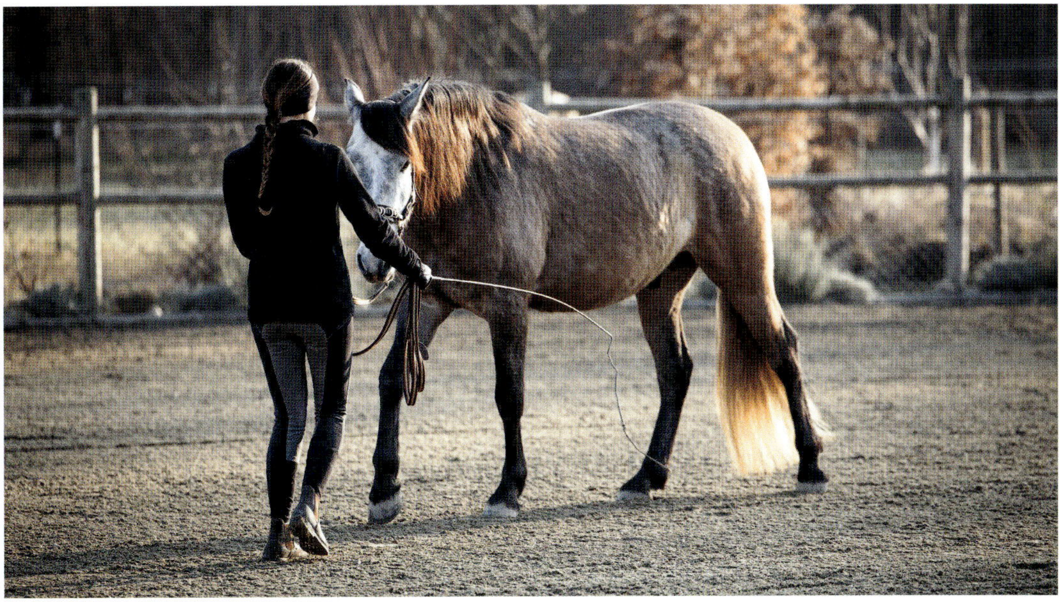

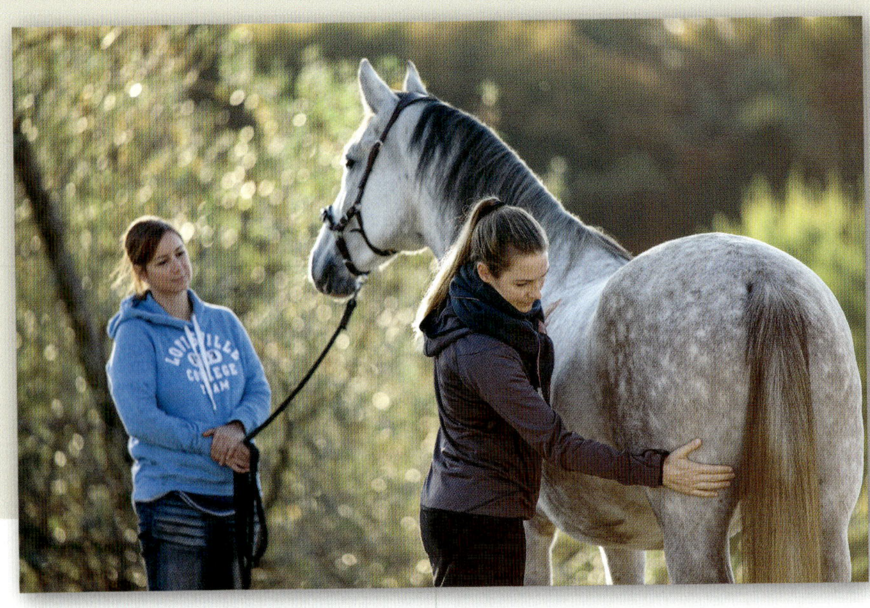

Das regelmäßige Ausstreichen und Abtasten des Pferdekörpers zeigt uns, wo etwaige Verhärtungen, Wärmeunterschiede und Verspannungen liegen.

und weich, wird das Nachgeben nicht durch eine abwärts drückende Hand am Kappzaum ausgelöst, dann wird die Wirbelsäule beweglicher, der Brustkorb kann in Bewegung besser auf der äußeren Seite nach oben, auf der innere Seite nach unten rotieren. Durch die verbesserte Beweglichkeit der Wirbelsäule, können nun auch die tiefen Muskeln nahe der Wirbelsäule angesprochen werden, sie verbessern die Bewegungsqualität und damit die Mobilität des Pferdes nachhaltig und langfristig.

Biegung im Pferdekörper soll stattfinden, um den Energiefluss von hinten nach vorne, aus der Hinterhand über das Becken bis hin zum Genick gleichmäßig gestalten zu können. Umgekehrt hilft uns auch die Biegung der Wirbelsäule die Paraden in umgekehrter Richtung bis zum Endpunkt Hinterhand korrekt in den Pferdekörper zu übertragen. Bei langfristig falscher Biegung werden die Hinterbeine zum Ausfallen gezwungen, der Schwung kann nicht korrekt über den Rücken übertragen werden. Die natürliche Schiefe wird verstärkt. Biegung sollte aber das Gegenteil bewirken, nämlich zur Geraderichtung des Pferdes beitragen, um die Energie aus der Hinterhand korrekt auf die Spur der Vorhand zu leiten.

Neigen Pferde dazu, sich im Genick zu verwerfen oder im Hals unstet zu werden, gibt es auch häufig Diagnosen wie »da ist ein Wirbel rausgesprungen«. Diese Beschreibung erfasst jedoch nicht das eigentliche Geschehen, vielmehr können beispielsweise an der Halswirbelsäule des Pferdes Verspannungen oder Knoten abgetastet werden. Wir spüren also keinen verschobenen Wirbel, sondern angespanntes Bindegewebe. Der betroffene Bereich ist warm, überlastet und verspannt. Wenn die Muskeln festgehalten bleiben, bemerken wir nach und nach eine Bewegungseinschränkung. Wer eine solch schmerzhafte Stelle nach dem Sport bereits erlebt hat, weiß, dass es ungemein lange dauert, bis der betroffene Muskel wieder entspannt. Je länger die Anspannung aber bestehen bleibt, umso nachhaltiger wird das Gewebe geschädigt, indem sich der Muskeln verkürzt.

Das Pferd wird versuchen, eine Ausgleichsbewegung umzusetzen. Diese kann sehr lange bestehen bleiben. Bei meinem Konrad hat uns die Kastration mit drei Jahren beispielsweise lange zu schaffen

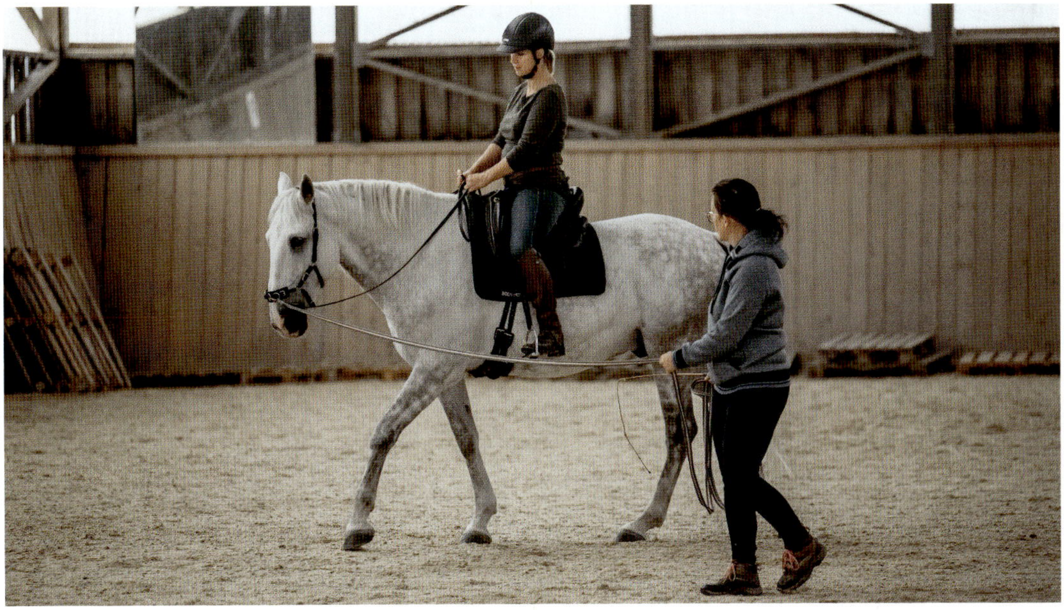

Federt der Schwung eher nach vorne-unten oder nach hinten-oben? Auf einem einzigen Bild lässt sich das nicht immer sagen.

gemacht. Schmerzen im Bereich des Übergangs zwischen Brustwirbelsäule und Lendenwirbelsäule zeigten sich im Kürzertreten des linken Hinterbeins. Diese Schonhaltung merkt sich das Pferd natürlich auch für längere Zeit. Daher ist es einerseits ratsam, nie in einen Muskelkater zu arbeiten, andererseits aber natürlich auch auf die Formgebung der Wirbelsäule in puncto Biegung sehr viel Wert zu legen.

Biegung bedingt korrekten Rückenschwung. Schwingt die Wirbelsäule des Pferdes korrekt, dann ist die Nickbewegung des Kopfes hinsichtlich der Überprüfung »über den Rücken oder doch nicht«, ausschlaggebend. Wie nickt das Pferd? Federt der Schädel mit den Ohren und der Pferdenase eher nach vorne-unten oder federt der Hinterkopf eher in Richtung Pferderücken? Beide Schwungbewegungen finden statt, die Frage ist jedoch welche Nickbewegung als prominenter wahrgenommen wird. Ist die Nickbewegung eher nach vorne-unten, sind die Ohren des Pferdes entspannt und federn entspannt in der Bewegung mit, dann haben wir einen Rückengänger. Hält sich das Pferd jedoch im Körper fest und kippt das Genick nach oben-hinten, dann haben wir einen Schenkelgänger unter uns. Wenn die gesamte Wirbelsäule schwingen soll, dann ist auch die Nutzung von Hilfszügeln zu hinterfragen, die einem Schwingen in der Dreidimensionalität, das angestrebt wird, nicht zuträglich ist.

Wie sich eine eingeschränkte Schwingung der Wirbelsäule anfühlt, können wir selbst austesten. Wir bewegen uns, dabei schwingen unsere Arme diagonal mit unseren Beinen. Wir Menschen sind also Traber, das

Auch das »Händchenhalten« wirkt sich auf unseren Rückenschwung aus. Nicht mit jedem kann man entspannt Händchen halten.

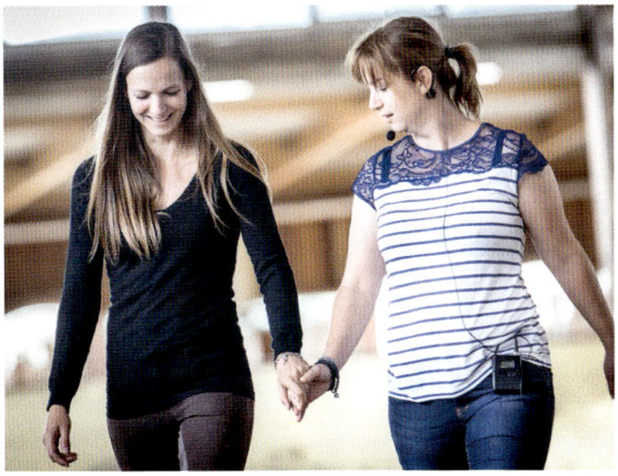

bedeutet: wenn das linke Bein nach vorne schwingt, dann wird der rechte Arm nach vorne genommen. Wenn wir uns nun absichtlich in der Halswirbelsäule verspannen, wird sich auch unser Bewegungsbild verändern. Auch ein Verschränken der Arme vor der Brust wirkt sich auf unseren Rückenschwung aus.

VIDEO

Um die Auswirkung des eingeschränkten Rückenschwungs besser sehen zu können, schauen Sie sich am besten das Video an.

Denken wir stets daran, dass sich die Formgebung von Genick und Hals durch die Tätigkeit der Hinterhand und der Schwingung der Wirbelsäule entwickeln müssen – und nicht durch die Nutzung von Hilfszügeln, die ein ehrliches An-die-Hand-Herandehnen für das Pferd unmöglich machen.

Betrachten wir daher auch die einzelnen Segmente der Wirbelsäule etwas genauer:

Die Halswirbelsäule

Die sieben Halswirbel bilden vom Genick bis zum Übergang zur Brustwirbelsäule einen überaus beweglichen Teil der Wirbelsäule. Eine Zucht, die sich vor allem in den letzten 150 Jahren vermehrt auf die größtmögliche Beweglichkeit der Pferde konzentriert hat, birgt natürlich auch ihre Schattenseiten. Große Bewegungen bedeuten nicht immer Stabilität. Wir haben bereits weiter oben gelesen, was Instabilität für die Muskulatur bedeutet. Um Gelenke zu schützen, verspannt sie, was wiederum zu Bewegungseinschränkungen führt.

In den letzten Jahren nehmen Befunde an der Wirbelsäule drastisch zu, darunter auch ECVM (Equipe Complex Vertebral Malformation). ECVM beschreibt eine angeborene Fehlbildung der unteren Halswirbelsäule, konkret zwischen dem fünften und siebten Halswirbel beim Pferd. Darüber hinaus hat auch die Zucht die Pferde verändert. Waren in früheren Anatomiebeschreibungen der Alten Meister Verbindungen vom Nackenband zu allen Halswirbeln beschrieben, dann verliert das Nackenband heute bereits am vierten, respektive fünften Halswirbel diese Verbindung. Forschungen haben mittels

Der Verlauf der Wirbelsäule.

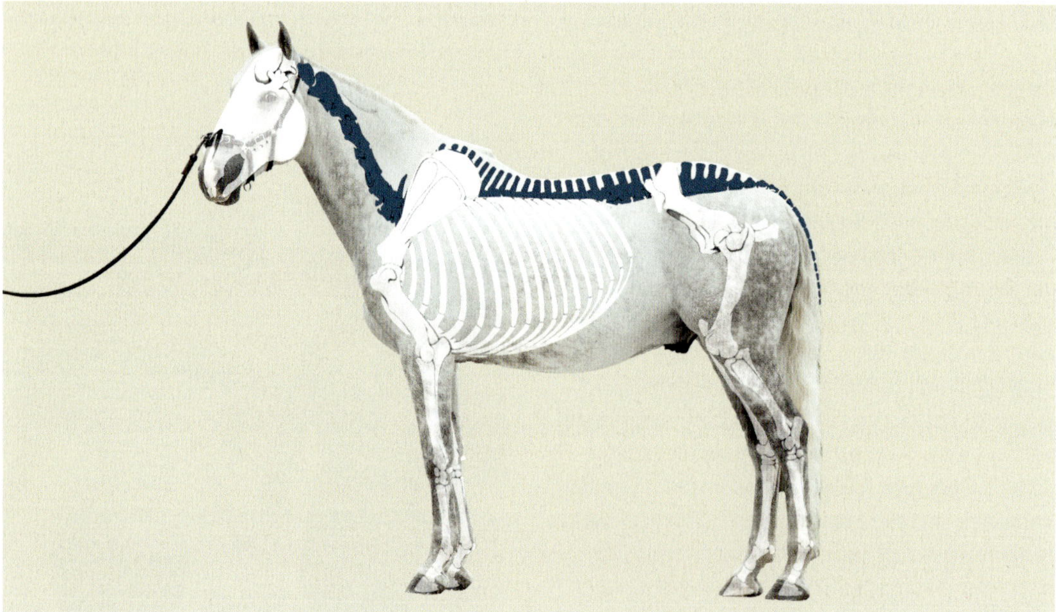

Sektionen gezeigt, dass diese Deformation vor allem bei Warm- und Vollblütern zu finden sind, sehr ursprüngliche Rassen scheinen weniger betroffen zu sein.

Der CTÜ – der cervicothorakale Übergang zwischen Hals- und Brustwirbelsäule – ist ein sehr sensibler Bereich. Wenn wir den Verlauf der gesamten Halswirbelsäule betrachten, dann haben wir zwischen 1. und 3. Halswirbel eine Aufwölbung, danach geht es in eine Lordose. Kyphose und Lordose bilden gemeinsam die S-Form der Wirbelsäule.

Da es an den Halswirbeln keine markanten Dornfortsätze gibt, ist die Beweglichkeit groß, was dem Fluchttier Pferd nicht nur für eine gute Rundumsicht, sondern auch bei der Flucht und waghalsigen Wendemanövern nützlich ist. Reiterlich gesehen kommt dem Hals eine große Bedeutung zu. Wenn in vielen Lehrbüchern der Hals auch als Balancierstange beschreiben wird, kann die Empfehlung von Hilfszügeln nur Verwunderung auslösen.

Die Brustwirbelsäule

18 Brustwirbel mit jeweils 18 Rippen auf jeder Seite – und schon haben wir den Brustkorb des Pferdes. Ich persönlich finde den Vergleich mit einem Schiffskorpus sehr schön. Das Brustbein ist der Kiel, die Rippen bilden die Seitenwand. Die Wirbelsäule ist das Deck des Schiffes. Im Schiffsbauch, geschützt durch die Seitenwände, liegen die inneren Organe.

Die ersten acht Rippen werden Tragerippen genannt, da sie direkt mit dem Brustbein verbunden sind. Die letzten zehn Rippen nennt man Atmungsrippen und ihr Name ist Programm, schließlich müssen sie Platz im Brustkorb schaffen, wenn sich die großen Lungen mit Luft füllen.

Frühzeitige Belastung kann dem jungen Pferd schaden, denn die Wirbel und damit auch die Dornfortsätze der Brustwirbelsäule liegen relativ eng beieinander. Wir erinnern uns an die Neigung der Dornfortsätze, die bis zum 14. Brustwirbel in Richtung Hinterhand zeigen, sich dann aufrichten und im

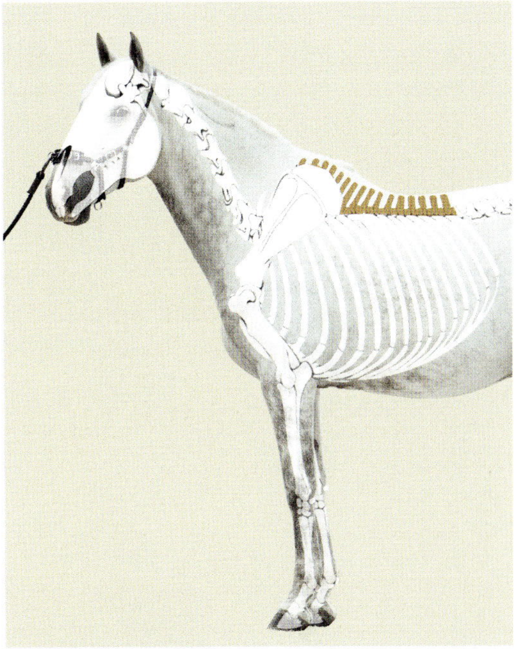

Die Brustwirbelsäule

weiteren Verlauf wieder in Richtung Vorhand zeigen. Wenn die Dornfortsätze der Brustwirbel nun noch enger aneinandergeraten, können Kissing Spines entstehen, vor allem, wenn Pferde noch nicht ausgewachsen sind und nicht über die notwendige Muskulatur eines Reitpferdes verfügen. Die knöchernen Strukturen nehmen dann Schaden und verändern sich. Überlastete Muskulatur bildet außerdem rasch Asymmetrien, die für den aufmerksamen Ausbilder auch bald sichtbar sein können.

Die Lendenwirbelsäule

Die Lendenwirbelsäule besteht aus sechs Wirbeln mit breiten Querfortsätzen. Wie sagt Steinbrecht: *»Vorwärts ist die Losung für die Reitkunst, wie im ganzen Weltall.«* Gerade vom Standpunkt der Vorwärtsbewegung ist es für den Ausbilder lohnend, sich eingehender mit der Lendenwirbelsäule, die eine Brücke zwischen Hinterhand und Vorhand bildet, zu befassen. Sollen die Hinterbeine des Pferdes weit nach vorne greifen, muss sich die Lendenwirbelsäule aufwölben, allerdings darf diese Wölbung natürlich nicht übertrieben werden. Ein Hochdrücken der

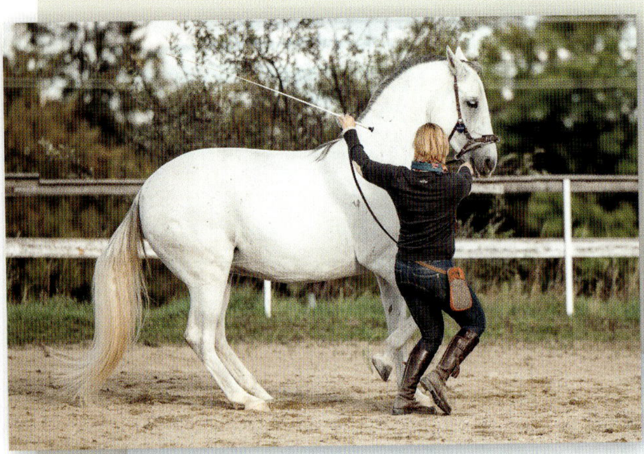

Konrad in keiner korrekten Schulparade. Hier ist das Lumbosakralgelenk geöffnet, das Becken kippt zu stark ab. Ein permanentes Training in einer solchen Haltung führt nicht nur nachhaltig zu körperlichen Schäden, auch der Motor des Pferdes, die Hinterhand, kann die Kraft in der Bewegung nicht mehr korrekt über den Rücken übertragen.

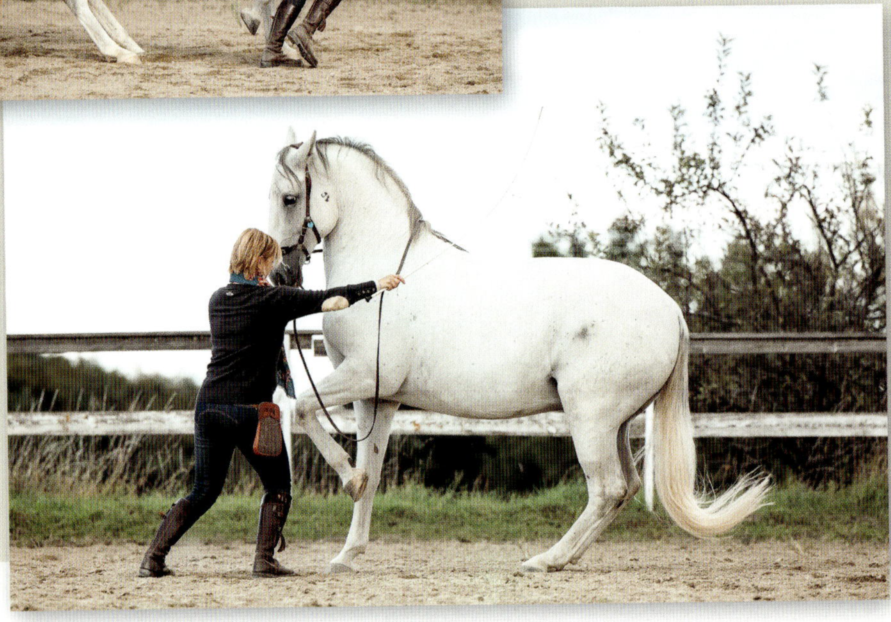

Der Widerrist ist angehoben, der lumbosakrale Übergang geschlossen, es gibt keinen Katzenbuckel, so kann auch die Kraft in der Bewegung übertragen werden, Übergänge sind leicht möglich.

Lende, wie bei einem Katzenbuckel führt nicht zu einem Größerwerden des Pferdes in der Vorhand, das Gegenteil ist der Fall, der Rumpf hängt durch. Schiebt der jeweilige Hinterfuß des Pferdes die Masse nach vorne, dann wird der Rücken gestreckt. Somit sind Beugung und Streckung die Hauptaufgaben der Lendenwirbelsäule – aber wie gesagt – alles muss im Rahmen stattfinden.

Die langen und breiten Querfortsätze geben ebenso den Rahmen für die mögliche Längsbiegung vor. Das stärkste Gelenk mit der größten Beweglichkeit finden wir zwischen dem letzten Lendenwirbel und dem ersten Kreuzwirbel. Eine sehr kräftige Bandscheibe sorgt an dieser Stelle für die Beweglichkeit.

Die »Brücke« zwischen Hinterhand und Vorhand muss natürlich von einer kräftigen Muskulatur gestützt werden, da sie ja keine Verbindung zu den Rippen mehr aufweist und nicht nur förmlich in der Luft hängt. Neben der Lendenmuskulatur selbst kommt hier auch die Bauchmuskulatur zum Zug.

Beim Satteln unseres jungen Pferdes ist daher unbedingt auf eine entsprechende Länge Wert zu legen. Der Sattel darf nicht im Bereich der

Lendenwirbelsäule aufliegen, da diese kein zusätzliches Gewicht tragen kann. Dies ist auch bei der absoluten Aufrichtung zu beachten, wenn das Pferd durch eine vermehrte Belastung der Lende und aktives Aufrichten mit der Hand zur Senkung der Hinterhandgelenke angeregt werden soll. Eine solche Vorgehensweise ist nicht im Sinne der Natur des Pferdes.

Bei der Ausbildung von jungen Pferden aber auch Wiedereinsteigern ist für uns die Bewegung der Hinterhand ein wichtiges Kriterium. Wenn die Hinterhand plötzlich mit der Zehe im Sand schleift, dann ist dies häufig auch ein Anzeichen für eine verspannte Lendenmuskulatur. Diese ist jedoch für die Weiterleitung von Bewegung zuständig, nicht aber für die Übernahme einer zusätzlichen Last.

Konkret übernimmt die Lendenmuskulatur eine wichtige Aufgabe bei der Beugung des Hüftgelenks, sie stabilisiert aber auch die Lende. Verspannt die Lendenmuskulatur dauerhaft, dann übertragen sich diese Verspannungen natürlich auch auf den langen Rückenmuskel, der ebenso zu den Bewegungsmuskeln des Pferdes gehört.

Schaltzentrale Becken und Kreuzdarmbeingelenk

Das Iliosakralgelenk, Kreuzdarmbeingelenk oder kurz ISG ist für viele Reiter ein Mysterium, vor allem wenn Tierarzt, Osteopath oder Chiropraktiker praktisch immer Probleme und Blockaden in diesem Bereich diagnostizieren.

Zu dieser Diagnose kommt es nicht ohne Grund, schließlich ist das Kreuzdarmbeingelenk der »Workaholic« im gesamten Bewegungsablauf des Pferdes. Es übernimmt Tragefunktion und muss die Kraftentwicklung von der Hinterhand auffangen und nach vorne über die gesamte Wirbelsäule übertragen. Diese Aufgaben verlangen »Multitasking«, denn gefragt sind sowohl Stabilität als auch Mobilität. Das ISG wird vom Darmbein und Kreuzbein gebildet. Das Darmbein ist das sogenannte Ilium, das Kreuzbein wird lateinisch als Sakrum bezeichnet.

Als Verbindung zwischen Hinterhand und Brustkorb des Pferdes ist es DIE Energieschaltzentrale für die Kraftübertragung aus der Hinterhand auf die Wirbelsäule des Pferdes. Die dicken Bandscheiben in der

Pina bringt bereits unfallbedingt eine massive Skoliose und einen bleibenden Beckenschiefstand mit. Wird die Lende überlastet, zeigt sich das sofort in der Hinterhand. Die Zehe kommt nicht mehr aus dem Boden.

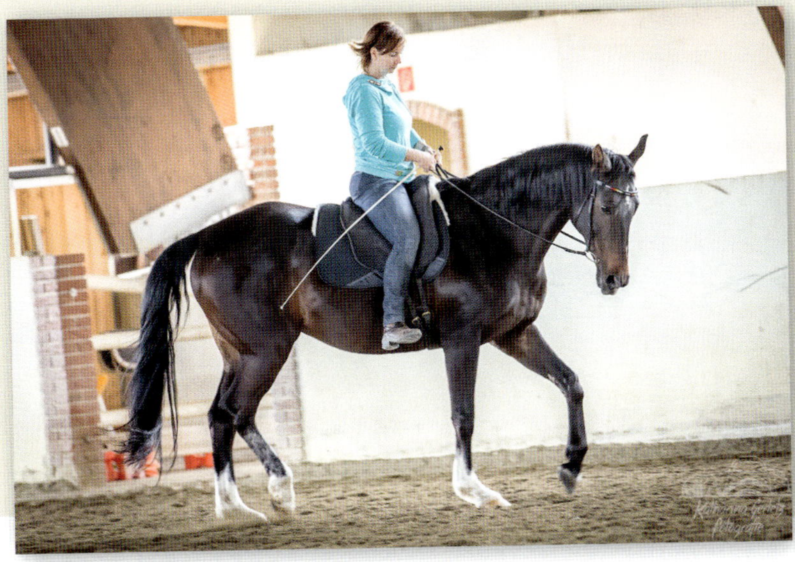

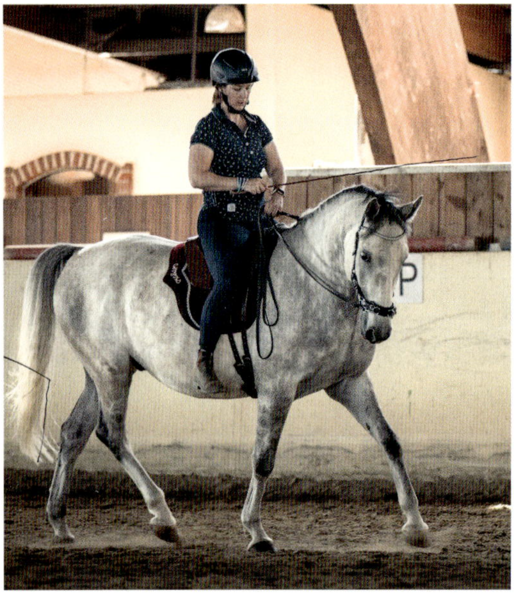

Konrad, fünfjährig, unter dem Sattel. Damals fiel ihm das Vorwärts noch sehr schwer, die Entwicklung einer positiven Schubkraft hat länger gedauert. Konrad sah dreijährig bereits voll entwickelt aus – aber der Schein trügte, denn wir haben keinen Röntgenblick. Auf dem Foto ist Konrad auch noch recht verhalten, das Suchen zur Hand fällt ihm schwer, die Stellung ist nicht korrekt, der Unterkiefer bewegt sich mehr nach innen als nach außen.

Region zwischen dem 6. Lendenwirbel und dem 1. Kreuzwirbel machen somit eine größere Bewegung des Beckens möglich. Auf der anderen Seite wird die Bewegung des ISG durch starke Bänder aber auch eingeschränkt. Das Kreuzbein ist erst im Alter von fünf Jahren richtig zusammengewachsen. Dies unterstreicht die Notwendigkeit schonender Arbeit für das Jungpferd einmal mehr.

Auch das Becken ist erst beim ausgewachsenen Pferd belastbar. Sitzbein, Schambein und Darmbeinknochen bilden gemeinsam im Becken die Hüftgelenkspfanne. Oft kommt es zu Blockaden im Übergang zwischen Lendenwirbelsäule und Hüftgelenk, das können wir an einem schief getragenen Schweif oder einer ungleichen Beckenstellung erkennen.

Die so häufig diagnostizierten Blockaden des ISG sind in der Realität tatsächlich sogar eher selten. Viel häufiger sind Verspannungen in diesem Bereich, sodass die Energiezentrale nicht uneingeschränkt und störungsfrei arbeiten kann. Die Verspannung wird dann von hinten nach vorne weiter im Pferdekörper übertragen.

Das Hüftgelenk – oder warum drehen Pferde in den Hinterhandgelenken beim Auffußen?

Als Kugelgelenk kann sich das Hüftgelenk beugen und strecken – und das sehr stark. In der Vorwärtsbewegung soll es auch zu einer gleitenden Rotationsbewegung kommen. Wir wollen eine runde Bewegung in der Hüfte des Pferdes im Moment des Vorgriffs des jeweiligen Hinterbeins sehen. Verliert das Pferd diese Mechanik, macht es eine Ausgleichsbewegung, um einem etwaigen Schmerz oder einer Fehlbelastung zu entgehen. Wenn das Pferd den Hinterhuf auf den Boden setzt, dreht sich langsam die Fußspitze nach innen und das Sprunggelenk wird nach außen gedreht. Von hinten betrachtet hat man das Gefühl, das Pferd würde einen »Charleston« tanzen.

Man kann sich vorstellen, dass die Drehbewegung keine gesunde, also physiologisch korrekte, Bewegung für die Knie-, Sprung- und Fesselgelenke ist – denn diese Gelenke sind biomechanisch betrachtet nicht zu einer Drehbewegung fähig.

Wenn Pferde in den Hinterhandgelenken drehen, haben sie meist auch Probleme, die innere Hüfte in den Seitengängen weiter vorne zu platzieren. Der Gang wird klemmig und holprig. Der Reiter fühlt sich auf der betroffenen Seite eher nach oben bewegt, weil sich das Anheben der Hüfte natürlich auch auf die Rotation der Brustwirbelsäule überträgt. Bei korrekter Bewegung fühlt sich der Reiter im Moment der Spielbeinphase des jeweiligen Hinterbeins auf dieser Seite eher nach vorne-unten bewegt. »Klemmt« es im Hüftgelenk, ist dessen Rotationsbewegung nicht uneingeschränkt möglich, der Reiter fühlt sich also eher nach vorne-oben geworfen. Wird diese Bewegung dann auch vom Reiter über einen längeren Zeitraum so begleitet, kann das fehlerhafte Bewegungskonzept des Pferdes chronisch werden.

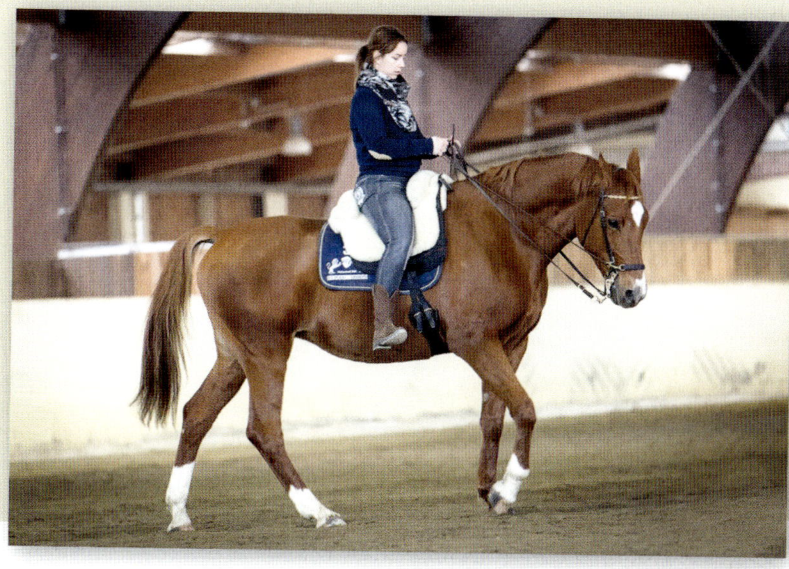

Tabby fußt sehr breitbeinig. Betrachten wir das rechte Hinterbein, zeigt die Zehe etwas nach links unter die Körpermitte. Der Hinterfuß ist jedoch nicht unter die Mitte gesetzt. Wenn das linke Hinterbein vom Boden weg fußt, wird sich das rechte Hinterbein vermehrt mit der Zehenspitze nach links drehen. Das linke Hinterbein zeigt bereits mit den Trachten nach außen, die Zehenspitze zeigt eher in Richtung Körpermitte. Die Drehbewegung wird optisch an die oberen Gelenke weitergegeben, allerdings ist ihre Ursache auch dort zu finden.

Für die Jungpferdearbeit wichtig zu wissen: Die Bänder, die das Hüftgelenk zusätzlich stabilisieren, könnten durch schnelles Wachstumm oder Überbeanspruchung »ausgeleiert« sein. Es braucht eine gewisse Zeit, bis die Muskulatur rund um das Hüftgelenk zu dessen Stabilität beitragen kann, ohne zu verspannen.

Tragkraft und Hankenbiegung: Muskulatur

Bei genauer Betrachtung auf unserer Reise durch das Pferdeskelett stellt sich die Frage immer wieder: Ist unser Pferd tatsächlich zum Reittier geschaffen? Auf der Vorhand lastet ein Großteil des Gewichts, dabei verfügt diese ja gar nicht über eine knöcherne Verbindung zur Wirbelsäule des Pferdes. Die Hinterhand ist durch das Hüftgelenk mit dem Becken gelenkig verbunden.

Wenn wir in unser gläsernes Pferd sehen, stehen die Knochen der Hinterhand schräg zueinander – man denkt sofort an ein in sich zusammenfallendes Kartenhaus.

Dies passiert aber nicht, da die Knochen der Hinterhand über einen großartigen Muskel- und Bandapparat verfügen. Über das Becken und Kreuzbein ist die Hinterhand mit der Wirbelsäule des Pferdes verbunden. Die Vorhand ist allerdings relativ »lose« in der Muskulatur aufgehängt und mit ihr verbunden – die knöcherne Verbindung Schlüsselbein gibt es beim Pferd nicht.

Machen wir uns über die Tragkraft des Pferdes Gedanken, kommen wir nicht umhin, uns mit der Frage der Hankenbeugung oder Hankenbiegung zu beschäftigen. An ihr sind alle großen Gelenke der Hinterhand beteiligt, also Hüft-, Knie- und Sprunggelenk.

Diese drei Gelenke stehen in einer leichten Beugestellung zueinander. Hüfthöcker, Sitzbeinhöcker und Knie sind bei den meisten Pferden gut zu ertasten. Betrachten wir diese Winkel der Hinterhand ganz isoliert vom übrigen Körper könnte man annehmen, dass die Gelenke alleine bei einer Belastung im Stehen wie das bereits erwähnte Kartenhaus in sich zusammenfallen müssten.

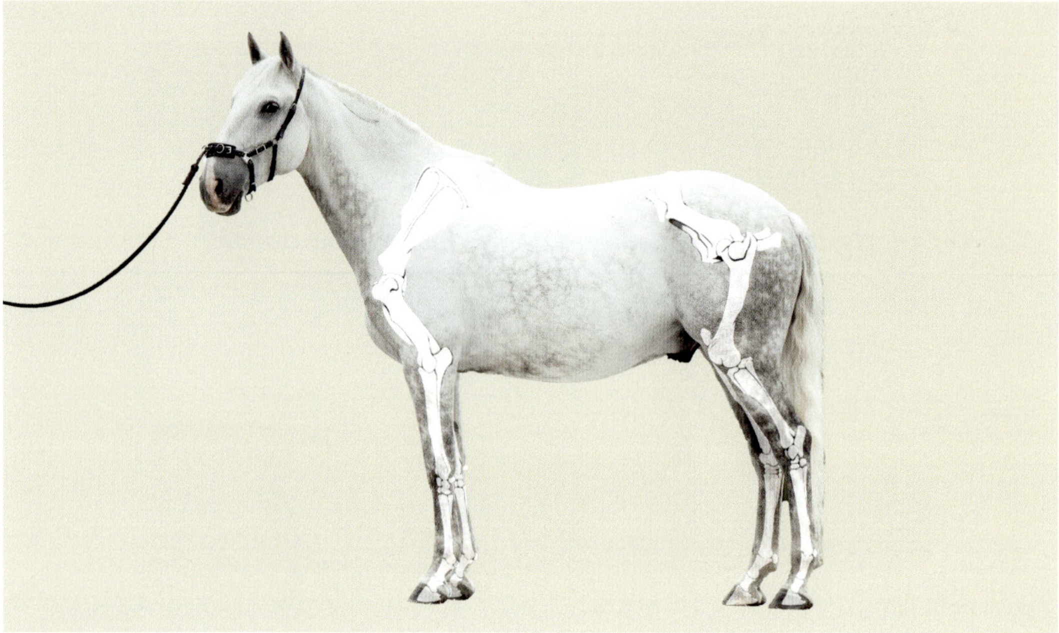

Die Hinterhand und die Vorhand.

Warum das nicht passiert? Zwei sehnige Spannbänder verbinden Knie- und Sprunggelenk miteinander und halten somit die Hinterhand aufrecht. Das bedeutet: Bei Beugung oder Streckung des Kniegelenks finden die gleichen Bewegungen, also Streckung oder Beugung, auch im Sprunggelenk statt.

Beide Gelenke können immer nur gleichzeitig arbeiten. Die Tätigkeit von Kniegelenk oder Sprunggelenk zieht also vice versa die gleiche Streckung oder Beugung nach sich. In der Streckstellung wird dann das Kniegelenk festgestellt, wenn Kniescheibe und Oberschenkelbein aufeinandertreffen. Davon ist aber nicht nur das Kniegelenk betroffen, sondern auch das Sprunggelenk, das ebenso in der Streckstellung fixiert wird.

Jetzt kommen wir dem Geheimnis auf die Sprünge, warum Pferde ermüdungsfrei im Stehen schlafen können. Das Hüftgelenk ist von dieser Verbindung nicht betroffen.

Je tiefer das Pferd die Gelenke der Hinterhand beugt, umso stärker wird die Beanspruchung der Muskulatur an der Hinterhand. Wer einmal sehr tiefe Kniebeugen langsam ausgeführt hat, kann das nur bestätigen. Für das Pferd ist Hankenbeugung sehr kräftezehrend, da die Winkelung der Hinterhandgelenke von stark fleischigen, aber wenig sehnig durchsetzten Muskeln gehalten werden muss.

Für die Arbeit mit dem Pferd bedeutet das: Hankenbiegung setzt jahrelange Arbeit in puncto Muskelaufbau voraus. Korrekte Versammlung und Hankenbeugung auf Knopfdruck kann es also nicht geben. Aber wie kommen wir dann zur Tragkraft?

Hier kommt die Muskelkraft ins Spiel, dabei folgt Form der Funktion, dementsprechend richtet sich die Funktion der einzelnen Muskeln nach der entsprechenden Bewegungsphase und kann bei gleichen Muskeln ganz unterschiedliche Ergebnisse hervorbringen.

Die Muskulatur der Hinterhand ist zuständig für Schub- und Tragkraft. Ein Pferd in einer Verstärkung wird allerdings anders aussehen, als ein Pferd in der Versammlung und die Muskelgruppen werden unterschiedlich miteinander arbeiten, auch wenn

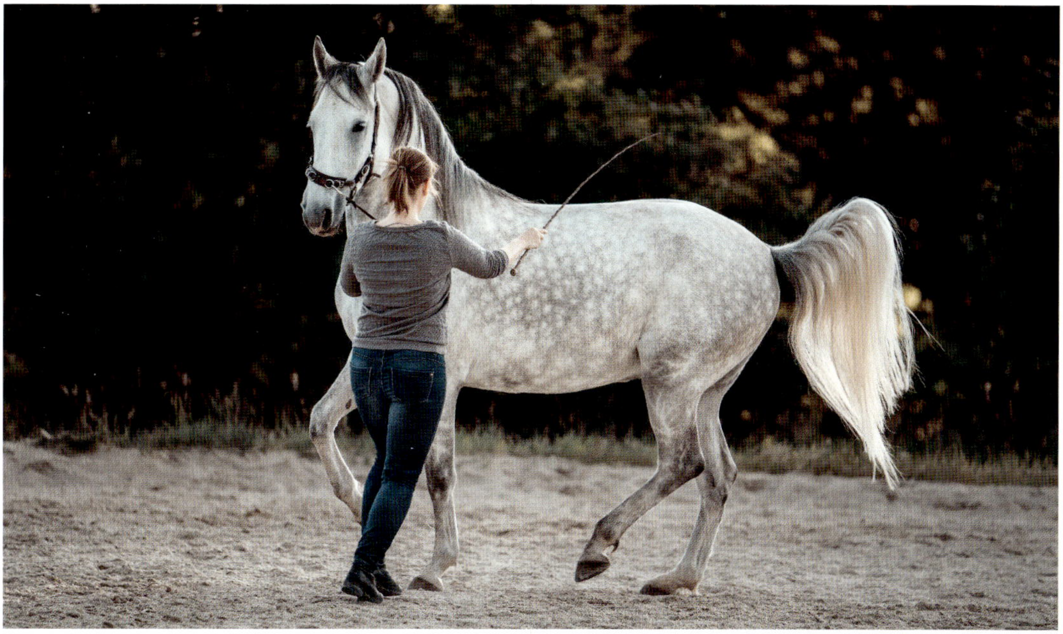

Konrad in der Piaffe. Knie- und Sprunggelenke beider Hinterbeine sind gleichmäßig, dem Versammlungsgrad entsprechend gebeugt.

ähnliche Gruppen in der Zusammenarbeit in beiden Fällen beteiligt sind.

Versammlung bedeutet alles andere als Stillstand oder Strampeln auf der Stelle – Versammlung und damit Hankenbeugung bedeutet Bewegung. Und Bewegung muss immer von hinten nach vorne stattfinden.

Einerseits löst die Zusammenarbeit von Muskulatur immer eine Kettenreaktion hervor – im positiven wie im negativen Sinn. Andererseits dürfen wir uns bei unserer Betrachtung zur Tragkraft nicht allein auf die Muskulatur der Hinterhand konzentrieren.

Ein Beispiel: Der mittlere Kruppenmuskel ist mit dem langen Rückenmuskel verbunden. Beide Muskeln müssen miteinander kooperieren. Der lange Rückenmuskel kann sich verspannen, wenn der Reiter beispielsweise die Form durch unsachgemäße Einwirkung mit der Hand erzeugen möchte. Die Verspannung überträgt sich auf den mittleren Kruppenmuskel und zu den langen Sitzbeinmuskeln. Auch wenn die

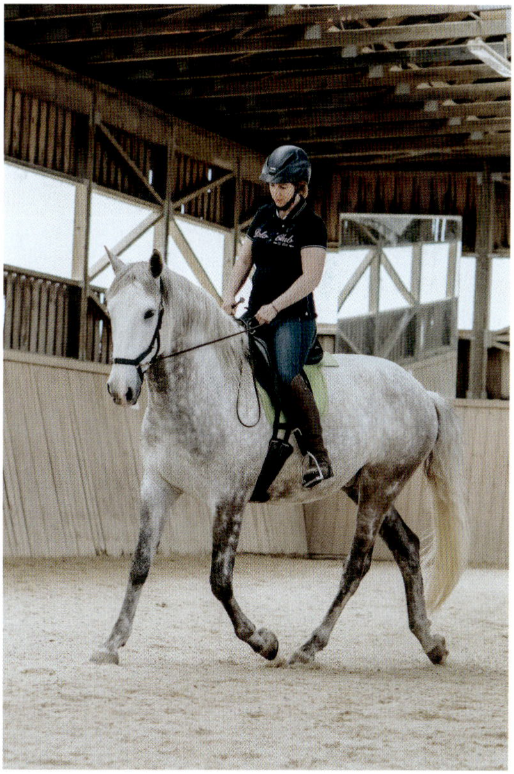

Bevor wir an Versammlung denken, ist das ungezwungene Vorwärts unabdingbares Muss in der Jungpferdearbeit – hier mit Lusitano Mandrake.

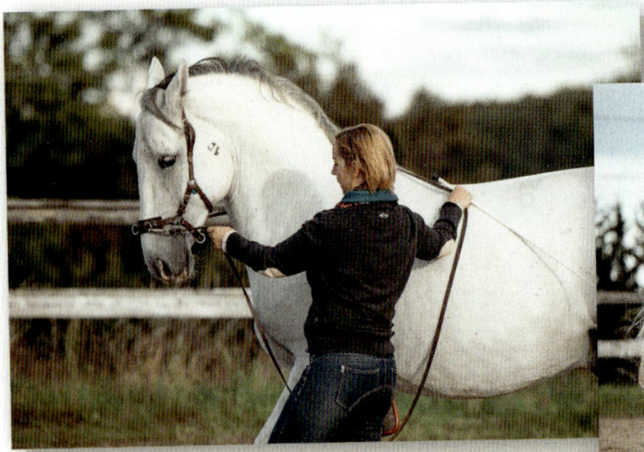

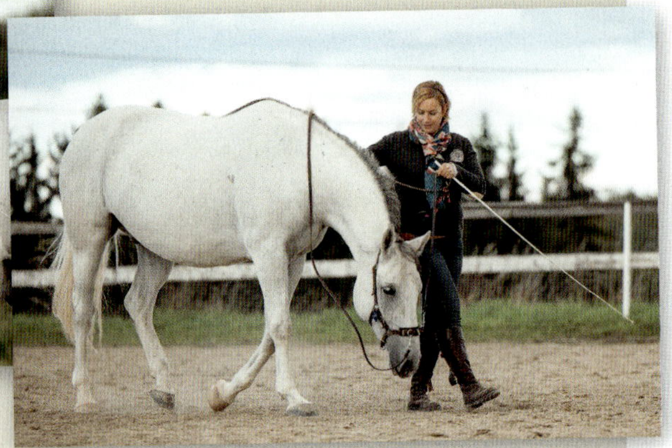

Der Wechsel zwischen Anspannung und Entspannung ist nicht nur bei der Jungpferdearbeit wichtiger Bestandteil der Übungsstunde. Die Muskulatur des Pferdes braucht stets Abwechslung.

ursprüngliche Verspannung im langen Rückenmuskel zu orten war, ist nun der Vorgriff aus der Hinterhand nicht mehr möglich. Das überträgt sich wiederum auf den Rückenschwung und schon haben wir den Salat.

Sollten wir nun alle einzelnen Muskeln inklusive der lateinischen Fachbegriffe benennen können?

Nein, wir reiten durch Lateinkenntnisse nicht besser, aber wenn wir über ein paar Fakten Bescheid wissen, macht uns das sehr wohl zum besseren Ausbilder:

Muskeln werden die Bewegungsorgane des Körpers genannt, im Grunde dürfen sie aber nicht separat von den Faszien betrachtet werden, aber eines nach dem anderen.

Der Muskeltonus wird durch Reflexe ausgelöst und erhalten. Das Anspannen und Abspannen der Muskulatur erfolgt aber auch willkürlich und planvoll, etwa wenn das Pferd auf dem Weg zur Wiesenkoppel ist. Je nach Lage zu den Gelenken und entsprechend ihrer Tätigkeit werden die Muskeln als Beuger oder Strecker bezeichnet. Jeder Muskel hat einen Gegenspieler, allerdings sind alle Muskeln durch die bindegewebsartige Haut, die Faszien, miteinander verbunden. Die Faszien sind für den Körper ein ihn umhüllendes Spannungsnetzwerk.

Wir unterscheiden zwischen:

lang- und geradefaserigen Muskeln und schrägfaserigen Muskeln mit sehnigen Einlagerungen.

Lang- und geradefaserige Muskeln können sich kräftig zusammenziehen und wieder nachgeben. Wofür sie zuständig sind? Für die Vorwärtsbewegung. Für den Reiter ist hier wichtig zu wissen: Diese Muskeln ermüden allerdings sehr schnell, wenn sie lange in Dauerkontraktion, also lange in Spannung bleiben.

Daher ist ein Wechsel zwischen Anspannung und Entspannung, Kontraktion und Dehnung so wichtig, um die Durchblutung und den Stoffwechsel anzukurbeln und so einer Ermüdung entgegenzuwirken.

Schrägfaserige Muskeln mit sehnigen Einlagerungen sind – das verrät schon der Name – entweder mit Sehnen überzogen oder von ihnen stark durchsetzt. Ein ganzer Muskel kann sich sogar in einen Sehnenstrang verwandeln (so passiert beim Fesselträger).

Bleiben wir beim durchaus spannenden Fesselträger und schauen uns dessen Funktion genauer an. Der Fesselträger unterstützt die mit ihm verbundene Muskulatur in der Kontraktion bei der passiven Tragearbeit, also in der Stützbeinphase eines Beines.

Die Form beeinflusst die Funktion. Wenn wir also bei unserem jungen Pferd Reitpferdemuskulatur entwickeln wollen, dann müssen wir der Muskulatur ihrer Lage und Funktion entsprechende Trainingsreize bieten.

Aber auch hier heißt es mit Vorsicht den Trainingsplan zu schreiben: Muskulatur kann sich nämlich auch zurückbilden, wenn nicht nach den Grundsätzen der natürlichen Funktion gearbeitet wird. Auch bei dauerhafter Überlastung kommt es zu so genannten Atrophien.

Hier spielt nicht nur Muskelkraft eine große Rolle, sondern auch Köpfchen. Ein Pferd, das nicht losgelassen ist, wird sich weder mental noch physisch entspannen. Während des Trainings müssen wir also ständig im Kopf behalten, nicht nur einseitig an einer Kraftentwicklung zu arbeiten, sondern auch immer wieder Entspannung einfließen zu lassen.

Man unterscheidet zwischen dynamischen Muskeln (Bewegungsmuskeln, z.B. langer Rückenmuskel) und statischen Muskeln (Haltemuskeln).

Letztere finden wir nahe an den Gelenken und Bändern, wo sie für Stabilität sorgen. Bewegungsmuskeln sind im Gegensatz zu den statischen Muskeln weniger für die Feinmotorik, als für Schnelligkeit und Kraftentwicklung zuständig.

Welche Arten an Muskelkontraktion gibt es?

- Isometrisch
- Konzentrisch
- Exzentrisch

Isometrische Übungen sind uns bekannt aus dem Krafttraining. Der dabei angesprochene Muskel verkürzt sich beim Training nicht, er ändert lediglich seine Spannung. Bei isometrischen Muskelkontraktionen wird also die statische Muskelkontraktion ohne Fortbewegung trainiert – beispielsweise wenn das Pferd in der Oberlinie lange in einer bestimmten Haltung geritten – oder bereits etwas fortgeschritten – an Übergängen zur Schulparade und Levade getüftelt wird.

Bei der konzentrischen Kontraktion wird der Muskel verkürzt, bei der exzentrischen Kontraktion wird der Muskel verlängert – oder anders gesagt: gedehnt.

Konrad fällt die Levade spielerisch leicht. Trainiert wurde er vor allem durch drei Sommer auf der steirischen Alm mit vielen Artgenossen, die sich dabei durchaus in isometrischen Übungen trainieren.

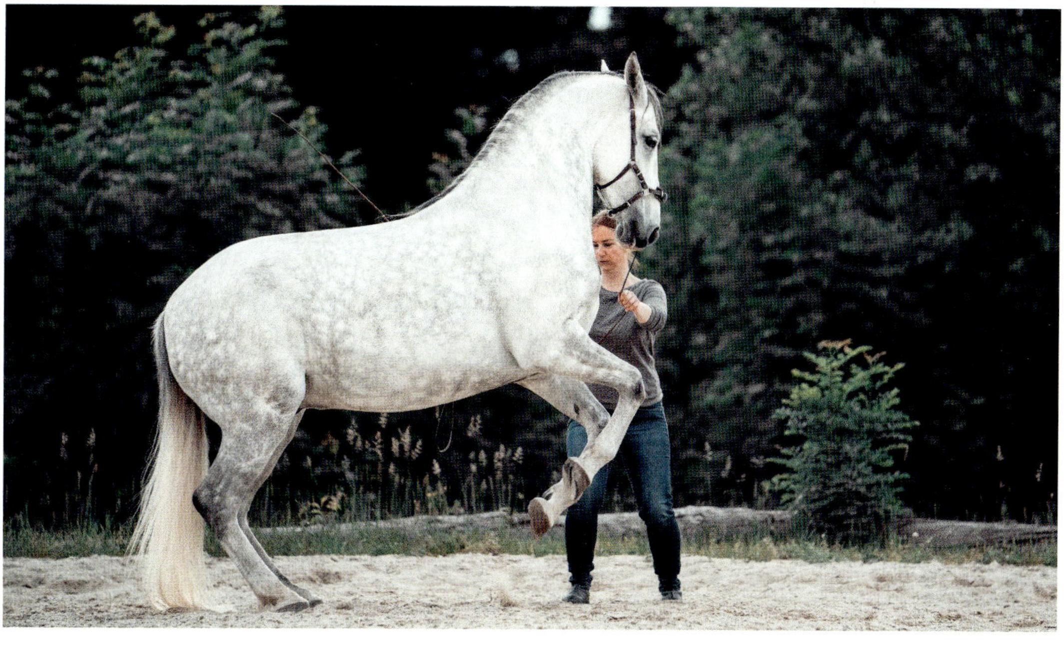

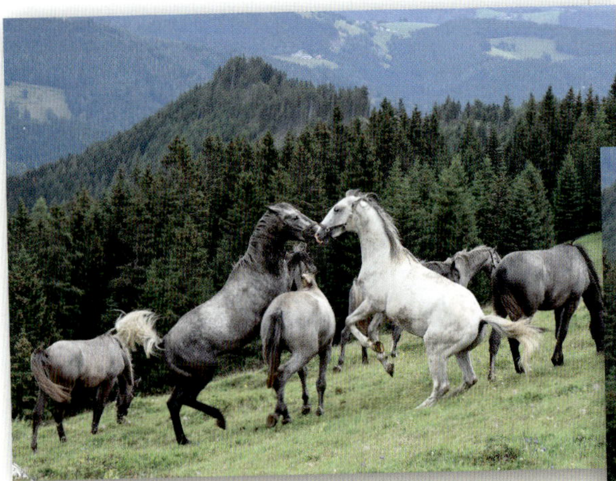

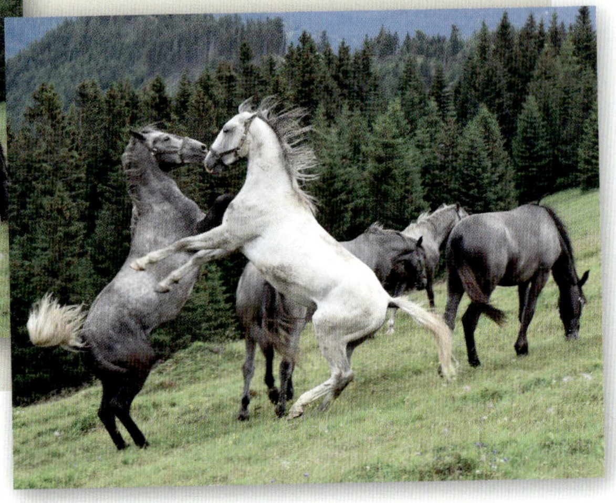

Junge Lipizzaner im Sommer 2023 beim Spiel auf der Alm, das Gelände fördert konzentrische und exzentrische Muskelarbeit.

Konzentrische Kontraktion findet beispielsweise beim Bergaufgehen statt, exzentrische Kontraktion beim Bergabgehen.

Damit die Muskulatur unseres Pferdes mit den richtigen Nährstoffen versorgt wird, braucht es im Training vorwiegend konzentrisch und exzentrisch arbeitende Muskulatur.

Hier kommen die verschiedenen Muskelfasern erneut ins Spiel und damit auch die verschiedenen Pferderassen. Ein Quarter Horse kann auf einer kurzen Strecke explosionsartig beschleunigen, allerdings ist er kein Dauerläufer in dieser Geschwindigkeit. Das hohe Tempo auf der Viertelmeile wird durch Muskelfasern bewerkstelligt, die sich schnell zusammenziehen und dabei wenig Sauerstoff brauchen. Allerdings halten sie diese Arbeit nicht lange durch und ermüden rasch. Ausreichendes Training kann aus einem Sprinter allerdings auch einen Marathonläufer machen, ein Marathonläufer wird aber kein guter Sprinter werden. Dies gilt es also beim Training des jeweiligen Jungpferdes zu beachten. Hier müssen wir uns die Frage stellen, wofür unsere Pferde gezüchtet wurden, was ihre ursprüngliche Bestimmung war.

Ein Shetty wird also kein Mächtigkeitsspringen gewinnen und der Kaltblüter hält auch nicht mit den Vollblütern auf der Rennbahn mit. Bei der Gestaltung von Trainingsplänen ist es daher ratsam, auch immer über die jeweiligen Besonderheiten des eigenen Pferdes hinsichtlich der Zuchtziele nachzudenken.

Was tun bei Muskelkater?

Bei Muskelkater wird die Muskulatur überbeansprucht, was beispielsweise durch eine anhaltende Belastung über einen längeren Zeitraum passiert. Bei Überlastung reißt das Muskelgewebe ein, in die kleinen Einrisse dringt nun Gewebsflüssigkeit ein. Der Muskel schwillt an und schmerzt.

- Das unterstreicht die drei Phasen des Trainings: Aufwärmen – Arbeitsphase und Abkühlphase. Am Ende einer anstrengenden und intensiven Trainingseinheit sollte man das Pferd noch in der Bewegung entspannen lassen. Bewegung sorgt für den Abtransport von Laktaten und verhindert somit die Übersäuerung der Muskulatur. Auch die Fellpflege nach dem Training oder Massagen verbessern die Blutzirkulation und damit auch den Abtransport von Schadstoffen.
- Bewegungsmuskeln (wie der Lange Rückenmuskel) brauchen ihrer Funktion entsprechend Bewegungsreize, um zu wachsen. Der lange Rückenmuskel ist stark fleischig und nur an seiner Außenfläche sehnig durchzogen. Eine solche

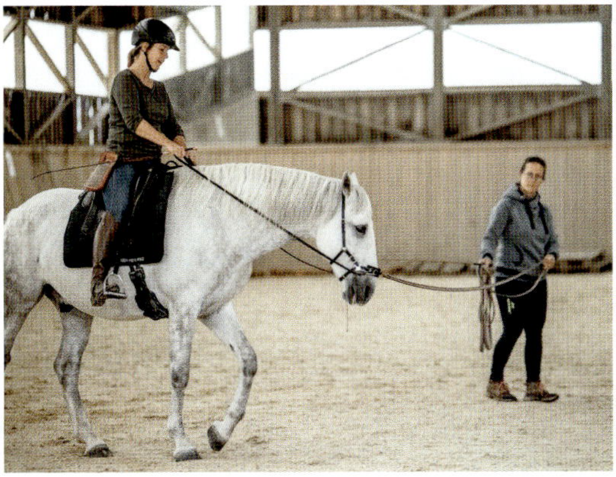

Mandrake beim Aufwärmen.

Muskulatur ermüdet schnell, wenn sie lange in Anspannung bleibt. Wenn wir berücksichtigen, dass ein Bewegungsmuskel nicht für lange konzentrische Arbeit gemacht ist, können wir das Training dementsprechend gestalten. Vergessen wir dabei nicht, dass sich das Pferd einen Muskelkater natürlich merkt und ihn mit dem Training in Verbindung bringt. Ein festgehaltener Rücken wird jedoch zum Schwungkiller.

- Sorgen wir für ein passendes Fütterungskonzept, um unseren Trainingspartner optimal zu unterstützen.
- Unspektakuläre und ruhige Bewegungen erwärmen die Muskulatur.
- Training hilft aber auch gegen Muskelkater: Muskuläre Spannungen lösen sich durch korrekten Rückenschwung.
- Muskeln bauen sich nicht von heute auf morgen auf: Wer regelmäßig und sehr genau arbeitet, kann aber die ersten Erfolge bereits nach drei Monaten sehen.

Mandrake sucht die Form: Wir sehen anhand dieser Bilder auch, wie schwer es noch für das junge Pferd ist, eine stete Formgebung beizubehalten. Ausdauer in der Formgebung muss und darf sich entwickeln.

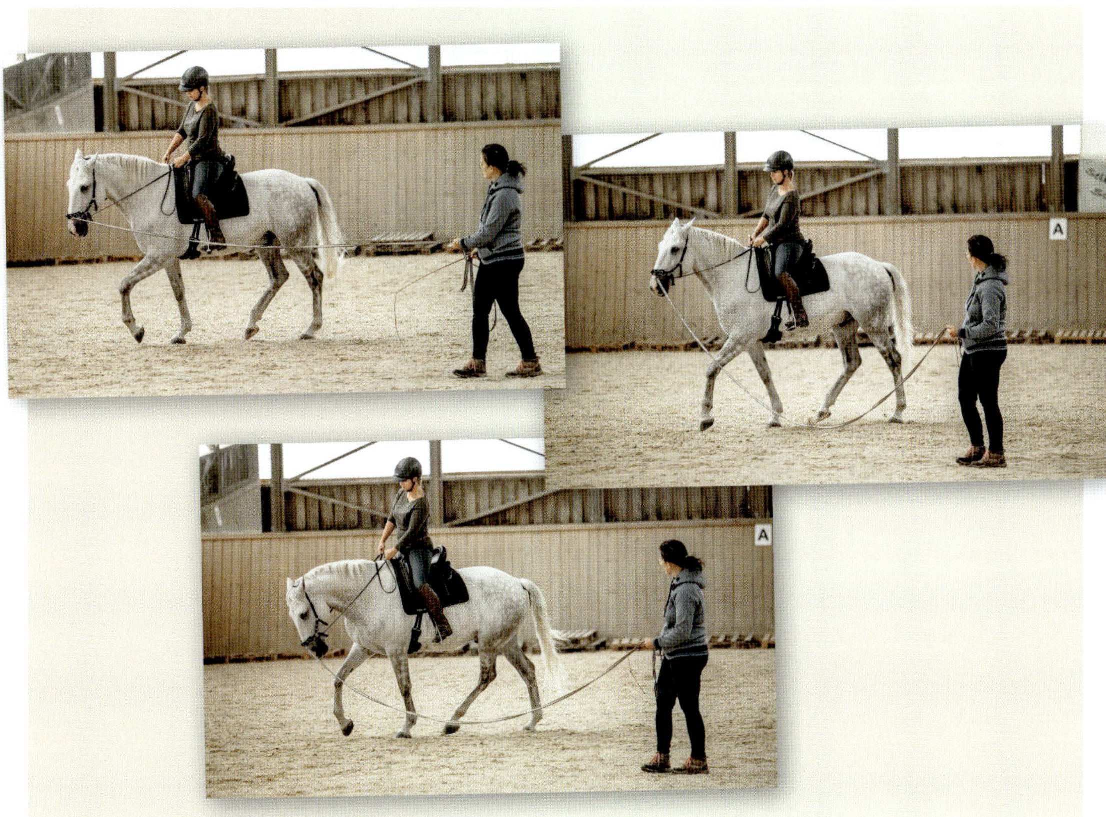

Was muss das Pferd vor dem Anreiten können?

Bodenarbeit hat viele Facetten und bietet so viele Möglichkeiten, das junge Pferd oder den Wiedereinsteiger auf das Reiten schonend vorzubereiten und hinsichtlich einer feinen Hilfengebung zu schulen. Das gilt natürlich ebenso für den Ausbilder, schließlich erarbeiten wir uns eine gemeinsame Kommunikation mit dem Pferd.

Folgende Möglichkeiten stehen uns für die Ausbildung am Boden zur Verfügung:

- Bodenarbeit, seitlich geführt oder frontal vor dem Pferd, der Ausbilder läuft dabei rückwärts
- Longieren
- Handarbeit
- Crossover zwischen Bodenarbeit, Longieren und Handarbeit

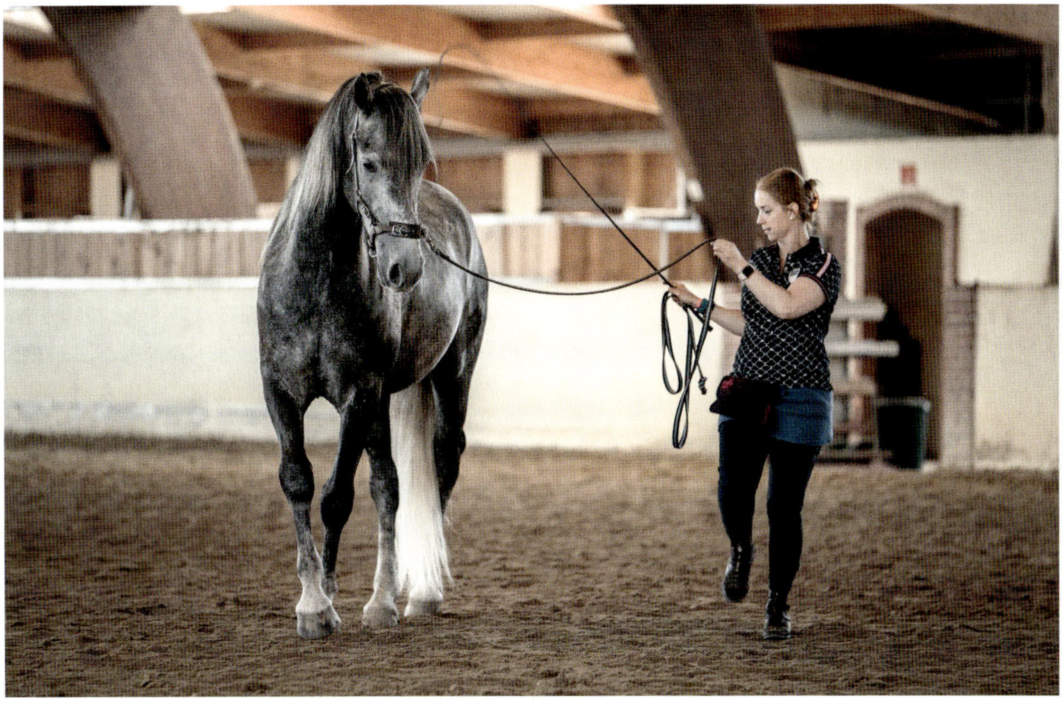

Amena an der Longe im Kruppeherein.

Als Voraussetzung für die Ausbildung zum Reiten zählen vor allem die gymnastizierende Bodenarbeit und das Longieren. Folgende Inhalte sollte das Pferd hier vor dem Anreiten kennengelernt haben:

1. Die Formgebung über den inneren Schenkel
2. Die Formgebung über den äußeren Schenkel
3. Direkte Zügelhilfen
4. Indirekte Zügelhilfen
5. Die Gerte als optisches und berührendes Signal
6. Den direkten, vorwärts treibenden Schenkel
7. Paraden, unmittelbar von der Hand gegeben oder durch Wellen an der Longe übermittelt
8. Die Arbeit in den Grundgangarten
9. Übergänge
10. Pausen

Ausrüstung für das Pferd in der Vorschule

Ein guter Kappzaum, eine lange und eine kurze Longe sowie Dressur-, Touchier- und Longiergerte gehören in jeden »Werkzeugkoffer«. Ich persönlich bevorzuge für die Arbeit einen Kappzaum, dessen Nasenriemen keinen Eisenkern oder Fahrradkette ummantelt. Kappzäume gibt es in den verschiedensten Varianten. In der Regel besteht ein Kappzaum aus einem Nasenstück in unterschiedlicher Ausführung, wobei meist drei Ringe auf dem Nasenriemen

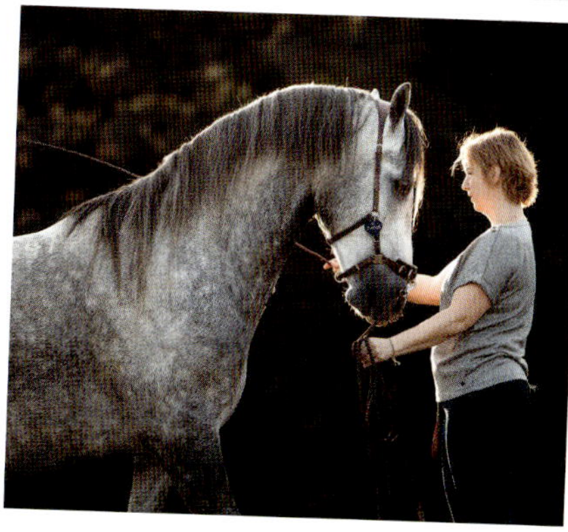

Amena trägt ein Cavesal von Jossy Reynvoet.

befestigt sind. Der Riemen wird einfach geschlossen, verschiedene Modelle weisen einen Flaschenzugverschluss auf, was sich bei manchen Pferden nachteilig durch eine Verspannung im Unterkiefer auswirkt. Unterschiedliche Materialien werden verarbeitet – neben Leder kommen auch Biothane oder Nylon zum Einsatz. Die letzte Variante kann ich nicht empfehlen.

MEIN TIPP:
Das Cavesal von Jossy Reynvoet lässt sich individuell an den Pferdekopf anpassen. Es ist weich unterlegt und verfügt über verschiedene Funktionen. Man kann es als Halfter verwenden, zum Longieren und natürlich zur Boden- und Handarbeit. Neben den drei Ringen am Nasenriemen gibt es zudem noch zwei Ringe am Kinnriemen, die man später auch für das Einschnallen von Zügeln ähnlich einem Bosal nutzen kann. Die Backen- und Ganaschenriemen sind individuell anpassbar.

Ebenso getestet und für gut befunden wurde das Micklem Multibridle. Es lässt sich vielseitig in der Bodenarbeit und beim Reiten einsetzen, besonders auffällig ist das Design, welches Druck an sensiblen Stellen des Pferdekopfes vermindern soll. Egal welche Zäumung wir nutzen – der Gradmesser für feine Umsetzung und Kommunikation bleibt die Reiterhand.

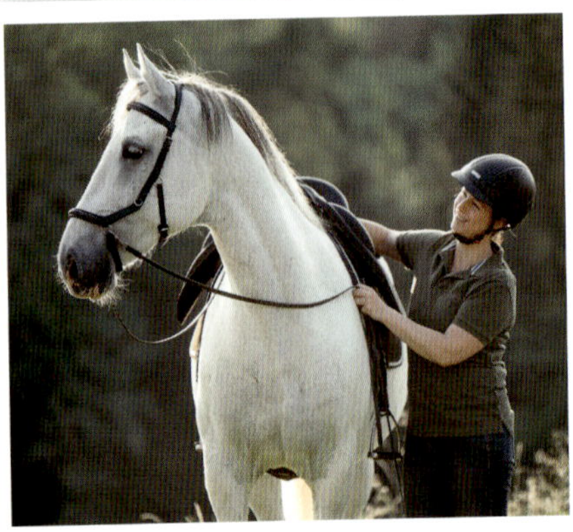

Konrad trägt ein Micklem Multibridle.

VIDEO

Was macht die Hand am Kappzaum?

VIDEO

Im Video zeige ich Mandrake die »Schüttelwellen« und erste Traversalen.

Trotzdem finde ich das Konzept des Micklem durch seine spezielle Konstruktion, motorische und sensorische Nervenden auszusparen und lediglich im hinteren Bereich der Backenzähne die Wange zu berühren, durchaus charmant, wenn wir einen möglichst pferdefreundlichen Kompromiss suchen.

Die Verbindung zwischen Kappzaum und Reiterhand ist ebenso essenziell wie ein guter Kappzaum. Hier stehen verschiedene Seile zur Auswahl, die im Umfang dicker oder schmäler sein können, kurze oder lange Longen. Für die Schulung der Paraden auf Distanz empfehle ich zu Beginn der Ausbildung oder zum Verfeinern eher ein Seil. Durch das Eigengewicht kommen Paraden und Wellen weich in der Wirbelsäule des Pferdes an, sehr leichte Materialien wie Biothane oder Lederzügel wirken eher schwammig oder diffus.

Übung zum Selbsttest:

Für diese Übung brauchen wir einen Partner und möglichst viele Seile, Longen und Zügel zum Testen. Wir fassen mit Daumen und Zeigefinger in den jeweiligen Karabiner, unser Partner positioniert sich mit einem Abstand von 2 bis 3 Meter frontal vor uns. Nun können wir spüren, wie die verschiedenen Wellen, geschüttelt aus der Hand des »Ausbilders«, am »Nasenrücken« des Pferdes ankommen. Im besten Fall werden unsere Hand und der Arm durch die Wellen überhaupt nicht bewegt – wir spüren aber die

Schwingung in unserer Wirbelsäule. Nehmen wir uns hier wirklich Zeit und testen verschiedene Materialien. Wir werden rasch feststellen, dass dünne, leichte Zügel eine Parade eher diffus an unsere Wirbelsäule leiten, als ein dickeres, aber trotzdem nicht allzu schweres Seil. Wie ein Geigenspieler verschiedene Geigenbögen testet, denn erst ein sauberer Strich vollendet die Klangfarbe der Violine, so sollten wir als Ausbilder unserer Pferde ebenso Wert legen auf eine präzise und passgenaue Wahl der Utensilien. Unsere eigene Bewegung und Handhabe ist individuell, dementsprechend muss natürlich auch das Werkzeug zu uns passen. Für die Bodenarbeit empfehle ich ein kürzeres Seil oder eine Longe, da wir uns die Arbeit beim Sortieren der Leinen wesentlich einfacher machen können. Trotzdem sollte auch eine lange Longe in unserem Sattelschrank hängen, die uns ein bequemes Longieren und Nutzen einer gesamten Hallenlänge bei 20 x 40 Meter Mindestmaß ermöglicht. Longieren darf keinesfalls immer nur auf geringer Distanz stattfinden. Eine größere Distanz ist für die gesamte Entfaltung des Bewegungsspektrums notwendig und somit ein wichtiger Faktor für die Gesunderhaltung des Pferdes. Kurze oder längere Touchier- oder Longiergerten werden passend zum Inhalt der Ausbildung gewählt.

Check – ist mein Pferd für das Anreiten bereit?

Kennt mein Pferd die innere Schenkelhilfe in der Bodenarbeit und beim Longieren und formt es sich um den inneren Schenkel?

Wenn das junge Pferd die Bedeutung des inneren Schenkels verstanden hat, kann es Biegung und Formgebung aus allen Positionen am Boden leicht umsetzen. Die Hilfengebung lässt sich natürlich auch aus der Position vom Sattel aus übertragen – dann kommt die tatsächliche Schenkelhilfe dazu.

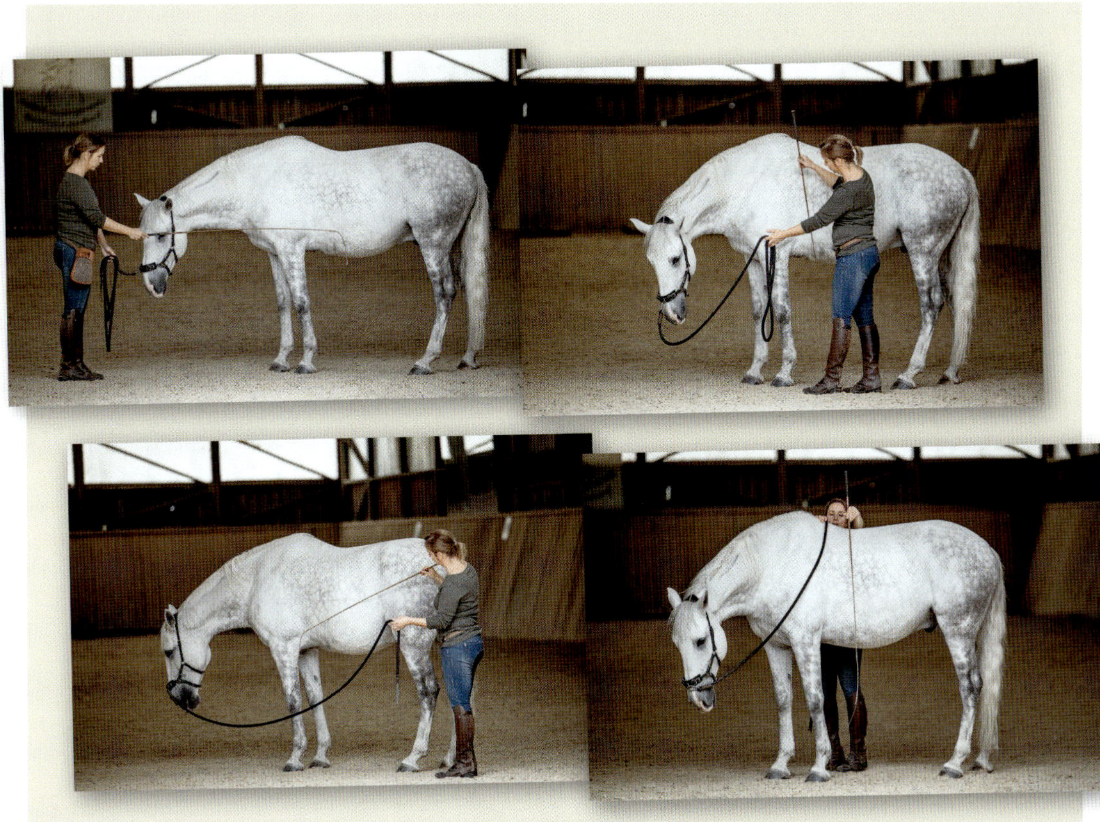

Ziel: Das Pferd reagiert auf die zeigende und berührende Gerte in der inneren Schenkellage und streckt sich vertrauensvoll vorwärts-abwärts zur nachgiebigen Hand. Die Reiterhand muss nicht am Kappzaum oder der Longe lösend und formend einwirken – das Pferd findet die Formgebung über die Schenkelhilfe alleine.

Für Pferd und Mensch ist die innere, formgebende Schenkelhilfe das Alpha und Omega der Ausbildung. Der innere Schenkel ist ein wahrer Alleskönner, er sorgt für eine korrekte Formgebung der Wirbelsäule und damit unterstützt er auch die korrekte Schwingung und Rotation. Er mahnt zur Aufmerksamkeit, Achtsamkeit und Konzentration und sorgt somit auch bei steigender Ausbildung und Anforderung immer wieder für Losgelassenheit.

Der innere Schenkel ist auch für uns ein wichtiger Prüfstein, ob das Pferd tatsächlich über einzelne Hilfen nachdenkt oder sich eher an die Übung erinnert und diese wiederholt.

Wir zeigen dem Pferd den inneren Schenkel aus der Frontposition, wobei wir vor dem Pferd stehen und mittels Hand am Kappzaum den Kopf des Pferdes zunächst zur Seite wenden und sofort nachgeben, sobald sich das Pferd Hals und Kopf durch uns bewegen lässt. Hier legen wir den Grundstein für die nachgiebige Hand. Für unser Pferd möchten wir uns zum zuverlässigen, vorhersehbaren und verlässlichen Partner entwickeln, demnach entsteht eine vertrauensvolle Beziehung bereits in der Grundschule. In den meisten Fällen wird das Pferd nach einigen Wiederholungen der Kopfbewegung zur Seite den Hals fallen lassen und mit der Nase in Richtung Boden suchen. Pädagogisch betrachtet ein wunderbarer Moment, denn wir können nun die Eigeninitiative des Pferdes besonders loben und fördern, zudem wurden wir auch nicht gezwungen, das Pferd an der Nase abwärts zu ziehen oder am Kappzaum zu zupfen.
Bei jeder Übung oder Handhabe sollten wir uns stets hinterfragen, wie wir selbst diese Einwirkung bewerten würden. Stichwort Eigeninitiative: Wir wünschen uns ja ein Pferd, das sich mit uns über seine Fähigkeiten freut und diese auch einbringen möchte. Mit Sicherheit werden wir manchmal Vorschläge erhalten, die nicht unserem eigenen Ziel entsprechen – als Ausbilder ist jedoch ein motivierter und aktiver Schüler in jedem Fall einer verschlossenen und unsicheren Persönlichkeit, die sich nicht mehr zutraut, eigene Ideen einzubringen, vorzuziehen.

VIDEO

In diesem Video spiele ich mit Mandrake frei mit dem inneren Schenkel, ohne die Hand zu nutzen. Und wir blödeln ein bisschen mit der Aufstiegshilfe.

Vieles wird das Pferd auch im Laufe der Ausbildung »erraten«, aus diesem Grund ist ein Pferd, das über unsere Aufgabe nachdenkt und eine Lösung sucht, auf jeden Fall sehr zu begrüßen.

Sobald das Pferd die Kontaktaufnahme am Kappzaum durch eine Dehnungshaltung im Stand beantwortet, können wir den inneren Schenkel mittels zeigender und berührender Gerte hinzufügen. Wir können natürlich sanfte, abwärts lösende Impulse am Kappzaum nutzen, für manche Pferde ist aber die Umsetzung in Bewegung deutlich einfacher als im Stand. Auf jede positive Antwort erfolgt selbstverständlich ein Feedback von unserer Seite.

Kennt mein Pferd das Timing der Hilfengebung?

Der beste Moment, um die Schenkelhilfe in Bewegung umzusetzen, ist wenn das innere Hinterbein abfußt. Die Gerte hat zwei Funktionen: Formen und Vorwärts. Demnach lernt das Pferd bereits zwischen dem direkten und dem formgebenden Schenkel zu unterscheiden. Der direkte Schenkel begleitet eben den Moment des Abfußens und verstärkt somit den Vorgriff des Hinterbeins. Der formgebende Schenkel kann in einer höheren Frequenz oder konstant in der Schenkellage eingesetzt werden. Später werden wir diese Hilfe durch eine leichte Vibration in der Wade vom Sattel aus ersetzen.

Die Einhaltung des korrekten Timings ist für die Übernahme der Hilfen vom Boden in den Sattel essenziell. Nur wenn Hilfen zum immer gleichen Zeitpunkt

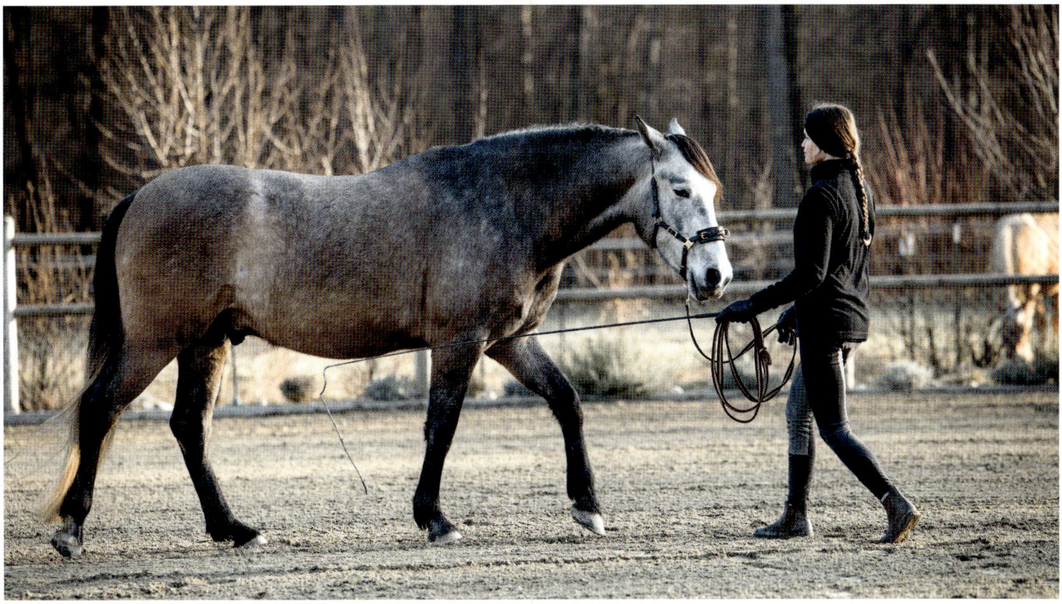

Der Moment des Abfußens wird von Martina durch ein sanftes Zeigen der Gerte in Richtung Schenkellage begleitet.

umgesetzt werden, egal aus welcher Position wir mit dem Pferd unterwegs sind, kann das Pferd verlässlich hinsichtlich ihrer Bedeutung differenzieren.

Timing bedeutet natürlich auch im richtigen Moment zu loben, dabei ist mit zunehmender Routine der Bewegungsfluss nicht außer Acht zu lassen. Gerade die Bewegung erleichtert den Pferden die Umsetzung der gewünschten Formgebung, das Pferd entspannt sich einerseits durch die Sicherheit, die Aufgabe meistern zu können, andererseits fühlt es sich in seinem Körper wohl. Für uns Menschen liegt hier die Herausforderung im Rückwärtslaufen vor dem Pferd, dies kann unter Umständen den Bewegungsfluss auch negativ beeinflussen. Daher können die ersten Übungen selbstverständlich auch aus einer seitlichen Führposition umgesetzt werden – gerade wenn das Größenverhältnis zwischen Mensch und Pferd so ausfällt, dass kurze auf lange Beine treffen.

Kennt mein Pferd den inneren Schenkel an der Longe?

Aus der Nähe ist die Umsetzung der ersten Formgebung natürlich einfach – schwieriger wird es aus der Distanz, wenn wir das Pferd longieren. An der Longe sollte das Pferd die zeigende oder berührende Gerte ebenso als abwärts lösende Hilfe verstehen. Anfangs wird die Distanz zwischen Ausbilder und Pferd noch geringer ausfallen, es lohnt sich jedoch hier viel Zeit in die Übung zu investieren. Je besser sich das Pferd auch auf großer und gerader Linie durch unsere Anleitung ausbalancieren kann, je weniger Zeichen es zur Umsetzung benötigt, umso selbstständiger wird es im Bewegungsfluss. Vergessen wir nicht bei der Ausbildung und Etablierung unserer Hilfensprache, dass wir Hilfen nutzen, gleichzeitig aber nicht permanent auf sie angewiesen sein wollen. Ein Ausbildungsziel kann an dieser Stelle sein, das Pferd lediglich auf Fingerzeig ohne die Gerte bei größerer Distanz in die gewünschte Bewegungsrichtung bei konstanter Dehnungshaltung zu dirigieren.

Kennt mein Pferd den äußeren, von sich weg biegenden Schenkel?

Kennt mein Pferd die äußere Schenkelhilfe in der Bodenarbeit und beim Longieren und kann es sich vom äußeren Schenkel weg biegen?

Der äußere Schenkel wird uns später als verwahrender Schenkel oder auch als rahmender Schenkel

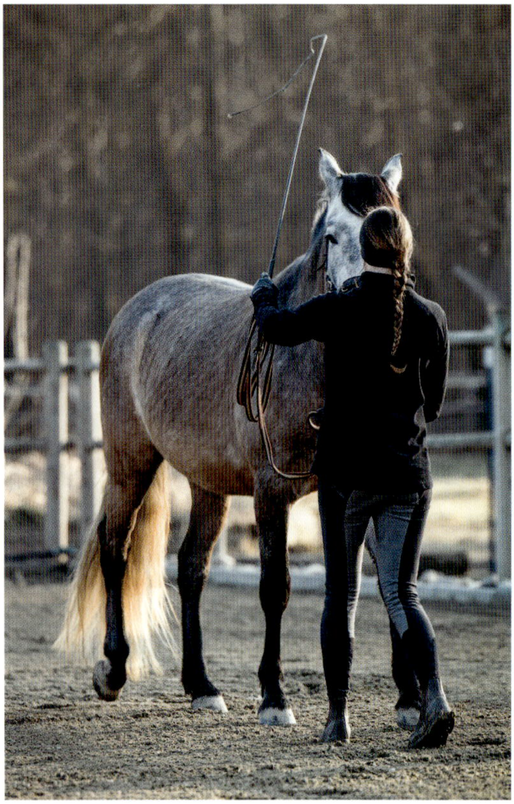

PRE Duende erkundet den äußeren, von sich weg biegenden Schenkel.

zur Verfügung stehen, wenn wir den Vorgriff und die Platzierung der Hinterbeine präzise gestalten.

Ziel: Das Pferd versteht die zeigende Gertenhilfe über dem Rücken aus jeder Position – vor, neben oder seitlich aus größerer Distanz und setzt sein äußeres Hinterbein unter den Schwerpunkt. Zu Beginn schulen wir dieses Verständnis im Stand, dabei spielt Biegung noch keine Rolle, das Pferd darf die Hilfe wirklich separat lernen. Grundsätzlich bilde ich gerne nach dem »Ich packe meinen Koffer«-Kinderspiel-Prinzip aus. Die Gerte berührt das Pferd leicht an der äußeren Kruppe, sobald es einen Schritt zur Seite macht, wird gelobt und bestätigt. Mit etwas Übung wird es lernen, sowohl die Balance zwischen den Schultern im Stand als auch in der Bewegung zu verbessern, also weder

VIDEO

Mandrake und der äußere, von sich weg biegende Schenkel.

Mandrake darf sich noch vorwiegend auf die äußere, von sich weg biegende Schenkelhilfe konzentrieren. Zu Beginn beeinflusse ich die Stellung noch nicht durch meine Hand am Kappzaum. Mandrake wird als Nächstes Stellung und Biegung um den inneren Schenkel »in seinen Koffer« packen.

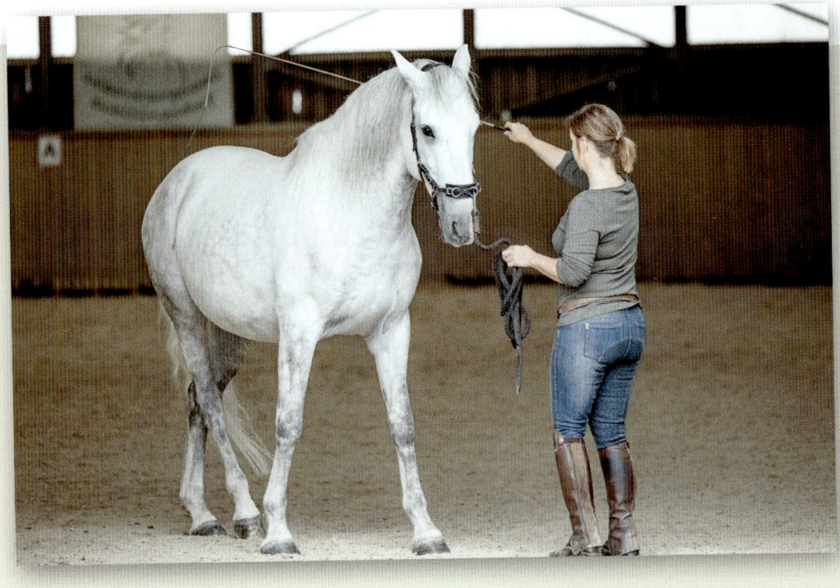

den inneren, noch den äußeren Vorderfuß übermäßig zu belasten, in der Linienführung nach innen oder nach außen zu driften. Wir fügen dann zum äußeren Schenkel den bereits besser bekannten inneren Schenkel hinzu und können somit nach und nach das Pferd im Schulterherein wie auch im Kruppeherein formen.

TIPP:
Der äußere Schenkel darf das Vorwärts des Pferdes nicht stark verringern. In der Bewegung führt eine traversartige Bewegung immer zur Verringerung des Tempos, das Pferd wird sich versammelnd aufnehmen. Für das junge Pferd darf der äußere, von sich weg biegende Schenkel allerdings nicht nachhaltig zu einer Verkleinerung des Rückenschwungs und zur Verringerung des Vorwärts führen. Achte also immer darauf, dass du sowohl zwischen der Dehnungshaltung als auch dem Beginn leichter Versammlung differenzieren kannst. Die Arbeit mit dem äußeren Schenkel soll im Laufe der Ausbildung nicht zum »Automatismus« Versammlung führen, wobei an dieser Stelle auch darauf hingewiesen werden muss, dass die Qualität der Versammlung dann auch eher abnimmt. Das Pferd wird eher langsamer als versammelt, die Kraftübertragung der Hinterbeine über die Wirbelsäule in Richtung Vorhand wird dann eher ausgebremst. Dazu aber später mehr.

Kennt mein Pferd bereits direkte und indirekte Zügelhilfen?

In der Bodenarbeit vor dem Pferd ist es sehr leicht, direkte Zügelhilfen umzusetzen. Wir zeigen dem Pferd, was ein sanftes Schließen der Finger am Kappzaum bedeutet. Das Pferd kann durch diesen sanften Impuls zu ganzen, halben oder noch kleineren Paraden aufgefordert werden, wobei wir bei Paraden immer daran denken, den Weg der Parade durch adäquate Biegung über den Nasenrücken des Pferdes zum Genick und dann durch die gesamte Wirbelsäule in Richtung Hinterhand zu leiten. Direkte Zügelhilfen können natürlich auch in der Bodenarbeit und beim Longieren abwärts lösen – vergessen wir

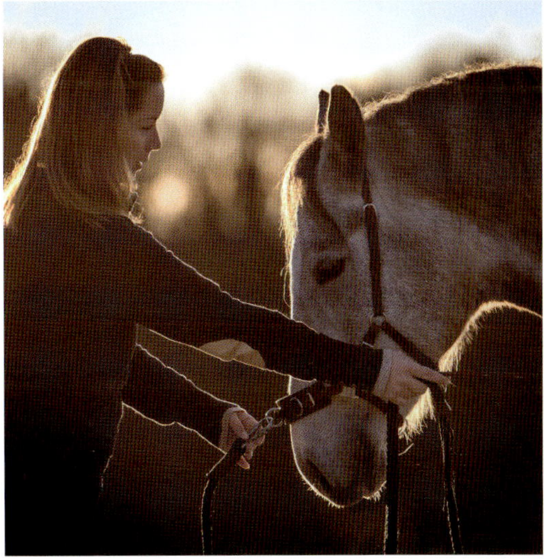

Die Hand am Kappzaum kann direkt Einfluss nehmen auf Stellung und Formgebung. Sie sollte jedoch stets mehr loslassen als einfordern.

jedoch nicht, die direkten Hilfen am Kappzaum müssen im Laufe der Ausbildung ausgeschlichen werden. Wenn wir darüber nachdenken, welche Hilfen sich von der Bodenarbeit und vom Longieren in den Sattel übertragen lassen, dann sind sich viele Hilfen in der Umsetzung ähnlich. Die Gerte kann den inneren Schenkel zeigend und berührend erklären. Für das Pferd wird sich der innere Schenkel des Reiters natürlich komplett anders anfühlen, weshalb wir zu Beginn der Ausbildung zum Reitpferd auf bekannte Hilfen wie eben die Gerte zurückgreifen dürfen. Allerdings sollte die Anzahl der Sekundären Hilfen mit steigender Ausbildung abnehmen. Manche Hilfen lassen sich jedoch nicht direkt übernehmen – so können wir ja auch nicht mitten im Reiten absteigen und nochmal abwärts lösen. Grundsätzlich kann man immer wieder auf den Boden zurückkehren und eine Hilfe verbessern, für die Formgebung ist jedoch der Schenkelimpuls von größerer Bedeutung als die Einwirkung mit der Hand.

Direkte Zügelhilfen sollten daher aus jeder Position geübt werden, besonders aber aus der seitlichen Position und mit etwas mehr Distanz. Wenn wir beim Longieren eine Parade aus dem Trab oder Schritt umsetzen, nehmen wir nicht nur Körpersprache zur Hilfe, sondern leiten sanfte Schüttelwellen aus dem

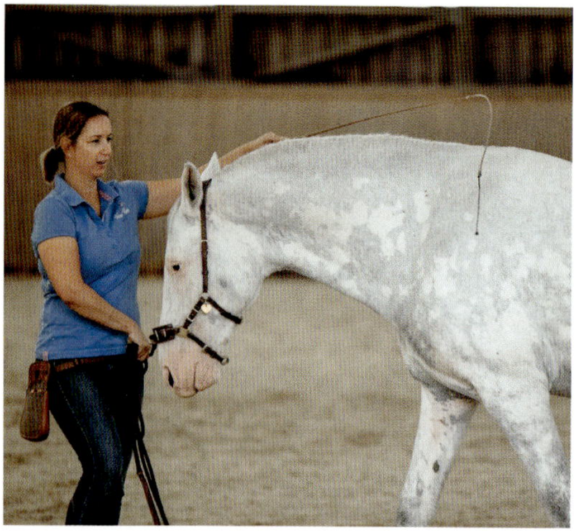

Die Gerte berührt Schnucks außen am Widerrist bzw. am Schulterblatt. Körpersprache signalisiert die Wendung, die Berührung der Gerte ist für Schnucks das nächste Puzzlestück bei der Erkundung der indirekten Zügelhilfen.

Handgelenk in Richtung Pferdenase, wobei wir uns wieder den bereits dargestellten Weg der Parade denken. Der Weg für die Parade ist nur bei entsprechender Formgebung der Wirbelsäule (siehe Erklärungen zur Halswirbelsäule Seite 38) offen und entscheidet über das Scheitern oder Gelingen von Paraden.

Stellende Hilfen können wir ebenso auch vom Boden bekannt machen: Auch hier ist das richtige Timing von Bedeutung. Der Pferdekopf pendelt abwechselnd zur Seite. Die Bewegung aus dem Genick findet zwischen erstem und zweitem Halswirbel statt. Nimmt das Pferd das linke Vorderbein vom Boden und führt es nach vorne, dann pendelt der Kopf des Pferdes ebenso nach links. Wir haben den besten Moment um zu lösen oder eine stellungsgebende Parade zu setzen gefunden. Es ist immer von Vorteil im Sinne der natürlichen Bewegung und nicht wider die Natur des Pferdes bei der Hilfengebung vorzugehen.

Indirekte Zügelhilfen

Ziel ist, das Pferd über den inneren und äußeren Zügel am Hals in die gewünschte Bewegungsrichtung zu dirigieren. Dies können wir durch die zeigende oder berührende Gerte in der Bodenarbeit wie beim Longieren, aber auch in der Handarbeit umsetzen. Der Zügelkontakt am Hals wird deswegen als indirekte Zügelhilfe bezeichnet, weil wir hier nicht unmittelbar auf das Maul, die Nase oder das Genick einwirken, sondern die Führung zwischen den Schultern erarbeiten. Auch die indirekten Zügelhilfen sollten dem Pferd vor dem Anreiten bereits bekannt sein. Das macht die gewünschte Linienführung später einfacher.

Longenarbeit

Das Pferd ist bereit für die Arbeit unter dem Sattel, wenn es sich:

1. Mühelos und losgelassen auf einem entsprechend großen Zirkel an der Longe bewegen kann.
2. Mühelos in der gewählten Formgebung halten kann, auch bei Übergängen von einer niedrigen in eine höhere Gangart.
3. Mühelos in Tempo und Takt ausbalancieren kann – und das freilich ohne Hilfszügel.
4. Mühelos durch die inneren und äußeren Schenkelhilfen gerade richten lässt.
5. Mühelos in allen drei Gangarten auch über einen längeren Zeitraum an der Longe bewegen kann.
6. Problemlos und ohne Furcht mit dem Sattel am Rücken bewegt.

Beispiele aus der Praxis

Amena und Mandrake

Unser Amena kam im Alter von 2 Jahren und 8 Monaten im Dezember 2018 zu uns. Amena wurde schonend auf seine spätere Aufgabe als Reitpferd vorbereitet. Ich bedanke mich an dieser Stelle auch für die Unterstützung meiner damaligen Kollegin Julia, die mir und Amena bei den ersten Schritten sehr geholfen hat.
Amena hat in seinem ersten Schuljahr 2019 alle Hilfen der Bodenarbeit kennengelernt. Dabei hat sich bereits gezeigt, dass Amena sehr gerne an Details tüftelt. So konnten wir relativ rasch auch Feinheiten verbessern, die Hinterbeine sehr genau und präzise platzieren und an der Formgebung arbeiten, sodass für Amena eine konstante Formgebung in der Bodenarbeit und an der Longe ein Leichtes war. Seine große Stärke ist sein enormes Taktgefühl, Amena war selten zu eilig oder zu langsam in den Grundgangarten unterwegs.

Für den Galopp hat er rückblickend ein bisschen Zeit gebraucht, hier war die Schiefe erstmalig am Zirkel Thema. Dank der hervorragenden Vorarbeit und seinem aufgeschlossenen Wesen hat Amena unsere Vorschläge zur Geraderichtung über den äußeren Schenkel sehr gut umgesetzt. Seine Motivation und sein fröhliches Wesen zu erhalten war selbstverständlich oberstes Ziel – schwierig war das jedenfalls nicht, denn Amena will einfach immer gefallen. Da er knapp dreijährig wirklich noch sehr zart, groß und schlaksig erschien, war von Anfang an klar, dass die Ausbildung in kleinen Schritten und langsam vonstattengehen wird. Erst im Alter von 5 Jahren wurde Amena regelmäßig auch unter dem Sattel vorgestellt und absolviert siebenjährig noch zum großen Teil Inhalte für junge Pferde, wenn Reiten im Stundenplan steht.
Dass Amena zu den Spätentwicklern gehört, war ganz offensichtlich. Generell sagt man über Lipizzaner gerne, dass sie zu den spätreifen Rassen gehören. Aber was heißt spätreif? Denken wir noch einmal an die im ersten Kapitel erwähnten Voraussetzungen für das Reiten zurück, dann wird klar: Pferde sollten vor ihrem sechsten Lebensjahr keinesfalls zu starker Belastung durch den Reiter ausgesetzt werden.

Lipizzaner Konrad war optisch mit drei Jahren schon weit entwickelt, er wollte immer Klassenbester sein. Es ist nicht einfach, der Versuchung bei solch klugen und motivierten jungen Pferden zu widerstehen. Da wir jedoch als reine Freizeit- und Genussreiter keinen Zeitdruck haben, können wir uns der vielen Facetten der Bodenarbeit bedienen und die Ausbildung am Boden vertiefen, was uns ebenso manch zauberhafte Tanzstunde beschert.

Gänzlich anders war die Ausbildung von Lusitano Mandrake. Mandrake verfügt ebenso wie Amena über ein tolles Takt- und Körpergefühl. Allerdings ist sein Temperament eher ungestüm. Mandrake war zwar fünfjährig, als wir mit der Ausbildung starteten, ebenso wissbegierig, aber weniger ruhig und überlegt, als meine Lipizzaner. Mandrake ist ein echter Lausbub und unheimlich lustig. Er zaubert seinen Menschen immer ein Lächeln ins Gesicht und steckt

Amena fünfjährig an der Longe. Die Versammlungsfähigkeit von Amena hat vor allem bei der Galopparbeit geholfen. Wichtig dabei ist jedoch, nicht auf einem zu kleinen Zirkel zu arbeiten und auch hier den Rahmen immer wieder zu verändern – vom Vorwärts-Abwärts, zum Vorwärts-Aufwärts.

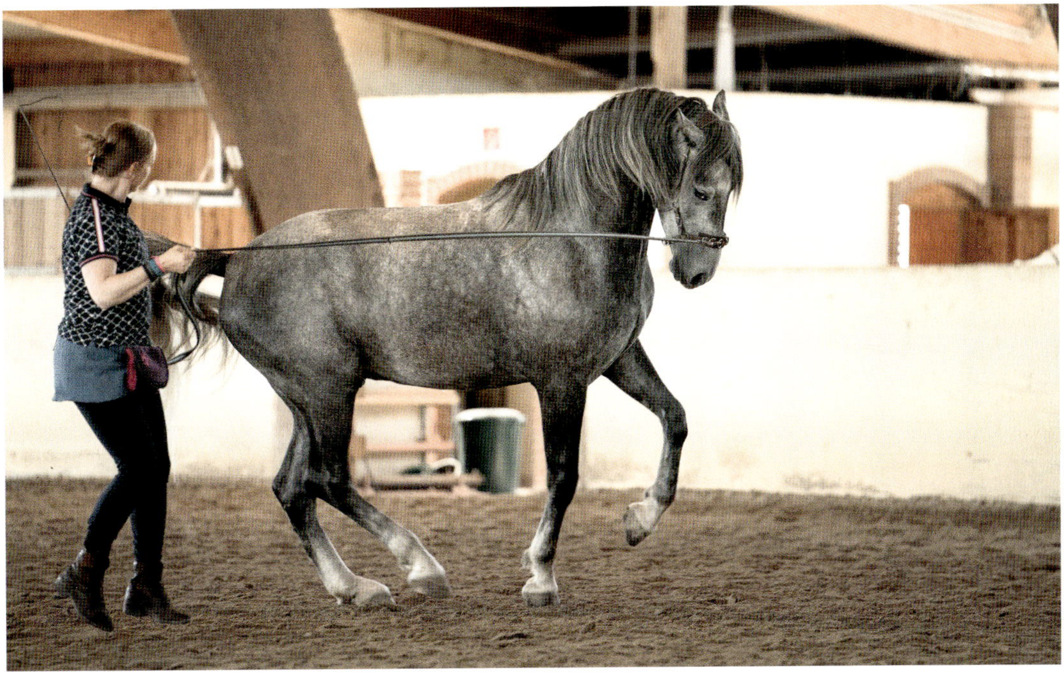

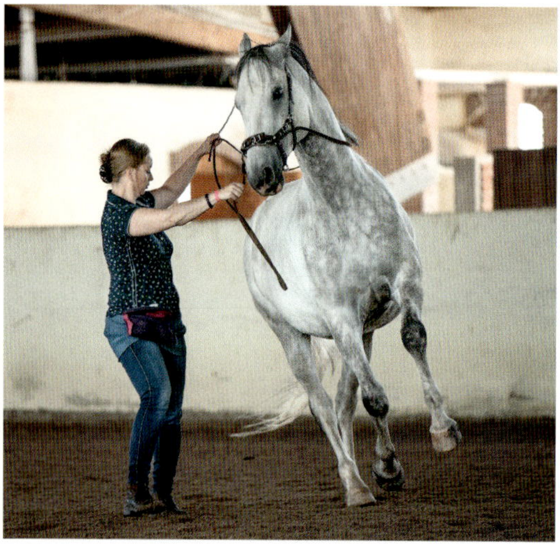

Konrad in der Handarbeit im Galopp.

mit seiner guten Laune unheimlich an. Mandrake wäre der Adrenalinjunkie in der Balletklasse, der mit Übungen an der Stange und exakter Bewegungsschulung nicht so viel Freude hätte.

Die miteinander verbrachte Zeit am Boden war etwas kürzer, nicht so detailliert wie bei Amena oder Konrad, manche Schritte haben vielleicht dadurch etwas länger gedauert, andere ergaben sich eher durch Zeit und Pause, als durch Wiederholung. Mandrake kannte natürlich auch alle von mir aufgezählten Schritte, die ein junges Pferd bereits können sollte, im Vergleich zu Amena oder Konrad war die präzise Umsetzung jedoch nicht so konstant.

An dieser Stelle sei noch einmal betont, wie individuell die Herangehensweise bei den verschiedenen Pferden sein muss. Kein Pferd gleicht dem anderen, wir sind es jedem Pferd schuldig, unsere Ausbildungspläne regelmäßig zu überdenken und den Bedürfnissen des Pferdes anzupassen. Ein Pferd kann mental jede Aufgabe erfassen, aber wie Amena physisch noch nicht so weit sein, sodass man sich Zeit lassen, dem Eifer entsprechend aber auch an Details arbeiten kann. Oder wir haben einen Freigeist wie Mandrake, der alles aufsaugt, aber bittet, noch nicht zu sehr ins Detail zu gehen, weil »Futzeln« der Motivation nicht entgegenkäme.

VIDEO

Einblicke in die Morgenarbeit mit Amena an der Longe.

Hauptsache die Freude erhalten: Mandrake hat mich viel nachdenken lassen, ob und wie weit wir die Bewegung der Pferde tatsächlich formen sollten. Was macht es emotional mit dem Pferd, wenn wir Bewegung strikt vorgeben? Wie würden wir uns an seiner Stelle fühlen – vor allem wenn wir ein echter Freigeist wären?

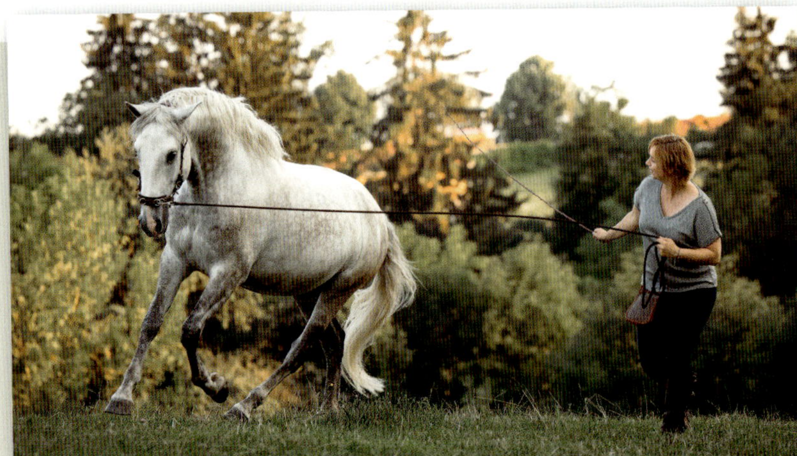

Ausrüstung

In der Grundausbildung waren wir mit Kappzaum, Longe, Zügeln und verschiedenen Gerten ausreichend ausgestattet.

Nun kommen die nächsten Fragen auf uns zu. Wollen wir mit oder ohne Gebiss ausbilden? Welche Vor- und Nachteile haben die verschiedenen Ausrüstungsgegenstände beim Anreiten oder beim Umlernen? Welche Unterschiede ergeben sich hinsichtlich der Hilfengebung? Gibt es überhaupt Unterschiede? Und reicht ein Pad beim Anreiten oder ist ein Sattel mit Baum – und wenn ja mit welchem – vorzuziehen?

Seit ich Menschen und ihre Pferde begleite, hat sich eine Sache wiederholt: Die meisten Fragen und Diskussionen gibt es rund um die korrekte Ausrüstung.

Bei der Wahl des Zaumes muss auf eine lockere Verschnallung hingewiesen werden. Dass ein Festzurren dem Pferd Unbehagen bereitet, ist keine Überraschung, viel spannender sind jedoch die Zusammenhänge im Pferdekörper. Werden die Kaumuskeln durch einen engen Riemen blockiert, überträgt sich eine falsche Spannung der Nacken- und Rückenmuskeln auch auf das Maul. Ein leichtes Öffnen des Unterkiefers sollte für das Pferd immer möglich sein, denn erst dann kann sich die Kaumuskulatur loslassen. Jetzt kann sich auch die Muskulatur an Genick und Hals lösen und dadurch wird Stellung überhaupt erst möglich.

Mit oder ohne Gebiss?

Ohne Gebiss

Ein Exkurs in die Vergangenheit. Meine Stute Barilla hatte Wolfszähne, die ihr das Annehmen und Tragen eines Gebisses erheblich erschwerten.

Die Zähne wurden mühsam extrahiert, der behandelnde Tierarzt empfahl uns damals mit dem Reiten ein paar Tage zu warten und dann mit einer gebisslosen Zäumung wieder die Arbeit aufzunehmen. Barilla hatte immer Anlehnungsschwierigkeiten, entweder hatte ich gefühlt eine Tonne Gewicht in der Hand oder aber sie wollte und konnte nicht zur nachgiebigen Reiterhand suchen. An dieser Stelle sei nicht unerwähnt, dass meine Hand damals auch nicht sonderlich nachgiebig sein konnte, da sich in mir ein innerlicher Konflikt breitmachte. Einerseits war da Schamgefühl, nicht den Erwartungen oder den Konventionen zu entsprechen, wie ein Pferd über den Rücken geritten werden sollte, andererseits fühlte ich mich schon ständig unter Zugzwang, denn mir war auch die Notwendigkeit einer gewissen Formgebung wohl bewusst. Als wir dann gebisslos einen Neuanfang starteten, war plötzlich alles leicht. Damals habe ich die gebisslose Alternative nicht als Lösung verstanden, schließlich wollte ich mich an die allgemein gültigen Regeln und Konventionen halten – und die sahen einfach vor, dass man ein Pferd mit Gebiss ausbildet.

Jahre später brachte mich jedoch ein Vortrag auf einer Fortbildung zum Nachdenken. Ein Spezialist auf dem Gebiet der Zahnheilkunde und Kieferorthopädie für Pferde gab an, dass im Maul des Pferdes eigentlich kein Platz für ein Gebiss sei – und er demonstrierte das anschaulich anhand vieler Röntgenbilder. Damals bereits begeistert von der Akademischen Reitkunst ließ ich mich auch sehr von meinem belgischen Kollegen Jossy Reynvoet inspirieren, der vom Springreiten zur Akademischen Reitkunst und schließlich zu seiner gebisslosen Version kam. Er hatte verschiedene Zäume entwickelt und so testeten wir das Cavemore, eine Verbindung aus Hackamore und Kappzaum, und schließlich das Cavesal, wobei sich hier die Vorteile von Bosal und Kappzaum vereinen.

Tabby auf Kandare mit Semikappzaum gezäumt.

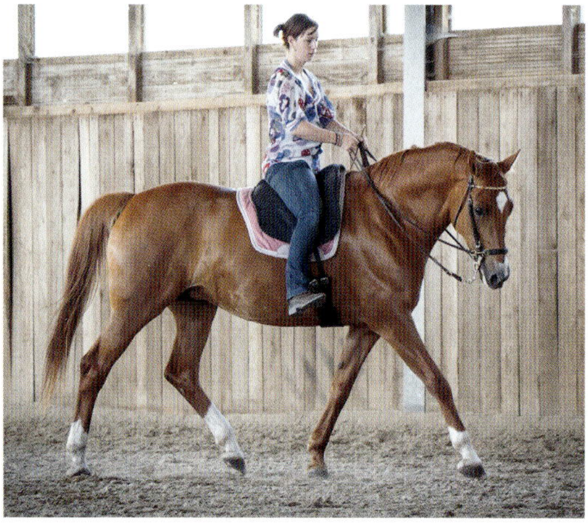

Tabby auf Trense gezäumt.

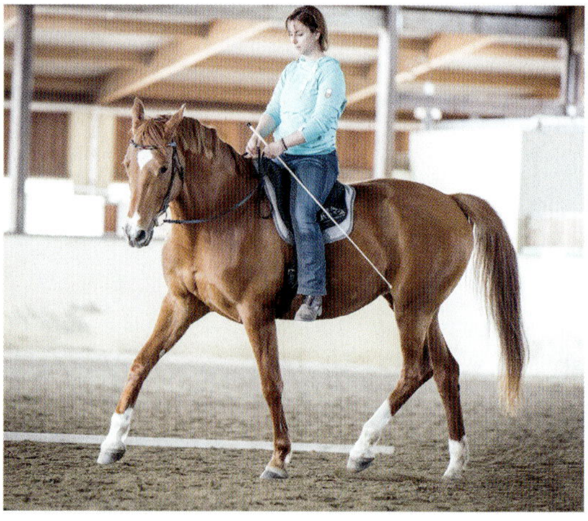

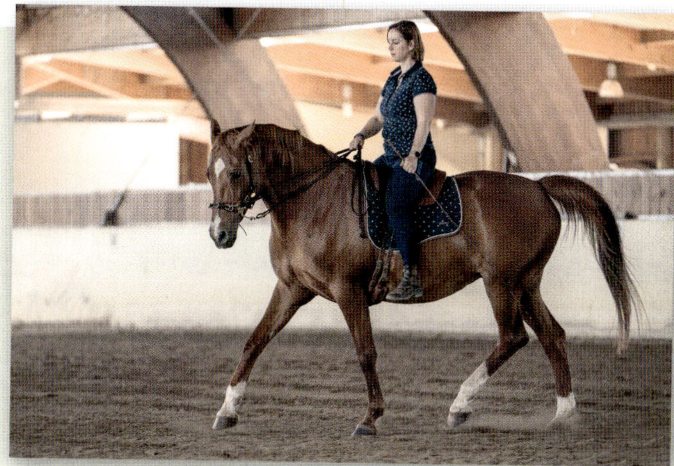

Tabby gebisslos geritten mit dem Cavemore von Jossy Reynvoet.

In meiner Erfahrung mit Jungpferden kam schließlich auch noch das Experiment mit dem Micklem Multibridle dazu, welches ich in der Zügelführung allerdings immer nur an den seitlichen Verbindungsringen am Nasenriemen genutzt habe, nicht jedoch in den gebisslosen Varianten, die es sonst noch bietet.

Ich habe mit Gebiss und ohne Gebiss experimentiert. Meine Stuten Tabby und Pina kannten Gebisse bereits vor unserer gemeinsamen Zeit. Um einen wirklich schlüssigen Vergleich aufzustellen, habe ich auch meine drei Pferde Konrad, Amena und Mandrake gebisslos ausgebildet, um sie später dann im Vergleich mit Gebiss zu reiten und ihre Meinung diesbezüglich sehr genau zu prüfen.

Tarabaya – Umstellung auf gebisslos

Meine Trakehner-Fuchsstute Tarabaya war immer absolut leicht und wunderbar mit der Kombination Kappzaum und Kandare oder auch Kandare blank unterwegs. Die Zügel hingen durch, ich dachte zum damaligen Zeitpunkt, ich würde mein Pferd tatsächlich nur aus dem Sitz heraus reiten. Als ich die Sache gebisslos genauer unter die Lupe nahm, konnte ich doch einige Lücken in der vorangegangenen Ausbildung aufdecken. Gebisslos hatte ich plötzlich viel Gewicht in der Hand, auch wenn ich das Gefühl hatte, die Kandare nicht mal wirklich anzufassen, reichte schon ihr Eigengewicht und ihre Präsenz aus, Tabby eine permanente Mitteilung zu geben. Viele Versuche später war mir klar, dass ich die formgebenden Hilfen aus dem Sitz verbessern musste. Die Leichtigkeit wurde mit jedem »Nachsitzen« tatsächlich wieder hergestellt. Tabby war sehr breitbeinig und schwankend in der Hüfte unterwegs. Es fiel ihr schwer, mit den Hinterbeinen schmal unter die Masse zu treten, darüber hinaus kam es ab der Hüfte abwärts zu einer für die darunter befindliche Knie-, Sprung- und Fesselgelenke zu einer ungesunden Drehbewegung in der Standbeinphase der Bewegung. Mit Gebiss neigte sie immer wieder zum Zähneknirschen, wobei mein Verdacht für die Ursache auf die Verbindung zwischen Hüft- und Kiefergelenk fiel. Wenn man bedenkt, dass das Zungenbein maßgeblich an der Bewegungsqualität sowie an der Qualität von Balance und Gleichgewicht beteiligt ist, dann überrascht es kaum, dass eine gewichtsmäßige Belastung der Zunge und damit Beeinflussung des Zungenbeins sich auch auf die Hüfttätigkeit auswirkt. Das kann im positiven wie im negativen Sinn interpretiert werden. Tabby jedenfalls profitierte nachhaltig von der Umstellung ohne Gebiss und knirschte nur noch sehr selten mit den Zähnen.

Przedswit Pina und die Sache mit der Zunge

Bei Pina liegt eine Verletzung im Bereich der Hüfte bzw. Lende vor. Pina stürzte als Jährling einen Zwei-Meter-Abhang hinunter und verletzte sich am Hüfthöcker. Darüber hinaus zog sie sich eine dauerhafte

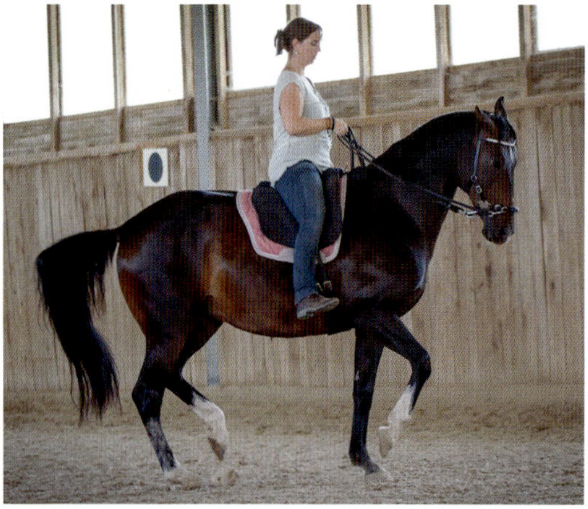

Pina gebisslos mit dem Cavemore gezäumt in einer Piaffe. Das Cavemore ist eine Kombination aus Hackamore und Kappzaum. Pina ist leicht an der Hand, der Zügel hält eine feine Verbindung.

Skoliose zu, auch diverse Brüche an der Schweifrübe waren noch Jahre nach dem Sturz tastbar. Gebisslos mit Kappzaum hatte Pina eine solide Grundausbildung erhalten. Mit doppelt gebrochener Trense kam sie auch sehr gut zurecht. Für Pina war Stabilität eine schwierige Sache, sie war sehr schief und schwankend unterwegs. Mit Gebiss verkroch sie sich gerne hinter der Hand. Gebisslos konnte ich ihr jedoch sehr schön den Weg zur nachgiebigen Hand zeigen. Wurden die gestellten Aufgaben für Pina schwierig, neigte sie dazu, die Zunge zu bewegen – kein Wunder, denn wenn wir über einen schmalen Baumstamm balancieren, nutzen wir auch unsere Zunge, um das Gleichgewicht zu halten. Pinas Hinweise bezüglich der schwierigen Umsetzung einer Übung habe ich natürlich immer sehr ernst genommen. Es zeigte sich aber auch bei ihr, dass mehr Platz im Maul ohne Gebiss ihr auch erleichterte, die Zunge als Hilfsmittel für eine Verbesserung des Gleichgewichts zu nutzen.

Das Schimmeltrio

Konrad, Amena und Mandrake habe ich ausschließlich gebisslos angeritten. Aber es wäre nicht sonderlich »akademisch«, wenn ich auch bei gutem Gelingen die Sache nicht genauer unter die Lupe nehmen wollte. Tatsächlich war Konrad mit einem Gebiss sehr unzufrieden, für den Amena war die Frage mit oder ohne Gebiss leicht zu beantworten: Es macht kaum einen Unterschied, allerdings war die Nutzung eines einzigen Zügelpaars für ihn angenehmer beim Reiten ohne Gebiss. Mandrake mochte die Trense gerne, allerdings konnte er sich auch gebisslos deutlich besser entspannen – mit ihm wurde Entspannung ohne Zaum und Zügel ein wichtiges Werkzeug, mir besser zuzuhören und auch den Reaktionen des eigenen Körpers besser zu lauschen.

Bin ich nun grundsätzlich gegen Gebisse? Nein. Ich selbst habe es mir zum Ziel gemacht, meine jungen Pferde gebisslos auszubilden, einfach, weil ich mich persönlich noch genauer in die Pflicht nehme, was meine Hilfengebung betrifft und mein Tun kritisch zu reflektieren.

Grundsätzlich ist der Leitsatz »Der Zwang verhindert das Verständnis« für mich zu einem wichtigen Credo geworden. Trotzdem nutze ich auch beim Reiten ohne Gebiss Bilder aus dem Reiten mit Gebiss für die bessere Umsetzung. Somit hilft mir die Vorstellung, das Pferd trage ein Gebiss auf der Zunge immer wieder, die Handeinwirkung auszusetzen, eher begleitend zu nutzen und nicht rückwärts einzuwirken. Natürlich lässt sich auch eine Formgebung ohne Gebiss »erzwingen«, jedes Werkzeug ist immer nur so scharf, wie die Hand des Anwenders.

Ein häufiges Argument gegen das gebisslose Reiten ist auch das Thema Sicherheit. Immer wieder habe ich auch gehört, dass gebissloses Reiten nicht ordentlich durch Versicherungen im Schadensfall geschützt ist. Diese Frage muss freilich mit der individuellen Versicherung geklärt werden. Auch gibt es hier zwischen den einzelnen Ländern Unterschiede in der Auslegung.

Spannend ist auf jeden Fall an dieser Stelle noch einmal die Beschäftigung mit dem Zungenbein des Pferdes – oder im Fachlexikon als Os hyoideum oder Os hyoides beschrieben.

Das Zungenbein ist ein kleiner Knochen, zu finden im Unterkiefer des Pferdes. Konkret ist das Zungenbein die Verbindung zum Schläfenbein und liegt zwischen Zunge und Kehlkopf. Es ist also gelenkig mit dem Schläfenbein verbunden. Über Muskeln und Faszienzüge weist das Zungenbein Verbindungen

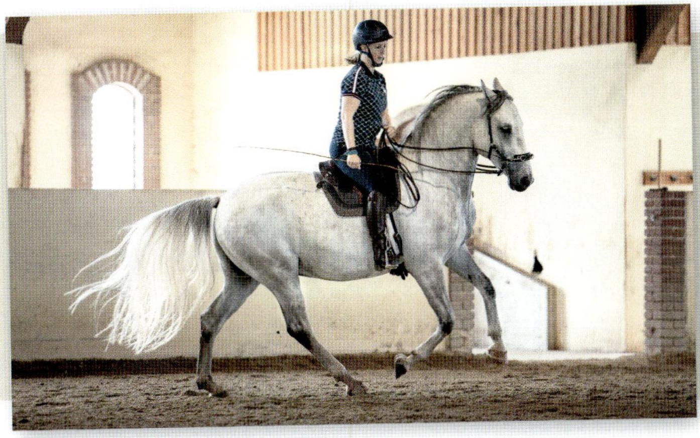

Konrad gebisslos mit dem Cavesal, einer Kombination aus Kappzaum und Bosal.

zum Schädel, Unterkiefer, dem Bereich Schulter und Oberarm sowie dem Becken und dem Kreuzbein auf. Fasst man von unten zwischen die Ganaschen des Pferdes, ist das Zungenbein zwischen den Unterkieferästen mit den Fingern vorsichtig zu ertasten. Es hat außerdem eine Verbindung zum Kehlkopf – es liegt also seitlich des Rachens. Optisch wird dem Zungenbein immer eine Ähnlichkeit in Form und Gestalt mit einem Schlitten nachgesagt. Seine Aufgabe lässt sich nicht einfach als Aufhängeapparat für die Zunge beschreiben. Es kann so viel mehr, schließlich dient es als Befestigung der Zungenwurzel und übernimmt wichtige Funktionen beim Kauen und Schlucker. Da das Zungenbein rein muskulär, also ohne direkte Verbindung mit dem Zungengrund und dem Kehlkopf verbunden ist, wird klar, dass es auch beim Reiten eine entscheidende Funktion einnimmt. Nicht umsonst wünscht man sich ein ruhiges und entspanntes Maul. Kommt allerdings unser »Schlitten« in eine Schieflage, dann wird diese falsche Lageinformation über die Nervenrezeptoren an das Gehirn weitergegeben, die horizontale Körperausrichtung kommt in ein Ungleichgewicht, das Pferd leidet unter Gleichgewichtsstörungen und ataktischen Störungen des Bewegungsapparats.

Generell macht es niemals Sinn, einen Teilbereich des Körpers isoliert zu betrachten – es bedarf daher immer einer kompletten Untersuchung des Pferdekörpers, wenn am Zungenbein eine Schieflage oder Läsion vermutet wird.

Koppende Pferde weisen beispielsweise eine Kontraktion zwischen Zungenbein und Brustbein sowie den Unterkiefermuskeln auf. Betrachten wir den gesamten Pferdekörper, können wir bei diesen Pferden auch ein Aufwölben der Lendenwirbel betrachten. Gerade bei koppenden Pferden kommt immer die Frage nach der Henne und dem Ei auf. Bei unserer Pina wurde das Koppen mit Sicherheit durch emotionale Ereignisse ausgelöst, nichtsdestotrotz nahm das Koppen auch zu, wenn sich vermehrt Spannungen in diesen faszialen Verbindungen durch Mangelbewegung, schlechte Hufbearbeitung oder Ähnliches zeigten.

Verletzungen am Zungenbein selbst werden hauptsächlich durch den Menschen verursacht. Das kann durch Stolpern des Pferdes im Gelände und reflexartiges Festhalten am Zügel durch den Menschen passieren. Vorsicht ist auch bei Zahnbehandlungen oder beim Entwurmen geboten. Wenn die Zunge aus dem Maul geführt wird, sollten ruckartige oder reißende Bewegungen vermieden werden. Ein guter Pferdezahnarzt prüft nach der Behandlung, ob das Zungenbein verschoben wurde oder ob Blockaden vorliegen.

Mit Gebiss

Wenn man sich für die Ausbildung mit einem Gebiss entscheidet, ist eine blinde Verschnallung des Mundstücks auf jeden Fall ratsam. Vor der Wahl des Gebisses ist es ratsam, einen guten Pferdezahnarzt zu

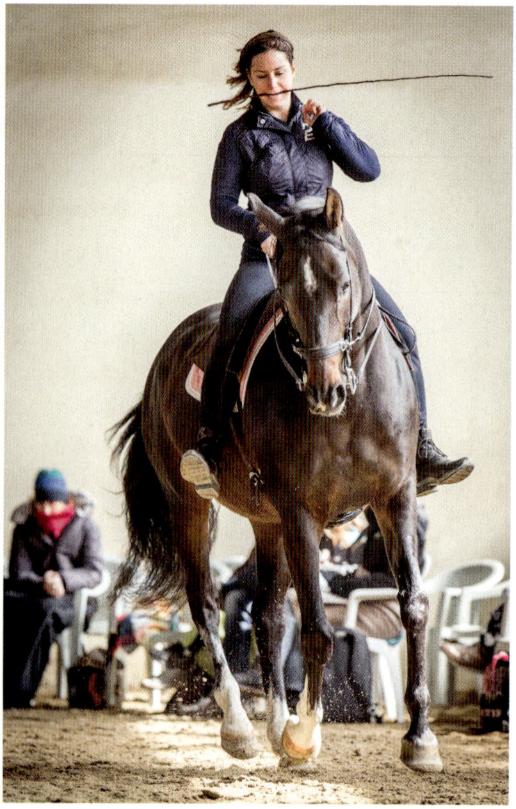

Pina mit Kimblewick und Semizaum: Bei der 3:1-Zügelführung und regen Handwechseln ist die Gerte manchmal im Weg.

Rate zu ziehen. Er kontrolliert nicht nur Zunge, Zähne und Laden, auch etwaige Wolfszähne sollten vor der Nutzung eines Gebisses entfernt werden. Die Laden können scharfkantig oder rund sein. Pina beispielsweise hat sehr scharfkantige Laden, ebenso Konrad – das könnte das unzufriedene Feedback hinsichtlich eines Gebisses erklären, denn scharfkantige Laden sind empfindlicher als runde. Verletzungen an der Mundschleimhaut sowie an den Knochen sind keine Seltenheit. Eine Knochenhautentzündung in diesem Bereich kann einerseits zu vermehrtem Abrieb oder auch zu Zubildungen führen.

Das Gebiss darf niemals das Mittel der Wahl sein, wenn es um die Herstellung einer Form, also um Beizäumung geht. Die Form muss immer aus der Bewegungsqualität der Hinterhand heraus entstehen.

Bei der Beschäftigung mit Gebissen unterscheiden wir zwischen Stangengebissen und gebrochenen Gebissen.

Das Trensengebiss gibt es in einfacher oder doppelter Ausführung, darunter gibt es auch Trensen mit D-Ring oder Trensen mit beweglichen Ringen.

Die Brillanz einer Trense liegt in der Kunst des Gebens und des Nehmens. Genauer gesagt bringt uns die Zweiteilung der Trense den Vorteil, dass eine Seite der Trense aktiv einwirkt, beispielsweise durch einen stellenden Impuls, gleichzeitig aber die andere Seite der Trense passiv bleibt, verwahrend oder nachgiebig, je nach Erfordernis. Durch die einseitige Arbeit am inneren Zügel kann die aktive innere Seite der Trense den inneren Unterkiefer lösen und nach außen verlagern, während die äußere Seite zunächst nachgibt und das Zügelmaß außen Raum schafft für eine erste Anlehnung am äußeren Zügel. Wichtig ist hier die erwünschte Rotation des Unterkiefers nicht außer Acht zu lassen. Wenn der innere Zügel durch Lösen angenommen wird, soll sich der Unterkiefer des Pferdes nach außen verlagern. Wir können dies auch an uns selbst ausprobieren: Nehmen wir den Kopf zur Seite, zuerst nach links und dann nach rechts. Bei uns ist die Bewegung des Unterkiefers nach außen nicht sonderlich groß ausgeprägt, nehmen wir aber den Kopf nach rechts und den eigenen Unterkiefer auch nochmal in Richtung der rechten Schulter, werden wir umgehend Verspannungen im Nackenbereich sowie im Kiefergelenk wahrnehmen; eine Haltung, die wir dauerhaft keinesfalls einnehmen wollen würden. Das unterstreicht auch einmal mehr, auf gar keinen Fall ein Trensengebiss zum Longieren zu nutzen. Die Longe, egal in welchem Ring eingehängt, wird die erwünschte Bewegung des Unterkiefers nicht zulassen.

Auch wenn wir selbst die unangenehme Verspannung primär im Nacken- und Kiefergelenksbereich wahrnehmen, hat die unphysologische Platzierung des Unterkiefers für das Pferd eine große Tragweite. Ist der Unterkiefer und damit das Genick nicht korrekt platziert, überträgt sich das auch auf die Tätigkeit der Hüfte des Pferdes. Der Biegung entsprechend, sollte die innere Hüfte des Pferdes immer vorgelagert sein, eine unkorrekte Längsbiegung wirkt sich somit auch auf Hüfttätigkeit und die darunter befindlichen Gelenke aus.

Das Maul wird uns auch diese Fehler widerspiegeln. Egal ob wir ein Gebiss nutzen oder nicht. Ein festes Maul, Zungenfehler und Spannungen von der Halswirbelsäule abwärts tragen dazu bei, dass das gesamte Bewegungskonzept des Pferdes unter dem Reiter leidet. Das korrekte Suchen zur Hand hin kann nur bei richtiger Längsbiegung erfolgen und unterstreicht daher auch die passende Wahl des Werkzeugs.

Geschichtlich gesehen hat sich die Trense als Werkzeug für noch nicht versierte Reiter durchgesetzt. Allerdings warnten schon hier die Alten Meister davor, fehlendes Können durch die Trense zu ersetzen, schließlich kann die sehr differenzierte Nutzung wesentlich zu einer falschen Formgebung beitragen.

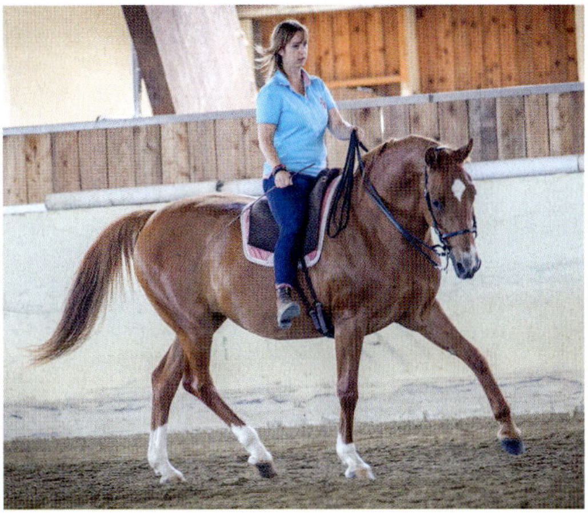

Das Billy-Allen-Gebiss gibt es auch mit Anzügen, kann also Trense und Kandare kombinieren. Dabei trägt das Pferd jedoch nur ein Gebiss im Maul und nicht zwei, wie bei der üblichen Kombination Unterlegtrense und Kandare.

Bewegliche Ringe sollen durch ihre Konstruktion ein permanentes Annehmen am jeweiligen Zügel verhindern. Durch die Beweglichkeit des Rings ist ein Dauerzug am Zügel nicht gegeben, der Ring gibt nach, wenn es die Reiterhand noch nicht kann. Grundsätzlich liegen Stangengebisse wiederum stabiler im Maul, aber die so genannte Kandarenreife darf sich natürlich nicht nur auf das Pferd beziehen. Kann die Reiterhand ihre Einwirkung im Millimeterbereich differenzieren, kleinste Regungen aus dem Pferdemaul aufnehmen und sorgfältig interpretieren, dann ist der Reiter reif für die feinfühlige Einwirkung einer Kandare. Diese ist zwar durch ihre sehr präzise Wirkung für das Pferd am leichtesten verständlich, Verständnis ist jedoch nicht gleichzusetzen mit Druck und Zwang, welches die Umsetzung einer ungeschulten Hand mit sich bringt.

Die Trense heißt es, kam vor allem zur Zeit der Kavallerie im 19. Jahrhundert stark in Mode und sollte den ungeübten und unpräzisen Rekruten Lenkung und Bremse erleichtern, ohne das Pferd im Vorwärts zu unterdrücken. Ob mit oder ohne Gebiss – der letzte Hinweis enthält für uns als Ausbilder einen wichtigen Grundsatz: niemals den Vorgriff der Hinterhand durch die Reiterhand unterbinden. So sagte schon der große Gustav Steinbrecht in seinem »Gymnasium des Pferdes«, 1885: »Vorwärts ist die Losung in der Reitkunst, im Weltall und überall.«

Die Trense ist für die meisten Reiter jedenfalls zum vorrangigen Mittel der Wahl geworden. Viele Pferde sind mit der gebrochenen und beweglichen Trense nicht wirklich zufrieden. Da die Trense aber recht simpel zu führen ist und bei nachgiebigem äußerem Zügel die Möglichkeit in sich birgt, fein auf der jeweiligen inneren Seite auf die Stellung einzuwirken, wird sie häufig von den meisten Pferd-Reiter-Teams ausgewählt.

Bei der Anpassung ist gerade bei Hengsten oder Wallachen darauf zu achten, die Trense nicht zu tief einzustellen. Liegt sie zu tief, schlägt das Metall ständig gegen die Hengstzähne, eine zu hohe Platzierung kann ein permanentes »Scheppern« gegen die Prämolaren, die Backenzähne, auslösen.

Haben wir ein Pferd, das empfindlich auf die starke Beweglichkeit der Trense reagiert, werden wir eventuell in der Westernabteilung im Reitsporthandel fündig. Das Billy-Allen-Trensengebiss verbindet ein rechtes und linkes Mundstück miteinander, ähnlich wie eine doppelt gebrochene Trense. Eine einseitige Handhabung der Trense ist ebenso denkbar, das

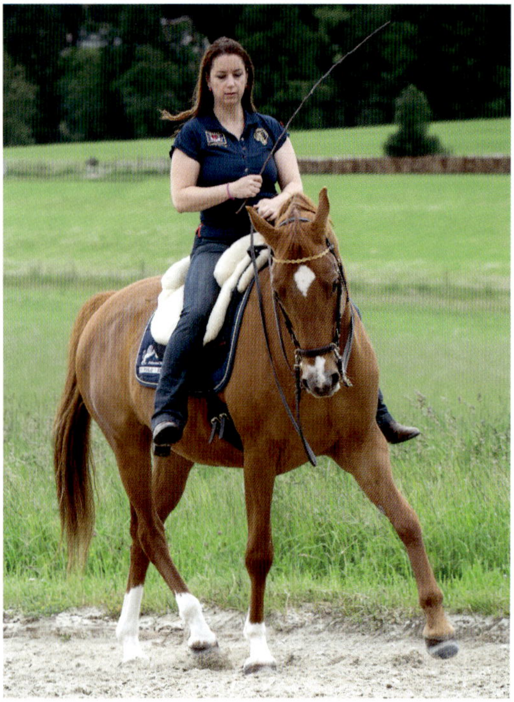

Tabby im Schulterherein, geritten mit Fellsattel.

Verbindungsstück zwischen den einzelnen Mundstücken macht eine separate Beweglichkeit der Teile möglich, verhindert jedoch einen Kippeffekt im Maul. Das Gebiss liegt sehr ruhig im Maul, manchen Pferden ist es allerdings besonders bei scharfkantigen Laden zu dünn.

Ein Kompromiss kann das Kimblewick (Springkandare) sein. Der Pluspunkt ist die ruhige Lage im Maul bei direkter Einschnallung der Zügel im D-Ring bzw. nimmt sie im oberen Bereich dem Kimblewick die Hebelwirkung.

Kandaren gibt es in unterschiedlichen Ausführungen, sie können hohle und leichte Mundstücke haben, gerade oder geschwungene Anzüge. Die meisten Reitkunstkandaren ermöglichen auch ein Einschnallen der Zügel im Auge der Kandare, also auf ungefährer Höhe des Mundstückes. Das ist auch eine mögliche Variante, wenn man die Hebelwirkung nicht nutzen möchte. Grundsätzlich sollte ein Hebelgebiss aber immer einhändig geführt werden, da die Kandare bei beidhändiger Führung im Maul verkantet.

Für die Grundausbildung empfehle ich – ob mit oder ohne Gebiss immer das Mitführen eines Kappzaums oder Semikappzaums. Wir sind alle nicht vor einem ungestümen Buckeln junger Pferde gefeit und die wenigsten von uns sitzen dann völlig losgelassen am Pferd. Ein Kappzaumzügel kann bei einer schnellen und reflexartigen Bewegung unsererseits das empfindliche Pferdemaul schonen.

Sättel – die Qual der Wahl

Fellsattel

Vorteil: Extrem leicht, angenehmes Sitzgefühl, je nach Modell kann sich der Reiter recht sicher fühlen, wenn beispielsweise auch Fellgalerien am Sattel oder Fellpauschen angebracht sind. Eine Nutzung von Steigbügeln ist je nach Modell zu hinterfragen. Da die meisten Steigbügelriemen aber direkt über die Dornfortsätze des Widerrists bzw. der Brustwirbelsäule verlaufen, ist eine punktuelle Dauerbelastung beispielsweise im leichten Sitz oder durch Leichttraben nicht zu empfehlen.

Nachteil: der Reiter wird sehr breit auf dem Pferd platziert und kommt so leicht in einen Stuhl- oder Spaltsitz, da das Hüftgelenk extrem in Extension gezogen wird.

Filzsättel haben im Gegensatz zu Fellsätteln den Vorteil, den Reiter in der Hüfte etwas schmaler zu platzieren. Die meisten Pferde sind von Filzsätteln begeistert und so auch die Reiter.

Filzsättel können je nach Anbieter individuell gepolstert werden, auch auf die Höhe des Widerristes und die Breite des Brustkorbs kann Rücksicht genommen werden.

Der Vorteil für den Reiter: Man sitzt nahe am Pferd und kann sein Gefühl schulen. Der Nachteil kann ein etwas zu breiter Sitz in der Hüfte sein, vor allem auf einem Pferd mit breitem Brustkorb. Dadurch kommt der Reiter in den Stuhlsitz und kann letztlich nur so gut einwirken, wie er auch sitzt – und in diesem Fall stark auf den Sitzknochen, was sich gerade beim Anreiten nicht positiv auswirkt.

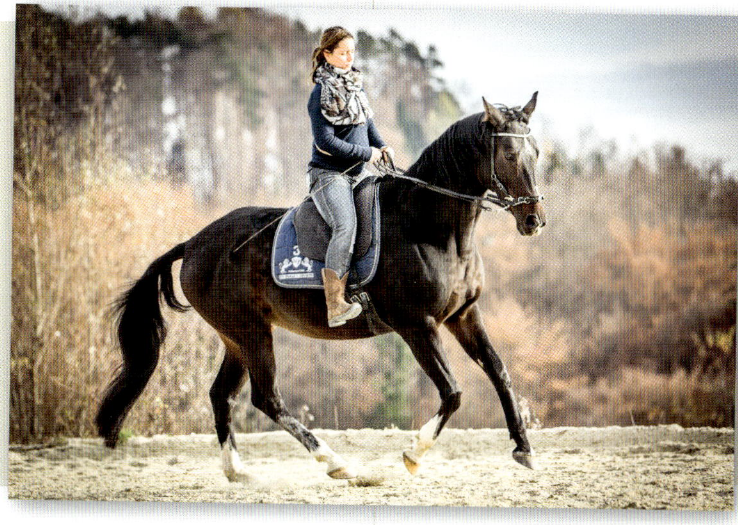

Pina mit Filzsattel von *www.filzsattel.de*.

Das Schulungspad von Bent Branderup ist mein persönlicher Favorit unter den Pads. Es ist weich, leicht und individuell an den Reiter anpassbar. Es kann den Reiter optimal platzieren und eine entsprechende Anpassung an das Pferd ist ebenso möglich. Das Modell gibt es in Filz oder Leder sowohl für einen normalen wie für einen hohen Widerrist. Unter dem Sattelblatt findet man bei den Pads zwei Schlitze im Sattelkissen. Hier kann man selbstständig problemlos Kissenwolle entfernen oder hinzufügen. Der Sattel kann jederzeit neu an das Pferd, aber auch an den Reiter angepasst werden. Die Anpassung für den Reiter erfolgt dabei direkt an der Sitzfläche. An dessen Ende ist ein Klettverschluss ziemlich gut versteckt. Durch das Öffnen des Verschlusses können Filzeinlagen hinzugefügt oder entfernt werden, um dem Hüftgelenk die notwendige Bewegungsfreiheit zu ermöglichen. Wenn der Reiter ein nach vorne geneigtes Becken hat und somit eine Neigung zum Hohlkreuz, kann etwas mehr Wolle in den vorderen Bereich der Sitzfläche unter dem Schambein eingelegt werden, um die Balance des Beckens herzustellen. Wenn der Reiter sein Becken stark nach hinten neigt, dann unterstützt mehr Wolle den hinteren Bereich unter den Gesäßknochen, um die Balance des Beckens zu korrigieren. Glücklich kann sich schätzen, wer ein ausbalanciertes Becken hat – das Schulungspad kann uns dabei durch seine individuellen Anpassungsmöglichkeiten helfen.

Konrad trägt ein Schulungspad von Bent Branderup.

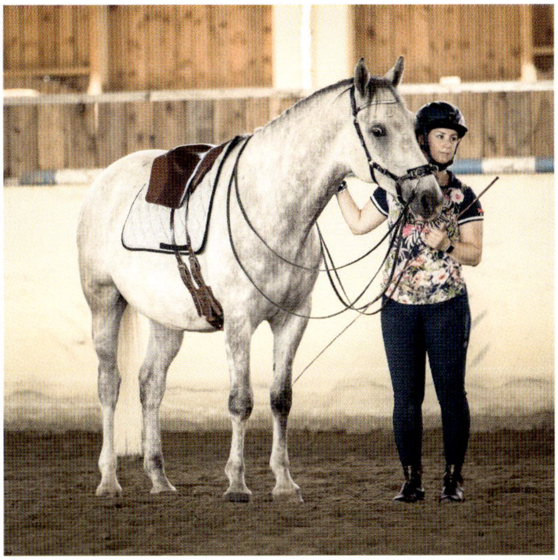

Sattel

Meinen Konrad habe ich zunächst mit einem Schulungspad und dem Filzsattel angeritten. Ich hatte mich auf Konrad sehr sicher gefühlt, trotzdem habe ich mich beim Anreiten meiner weiteren Pferde für einen ordentlichen Baumsattel entschieden. Nicht weil es etwa am Vertrauen gehapert hätte, sondern weil ich bei Konrad auch bemerkt hatte, dass wir zu lange mit Pad unterwegs waren. Für Konrad war es schwierig, sich wirklich losgelassen und entspannt

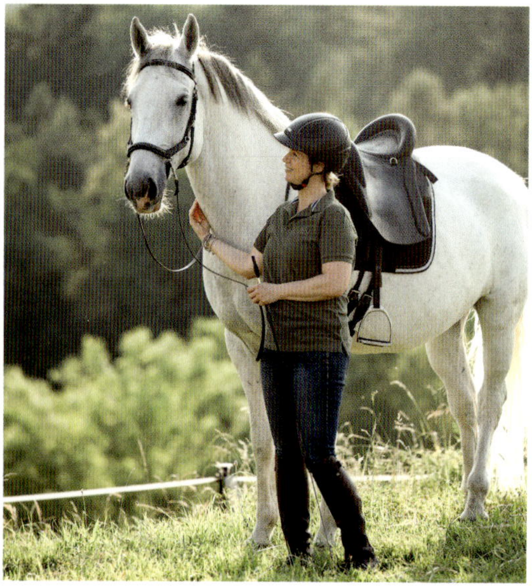

Konrad mit unserem Favoriten: einem Iberosattel.

unter mir zu bewegen. Und gerade, wenn das junge Pferd sein gesamtes Bewegungsspektrum unter dem Reiter erforscht, sollte der Sattel auch viel Bewegung zulassen. Ein Pad mag sich zwar bequem anfühlen, die Gefahr besteht jedoch, dass wir die Bewegung des Pferdes immer kleiner gestalten, nur damit wir bequem sitzen können. Wird das Pferd für uns unbequem, ist es für sich selbst mit Sicherheit auch noch nicht bequem. Allerdings ist hier auch die Frage, ob eine Abkürzung des Rückenschwungs und Falschverstehen von Versammlung der Schlüssel zum Erfolg ist.

Bei der Wahl des Sattels hatte ich bei Konrad einige Stationen hinter mir. Zwei Maßsättel waren unpassend, erst der dritte Sattel hat uns dann im Langzeittest überzeugt. Es lohnt sich auf jeden Fall bereits von Anfang an in einen passenden Sattel zu investieren. Die Mär vom »unpassenden Sattel«, weil sich das Pferd ja noch verändert, bildet die Realität nicht ab. Wer würde denn seinen Kindern Schuhe für Erwachsene anziehen, wenn sie gerade ihre ersten Schritte machen? Ein passender Sattel ist wie ein passender Schuh. Ich denke, wir haben alle schon einmal die Erfahrung gemacht, dass uns ein Schuh zwar optisch gut gefiel, aber in der Praxis dem Test nicht standhielt. Aus diesem Grund sollten wir auch beim Jungpferd unbedingt für einen passenden Sattel sorgen.

INTERVIEW

mit Sattelexpertin Simone Garnreiter

Simone Garnreiter ist osteopathische Sattelanpasserin, Trainerin und Therapeutin für Pferde. Sie lebt mit ihren Pferden in der Nähe von Hamburg. Ich selbst greife bei der Anpassung und Kontrolle sehr gerne auf ihre Expertise zurück.

Simone, was macht einen Sattelexperten aus?

Das Wissen um die Besattelung von Pferden sollte sich aus drei Wissensbereichen zusammensetzen: Genaue Kenntnis über die Physiologie des Pferderückens und mögliche Pathologien, Kenntnis über die Bewegungslehre und nicht zuletzt eine intensive Beschäftigung mit dem Sitz des Reiters.

Ein guter Sattelexperte kennt sich also nicht nur mit »seinem« Produkt aus, denn ein guter Sattel allein führt noch nicht zur Kunst. Ein guter Sattelexperte sieht, beurteilt und vermittelt zwischen Reiter und Pferd bei der passenden Wahl des Sattels. Ich selbst verfüge über 40 Jahre Praxis beim Reiten und habe weitreichende Erfahrungen in der Gangpferdeszene, beim Distanzreiten, in der klassischen, akademischen Reitkunst sowie in der Schulung des Reitersitzes gesammelt. Meine eigene Ausbildung wurde noch abgerundet durch eine umfangreiche Osteopathie-Ausbildung und bei verschiedenen Sattlermeistern.

Für mich ist die Sattelanpassung von Pferd und Reiter eine Herzensangelegenheit, es ist ein wunderbarer Beruf, die Entwicklung des Pferd-Reiter-Paares über viele Jahre begleiten zu dürfen.

Welchen Sattel sollten wir denn für das junge Pferd wählen? Man hört ja auch gerne, dass man mit einem gebrauchten, vielleicht älteren Modell startet und sich noch nicht festlegt, weil sich das junge Pferd noch stark verändern wird?

Wie immer muss bei der Wahl des Sattels individuell auf das Pferd eingegangen werden. Grundsätzlich profitiert das junge Pferd von der Stabilität eines Sattels immens, da es ja einerseits noch nicht gut unter dem Reiter ausbalanciert ist. Es ist prinzipiell egal, ob man sich für einen Vielseitigkeitssattel oder einen Dressursattel entscheidet. Der Sattel muss zur Reitweise und zum Können des Reiters passen. Einen unpassenden Sattel zu nutzen, weil sich das Pferd

noch verändern wird, halte ich für höchst bedenklich. Das Pferd wird sich mit Sicherheit verändern, allerdings kaum in eine positive Richtung, wenn der Sattel zwickt und kneift und Bindegewebsstrukturen dadurch geschädigt werden. Natürlich wünscht man sich einen Sattel, der mit jedem Entwicklungsschritt mitwächst. Viele Sattelmodelle lassen sich aber auch recht problemlos anpassen, sodass wir das Pferd von Anfang an gut begleiten können.
Für ein junges Pferd würde ich keinen Sattel empfehlen, bei dem der Schwerpunkt weiter hinten liegt. Er mutet der Hinterhand bereits zu viel Gewicht zu. Der Sattel soll für den leichten Sitz geeignet sein, eine gute Druckverteilung beim Stehen in den Bügeln ist wichtig. Bei einem Pferd mit viel Bewegung im Rücken empfehle ich Sättel mit dickeren Polsterkissen.
Egal ob Englisch oder Barock, Pferde mit flacheren Bewegungen brauchen weniger Polsterkissen. Dieses Prinzip lässt sich auch anschaulich zeigen, wenn man einen Springsattel mit einem Dressursattel vergleicht. Beim Dressursattel ist es wichtig, dass der Reiter die Bewegungen des Pferdes fühlen, interpretieren und beeinflussen kann – beim Springsattel ist das Pferd im Galopp eher flacher unterwegs, natürlich haben wir den Sprung über das Hindernis, hier geht der Reiter allerdings in den leichten Sitz. Wanderreit-, Distanz- und Westernsättel bieten eine größere Fläche zur Druckverteilung und sin daher besser für das Geländereiten geeignet. Welche Bewegungen das Pferd mitbringt, welchen Einsatzzweck der Sattel haben soll und welche Reitweise der Ausbilder wählt, all das sollte man bei der Suche nach dem richtigen Sattel bereits berücksichtigen.
Sollte man sich für einen gebrauchten Sattel entscheiden ist es wichtig, ihn für das Jungpferd entsprechend aufarbeiten zu lassen, da die Schiefen und Dysbalancen des Pferdes, das zuvor mit dem Sattel geritten wurde, mit Sicherheit noch sichtbar sind. Je nachdem, welcher Baum in unserem gebrauchten Modell verarbeitet wurde, kann dieser eben auch verzogen sein, da muss man sehr gut aufpassen. Nichts ist wichtiger als dem jungen Pferd ein positives Gefühl durch den Sattel zu vermitteln. Schlechte Erfahrungen prägen sich nachhaltig ein. Nutze ich einen Sattel, der sich bereits verzogen hat, oder gar einen Sattel, der zwar optisch gut liegt, aber die Brustkorbrotation nicht korrekt an den Reiter übermittelt, hat das fatale Folgen für Reiter und Pferd. Der Sattel sollte also in jedem Fall anpassbar sein und auch mitwachsen können. Sowohl bei sehr schmalen, als auch im Rumpf sehr breiten Pferden, ist die Sattelanpassung nicht einfach. Es lässt sich häufig noch gar nicht abschätzen, wie sich das Pferd weiterentwickeln wird.
Ein Sattelexperte überprüft bei seinem Rundumcheck, welches Kopfeisen überhaupt für das Pferd geeignet ist. Braucht man ein langes v-förmiges Kopfeisen oder ein rundes kurzes? Natürlich muss man es pragmatisch betrachten: Der Sattel sollte für die ersten ein bis drei Jahre passen und natürlich laufend überprüft und angepasst werden können. Wirklich schwierig ist die Sattelsuche beim jungen Pferd allerdings für den Reiter, der ja die Bewegungen des Pferdes aus dieser neuen Position noch gar nicht kennt. Daher ist ein rein »bequemes« Gefühl im Stand noch nicht sonderlich aussagekräftig. Es ist somit ratsam, beim Thema Sattel kompromissbereit zu sein und nicht gleich ein Produkt für die Ewigkeit zu suchen. Das Pferd wird auf Dauer glücklich, wenn der Reiter fit ist, der Sattel funktional, sein Rücken tragfähig und der Sitz des Reiters ausbalanciert ist.

Das heißt, die Sattelsuche findet beim jungen Pferd nicht nur einmalig statt?

Sobald wir die Bewegungen des Pferdes besser kennen, kann es durchaus sein, dass wir uns für ein anderes Modell entscheiden würden als beim Anreiten. Geht es anfangs beim Sattel meistens um ein »sicheres Gefühl«, kann im Laufe der Ausbildung durch die erreichte Sicherheit mit dem Pferd eine Sattelwahl ganz anders ausfallen. Auch gibt einem der tragfähig entwickelte Rücken des Pferdes nach ein bis zwei Jahren ein ganz anderes Sitzgefühl als am Anfang.
Der heiß geliebte Sattel vom »Oldie« kann dem Nachwuchspferd zwar scheinbar gut passen, das Sitzgefühl wird jedoch nie das gleiche sein. Es ist wie mit guten Schuhen – was der eine mag, kann in der praktischen Nutzung für den anderen ein absolutes No-Go sein. Mehrmalige Tests lassen sich also nicht vermeiden und es ist auch keine Alternative, keinen Sattel zu verwenden. Bei der

ersten Sattelanpassung muss man die Passform des Pferdes klar voranstellen und in Kauf nehmen, dass man den Sattel vielleicht alle sechs Monate verändern muss. Im Westernbereich werden beispielsweise dicke Pads benutzt, diese werden im Laufe der Ausbildungszeit nach und nach reduziert. Diese Idee aus dem Westernreiten zeigt, wie notwendig eine engmaschige Kontrolle durch einen Experten ist.

Wie siehst du die Ausbildung mit einem Pad als Alternative zum Sattel?

Ein Pad kann sehr nützlich sein bei den ersten Aufsteigeübungen und für die erste Gewöhnung an einen Gurt und einen Gegenstand auf dem Rücken. An dieser Stelle ist das Pad absolut vertretbar. Für den Reiter ist es von Vorteil, dass man recht schnell vom Pferd kommt. Wird aber mit dem Reittraining in allen Grundgangarten begonnen, würde ich zum einen aus Sicherheitsgründen und zum anderen zum Schutz des Pferderückens diese Option nicht dauerhaft empfehlen!

Warum nicht?

Versetzen wir uns hinein in das Pferd. Es muss mit dem Reiter auf dem Rücken nun seine Balance wieder finden. Es sucht nach Stabilität, die jedoch durch ein weiches Pad nicht gewährleistet ist.
Manche Pads übertragen Informationen aus dem Reitersitz sehr schwammig und unpräzise an den Pferderücken. Ich sehe einen Sattel immer als »Informationsvermittlungszentrale«. Der Sattel hat ja nicht nur die Funktion, den Pferderücken zu schützen, gerade beim jungen Pferd ist eine eindeutige Übertragung der Hilfen notwendig, da es erst lernt, diese neuen Informationen zu verarbeiten. Das Pferd tritt durch ausreichende Vorbereitung bereits mit den Hinterbeinen da hin, wo sich das Gewicht des Reiters befindet. Durch eine gezielte Gewichtsverteilung mittels passendem Sattel erhält das Pferd die Informationen besser. Außerdem ist die Beschaffenheit und Konstruktion einiger Pads zwar auf den ersten Blick bequem, auf den zweiten unterstützen sie den Reiter jedoch keinesfalls. Der Reiter ist gezwungen, sich selber auszubalancieren, was auf einem noch unausbalancierten Pferd eine echte Herausforderung ist. Folgen können Kompensationshaltungen des Reiters sein, die sich wiederum auf das Pferd übertragen. So wird die Kommunikation zwischen Pferd und Reiter gestört und im schlimmsten Fall nachhaltig das darunter liegende Bindegewebe des Pferdes geschädigt. Wie unterschiedlich sich auch unsere Sitzknochen für das Pferd anfühlen, kann man am eigenen Rücken ausprobieren. Man schnappe sich einen Stallkollegen, dieser positioniert sich im Vierfüßlerstand auf einer Matte oder am Reitplatz auf weichem Boden. Nun wird der Kollege »gesattelt«, der Tester steigt auf, bleibt aber mit den Zehenspitzen am Boden stehen. Für einen kurzen Moment kann man einsitzen und von seinem »Pferd« unmittelbar ein Feedback einholen, wie sich das anfühlt. Wer das länger ausprobieren möchte, kann auch Hilfen für den Innensitz, Wendungen usw. testen. Der Vergleich hinkt selbstverständlich aufgrund der Anatomie, aber wir erfahren durch diesen Test deutlich, welche Unterschiede es bei der Informationsübertragung gibt.

Wie bewertest du baumlose Sättel?

Bei einem baumlosen Sattel fehlen die Längsverbindungen, die bei den Dressursätteln Trachten genannt werden. Ihre Aufgabe ist es, die Gewichtsverteilung in der Längsverbindung sicher zu stellen. Fehlt diese Verbindung, kann das für das Pferd unangenehme und vor allem sehr punktuelle Druckspitzen bedeuten, da die Gewichtsverteilung nicht optimal unterstützt wird. Der fehlende starre Baum setzt den Reiter oftmals breiter, als es die eigene Anatomie vorsehen würde. Ein Pluspunkt für den Lederbaum wäre, dass der Reiter sich nah am Pferd fühlt.

Wer sollte den Sattel anpassen?

Die Anpassung und Prüfung erfolgt im besten Fall durch einen Experten, der sich außerdem mit den Besonderheiten der Jungpferde auskennt. Fachleute, die auch im Satteltest gut die physische und bewegungstechnische Entwicklung des Jungpferdes einschätzen und dieser Prognose entsprechend unterstützen können, sind leider rar – daher am besten beim Erstkontakt immer nach der Vita, Zusatzausbildungen und dem eigenen reiterlichen Werdegang fragen. Bei der Einschätzung des Sattlers bezüglich des Könnens von Pferd und Reiter ist es natürlich hilfreich, den eigenen Trainer zu Rate zu ziehen. Ich empfehle lieber zwei oder drei Sattlerkontakte zum Test einzuladen. Auch die Empfehlung Dritter kann sehr hilfreich sein, bei der Wahl des Sattlers. Schwierig ist natürlich, dass es viele produktbezogene Ausbildungen gibt, wobei die Sattler grundsätzlich nur die eigene Produktlinie im Repertoire haben. Man suche sich also immer jemanden, der breit gefächert ausgebildet ist. Bereits beim Erstkontakt sollte man nachfragen, ob es sich tatsächlich um einen Sattelexperten oder einen reinen Vertreiber handelt. Auch bei den Sattelfirmen lässt sich herausfinden, wie die Mitarbeiter ausgebildet werden. Ein Wochenendseminar ist kaum ausreichend für eine qualitative Ausbildung. Ist der Experte Osteopath, hat Zusatzausbildungen im Bereich der Sattelanpassung und -beurteilung und bringt noch reitehrliches Knowhow mit, dann hat man den Jackpot gewonnen, insbesondere, wenn die Reitweise auch noch genau die ist, die der Kunde betreibt.

Es ist nicht empfehlenswert, selbst Hand an den Sattel zu legen. Es gibt Systeme, die man selbst polstern kann. Das kann im Einzelfall und auch je nach Versiertheit des Reiters eine Möglichkeit sein.

Man kann zwar nicht für alles selbst Experte werden, aber auch meine Schüler bilden sich laufend fort, was Hufgesundheit, Hufpflege, Ernährung und die korrekte Passform des Sattels anbelangt.

Welche Anhaltspunkte können für den Laien zur Bewertung der Passform dienlich sein? Der Sattel liegt zwischen dem 14. und 16. Brustwirbel optimal im Schwerpunkt. Die wichtigste Antwort hierzu gibt uns das Gefühl des Reiters. Der Reiter sollte im passenden Sattel entspannt in der Mittelpositur sitzen können. Eine mittlere Position zwischen Schambein und Sitzbeinhöckern zeichnet den klassischen Dreipunktsitz aus, in dem das Becken dreidimensional mitschwingt. Wenn der Schwerpunkt zu weit vorne liegt, gerät der Reiter auf das Schambein. Ist der Schwerpunkt zu weit hinten, wird der Reiter mehr Druck mit den Sitzbeinhöckern ausüben und beim Reiten auch gerne mal hinter die Bewegung des Pferdes geraten. Ein zu kleiner Sitz fühlt sich manchmal sogar sicherer an, aber der Reiter wird in der Bewegung eingeschränkt und der Sattel natürlich auch an der falschen Stelle belastet. Die Form der Sitzfläche hat einen unmittelbaren Einfluss auf die Druckverteilung von Sitzbeinhöckern und Schambein. Die Länge des Sattelblattes muss passen. Hier gibt es eine Faustregel: drei bis vier Finger Platz sollten zwischen Kniebeuge und Sattelblattkante vorhanden sein. Wenn das Sattelblatt zu kurz ist, bleibt der Reiter mit dem Stiefelschaft hängen oder es gibt Druckstellen in der Kniebeuge. Ist das Sattelblatt zu lang, kommt das Bein zu weit nach hinten, um mit dem Pferd auf Tuchfühlung gehen zu können.

Pauschen sind natürlich nicht dazu da, den Reiter einzuquetschen, die korrekte Wahl der Pausche, also die Anbindung an den Sattel, Form und Größe, kann den Reiter positiv unterstützen, sowohl in der Hilfengebung als auch in der mühelosen Balance.

Die Breite des Sattelbaums muss sowohl zum Pferd als auch zum Reiter passen. Ein zu schmaler Baum erhöht den Druck auf das Schambein, ein zu breiter Baum lässt den Reiter die Oberschenkel verdrehen. Wenn der Sattel rutscht, sind Sattelunterlage, Gurt, Rückenform des Pferdes und natürlich der Reitersitz zu überprüfen.

Zusammenfassend ist für den Reiter wichtig, auf Sitzform, Sitzgröße, Baumbreite, Pauschenanbringung, Sitzlänge und Anstieg der Sitzform zu achten.

Viele Reiter sind frustriert von einer langatmigen Sattelodyssee. Wie bewertest du das?

Die Suche nach dem richtigen Sattel bleibt keinem Reiter erspart. Unerfahrenheit, eine Vielfalt an Modellen und Werbeversprechen verwirren zusätzlich. Die Freude auf das Anreiten des jungen Pferdes ist groß, die Ungeduld ebenso. Das mündet gerne mal in einer zu schnellen Entscheidung für einen Sattel, der gerade verfügbar ist und sich im Nachhinein nicht als der Richtige für Pferd und Reiter erweist. Ab wann ist es eine Sattelodyssee? In meinen Augen so ab dem vierten Sattel in zwei Jahren. In diesem Fall steht Ursachenforschung auf dem Plan – am besten mit einem vertrauenswürdigen Experten an der Seite, der sowohl Reitersitz als auch Pferdekörper ehrlich beurteilt. Eine Alternative zum Sattelkauf wäre eine Art Sattelleasing für Jungpferde, leider lässt sich dies in der Praxis nicht so einfach umsetzen und wahrscheinlich wäre es nur marginal günstiger, als immer wieder einen neuen Sattel zu kaufen.

Die Bausteine der Ausbildung

In diesem Kapitel wollen wir uns mit den einzelnen Bausteinen der Pferdeausbildung auseinandersetzen, die gerade in der Arbeit mit dem Jungpferd stets präsent bleiben sollten. Sie bilden die theoretische und praktische Grundlage für die Erarbeitung der Kommunikation und Hilfengebung.

Zwanglosigkeit

Zwanglosigkeit – oder wie der große Nuno Oliveira einst sagte: ***»Reiten Sie Ihr Pferd glücklich.«*** Wenn sich ein Pferd zwanglos bewegt, dann erfolgt dies unter zwei Gesichtspunkten. Einerseits spielt die physische Komponente eine Rolle, andererseits aber auch die emotionale, deren Einfluss nicht zu unterschätzen ist.

»Seelisches und körperliches Verkampftsein kann das Pferd daran hindern, seine Muskeln elastisch und gelöst schwingen zu lassen.«
Waldemar Seunig, *»Von der Koppel bis zur Kapriole«*

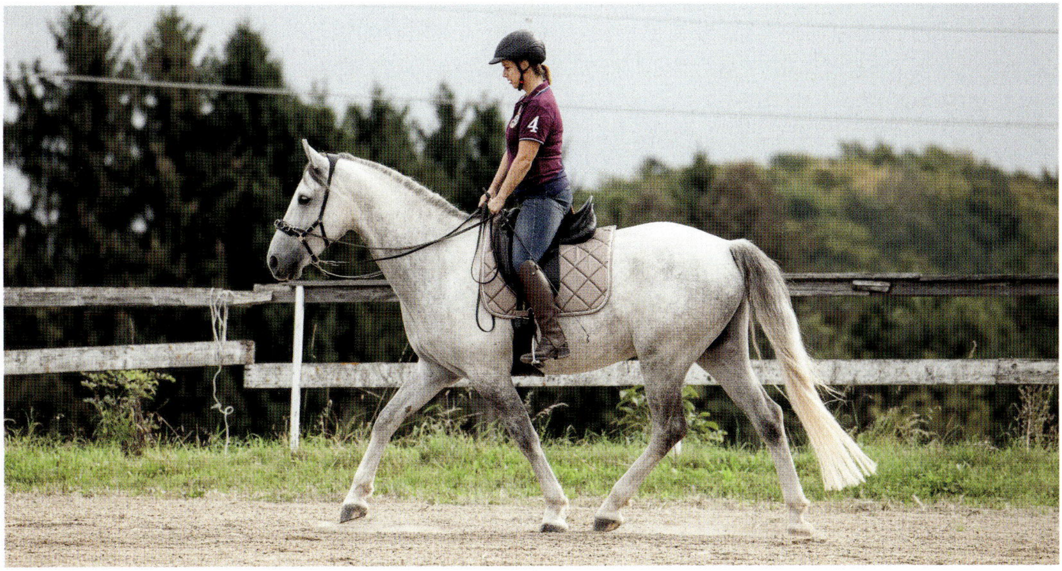

Amena bewegt sich in Remontenhaltung zwanglos unter dem Sattel.

Zwanglose Bewegungen werden meist wenig aufwändig, ohne hohen Muskeltonus und eher passiv beschrieben. Trotzdem brauchen wir dieses gemütliche Bummeln für die Psyche des Pferdes, andererseits aber auch als wichtige Vorstufe der Losgelassenheit. Bei der Ausbildung von jungen Pferden ist daher auch immer eine Balance zwischen kontrollierter Bewegung und zwangloser Bewegung herzustellen. Das bedeutet in der Praxis und für den Lehrplan ausreichend Zeit einzuplanen, in der das Pferd neue Inhalte und Aufgaben möglichst zwanglos ausprobieren darf. Anders gesagt: Uns steht ein großer Werkzeugkoffer zur Verfügung, wir haben zahlreiche Sekundärhilfen und nicht zuletzt Körpersprache und Sitz, um uns dem Pferd verständlich zu machen. Es ist aber ein großer Unterschied, ob wir auf echtes Verständnis hinarbeiten oder permanent in die Lösungsvorschläge des Pferdes eingreifen und ihm jedwede Selbstständigkeit nehmen. Zwanglosigkeit bedeutet frei von Zwang und daher auch frei von jeglicher zusätzlicher Einwirkung. Gerade wenn wir an den Sitz denken, lässt sich dieser kaum minimieren. Auch wenn sich das viele von uns wünschen, wir können uns weder in Sekundenbruchteilen leichter machen, noch passiv einwirken, alleine unsere Präsenz wirkt sich auf das Pferd aus. Wir können uns jedoch auf ein Minimum an Einwirkung beschränken und dem Pferd mehr Verantwortung zumuten.

Bewegungslernen bedeutet viele Wiederholungen. Natürlich machen wir durch unsere Ausbildung Vorgaben. Es ist erwiesen, dass unebenes und herausforderndes Terrain im Gelände positive Auswirkung auf Körper und Geist des Pferdes haben. Die Trittsicherheit wird nicht nur durch propriozeptives Training geschult, auch das Selbstbewusstsein nimmt zu, wenn Pferde Herausforderungen im Gelände meistern. Die gymnastizierende Arbeit am Platz schult ebenso die Balance, fördert die Intelligenz des Pferdes und verbessert die natürliche Schiefe. Mehr Bewegungskompetenz bedeutet für ein Fluchttier aber auch mehr Selbstsicherheit im eigenen Körper. Geben wir jeden Schritt vor und überwachen jede Regung mit Argusaugen wird die Selbstständigkeit des Pferdes eher in Zwang münden – auch wenn beste Absichten dahinterstecken und keine Zwangsmittel angewandt werden.

Zwanglosigkeit entsteht, indem wir dem Pferd Vertrauen vermitteln. Eine ruhige Atmosphäre im Klassenzimmer, also auf dem Reitplatz, trägt ebenso

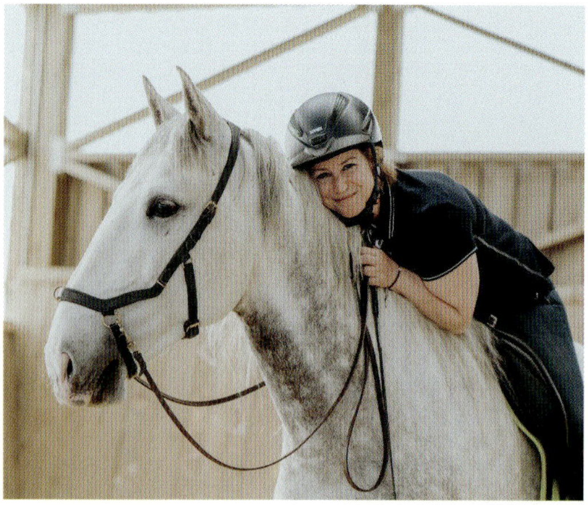

Zwanglosigkeit bedeutet, jegliche Ansprüche zurückzuschrauben. Sobald wir formen wollen, verlieren wir die Zwanglosigkeit.

dazu bei. Nicht zu unterschätzen ist auch der Effekt der Gewöhnung. Wie wir schon im Kapitel über die physischen Voraussetzungen besprochen haben, wird sich das junge Pferd zunächst im Rücken verkrampfen und dann erschlaffen, da es noch keine wertvolle Erfahrung im Tragen des Reitergewichts gesammelt hat. Zwanglosigkeit ist somit dann erreicht, wenn das Pferd nicht mehr versucht, den Reiter durch eine Verkrampfung des Rückens zu tragen, aber auch wenn wir ohne jegliche formgebende Einwirkung einen taktmäßigen, wenig aufwändigen, natürlichen Trab umsetzen. Zu diesem Trab, dessen Markenzeichen ein ruhig und entspannt getragener Schweif sowie ein zufriedener Gesichtsausdruck gehören, können wir immer wieder zurückkehren, wenn uns die Losgelassenheit bei zunehmenden Herausforderungen abhandengekommen ist. Selbst wenn das Pferd eine Aufgabe scheinbar mühelos absolviert – die Probe aufs Exempel – Zügel lang, das Pferd einfach mal machen lassen und dabei überprüfen, ob Takt und Balance noch stimmen – all das lässt uns kontrollieren, ob das Pferd tatsächlich zwanglos und entspannt unterwegs ist.

Zwanglosigkeit bedeutet einerseits physische und mentale Entspannung bei Mensch UND Pferd. Wir sollten uns selbst als Ausbilder hinsichtlich unserer eigenen Zwanglosigkeit auch immer wieder in der Praxis überprüfen.

Verändert sich etwa bei einem Übergang unser Sitz? Halten wir die Luft an und schenken dem Inhalt einer Lektion weniger Bedeutung als der Lektion selbst? An dieser Stelle möchte ich gerne das Reiten nach dem »Ich packe meinen Koffer«-Prinzip erwähnen. Wer das Kinderspiel nicht kennt – eine kurze Zusammenfassung. Bei dem Spiel geht es einerseits darum, alle Gegenstände nach und nach zu nennen, welche in den Koffer (für den Urlaub) gehören. Während beim Spiel Badehosen, Lektüre, Sonnencreme und vieles mehr nicht fehlen darf, ist es bei der Reitkunst Balance, Losgelassenheit, Tempo, Takt oder für den Reiter Balance, Losgelassenheit, Leichtigkeit in der Hand, Geschmeidigkeit und vieles mehr. Wenn wir beispielsweise im Trab geradeaus ein Schulterherein hinzufügen möchten, sollte kein Bestandteil verloren gehen, wenn wir uns nun zusätzlich nicht nur mit dem Thema Traben auch noch mit Seitengängen beschäftigen.

Verkrampfen wir aber im Sitz, weil wir nur Schulterherein denken und planen, ist dies natürlich auch für uns ein wichtiger Hinweis, den Plan zu ändern und die verloren gegangenen Elemente wieder einzusammeln, ehe wir einen neuen Versuch starten.

Das Aussetzen oder Minimieren der Hilfengebung, das Fördern der Selbstständigkeit des Pferdes kann ebenso nicht oft genug betont werden. Wir wollen schließlich keine Pferde, die zwar vieles, jedoch unter Zwang umsetzen. Auch beim jungen Pferd nehmen wir uns als Ausbilder immer wieder zurück, da uns die Reaktion des Pferdes auch verrät, wo wir möglicherweise eine Grenze überschritten hatten. Nur weil Pferde brav mitmachen und wir beispielsweise Balanceschwierigkeiten durch findige Hilfengebung kaschieren können, heißt das nicht, dass sie die Fähigkeiten für die gestellte Aufgabe bereits erreicht hatten. Zwanglosigkeit bedeutet einerseits zu prüfen, ob das Pferd tatsächlich jede Aufgabe mit »ja, kann ich« beantwortet, andererseits aber auch das Selbstbewusstsein und die Eigenständigkeit des Pferdes zu fördern, indem wir ihm Aufgaben übertragen. Bestes Beispiel: Permanentes Treiben wird Pferde eher dazu verleiten, einer treibenden Hilfe alsbald keine Aufmerksamkeit mehr zu schenken. Setzen wir die Hilfen aus und belohnen wir die Initiative des Pferdes, wird es uns auch in der Zukunft gerne Vorschläge machen und motiviert bleiben.

Losgelassenheit

Ich erinnere mich noch heute an die Reiterpassprüfung, die ich mit zwölf Jahren absolvierte. Gelangweilt konnte ich die Elemente der Skala der Ausbildung aufzählen. Losgelassenheit, ein Begriff, den wir Reiter über Jahre immer wieder nutzen, ohne dass uns bewusst ist, dass echte Losgelassenheit zu erlangen, für viele Pferde doch Jahre dauern kann.

Ein Pferd ist losgelassen, wenn es:

- taktmäßig läuft
- ungezwungen vorwärtsgeht
- einen dreidimensionalen, gleichmäßigen Rückenschwung zeigt
- den Schweif gleichmäßig pendelnd, frei trägt
- tief ein- und ausatmet
- der nachgiebigen Hand entsprechend eine Dehnung sucht und seinen Hals bewegen darf
- der aufnehmenden Hilfe folgt, die Halsbewegung reduziert, trotzdem aber sein Gleichgewicht behält, ohne die Muskulatur zu verspannen
- den Reiter sitzen lässt

Immer mehr Ausbilder machen sich Gedanken über etwaige Schmerzzeichen bei ihren Pferden, das ist eine sehr begrüßenswerte Entwicklung. Auch lassen sich immer weniger Menschen von einer spektakulären Aufmachung blenden. Sie prüfen, ob Schweifhaltung und Takt stimmen, ob die Emotionen des Pferdes zu seinen Bewegungen passen.

Warum die Entwicklung von Losgelassenheit manchmal Jahre dauern kann, ist anhand der Physiologie von Muskeln einfach zu verstehen. Was für das Privatleben des Pferdes bereits gut entwickelt scheint, ist für das Reitpferd noch lange nicht ausreichend, wenn es um Tragkraft, um den Einsatz von statischer Muskulatur oder Bewegungsmuskulatur geht. Trägt das Pferd einen Reiter unter sich, muss es neue Bewegungsaufgaben bewältigen. Auch hier ist ein Mitmachen des Pferdes nicht unbedingt ein Indikator für die Qualität der Ausbildung. Entwickelt sich Reitpferdemuskulatur an den richtigen Stellen? Können wir jederzeit zur Zwanglosigkeit zurückkehren? Verbessert sich die Kondition des Pferdes? Eine Bilddokumentation kann wichtige Informationen liefern.

Przedswit-Stute Pina nach einer schlimmen Kolik im Jahr 2014. Pina hatte massiv an Muskelmasse verloren. Charakterlich ist Pina als liebevolle und ungemein bemühte Stute zu beschreiben. Sie möchte unbedingt gefallen, setzt sich dabei aber auch häufig selbst unter Druck. Dazu kommt eine Skoliose im Bereich BWS/LWS, verursacht durch einen Unfall als Jährling, wobei sich Pina vermutlich eine schwere Verletzung am Becken sowie mehrere Brüche an der Schweifwirbelsäule zugezogen hatte.

Die Entwicklung von Pina innerhalb weniger Monate.

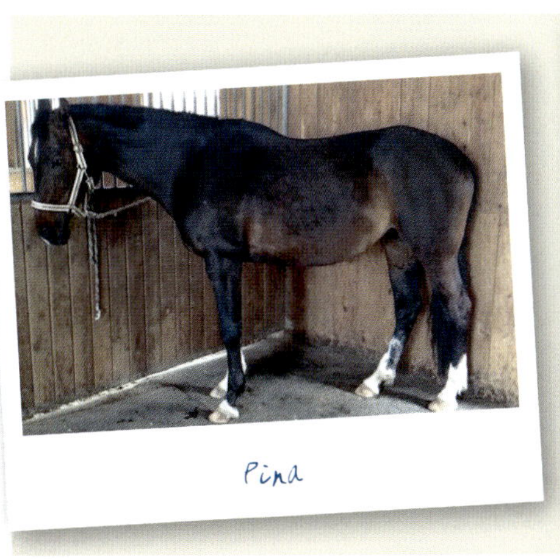

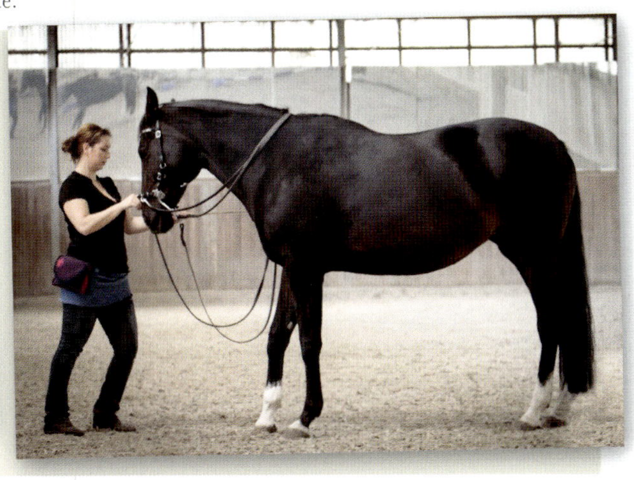

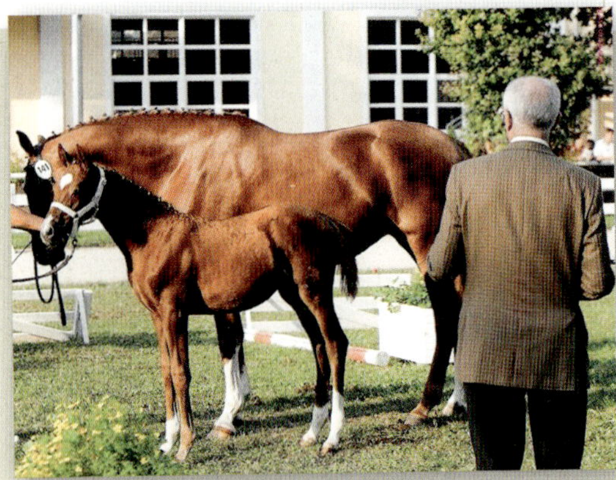

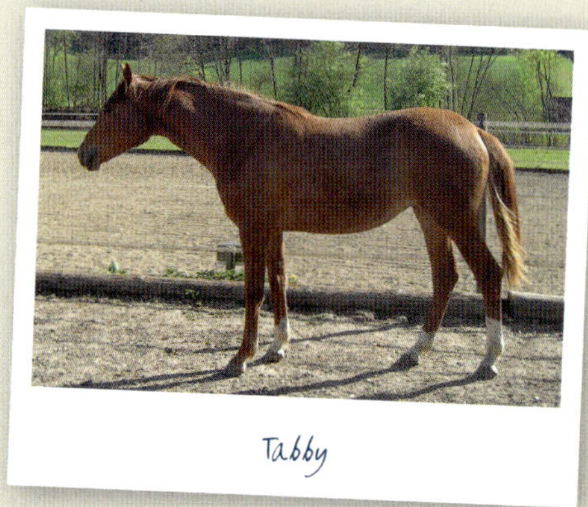

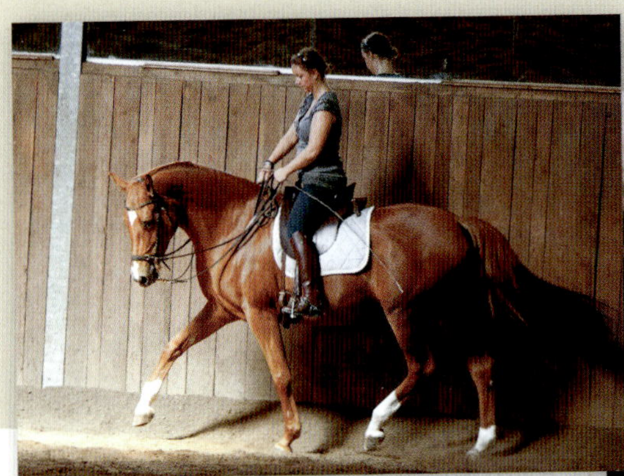

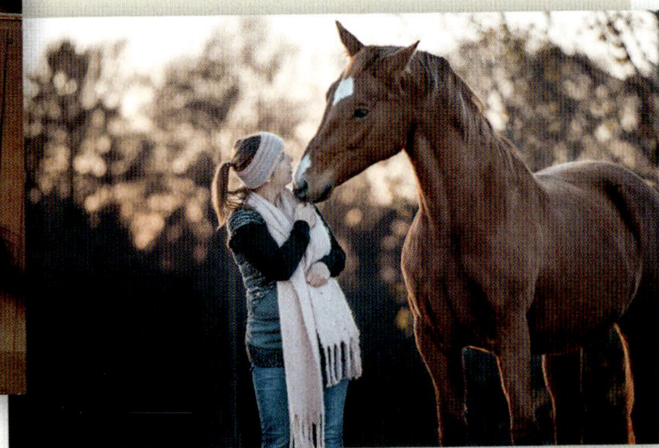

Trakehner-Stute Tarabaya als Fohlen, vierjährig, mit acht Jahren und mit 16 Jahren.

Zwischen den Bildern liegen in etwa sechs Monate. Pina wurde zunächst drei Monate am Boden und an der Longe gearbeitet, später kamen drei Bewegungseinheiten im Gelände dazu. Insbesondere die Arbeit an der Versammlung konnte Pina zeigen, welche Muskulatur welche Tätigkeit unter dem Reiter ausführen sollte.

Tabby gehört zu jenen Pferden, die bereits als Pferdekinder eine hervorragende Figur machen. Selbstbewusstes Auftreten, eine schöne Silhouette und gleichmäßige Bemuskelung verfälschen oft die Realität. Auch wenn der Körper bereits voll entwickelt zu sein scheint – Tabby hatte auf dem zweiten Bild rechts oben gerade erst wenige Monate zuvor ein Fohlen zur Welt gebracht. Auf dem letzten Bild sehen wir Tabby im November 2020, wenige Tage, bevor wir uns von ihr verabschieden mussten. Tabby musste aufgrund eines Knochenmarködems im Bereich des Fesselgelenks, welches im Heilungsprozess zusätzlich noch ein Trauma durch einen Tritt erlitten hatte, erlöst werden. Wir sehen an der linken Schulter eine massive Muskelatrophie, die mir selbst im täglichen Zusammensein nicht so drastisch aufgefallen wäre. Der Bildervergleich zeigte natürlich das Ausmaß der physischen Entwicklung. Ein Argument für die wiederholte Nutzung von Bildervergleichen.

Durchlässigkeit

In diesem Buch wurde bereits vieles in puncto Formgebung der Wirbelsäule gesagt. Denken wir an unsere Tunnelkette aus Bauklötzen. Passen zwei Teile nicht zusammen, fährt uns die Spielzeugeisenbahn nicht nur sprichwörtlich gegen die Wand. Durchlässigkeit bedeutet also zwei Züge in beide Fahrtrichtungen durch den Tunnel zu lassen. Dabei muss uns einerseits klar sein – unsere Pferdewirbelsäule, die das Passieren von treibenden und verhaltenden Hilfen sicherstellt, ist kein Einbahnsystem. Verhaltende und treibende Hilfen können gleichermaßen durch den Pferdekörper fließen. Durchlässigkeit bedeutet einerseits keinen Baufehler im Bereich der Tunnelkette, also der Wirbelsäule hinsichtlich der Formgebung und Biegung, andererseits natürlich auch betreffend der Aktivität von Vorhand und Hinterhand. Tritt das Pferd mit den Hinterbeinen zu breit oder zu eng, bedingt das natürlich auch die Form der Wirbelsäule und die Qualität der Kraftübertragung aus der Hinterhand. Kann der stehende Hinterfuß die Kraftübertragung nicht über die Wirbelsäule an den Schultergürtel und die Vorhand weiterleiten, dann wird die Durchlässigkeit einer Parade, die zuallererst auf Laden oder Genick wirkt, ebenso leiden.

Fügen wir noch Tempo und Takt als Erfolgsgaranten für Durchlässigkeit hinzu und ergänzen das Fußungsverhalten durch Geraderichten und natürliche Schiefe, wird klar, dass Gelingen und Scheitern von vor treibenden, parierenden oder seitwärts treibenden Hilfen an vielen Faktoren hängen. Nicht unerwähnt bleiben darf hier auch die mentale Durchlässigkeit. Ein Pferd kann in physisch perfekter Konstitution sein und über sämtliche Fähigkeiten als Reitpferd verfügen – wenn es seinen Reiter nicht versteht, Stress oder Schmerzen eine Umsetzung unmöglich machen, gibt es auch keine Durchlässigkeit.

»Zwei Lebewesen, deren Leistung in ausgeglichener Zusammenarbeit besteht, müssen sich gegenseitig verstehen, um zu einem Erfolg zu kommen«,
Alois Podhajsky in *»Die klassische Reitkunst«*

Anders gesagt: *»Zwei Geister müssen wollen, was zwei Körper können.«*, Bent Branderup

Übersetzt bedeutet das auch: Keine Durchlässigkeit ohne Losgelassenheit und umgekehrt. Wenn wir Pferde scheinbar nur durch Gedanken dirigieren, dann ist das weit ausgebildete Pferd vollkommen durchlässig – das bedeutet seine tiefen, kurzen

Durchlässigkeit betrifft auch den Reiter: Wie durchlässig bin ich hinsichtlich der Vielfalt im Training oder gehe ich permanent denselben Ablauf durch?

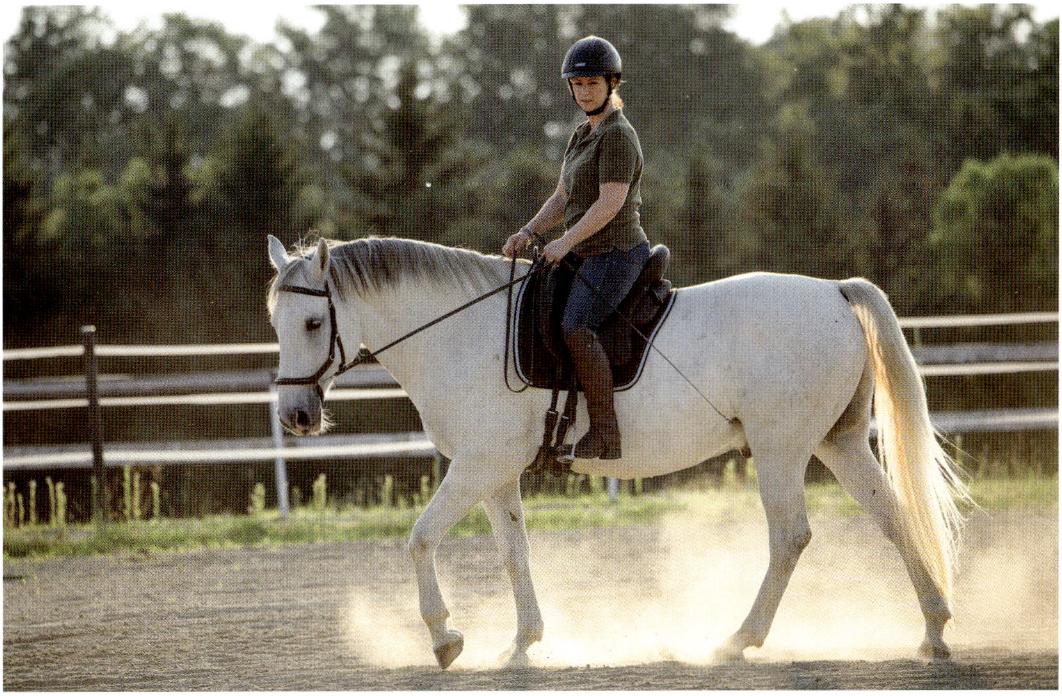

Muskeln der Wirbelsäule sind gekräftigt und im positiven Sinne sensibilisiert – das Pferd versteht eine leichte Korrektur im Sitz sofort und reagiert prompt. Wo wir beim jungen Pferd zu Beginn das Gefühl haben, mit sehr grobmotorischen Hilfen einwirken zu müssen, ist aber das Ziel der Ausbildung erreicht, wenn minimale und unsichtbare Hilfengebung der Durchlässigkeit die Krone aufsetzen.

Als Ausbilder verfügen wir über echte Durchlässigkeit, wenn wir wissen, warum wir welchen Inhalt wie ausbilden sollen. Der praktischen Umsetzung geht immer die Theorie voraus. Ehe wir uns bei Paraden auf »intuitives Handeln« verlassen, sollten wir in der Lage sein, die Vielzahl der Paraden und deren Umsetzung exakt zu beschreiben.

Vorwärts

Beschäftigen wir uns in der Folge mit den vortreibenden und verhaltenden Hilfen:

Was ist nun eigentlich das richtige Vorwärts?

Udo Bürger bringt es auf den Punkt: *»Ein Pferd ist gelöst, wenn es unbefangen und willig vorwärtsgeht – weder eilt, noch sich verhält.«*, Udo Bürger, *»Vollendete Reitkunst«*

Oder anders Gustav Steinbrecht: *»Vorwärts ist die Losung in der Reitkunst, wie im ganzen Weltall. Es müssen dem Reiter mehr Mittel zum Vorwärtstreiben als zum Verhalten zum Gebote stehen.«*, Gustav Steinbrecht, *»Das Gymnasium des Pferdes«*

Und ebenda: *»Reite dein Pferd vorwärts und richte es gerade.«*

Gustav Steinbrecht gibt uns hier den wichtigsten Hinweis für das Vorwärts mit:

»Unter diesem Vorwärtsreiten verstehe ich nicht ein Vorwärtstreiben des Pferdes in möglichst eiligen und gestreckten Gangarten, sondern vielmehr die Sorge des Reiters, bei allen Übungen die Schubkraft der Hinterbeine in Tätigkeit zu erhalten, dergestalt, dass nicht nur bei den Lektionen auf der Stelle, sondern sogar bei Rückwärtsbewegungen das Vorwärts, nämlich das Bestreben, die Last vorwärts zu bewegen, in Wirksamkeit bleibt. Man befähige daher das Pferd durch Übung, seine Schubkraft durch Belastung bis zum Äußersten zu beschränken, man unterdrücke sie aber niemals durch Überlastung! Ferner verstehe ich unter der geraden Richtung des Pferdes nicht seine völlig ungebogene Körperhaltung, sondern eine derart vorwärts gerichtete Einstellung seiner Vorhand auf die abzuschreitenden Linien dass es unter allen Umständen, selbst bei stärkster Biegung seines Körpers und in den Lektionen auf zwei Hufschlägen, mit seinen Vorderfüßen den Hinterfüßen voran schreitet die ihrerseits wiederum jenen unbedingt folgen, indem sie stets in der Bewegungsrichtung vor und niemals seitwärts dieser Richtung treten. Durch außer Acht lassen dieser beiden goldenen Regeln aus Unkenntnis oder Nachlässigkeit entstehen bei der Dressur alle Fehler, die das Pferd widersetzlich machen und oft sogar zugrunde richten.«

Steinbrecht sagt in diesem Absatz prinzipiell alles, was wir über die Reitkunst wissen müssen, allerdings ist die größte Schwierigkeit in der Reitlehre darin begründet, dass alle, die daran teilnehmen wollen, sich tatsächlich auf einen gemeinsamen Nenner einigen müssen, was die Definitionen der unterschiedlichen Begriffe anbelangt.

So ist die Schubkraft in den letzten Jahren dermaßen in Verruf geraten, da sie häufig auch falsch interpretiert wurde. Vielleicht ist Schubkraft auch nicht das richtige Wort, da es zu so vielen Missverständnissen führt und die Tätigkeit, die wir eigentlich beschreiben wollen, gar nicht auf den Punkt bringt? Es lohnt sich an dieser Stelle genauer im »Gymnasium des Pferdes« von Gustav Steinbrecht, 1885, nachzuschlagen und seine Zeilen intensiv zu studieren.

Wir erinnern uns an die Schwierigkeiten, die das junge Pferd anfangs unter dem Reiter zu bewältigen hat. Das anfängliche Aufwölben und Wegdrücken des Rückens sowie die Belastung des Schultergürtels verursachen einen gebundenen und verhaltenen Gang. Sobald sich unser junges Pferd an die Reiterlast gewöhnt hat, wobei der Reiter Sorge zu tragen hat,

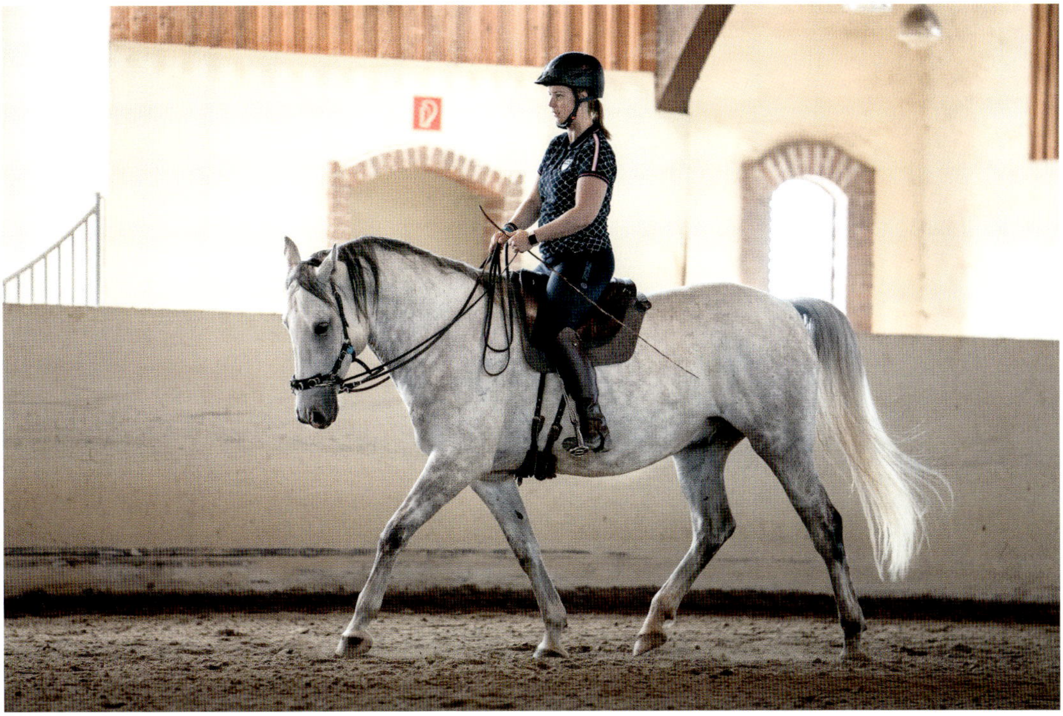

Konrad ist im Vorwärts unterwegs, die Kruppe scheint noch höher. Konrad kann die Kraft vom stehenden Hinterfuß noch nicht adäquat in ein Vorwärts-Aufwärts umleiten. Der Weg ist jedoch das Ziel. Mehr Tempo würde uns an dieser Stelle nicht helfen.

indem er seinen Schwerpunkt etwas mehr nach vorne verlagert und dadurch die Schubkraft der Hinterbeine anregt, lautet die Empfehlung von Steinbrecht den Gang und die Gehlust des Pferdes zu fördern. Gehlust an sich lässt sich am besten auf möglichst gerader Linie, noch besser im Gelände entwickeln. Aber warum brauchen wir diese Gehlust überhaupt? Und sollte sich nicht alles in erster Linie um die Tragkraft drehen?

Die Empfehlung von Steinbrecht lässt sich von 1885 bis in die Gegenwart übertragen. Der Motor des Pferdes sitzt bekanntlich in der Hinterhand. Wenn wir uns mit Schubkraft beschäftigen, dann kommen wir nicht umhin, uns mit den verschiedenen Kräften und Tätigkeiten der Hinterhand auseinanderzusetzen.

Nehmen wir die Bewegung des Pferdes an dieser Stelle genauer unter die Lupe. Der Hinterfuß kommt am Boden auf und ist nun in der Standbeinphase. Das Pferd kann den Fuß zu Boden setzen und die Gelenke der Hinterhand beugen. Der Selbstversuch zeigt: Wenn wir selbst in übermäßiger Beuge unserer Kniegelenke unterwegs sind, ist ein Vorwärts nur noch schwer umzusetzen. Daher warnt Steinbrecht auch davor, die Hinterhand des Pferdes ohne ausreichendes Training übermäßig zu belasten und dadurch die Schubkraft abzuwürgen.

Die Schubkraft ist deswegen notwendig, da wir einen Bewegungsfluss von hinten nach vorne durch den Pferdekörper benötigen. Für temperamentvolle Pferde lautet die erste Aufgabe, die Kraftübertragung etwas zu kanalisieren, also weder ein zu hohes Tempo noch eilige Tritte zu fördern. Bei Pferden, die sich eher träge und verhalten zeigen, helfen große Linien und allmählich auch die Arbeit mit Biegungen, was wiederum die Theorie in der Praxis bestätigt, dass die Ursache für das Verhalten eher in Steifheit als in Faulheit begründet liegt. Natürlich spielt das

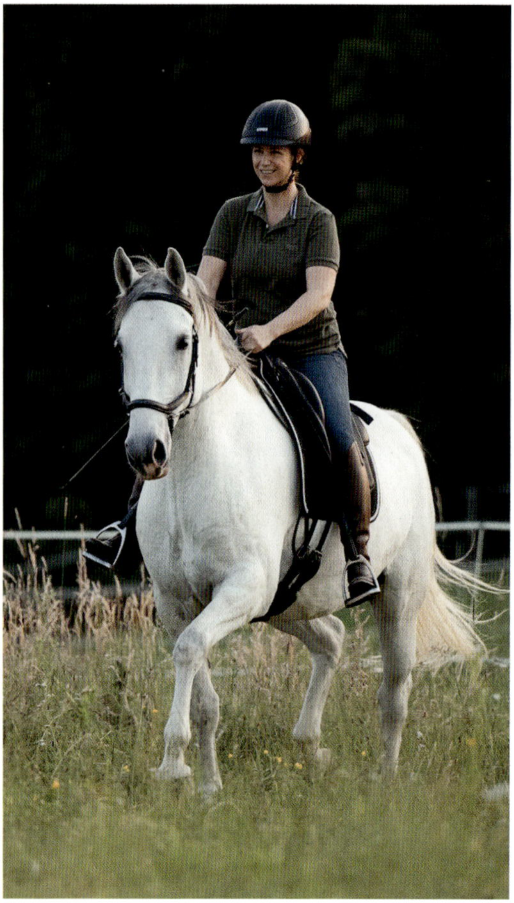

Konrad wenige Jahre später in einem besseren Vorwärts-Aufwärts.

Temperament auch eine Rolle, aus diesem Grund ist es unsere Aufgabe als Ausbilder einen Weg zu finden, unser Pferd für Bewegung zu motivieren.

Im Verlauf der Ausbildung geht es dann schließlich darum, die Schubkraft in Tragkraft umzuwandeln. Steinbrecht betont mehrfach, dass die Schubkraft aber dafür unbedingt vorhanden sein muss. Das bedeutet für uns ein regelmäßiges, frisches Vorwärts bei einem Vorgriff, wobei die Richtung der Hinterhand auf jene der Vorhand ausgerichtet sein soll. Was Steinbrecht also auch unter Schubkraft versteht, ist die kraftvolle Energie, die entstehen muss, wenn sich das Pferd vom Boden abdrückt. Schubkraft ist vielleicht deswegen ein etwas unglücklicher Begriff, da wir uns kaum ein Auf-die-Hand-Stützen des Pferdes wünschen. Wir sehnen uns ja nach Leichtigkeit und einer sanften Verbindung zwischen Pferdemaul oder -nase und der Reiterhand. Auch hier wird diese Stütze auf der Hand im »Gymnasium des Pferdes« erwähnt, allerdings auch für das junge Pferd zu Beginn der Ausbildung geduldet. Es heißt ja nicht umsonst: »Übung macht den Meister«. Und wer sagt, dass wir bei unseren ersten Reitversuchen bereits perfekt sein wollen.

Einen wichtigen Hinweis, insbesondere was die Bedeutung von Worten anbelangt, finden wir ebenso bei Steinbrecht. Er attestiert vor allem dem Trab und dem Galopp gute Möglichkeiten, den Gang des Pferdes und damit die Schubkraft zu entwickeln. Das Ziel ist also ein Pferd, das einerseits Lust am Laufen hat, andererseits die Hinterbeine kraftvoll aufsetzt, durch energische Beugung und Streckung vorwärts kommt, im Seitenbild vorne etwas größer erscheint und die vorgreifenden Beine auch da aufsetzt, wo die Hufe in der Spielbeinphase hinzeigen. In puncto Schubkraft ist für uns einerseits die Stabilität der Standbeine interessant, denn sie sind es, die eine Kraft in den Boden erzeugen, Balance halten und das Spielbein nach vorne bringen. Kommen wir zur Wortanalyse zurück, dann beschreibt Steinbrecht den Schritt als schwunglos und damit zur Entwicklung von Schubkraft ungeeignet. Steinbrecht ist sich natürlich der Rotationsbewegung der Wirbelsäule bewusst, er meint also nicht den Rückenschwung, denn dieser ist ja im Schritt am Größten. Sein Vermächtnis ist wohl den Ausbildern von morgen tatsächlich die Idee mitzugeben, dass Bewegung nur durch Energie entstehen kann – ganz im modernen Sinne der Biotensegrity.

Bei der Analyse der Schubkraft und der Tätigkeit aus der Hinterhand ist also von Interesse, wie das Pferd die Hinterhand aufsetzt – wo es das tut und wie lange das Hinterbein am Boden steht. Bei einer längeren Standbeinphase schiebt das Pferd die gesamte Masse über die Vorhand in Bewegungsrichtung. Bei zu schmalem oder breitem Fußen kommt es aus der Balance, die Kraft kann nicht geradlinig nach vorne übertragen werden. Das können wir selbst auch ausprobieren, wenn wir uns wie ein Seiltänzer oder schwankend und breitbeinig bewegen. Ein müheloses Vorwärtskommen ist nicht möglich.

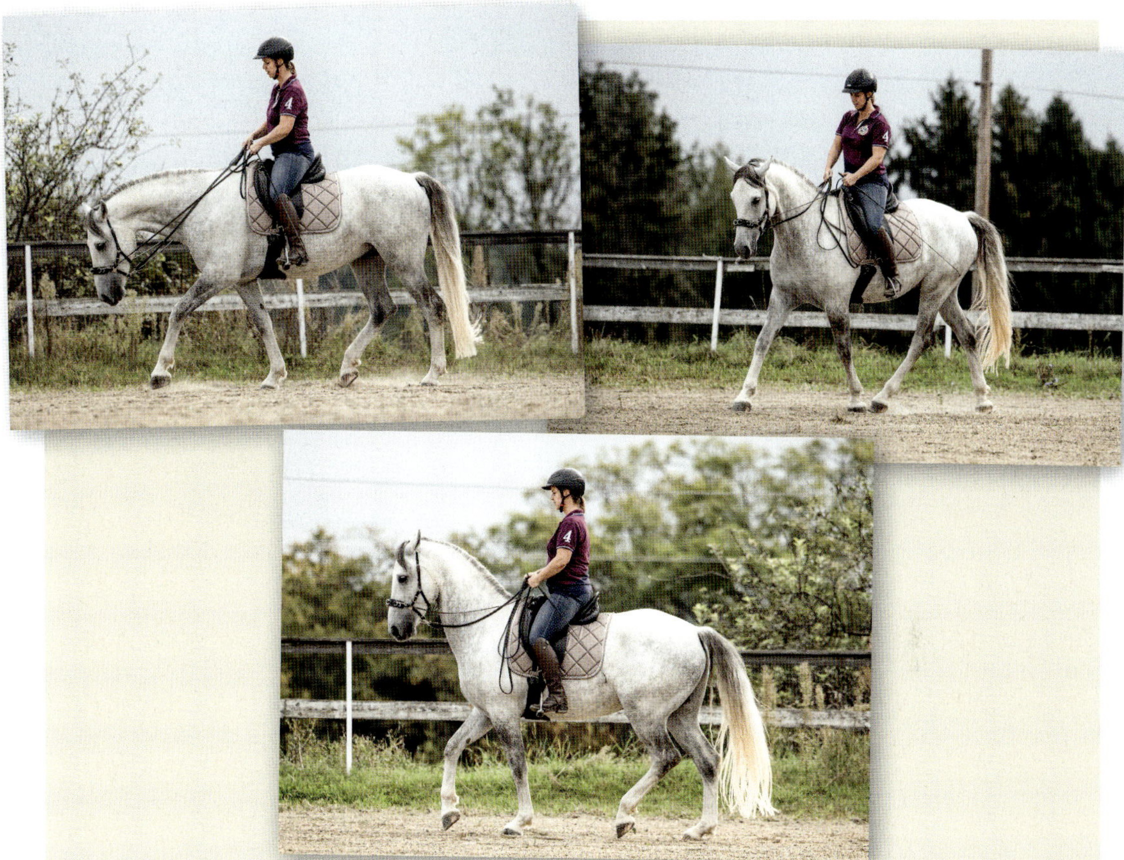

Amena von der Dehnungshaltung zum Vorwärts-Aufwärts zur Versammlung.

Denken wir noch einmal an das »Ich packe meinen Koffer-Prinzip«. Irgendwann hätten wir gerne Zwanglosigkeit, Losgelassenheit, Balance, Durchlässigkeit, Geraderichtung und Formgebung in unserem Köfferchen. Irgendwo müssen wir aber anfangen – auch wenn wir dann gewisse Abstriche machen müssen. Es ist schließlich noch kein Meister vom Himmel gefallen, aber meisterlich entwickeln wird sich nur ein Pferd, dessen Schubkraft nicht von Beginn an abgewürgt wurde. Wird also zu früh mit der Beugung der Hinterhandgelenke begonnen, dann geht uns jegliche Energie in den Boden verloren und wird nicht vom Pferd in den eigenen Körper zurückgeleitet. Bei der Schubkraft im Steinbrechtschen Sinne kommt der Pferdefuß am Boden auf, entlädt die Energie in den Boden, schickt aber gleichzeitig auch wieder Energie in den Pferdekörper zurück. Der Abschub darf also zu Beginn der Ausbildung in die Horizontale umgeleitet werden.

Der wichtigste Hinweis für uns als Ausbilder unserer jungen Pferde lautet daher, die Gehlust unbedingt zu fordern und zu fördern. Das beginnt bereits bei der Vorarbeit an der Longe. Kritisch zu hinterfragen ist jedoch immer, ob ein Pferd zu eilig ist, darüber geben Takt und Tempo wichtige Information. Die Zwanglosigkeit ist jenes Momentum, in dem wir das Tempo und den Takt des jeweiligen Pferdes individuell bestimmen können, wenn sich das Pferd also ohne viel Aufwand bewegt. Für das Reiten und die Ausbildung zur Tragkraft braucht es jedoch in weiterer Folge etwas mehr Energie und Antrieb. Darum geht es also bei der Schubkraft und beim Begriff »Vorwärts«.

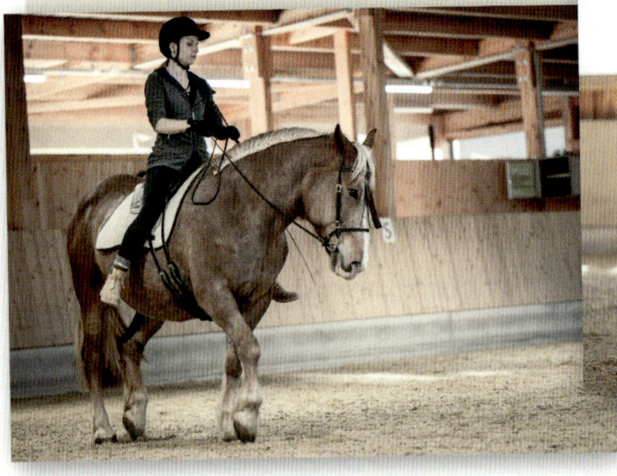

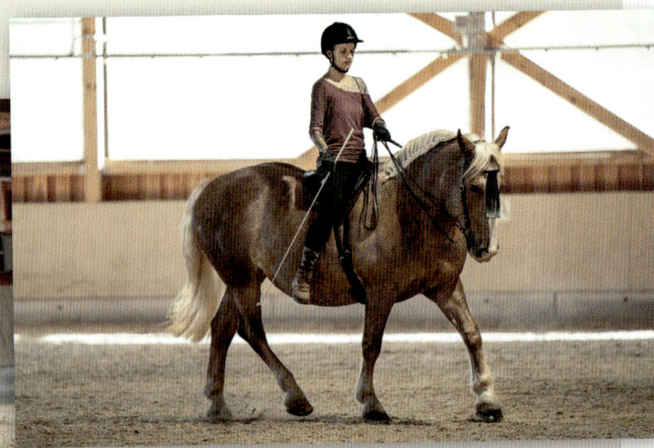

Noriker-Stute Nora bei der Entwicklung von Tempo und Takt.

Tempo und Takt

Als Tempo wird das Zeitmaß der Fortbewegung beschrieben, also jene Geschwindigkeit, mit der das Pferd eine bestimmte Strecke in einer bestimmten Zeit zurücklegt. Ob nun ein hohes oder niederes Tempo an den Tag gelegt wird, darüber scheiden sich die Geister und Schulen der Pferdeausbildung. Wer in die Reithallen und Ausbildungsstätten schaut, wird zwei große Lager ausmachen können. Die einen sagen über die anderen, sie würden mit zu wenig Tempo, geradezu schleichend unterwegs sein. Hier denken wir zwangsläufig an die notwendige Erkundung der Zwanglosigkeit, die für das junge Pferd von großer Bedeutung ist. Wie jedoch im Kapitel über Schubkraft beschrieben, soll die Zwanglosigkeit im Laufe der Ausbildung in eine losgelassene Kraftentfaltung übergehen. Es ist in Ordnung, ganz zu Beginn das Pferd zwanglos in seinem Tempo gehen zu lassen. Allerdings würde uns hier auf Dauer der gesamte Muskeltonus des Pferdes erschlaffen. Ich vergleiche das gerne mit dem Bild einer Luftmatratze, aus der die Luft sanft entweicht. Umgekehrt würde bei zu hohem Tempo der Muskeltonus eher versteifen, also den Fluss einer energetischen Bewegung auch wieder hemmen und falsche Bewegungsmuster zu Tage bringen. Aus den Versteifungen werden gerne pompöse Spanntritte, die mit einer spektakulären Vorhandtätigkeit beschrieben werden, von hinten kommt jedoch nichts nach. Der Antrieb kann in dem Fall dann auch nicht stimmen.

Das Temperament des Pferdes bestimmt natürlich auch das individuelle Tempo. Hier ist außerdem die Beobachtung unserer Pferde in ihrem täglichen Umfeld Aufschluss gebend. Das eine Pferd wird vielleicht eher schlaff und langsam zur Weide trotten, andere Pferde explodieren förmlich, wenn sich das Tor öffnet. Dann gibt es noch jene, die genau im Mittelfeld zu beschreiben sind, die gemütlich, taktklar und mit einer positiven Energie auf die Weide traben.

Pferde mit einem höheren Muskeltonus werden ein lebhafteres Tempo an den Tag legen, ein schlaffer Muskeltonus spricht eher für ein gemäßigteres Tempo. Das beeinflusst in weiterer Folge auch die Standbeinphase der Hinterbeine. Einmal muss das Pferd lange auf dem Hinterbein stehen bleiben, um den gesamten Körper vorwärts zu bewegen, ein anderes mal reicht eine kurze Standbeinphase aus. Die noch mangelnde Balance tut dann ihr Übriges, denn auch wir entdecken beim Balancieren auf einem Bein, dass unser Fußgewölbe gespannt wird, der Fuß ins Zittern kommt und die Stabilität fehlt. Sichtbar ist der Mangel an Stabilität beim Pferd dann auch in fehlerhaften Ausgleichsbewegungen, wenn Pferde in den Gelenken der Hinterhand zu drehen beginnen. Jedes Pferd hat also zu Beginn der Ausbildung »sein«

Tempo. Das kann sich natürlich im Laufe der Zeit verändern, wenn ein schlaffer Muskeltonus beispielsweise mehr Kraft erhält. Für uns als Ausbilder junger Pferde sei betont, dass wir zu Beginn dem Pferd ein Tempo anbieten, in dem es sich relativ mühelos vorwärtsbewegen kann. Ein zu hohes Tempo bringt das Pferd aus dem Takt und erschwert die erstrebenswerte Selbsthaltung. Auch in den Richtlinien für Reiten und Fahren der Deutschen Reiterlichen Vereinigung (FN) wird betont, dass der Reiter dem Wohlbefinden der Natur des Pferdes gerecht werden muss. Dies auch als wesentliches Ziel, den Takt für weitere Ausbildungsziele anzusehen.

Die Richtlinien sowie die Skala der Ausbildung stellen Tempo und Takt gerne an den Beginn einer jeden Pferdeausbildung. Und das aus gutem Grund. Takt hilft uns, mehrere Komponenten in der Reitkunst zu definieren. Takt steht in einer dauerhaften Beziehung zum Tempo.

Takt hilft uns, die entsprechende Gangart zu bezeichnen. In den Grundgangarten zählen wir im Schritt einen klaren Viertakt, einen Zweitakt im Trab und einen Dreitakt im Galopp. In den geschulten Gangarten kann sich der Takt auch ändern, so wird mit steigender Versammlung der Schulschritt zu einem Zweitakt oder auch der Galopp in einer Pirouette oder im Schulgalopp viertaktig.

Für unser junges Pferd ist der Takt vor allem ein Gradmesser für Gleichmäßigkeit und Reinheit der jeweiligen Gangart. Hier kann der Ausbilder die Qualität des Bewegungsrhythmus überprüfen. Wenn das Gleichmaß der Bewegung verloren geht, verliert das Pferd seinen korrekten und sauberen Takt. Ein sauberer Takt ist außerdem ein Zeichen für die Qualität des Rückenschwungs. Eine zu feste Hand kann den Schwung des Pferdes blockieren und die Dreidimensionalität der Schwingung der Wirbelsäule auch schon mal aufheben. Ein unsauberer Takt gilt immer als Warnzeichen. Lahmheiten kann man nicht nur sehen, sondern auch hören.

Verstärkungen werden in einem niedrigeren Takt geritten, somit auch ein Qualitätsmerkmal und Aufdecker, ob das Pferd in der Verstärkung eher eilig wurde. In der Versammlung wird der Takt erhöht, das heißt, die Hinterbeine kommen etwas schneller vom Boden weg. Soll heißen: In einer Piaffe sollte das Pferd nicht langsamer werden und in immer längeren

Pferdeausbildung muss immer individuell sein, aber gewissen Grundsätzen folgen: So war es auch für Lusitanostute Galáctica la Perla eine Herausforderung, einen regelmäßigen Takt und ein regelmäßiges Tempo einzuhalten.

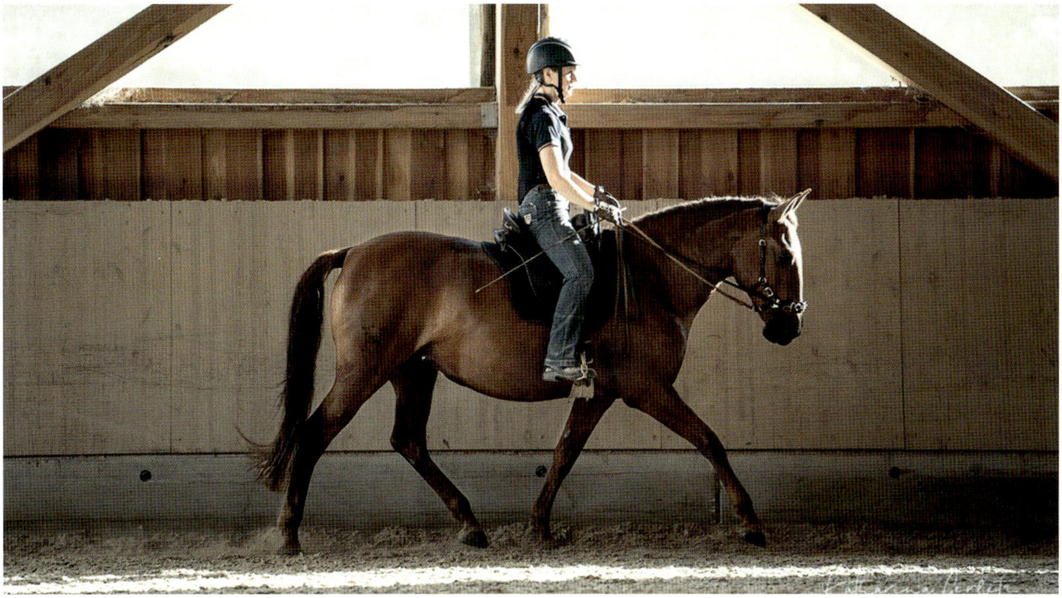

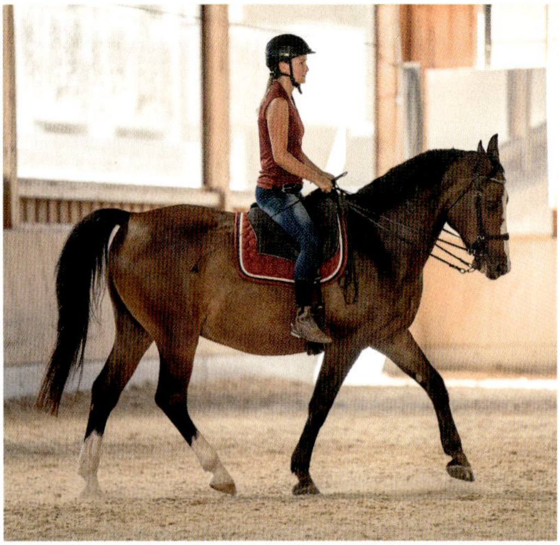

Rusty in einem taktklaren Trab im Vorwärts-Aufwärts.

Standbeinphasen verharren, sondern fleißig und energetisch bleiben. Der Takt darf auch hier nicht verloren gehen.

Bei der Ausbildung unseres jungen Pferdes suchen wir zunächst das individuelle Tempo, in dem sich das Pferd wohlfühlt, weder einen eiligen noch unregelmäßigen Takt zeigt. Haben wir das Gefühl, der Motor kommt ins Stottern, heißt unsere nächste Aufgabe wiederum: Förderung der Gehlust.

Zum Treiben kommen

Der treibende Schenkel wird immer dann zum Einsatz kommen, wenn der jeweilige Hinterfuß vom Boden abfußt. Der treibende Schenkel begleitet somit immer die Spielbeinphase des gleichseitigen Hinterbeins. Das ist einerseits essenziell, weil wir damit den Vorgriff des Hinterfußes verstärken. Würden wir andererseits in der Standbeinphase treiben, verstärken wir den Abdruck, was eventuell zu einer längeren Standbeinphase führt und zu einer Umleitung der Kraft zwischen den Vorderbeinen eher bodenwärts anstelle horizontal.

Unser Interesse ist die Platzierung der Hinterbeine, dabei unterscheiden wir verschiedene Formen der treibenden Hilfen.

1. Generelles Vorwärtstreiben, um in Bewegung zu kommen.
2. Treiben, um eine Verbindung zur Hand herzustellen.
3. Treiben, um den Rückenschwung positiv zu beeinflussen.
4. Treiben, um die Tritte zu verlängern oder zu verkürzen.
5. Treiben, um den Takt zu beeinflussen.
6. Treiben, um die Formgebung und Biegung zu verbessern.
7. Treiben, um die Versammlung zu fördern.

Treiben ist eine Sache von Kommunikation und Verständnis. Wer viel treibt und dabei selbst arg ins Schwitzen kommt, ist auf der falschen Fährte. Zunächst geht es also um die korrekte Interpretation des Pferdes bezüglich unserer treibenden Hilfen. In der Bodenarbeit steht uns hier als erstes Mittel der Wahl die Körpersprache zur Verfügung, wenn wir das Pferd ins Vorwärts einladen, die Tritte vielleicht verlängern oder auch verkürzen. Die Gerte ist eine wichtige Sekundarhilfe, da sie dem Pferd Richtung und Vorgriff anzeigt.

Aber wer treibt eigentlich, wenn wir dann auf dem Pferd sitzen? Unseren Sitz nehmen wir zur Schwerpunktverlagerung zu Hilfe, außerdem lädt ein sachter Schenkeldruck das Pferd zur Bewegung ein. Die Betonung liegt auf »einladen«, schließlich wollen wir unser junges Pferd nicht abstumpfen. Wenn das Pferd lernen kann, einen Sattelgurt oder einen Sattel zu ignorieren, dann kann uns das auch ganz leicht mit treibenden Schenkelhilfen passieren. Wichtig ist, dem Pferd eine Hilfe zu geben, die es auch umsetzen kann. Aus diesem Grund können wir mit Hilfe der Gerte durch visuelle Hilfen (Zeigen der Gerte), energetisches Fächern oder aber auch durch eine Berührung das bereits vom Boden Gelernte in den Sattel sehr leicht übertragen.

Wie der Schenkel treibt, ist ein nicht zu unterschätzendes, wichtiges Detail. Wenn sich unser Pferd bewegt, dann kommt die Wirbelsäule in Rotation. Setzt das linke Hinterbein zur Spielbeinphase an, wird die innere Hüfte am Ende der Standbeinphase durch leichtes Anheben den Reiter etwas mehr nach oben setzen. Sobald das Bein vom Boden kommt, schwingt der Brustkorb des Pferdes nach vorne-unten. Die Hüfte des

VIDEO

Wie kommen wir ins Vorwärts? Ein Video aus meinem Onlinekurs-Forum – auf Wunsch gefilmt.

Reiters begleitet diese Bewegung mit, der Oberschenkel schwingt entlang des Brustkorbes – in diesem Fall links etwas abwärts. Ein zu starker Bügeltritt abwärts versteift unser Gesäß, ein Abwärtsgleiten des inneren Oberschenkels sollte jedoch in kleinem Rahmen möglich sein. Wenn wir an treibende Hilfen denken, ziehen wir reflexartig die Ferse hoch und drücken an die Flanken des Pferdes. Auch wenn uns das niemand in der Kinderreitschule gesagt hat – dieser Reflex lässt sich im Laufe der Reiterkarriere nur sehr schlecht abgewöhnen. Wenn es klemmt, dann klemmen auch wir gerne im Sitz, dabei ist ein freies Herabhängen der Unterschenkel notwendig, damit die Wade (im Moment, wo die eigene innere Hüfte nach vorne-unten bewegt wird) sachte gegen die die Fellrichtung nach vorne gleitet und somit die treibende Hilfe unterstützt.

Im nächsten Moment wiederholt sich das Spiel rechts von der Hüfte des Reiters ausgehend abwärts bis hin zur Wade. Die Hilfen sollen das Pferd begleiten, also möglichst rasch in ihrer Intensität reduziert werden, aber noch begleitend vorhanden sein. Um ein »untaktmäßiges« Trippeln zu vermeiden, ist die Konzentration auf die Spielbeinphase des jeweiligen Hinterbeins daher eine wichtige Übungssache. Da die treibenden Hilfen immer den verhaltenen Hilfen vorangehen, diese auch überwiegen müssen, ist das zielsichere Finden dieses Moments in der Reiterei für uns vermutlich eine der wichtigsten Aufgaben überhaupt, die wir erfüllen müssen, wenn wir uns Reiter und Ausbilder nennen wollen.

Wird der Schenkel energischer eingesetzt, können wir auch den Takt verändern, den Takt beschleunigen. Bleiben wir mit dem Rippenbogen auf Tuchfühlung, wenn das Hinterbein wieder aufsetzt, beruhigen wir den Takt eher.

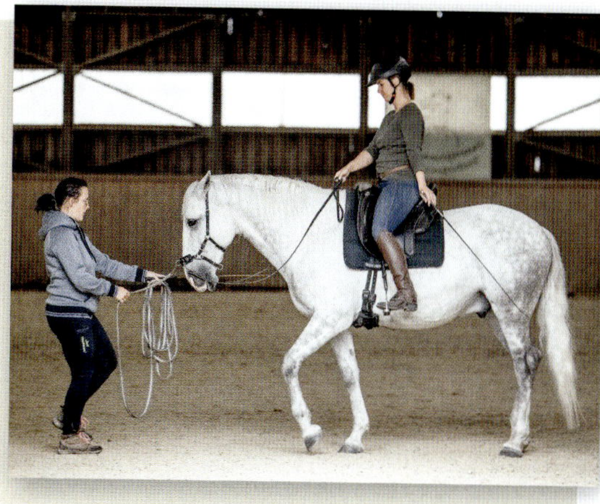

Am Anfang kann es helfen, die Gerte zur Unterstützung hinzuzunehmen, um die ersten Schritte ins Vorwärts einzuleiten.

Für die Ausbildung des jungen Pferdes ist ein wichtiger Grundsatz zu beherzigen: Unser junges Pferd soll zuerst die Zwanglosigkeit kennen lernen. Wie und wann dürfen wir dann überhaupt treiben? Das Pferd muss zunächst einmal mental mit der neuen Situation unter dem Reiter zurechtkommen. In der Zwanglosigkeit überwiegt die ruhige Bewegung, gänzlich ohne Aufwand. Erst wenn die Zwanglosigkeit erreicht ist, können wir mit der treibenden Hilfe beginnen, das heißt nach der Schulung des ersten Anreitens, wobei wir hier Gerte, Stimme und im besten Fall einen Helfer vom Boden zur Seite haben, der bereits Gelerntes aus der Bodenarbeit und dem Longieren umsetzt. Unser junges Pferd darf sich nun so bewegen, wie es ihm im Tempo gefällt. Die ersten Schritte werden noch nicht schreitend sein, sondern eher verhalten und gebunden. Erst wenn das Pferd von sich aus eine gewisse Lässigkeit an den Tag legt, ist der Moment gekommen, wo wir auch wirklich zum Treiben kommen dürfen. Jetzt ist das Pferd offen für neue Bewegungsvorschläge und nicht mehr so sehr

VIDEO

Zum Treiben kommen können mit Mandrake.

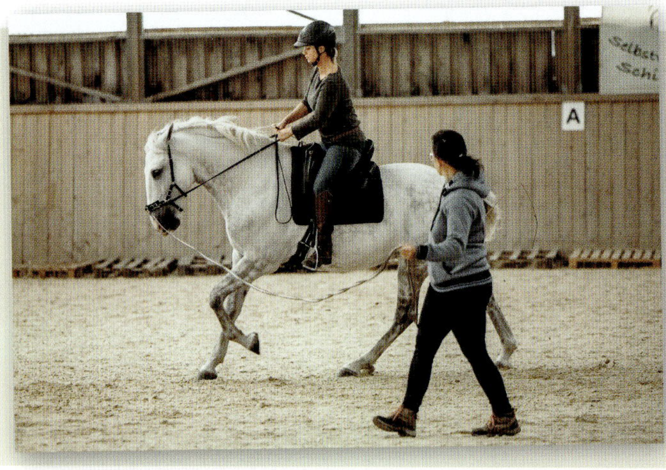

Mandrake hat viel Temperament, trotzdem muss auch ich ganz bewusst zum Treiben kommen können, um den Energiekreislauf von hinten nach vorne schicken zu können.

auf die neue Belastung auf seinem Rücken konzentriert. Jetzt fühlt das Pferd auch, dass der Reiter es in seinen Bewegungen begleitet und langsam an die Hand heran zu formen beginnt.

Die Betonung liegt immer von hinten nach vorne, Kopf und Hals sind bekanntlich das letzte Puzzlestück, welches sich der Form entsprechend entwickelt. Jetzt ist es Zeit, über Anlehnung nachzudenken.

Anlehnung

Anlehnung ist ebenso ein schwieriges Wort, weil wir im Deutschen unweigerlich an eine Art Belastung denken müssen. Wenn wir uns an der Lehne eines Stuhls anlehnen, dann üben wir unweigerlich Druck aus, wir belasten die Lehne. Auch die Schulter zum Ausweinen wird unweigerlich belastet. Die Verbindung zum Pferdemaul oder -nase sollte sanft sein – und hier bleiben wir bei der Formulierung, die das Reiten mit einem Gebiss betrifft, auch wenn wir uns für eine gebisslose Ausbildung entschlossen haben. Das Pferd sollte das Gebiss möglichst ruhig auf der Zunge vor sich her tragen. Der Reiter stellt nun eine sanfte Verbindung her – vermutlich das bessere Wort, als Anlehnung. Diese Verbindung sollte stet, also verlässlich sein. Denken wir an einen Spaziergang Hand in Hand mit unserem Partner. Wie sollte sich das für uns anfühlen? Werden wir ständig zurückgehalten, dann beeinflusst das unweigerlich auch unseren eigenen Rückenschwung. Bequemes Laufen fühlt sich anders an und eine zu lasche Verbindung fühlt sich unverbindlich und unzuverlässig an. Das krasse Gegenteil – die eiserne Faust – blockiert wiederum unsere Bewegung und lässt uns vom Handgelenk bis zum Genick versteifen. Warum sollte es also unserem Pferd anders gehen, wenn wir mit einem sensiblen Bereich seines Körpers – der Zunge oder dem Nasenrücken – »Händchen halten«. Wenn wir an die Hand heran reiten wollen, dann muss die Verbindung leicht, weich, aber zuverlässig bleiben und darf die Bewegung des Pferdes nicht behindern. Das bedeutet für unser junges Pferd ein unbedingtes Zulassen der Nickbewegung. Der erste Schritt zur Anlehnung ist gemacht, sobald unser junges Pferd zuverlässig Tempo und Takt und somit das Vorwärts beibehält.

Das oberste Credo bleibt weiterhin die Erhaltung der Schubkraft, des Vorwärts, das Gleichmaß von Takt und Tempo. Auch wenn das Pferd noch keine optisch ansprechende Formgebung über den Rücken zu diesem Zeitpunkt umsetzen kann – damit wir da überhaupt hinkommen, muss das Vorwärts in Verbindung mit einer leichten Zügelführung erhalten bleiben.
Die Vorstellung, das Pferd immer vor den treibenden Hilfen zu haben, also tatsächlich vor dem Reiter, bedeutet, dass wir eine Verlängerung des Rahmens

jederzeit umsetzen können. Das heißt, die Verbindung sollte jederzeit konstant sein, egal ob wir sie verlängern oder verkürzen.
In unseren ersten Reiteinheiten mit dem jungen Pferd geht es also auch um das Vertrauen in die nachgiebige Reiterhand. Demnach soll das Pferd lernen, dass die Hand die Kraft aus der Hinterhand keinesfalls ausbremst, im schlimmsten Fall schmerzhaft durch einen festen Zügelzug am Gebiss oder am Nasenbein. Um das Vorwärts nicht abzuwürgen, muss die Hand jederzeit den Schwung durch die Wirbelsäule nach vorne herauslassen. Das junge Pferd soll eine deutliche Nickbewegung zeigen dürfen, erst dann kann sich auch der Gang nach und nach entwickeln. Es ist leider nicht so, dass wir in der Ausbildung von Pferden einen Meilenstein nach dem anderen einsammeln und als »absolviert« betrachten können. Das Vertrauen in die Hand bedeutet einmal mehr Übung. Ist das Pferd am langen Zügel und ohne Einwirkung fleißig vorwärtsgelaufen, werden nun die Karten beim aufgenommenen Zügel neu gemischt. Arbeiten wir mit relativer Aufrichtung, entwickelt sich also die Muskulatur unseres jungen Pferdes nach und nach. Auch die Balance wird sich verbessern und damit wird die dreidimensionale Schwingung der Wirbelsäule regelmäßiger und auch etwas kleiner. Nehmen wir von Anfang an Rücksicht auf die Bedürfnisse des Pferdes, ob es sich eben etwas mehr zur Hand hin dehnen möchte, ob es mehr Rahmen braucht oder gar eine Pause am hingegebenen Zügel.

Formgebung ist ein Thema, das viele Reiter ungemein unter Druck setzt. Ich selbst kann mich noch gut an meine Frustration erinnern, als ich mit Barilla zwar alle möglichen Lektionen reiten konnte, jedoch nie eine feine Verbindung zur Hand hatte. Wir hatten viel Anlehnung, im wahrsten Sinne des Wortes stützte sich meine Stute auf meine Hand. Die korrekte Formgebung erschien das einzige zu sein, was uns beim Dressurreiten fehlte. Genau genommen fehlte uns jedoch sehr viel Basisarbeit und alles, was mit fliegenden Wechsel, Versammlung und Verstärkung zu tun hatte, entbehrte jeglicher Grundlage. Beizäumung ist für viele Reiter ein scheinbar untrügerisches Zeichen für korrektes »Über-den-Rücken-Gehen« des Pferdes. Wird die Kopf- und Halshaltung jedoch erzwungen, dann verwechseln wir Ursache und

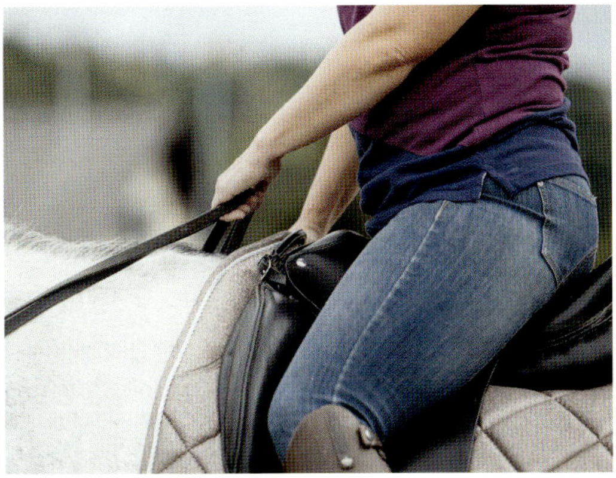

Die Hand folgt der Pferdenase und wartet ab.

Wirkung. Die Formgebung ist immer ein Ergebnis von Vorwärts und Rückenschwung. Das Pferd selbst wird sich an die Hand heran formen.

Für unser junges Pferd wünschen wir uns eine Nase vor der Senkrechten, auf Höhe des Buggelenks, das Genick ungefähr auf Höhe des Widerrists. Das Rezept dafür ist einfach, stünde uns unser Schaffensdrang nicht im Weg. Anstelle »handlastig« etwas erwirken zu wollen, sind wir doch für die Erzeugung des Vorwärts, der Losgelassenheit im Vorwärts in erster Linie zuständig. Zuerst also das Vorwärts, dann die Verbindung und dann folgt der Rest von selbst. Fehler in der Anlehnung sind also nicht sofort auf Schwierigkeiten in Maul, Genick und Hals zu suchen, sondern in den meisten Fällen beim Vorwärts, der Schwungrichtung und der Einwirkung der Reiterhand zu finden. Bieten wir dem Pferd keine Stütze durch den Zügel, ist nun seine Initiative gefragt, es muss selbst auch Forschungsarbeit leisten, wie es nun mit dem Reitergewicht seine Balance auf allen Beinen halten kann und dabei in seiner natürlichen Selbsthaltung vorwärtskommt.

Solange noch keine Zwanglosigkeit erreicht ist, darf die äußere Form keine große Rolle spielen. Sobald diese erreicht ist, können wir das Vorwärts fördern, die Tätigkeit der Hinterhand versetzt den Rücken in mehr Schwingung, das Pferd sucht nun zur Hand. Mit zunehmender Übung wird sich der Hals etwas heben, dabei aber seine runde Form der Dehnung beibehalten. Dies ist nur möglich, wenn die Hand des Reiters die Bewegung des Pferdes nach wie vor begleitet.

Praxis: Aufsteigen üben

Sobald das junge Pferd die zeigende Gertenhilfe über dem Rücken im Sinne des äußeren, von sich weg biegenden Schenkels verstanden hat, können wir bereits mit dem »Einparken« beginnen.

Nicht nur wir Menschen bevorzugen Tätigkeiten, die für uns einen Sinn ergeben. Jedes Training hat nicht immer einen unmittelbaren physischen oder emotionalen Effekt. Wer seinen inneren Schweinehund auch für das eigene Training immer wieder überwinden muss, weiß wovon ich spreche. Übungen wie »Einparken« ergeben für das Pferd durchaus einen logischen Sinn, da das Stillstehen und Warten in einer bestimmten Position auch häufig deutlich besser »bezahlt« wird. (Auch der innere Schweinehund überzeugt meist mit einer besseren Bezahlung auf der Couch.)

Aufsteigen kann praktisch überall geübt werden, allerdings ist auf eine sichere Aufstiegshilfe großen Wert zu legen. So manch günstiger Kauf klappbarer Haushaltshilfen, die jedoch nicht für sandige und unebene Untergründe konstruiert wurden, endete mit einer schlechten Erfahrung für Mensch und Pferd. Beliebt sind natürlich günstige Hocker, Klapphocker und Ähnliches aus dem Baumarkt. Wichtig ist ein stabiler Stand, die Aufstiegshilfe darf bei Be- und Entlastung nicht zusammenklappen oder gar unter den Pferdebauch bewegt werden. Ich schreibe diese Zeilen nicht umsonst, denn all solche Erfahrungen sind schon gemacht worden.

Auf sicheren und stabilen Baumstämmen im Wald kann ebenso das Einparken geübt werden – auch stabile Bänke auf Wanderrouten können dafür genutzt werden. Der Benefit ist, dass wir die äußere Gertenhilfe in praktisch jeder Lebenslage üben und nicht nur an einem gewohnten, bestimmten Punkt im Viereck oder in der Halle.

Wir überprüfen dabei, ob sich das Pferd die Übung oder tatsächlich die Hilfen gemerkt hat.

Ich empfehle für die Arbeit am Platz oder auf dem Viereck eine mehrstufige Aufstiegshilfe. Zu Beginn kann es ratsam sein, noch nicht alle Stufen zu erklimmen – so manch junges Pferd beäugt die höhere Position des Ausbilders noch skeptisch, daher tasten wir uns hier auch Schritt für Schritt nach oben vor.

WICHTIG:
Nicht den Kopf des Pferdes in Richtung Aufstiegshilfe ziehen. Den meisten Pferden fällt es leichter, mit der Hinterhand an die Aufstiegshilfe zu treten, wenn sie den Hals gerade halten dürfen. Biegen wir zuerst den Kopf und Hals des Pferdes in unsere Richtung, wird das Pferd eher mit einem Ausfallen der Hinterhand weg von der gewünschten Position reagieren.

Ruhe bewahren und Zeit lassen. Das gilt natürlich für jeden Ausbildungsschritt und jede Frage, die wir dem Pferd stellen. Wir lassen unseren Pferden kaum Zeit,

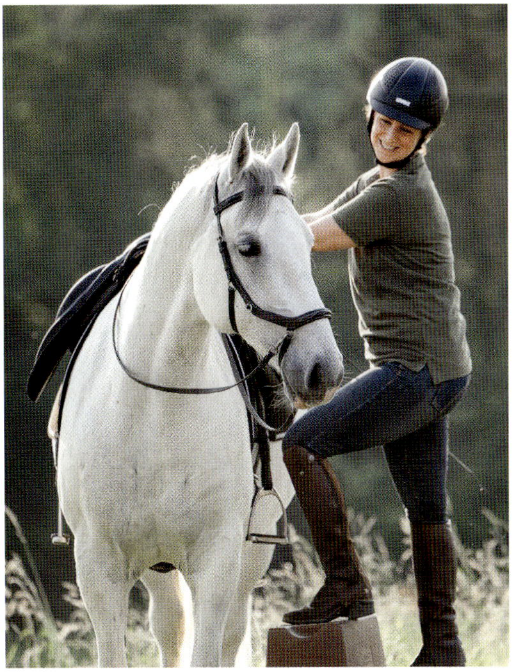

Ein ruhiges und sicheres »Einparken« ist mir wichtig. Konrad wartet geduldig.

nachzudenken und auf unsere Hilfe eine entsprechende Antwort zu finden. Einfühlsame Ausbildung lässt sich jedoch immer Zeit, das Pferd darf auch über eine schwierige Aufgabe nachdenken. Hektik ist stets zu vermeiden.

Ich empfehle von Anfang an das selbstständige Einparken und ruhige Stehen an der Aufstiegshilfe zu üben. Nicht immer ist eine helfende Person dabei. Es kann ein großer Vorteil sein, wenn diese Aufgabe wirklich langsam und behutsam häufig wiederholt wird und sich im Trainingsalltag etabliert.

Sobald das Pferd die neue Position des Ausbilders nicht mehr als gefährlich bewertet, streichen wir über den Rücken des Pferdes und entspannen gemeinsam. Das Pferd lässt sich überall ohne Furcht berühren und allmählich können wir auch schnellere Handbewegungen über dem Rücken ausprobieren, oder auch mal eine Jacke über den Rücken einem Helfer reichen.

So können wir das Pferd bereits an verschiedene Situationen gewöhnen.

Dazu gehört auch die Belastung des Rückens durch das Gewicht des Menschen. An dieser Stelle nutze ich gerne ein Pad, damit ich mich selbst auch bequem über den Rücken des Pferdes lehnen kann. Zunächst beuge ich mich nur über das Pferd, berühre es an der gegenüberliegenden Schenkellage und wir üben aus dieser Position das Nehmen einer Karotte. Für manche Pferde kann es eine sehr aufregende und physisch herausfordernde Aufgabe sein, sich vom Menschen weg zu biegen und die Belohnung über den Rücken zu suchen. Bleibt das Pferd dabei noch nicht stabil stehen und muss es mit der Hinterhand ausweichen, um die Karotte zu erreichen, dann ist dies auch ein wichtiges Indiz für das generelle Anreiten. Das Pferd ist physisch noch nicht so weit, es gibt noch erhebliche Unsicherheiten in der Balance, die sich durch die Belastung eines Reiters noch weiter potenzieren würden.

Kann ich alleine aufsteigen?

Wie so viele Fragen lässt sich auch diese mit einem »es kommt darauf an« relativ unbefriedigend beantworten. Der erste Moment des Aufsteigens ist natürlich immer auch besonders emotional. Wir sind aufgeregt, wir freuen uns auf diesen großen Meilenstein und das Pferd wird diese Aufregung natürlich auch spüren, kann diese aber nicht wirklich einordnen.

Wenn das erste Aufsteigen also für uns selbst auch noch eine »große Sache« ist, dann empfehle ich die Unterstützung durch einen Helfer, und dabei muss es nicht immer »Bodenpersonal« sein, das uns zur Seite steht. Manchmal ist es durchaus leichter für das Pferd, wenn die vertraute Person am Boden bleibt und dem Pferd Sicherheit gibt. Dann gibt es wiederum Pferde, die bereits so selbstständig sind und sicher, dass es gar keine helfende Person braucht. Aber auch für uns kann eine Unterstützung vom Boden mental wichtig sein, uns Sicherheit geben, vor allem, wenn das erste Mal aufsteigen auch von Unsicherheit begleitet wird.

Was mache ich, wenn ich unsicher bin und mich eigentlich gar nicht traue aufzusteigen? Wenn wir nicht vertrauen, dann kann das vielfältige Gründe haben. Wir haben vielleicht eine schlechte Erfahrung gemacht. Wir werden nicht jünger – mit zunehmendem Alter steigt natürlich auch unser Risikobewusstsein; möglicherweise haben wir eine schwierige Situation mitbekommen und fürchten uns vor einem ähnlichen Ergebnis. Schlechte Erfahrungen müssen sich auch nicht unbedingt auf unser junges Pferd beziehen. Auch die Erinnerung an ein Erlebnis aus der Vergangenheit beeinflusst unser Vertrauen nachhaltig.

Vorwürfe, warum wir uns gerade wieder ein junges Pferd gekauft haben, obwohl wir mit unseren Ängsten kämpfen, bringen uns an dieser Stelle nicht weiter. Wir haben unser Pferd, wir lieben es, wir möchten mit ihm Zeit verbringen. Und wir dürfen uns auch alle Zeit der Welt nehmen. Für die Fitness und Gesunderhaltung des Pferdes stehen uns am Boden viele Möglichkeiten zur Verfügung, auch wir dürfen nach und nach mit unseren Aufgaben wachsen.

Fallbeispiel Xenia

Meine Schülerin Judith wird begleitet von ihrer sehr sensiblen Welsh-C-Stute Xenia. Ein Sturz vom Pferd mit schlimmer Verletzung trübte das Vertrauen. Auch Xenia hatte das Vertrauen in sich selbst verloren. Sie ist eine Stute, die unbedingt alles richtig machen möchte und regelrecht verzweifelt, wenn sie sich einer Aufgabe nicht gewachsen sieht. Beim Reiten blieb Xenia also im Falle einer Unsicherheit prompt stehen, der Rumpf sackte zwischen den Vorderbeinen ab, das Tragen des Reiters wurde für die hübsche Stute schwierig. Nun hatte sie gleich zwei Schwierigkeiten zu überwinden: sich auf eine rasche Flucht vorzubereiten, dabei aber auch den Reiter nicht zu verlieren. Die emotionale Überforderung spiegelte sich natürlich auch physisch wider. Ein Pferd, das die Luft anhält, versteinert, die Panik beim Reiter vor der kommenden Explosion wächst – ein Teufelskreis, aus dem man nur schwer herauskommt.

Mit Xenia haben wir an der Longe wirklich verrückte Dinge unternommen. Ich bin neben Xenia hergelaufen und habe allerlei Bewegungen neben und über ihr ausgeführt. So konnten wir im Dreierteam auch Sicherheit im Umgang mit unvorhergesehenen Bewegungen, Geräuschen und Berührungen erarbeiten.

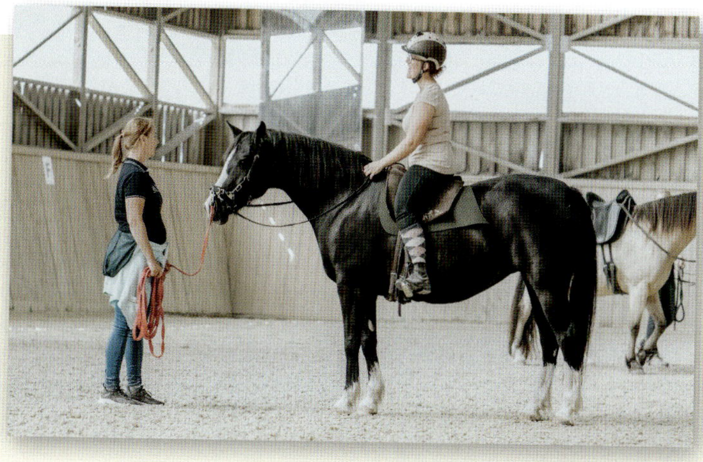

Gemeinsam die Grenzen verschieben und nur das umsetzen, was für Mensch und Pferd möglich ist. Judith und Xenia bei mir im Unterricht.

Die Formgebung und Gymnastizierung am Boden hatte zum Ziel, bei Xenia jene faszialen Verbindungen anzusprechen, die einerseits beim Anheben, andererseits beim Ausbreiten des Rumpfes bei tiefer Atmung aktiv sind. Stellung und Biegung sowie eine achtsame Atmung des Menschen konnten Xenia auch dazu einladen, sich fallen zu lassen und tiefer ein- und auszuatmen.

Xenia einfach in den Beritt zu geben – das war aus vielen Gründen nicht möglich. Obwohl mich Xeni mochte und mir gegenüber sehr aufgeschlossen war, brauchte es viel Zeit zum Kennenlernen. Auch wenn Xeni bei den ersten Reitversuchen unheimlich brav war und jede Frage so gut sie eben konnte beantwortete, war ihr das Reiten nicht geheuer, was sich beim Abholen von der Koppel am Folgetag deutlich zeigte. Kleinere Schritte waren nicht das Thema. Für Xenia war es wichtig, mich auch in anderen Situationen kennenzulernen, nicht wenn eine bestimmte Leistung gefragt war, das bloße Zusammensein war der Schlüssel zum Erfolg.

Viele gemeinsame Spaziergänge mit Judith, Xenia und Mandrake, Kuscheln und Kraulen beim Abmisten und viele Unterrichtseinheiten, die ich von außen kommentierte, führten zu einem Vertrauensaufbau.

So konnte sich Xenia auch unter mir wohlfühlen und je öfter ich ritt, umso deutlicher brannte es Judith unter den Fingernägeln, oder besser gesagt unter dem Hintern, selbst aufzusteigen. Vertrauen kann auch durch Beobachten wachsen, aber es kann nur wachsen, wenn wir viele gute Momente sammeln. So wurde mit jedem Aufsteigen ein weiterer Meilenstein erklommen, sodass Judith sehr rasch ohne die Sicherheit an der Longe frei in der Halle und sehr bald auch im Gelände ritt.

Ich empfehle daher immer einen Weg, der beide Komponenten enthält. Hilfe und Unterstützung vom Boden oder auch im Sattel, aber immer im Beisein des Pferdebesitzers. Wenn wir unser Pferd aus der Hand geben, erleben wir die Fortschritte nie so unmittelbar mit. Um ein Team zu formen, müssen wir selbst mit dabei sein. Das ist auch ein Grund, warum ich nur ungern Pferde alleine trainiere, ohne die Begleitung ihres Zweibeiners. Manche Schritte werden vielleicht ein bisschen Überwindung kosten, der Lohn für all diese Mühe ist aber unermesslich groß.

Fallbeispiel Mandrake

Mein Lusitano Mandrake ist, auch wenn das aufgrund seines Temperaments nicht immer auf den ersten Blick den Anschein hat, ein sehr sicheres, achtsames Pferd. Mandrake war bei neuen Aufgaben immer Feuer und Flamme und dabei im positiven Sinne sehr vorsichtig. Als wir bereits mit Sattel an der Longe unterwegs waren und auch das Einparken aus jeder erdenklichen Position und Lage in der Halle frei möglich war, habe ich langsam Belastung im Steigbügel hinzugefügt. In diesem Fall war kein Helfer anwesend, wir waren auf uns alleine gestellt. Ich hatte dafür gesorgt, dass ich mich leicht von Mandrake lösen konnte, sofort wieder einen sicheren Stand erlangte, wenn Mandrake sich doch zur Seite bewegte. Da wir aber alle vorangegangenen Schritte sehr langsam und mit einigen Wiederholungen erarbeitet hatten, war ein erstes Aufsteigen ganz alleine letzten Endes kein Problem. Mandrake war wie immer sehr fröhlich, unheimlich stolz auf sich, eine neue Aufgabe zu meistern. Wäre ich mir nicht wirklich sicher gewesen, dass ich Mandrake diese Aufgabe zutraue, hätte ich sie so wohl nicht umgesetzt. Sicherheit geht immer vor und ich selbst zähle mich auch nicht zu den Draufgängern, was das Anreiten junger Pferde betrifft. Egal ob wir uns nun selbst in den Sattel schwingen oder einen Helfer als Reiter dabeihaben.

Wenn mich meine Schüler fragen, wann der richtige Zeitpunkt zum Aufsteigen ist, dann empfehle ich meistens, auf das eigene Gefühl zu hören, wenn wir jetzt die Voraussetzungen für das Anreiten und das entsprechende Alter des Pferdes als gegeben ansehen. Ich warte immer auf mein 10-Mal-Gefühl – soll heißen: Ich möchte bei meinen jungen Pferden mindestens zehn Mal das Gefühl haben, ich könnte bereits aufsteigen. Ich warte dann noch ein bisschen und halte mich etwas zurück. Manchmal muss ich gar nicht zehn Mal warten – aber die 10-Mal-Regel ist auf jeden Fall ein gutes Mittel, auch um Meilensteine, die wir selbst als groß und unüberwindbar betrachten, langsam anzugehen und nicht sofort zu »müssen«.

Bei den ersten Malen Aufsteigen kann von Reiten natürlich keine Rede sein. Wir steigen auf, loben das Pferd, entspannen uns und steigen wieder ab. Das Pferd sollte auf jeden Fall mit dem Pad oder dem Sattel bereits vertraut sein. Auf den blanken Rücken sollte man sich nicht setzen. Auch wenn wir täglich im Büro oder im Alltag viele Stunden mit sitzenden Tätigkeiten verbringen – der Bürostuhl gibt uns wenig Feedback über unsere Sitzknochen. Auch bei einem

Und so ändert sich die »Rollenverteilung« – Judith hat mir auch beim Anreiten von Mandrake sehr geholfen.

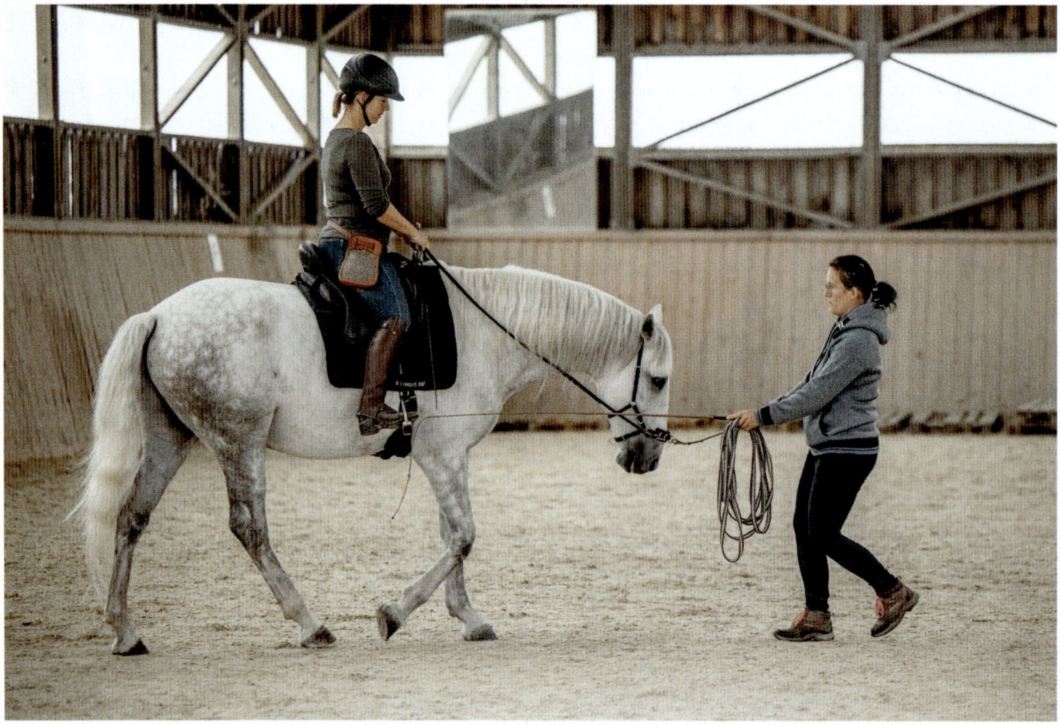

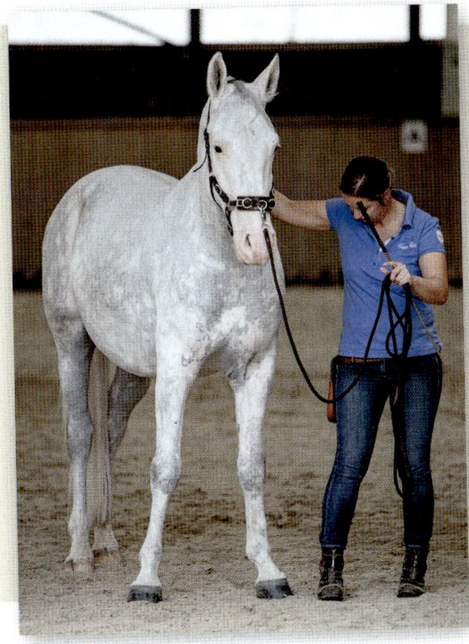

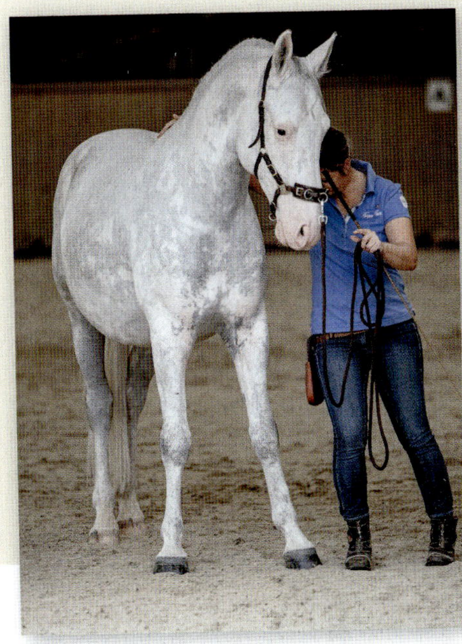

Wie einfach sich die Balance des Pferdes mit sachtem Druck einer Hand verschieben lässt, können wir sehr leicht an Schnucks sehen.

leichten Reiter können diese für das Pferd sehr unbehaglich sein, weshalb eine ordentlich sitzende und gut platzierte Unterlage immer vorzuziehen ist.

Auf- und Absteigen werden beim ersten Mal vielleicht nur einmal geübt. Da gerade junge Pferde ein außerordentlich gutes Erinnerungsvermögen haben, lohnt es sich immer mit einer gelungenen Übung die Einheit zu beenden.

Versuch: Stellen wir uns neben das Pferd und fassen den Widerrist zwischen Daumen und Zeigefinger. Prüfen wir nun, wie wenig Kraft notwendig ist, um die Balance des Pferdes von einem Vorderbein auf das andere zu verschieben. Auf diese Weise wird klar, dass die Belastung im Steigbügel um ein Vielfaches größer ist. Daher ist Aufsteigen aus einer erhöhten Position für das Pferd mental und physisch zu empfehlen. Denken wir zurück, wie sich das Pferd mit dem Reitergewicht abfindet und wie der Brustkorb in der Thoraxschlinge aufgehängt ist. Auch ein starkes Einsitzen ist zu vermeiden. Der Reiter sitzt zu Beginn eher auf den Oberschenkeln und belastet den Pferderücken noch nicht gänzlich durch sein Gesäß. Erst im Laufe der Zeit werden wir unser Gesäß vermehrt im Sattel ausbreiten, dabei können wir uns vorstellen, sachte in ein warmes Schaumbad zu sinken oder unser Gesäß wie einen Teig im Sattel auszubreiten.

Beim Aufsteigenüben zu zweit positioniert sich der Helfer vor dem Pferd. Stimmhilfen sind für das Pferd ein wichtiger Hinweis, entspannt zu bleiben. Ruhiges Stehen, sobald der Reiter auf dem Pferd sitzt, kann natürlich positiv durch eine Belohnung verstärkt werden. An dieser Stelle viel Zeit in die Ausbildung zu investieren zahlt sich auch später aus, wenn wir mit den Pferden im Gelände unterwegs sind und dort an einem Baumstamm sicher aufsteigen wollen.

In den meisten Reitställen hilft man sich gegenseitig gerne und greift sich unter die Arme. Selbst wenn es gut gemeint ist: Die helfende Person sollte selbst nicht angespannt oder nervös auftreten und bestenfalls Erfahrung mit Jungpferden haben. Von Vorteil wäre es, wenn das Pferd sie kennt. Auch bei bester Vorbereitung hat ein unkundiger Helfer schon so manches erstes Aufsteigen nachhaltig beeinträchtigt.

Praxis: Die ersten Schritte unter dem Reiter

Auf- und Absteigen ist keine große Sache mehr. Unser junges Pferd kennt bereits seinen Sattel und ist im besten Fall mit dem Gelände und verschiedenen Untergründen vertraut. Jetzt ist der große Moment gekommen, es geht also wirklich ans Reiten.

Die ersten Male der Arbeit unter dem Sattel sollten dennoch möglichst kurz gestaltet werden. Das junge Pferd ist meist hoch motiviert und möchte gerne weiter Lob ernten. Wer freut ich nicht über eine Erfolgssträhne. Aber immer langsam mit den jungen Pferden.

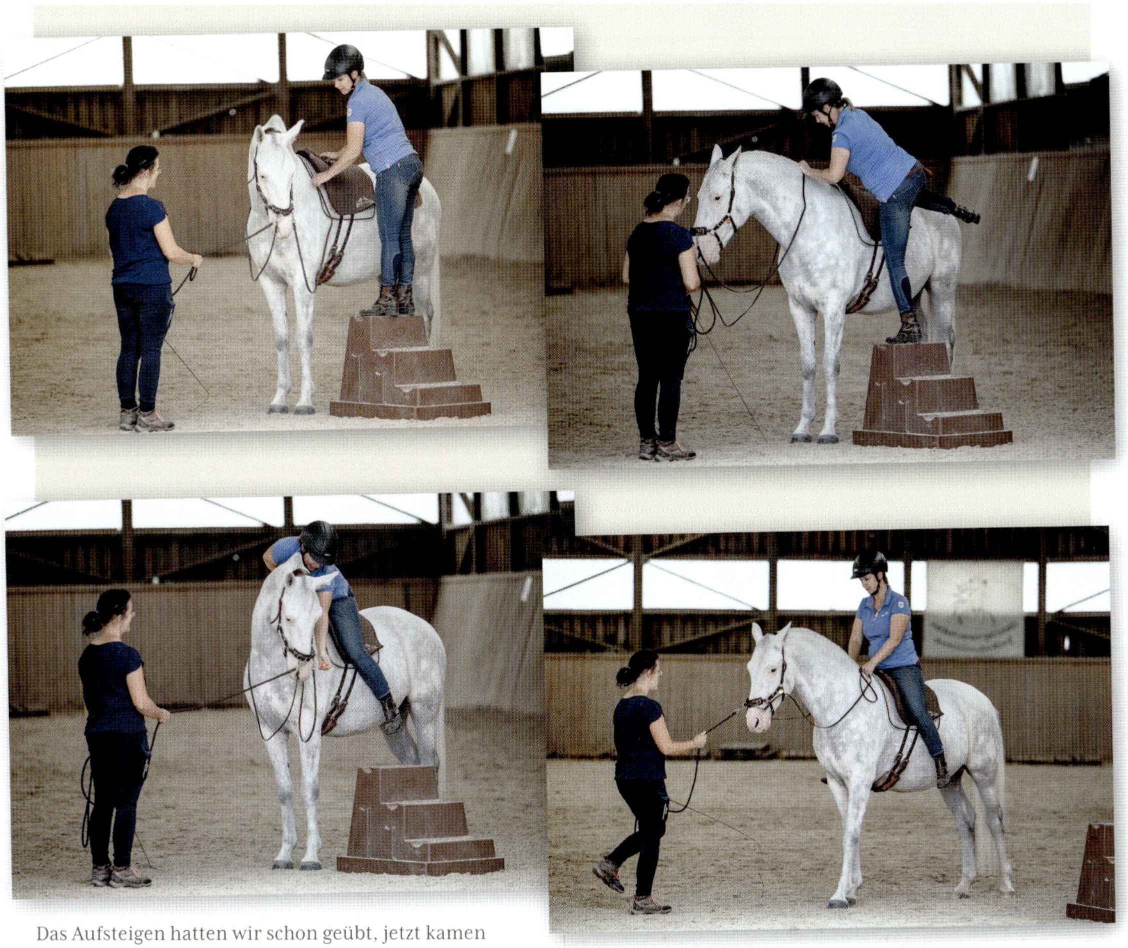

Das Aufsteigen hatten wir schon geübt, jetzt kamen die ersten Schritte hinzu.

Wer soll in den Sattel steigen?

Für die ersten Runden unter dem Reiter stellt sich die Frage, ob wir selbst, als Ausbilder unserer Pferde, in den Sattel steigen, oder ob wir einen Helfer bitten, im Sattel Platz zu nehmen. Im Fall von Konrad war ich selbst der erste Reiter, im Fall von Amena blieb ich bei den ersten Reitversuchen am Boden. Für Amena hatte ich mir bei den ersten Malen eine leichtere und mit Amena vertraute Reiterin gewünscht. Bei Konrad hatte ich von Anfang an das Gefühl, auch sehr gut alleine zurechtzukommen.

VIDEO

Amenas erste Schritte unter dem Reiter.

Die Entscheidung fällt nicht nur der Ausbilder, auch das Pferd hat ein gewichtiges Wort mitzureden. Amena beispielsweise war lange Zeit sehr unsicher und brauchte viel Sicherheit durch das Bodenpersonal. Kleinere Schritte helfen dem Pferd, neue Eindrücke sicher zu verarbeiten.

Auch bei den ersten Runden unter dem Reiter empfiehlt es sich, eine ruhige Person hinzuziehen, die dem Pferd im besten Fall schon bekannt und vertraut ist. »Obenbleiben« ist natürlich das erste

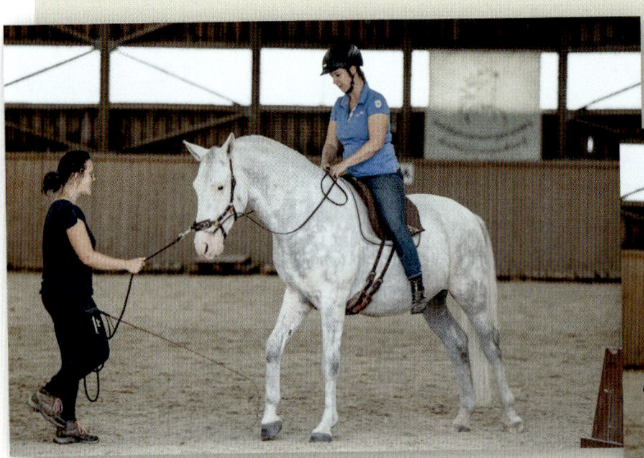

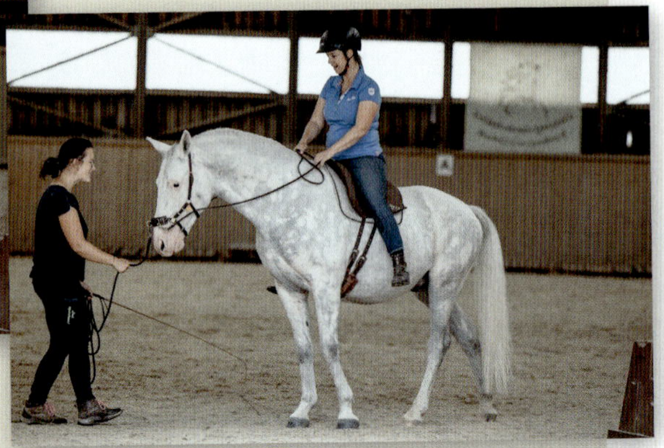

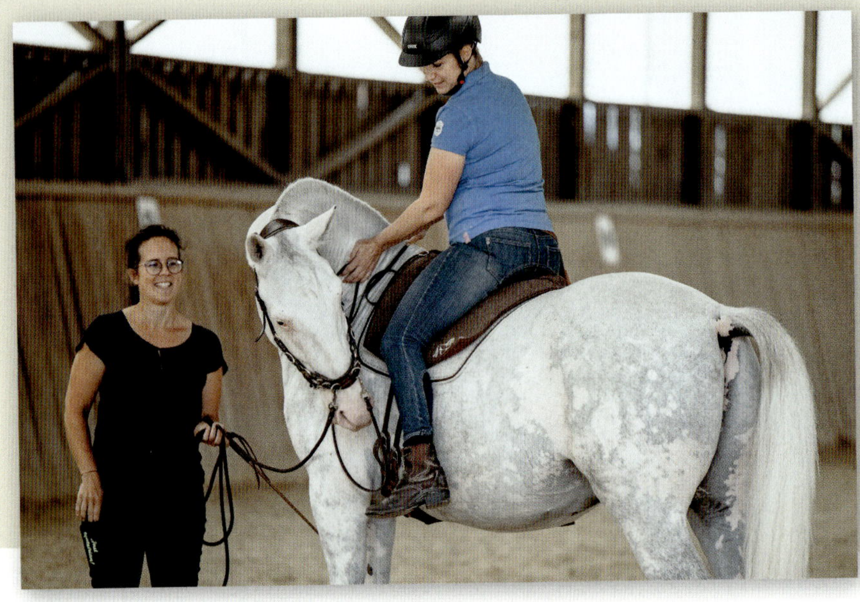

Man sieht Schnucks an, dass er noch nicht recht weiß, wie er nun mit der Belastung durch Anna im Sattel zurechtkommen soll, auch die Schenkelhilfe muss er sich erst mal genauer anschauen. Ich lasse mir in der Regel viel Zeit mit dem Aufsteigen-Üben, bis es tatsächlich zu den ersten Schritten im Sattel geht.

Gebot, allerdings sind die wenigsten Jungpferde bei kleinschrittiger und einfühlsamer Vorbereitung vom Reiter irritiert. Für beide Ausbilder, den Helfer am Boden und den Reiter, ist es jetzt ungemein wichtig, die Reaktion des Pferdes gut einschätzen zu können. Die ersten Schritte verlaufen häufig noch etwas zögerlich. Unsere Pferde sind äußerst achtsam, einerseits ist da eine neue Belastung, andererseits geben sie auch sehr auf uns acht. Der Reiter sitzt noch nicht voll ein, sitzt daher vermehrt auf den Oberschenkeln und stört das Pferd in der Bewegung nicht. Das heißt aber nicht, dass er völlig passiv ist. Wer sich selbst auch durch Bodenarbeit und Longieren nachhaltig geschult hat, kennt das

Bewegungskonzept des eigenen Pferdes genau, hat also eine gewisse Vorahnung, wie sich das Pferd anfühlen wird. Trotzdem ist das erste Mal auf dem Pferd nicht nur ein intimer, sondern auch emotional ganz besonderer Moment. Alle Aufmerksamkeit gilt dem Pferd. Wenn es das linke Hinterbein nach vorne bewegt, begleitet der Reiter den Brustkorb des Pferdes und lässt sich ebenso mit der linken eigenen Hüfte etwas nach vorne bewegen, der Oberschenkel gleitet ganz vorsichtig am Rumpf etwas hinab. Wichtig ist, die Bewegung des Pferdes sachte zu begleiten, wir wollen jetzt nichts provozieren. Eine helfende Person ist nur dann eine Hilfe, wenn sie ihre Aufmerksamkeit gänzlich auf das Pferd und den Reiter richtet. Einfach führen und den Blick nach vorne richten – das ist keine ratsame Lösung. Ist das Pferd beunruhigt? Verspannt es sich? Ist es überfordert? Verunsichert? Oder findet es die neue Aufgabe anregend? Interessant? Ist es ganz bei der Sache oder in sich gekehrt und wird immer ruhiger, allerdings nicht gänzlich verspannt? Die führende Person sollte jede Regung des Pferdes gut einschätzen können.

Je nachdem wie unser Pferd die Sache beurteilt, kann nach wenigen Schritten oder nach ein paar Runden wieder Schluss sein. Wir loben es ausführlich und lassen uns wie gewohnt Zeit beim Absteigen. Hektik ist in jedem Fall zu vermeiden.

»Bodenpersonal« ist Luxus, denn nicht jeder hat eine helfende Hand vom Boden aus an seiner Seite. Je besser sich das Trio kennt, umso eher lassen sich lange Erklärungen vermeiden, die Ausbilder arbeiten im Team und wissen rasch, was mit einer Bitte nach einer Unterstützung bei diversen Hilfen gemeint ist.

Pferde nehmen die ersten Schritte unter dem Reiter ganz unterschiedlich wahr. Auch die physische Konstitution spielt hier eine große Rolle. Ein Pferd mit einem eher festen Muskeltonus kann sich noch weiter verspannen oder auch seinen Tonus gut nutzen. Ein sehr weicher Muskeltonus kann nachteilig sein, aber durchaus auch von Vorteil, wenn das Pferd einen ganz neuen Belastungsreiz bekommt und durch Bodenarbeit und Longieren bereits eine gute Idee dafür entwickelt hat, wie es nun mit dieser Belastung umgehen sollte.

TIPP:
Nehmen wir an, wir haben ein fünfjähriges Pferd, das gerade den Reiter kennenlernt. Der Stundenplan für die ersten zwei Wochen könnte wie folgt aussehen:

Montag: Bodenarbeit und Longieren, Einparken an der Aufstiegshilfe, Wiederholung Auf- und Absteigen

Dienstag: Bodenarbeit und Longieren, danach zwei Runden auf jeder Hand unter dem Reiter geführt

Mittwoch: Ein kurzer Spaziergang ins Gelände, gefolgt von einer ausgiebigen Massage

Donnerstag: Wiederholung der Aufgaben vom Dienstag

Freitag: Cardio-Training an der Longe mit viel Abstand zum Longeur und Nutzung möglichst großer Linien

Samstag: Bodenarbeit und Longieren, danach zwei Runden auf jeder Hand unter dem Reiter geführt

Sonntag: Ab ins Gelände – freilich noch zu Fuß

Wie häufig sollten die Reiteinheiten gesteigert werden?

Diese Frage kann natürlich nur das Pferd beantworten. Mit dem Wissen um die Neugierde und die große Motivation, alles richtig machen zu wollen, rufen wir uns den Leitsatz »Immer langsam mit den jungen Pferden« in Erinnerung. Auch wenn das Pferd motiviert ist, sollte es nicht häufiger als dreimal in der Woche Belastung durch den Reiter kennenlernen. Zu Beginn sitzen wir nur wenige Minuten auf dem Pferd, wir können die Zeit natürlich langsam steigern. Sobald wir das Gefühl haben, das Pferd

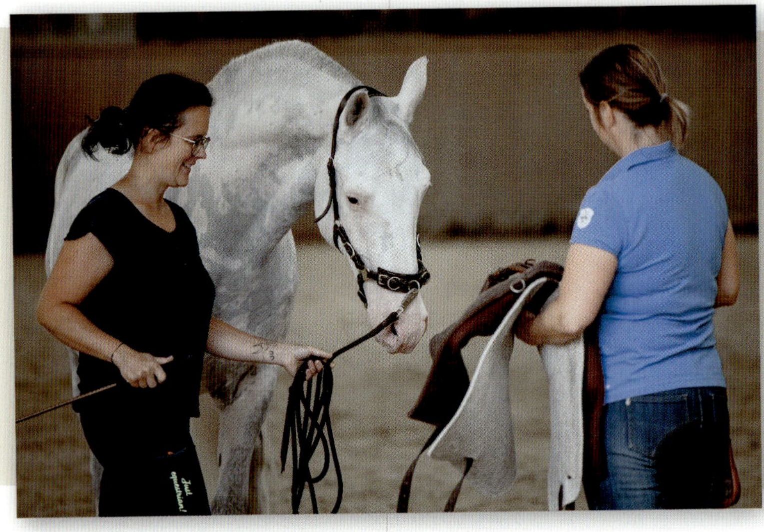

Schnucks lernt den Filzsattel kennen.

kommt gut mit unserem Gewicht zurecht und die Balance ist wieder hergestellt, können wir die nächsten Schritte auf den Stundenplan setzen. Die Faustregel drei Einheiten mit dem dreijährigen Pferd, vier mit dem vierjährigen und fünf mit dem fünfjährigen finde ich persönlich nicht sonderlich empfehlenswert. Meine Pferde lernen einen Sattel erst vierjährig kennen und wir beginnen mit fünf Jahren mit dem Reittraining. Natürlich muss das jeder für sich selbst entscheiden, häufig lässt man sich durch die Ansichten und guten Ratschläge von Miteinstellern beeinflussen.

Auch wenn es Usus ist, junge Pferde sehr früh für Leistungsprüfungen und den Verkauf vorzubereiten, hier beginnt die Ausbildung meist bereits zweijährig, wird man feststellen, dass sich mehr Zeit und Ruhe nachhaltig auszahlen. Das junge Pferd darf schon einiges in der Bodenarbeit lernen. Rufen wir uns in Erinnerung, wann sich die Wachstumsfugen des Pferdes schließen, dann wird sehr bald klar, dass eine Belastung für das dreijährige Pferd durch den Reiter noch viel zu früh ist. Wer am Boden als Pädagoge unterwegs war, kann auch bereits sehr gut einschätzen, wie das Pferd lernt, ob es eher mehr Wiederholungen braucht, ob es sich am liebsten in großer Bewegung löst, was zu Beginn der Reiteinheiten freilich noch nicht so möglich ist, oder ob es eine rasche Auffassungsgabe hat, für die man selbst bei großer Leistungsbereitschaft viele Pausen einplanen sollte, einfach auch, weil das junge Pferd nach immer neuem Input verlangen wird. Sind wir zu früh an einem bestimmten Meilenstein angekommen und wollen dann gar nicht schnell weiter fortfahren, kann es sein, dass wir den Lerneifer des Pferdes durch viele Wiederholungen regelrecht abwürgen. Das Wissen aus der Grundausbildung am Boden hat einen unschätzbaren Wert, da wir unseren vierbeinigen Schüler ausgezeichnet einschätzen können, nicht nur was die physische Entwicklung anbelangt, sondern auch seine geistige.

Wie viel Unterstützung braucht das Pferd?

Das Interesse an Bodenarbeit und Longieren sowie Handarbeit hat in den letzten Jahren regen Zulauf erfahren. Der Werkzeugkasten, der uns als Ausbilder zur Verfügung steht, ist prall gefüllt – aber sollten wir auch wirklich alle Werkzeuge immer nutzen? Denken wir an unsere Erfahrungen aus der Kindheit zurück – vielleicht auch an den ersten Purzelbaum. Haben wir uns geschickt oder tollpatschig angestellt? Als Kind konnte ich linksherum prima ein Rad schlagen, rechtsherum wollte mir das überhaupt nicht gelingen. Ich kann mich noch gut an die vielen Korrekturen meiner Sportlehrerin in der Schule erinnern, die mir damals so gar nicht geholfen haben und meinen Mut und Willen zum Probieren und Tüfteln eher gebremst, denn gefördert haben. Bei all den vielen Hilfen, die uns zur Kommunikation zur Verfügung stehen, dürfen wir nicht vergessen: Die meisten Mittel der Kommunikation sind schon sehr fortgeschritten und natürlich schadet es nicht, wenn wir unser Pferd am Boden bereits weit ausgebildet haben, ehe es ans Reiten geht. Wir dürfen jedoch nie vergessen, die Eigenständigkeit des Pferdes nicht durch zu viel Korrektur abzuwürgen. Als wir als Kinder unser erstes Fahrrad mit Stützrädern bekommen hatten, wollten wir unbedingt unabhängig werden und wie die Erwachsenen Fahrrad fahren. Hilfen sollen helfen, aber sie sollen nicht zur Krücke werden und andererseits auch nicht abhängig machen. Bewahren wir uns also den Grundsatz, die Hilfen immer möglichst rasch auszusetzen und auch beim Hinzufügen weiterer Hilfen stets zu hinterfragen, ob diese jetzt tatsächlich schon notwenig sind. Ich unterstreiche das, denn selbst wenn wir am Boden bereits bis zum Beginn der Hankenbeugung gearbeitet haben, ist das Kapitel Reiten nun gänzlich neu aufgeschlagen und wir sind hier erneut bei der Grundausbildung und sollten das Pferd nicht durch zu viele Hilfen überfordern.

Hilfe für den Ausbilder

Die Bodenarbeit in den Sattel übertragen

Das Pferd kennt aus der Bodenarbeit bereits:

- Das Lösen vom inneren Schenkel im Stand und in der Bewegung
- Das Biegen um den inneren Schenkel
- Das Wegbiegen vom äußeren Schenkel
- Das Vergrößern und Verkleinern eines Zirkels mittels indirekter Zügelhilfen
- Das Lösen am Kappzaum durch die direkte Hand in der Frontposition

Wir bleiben bei der Arbeit zu dritt. Nachdem das Pferd zunächst noch ohne Reiter aufgewärmt wurde, nimmt nun der Reiter im Sattel Platz. Der Reiter fühlt sein Schambein und beide Sitzknochen und lässt sich

Gemeinsam zeigen Judith und ich dem jungen Mandrake die einzelnen Hilfen.

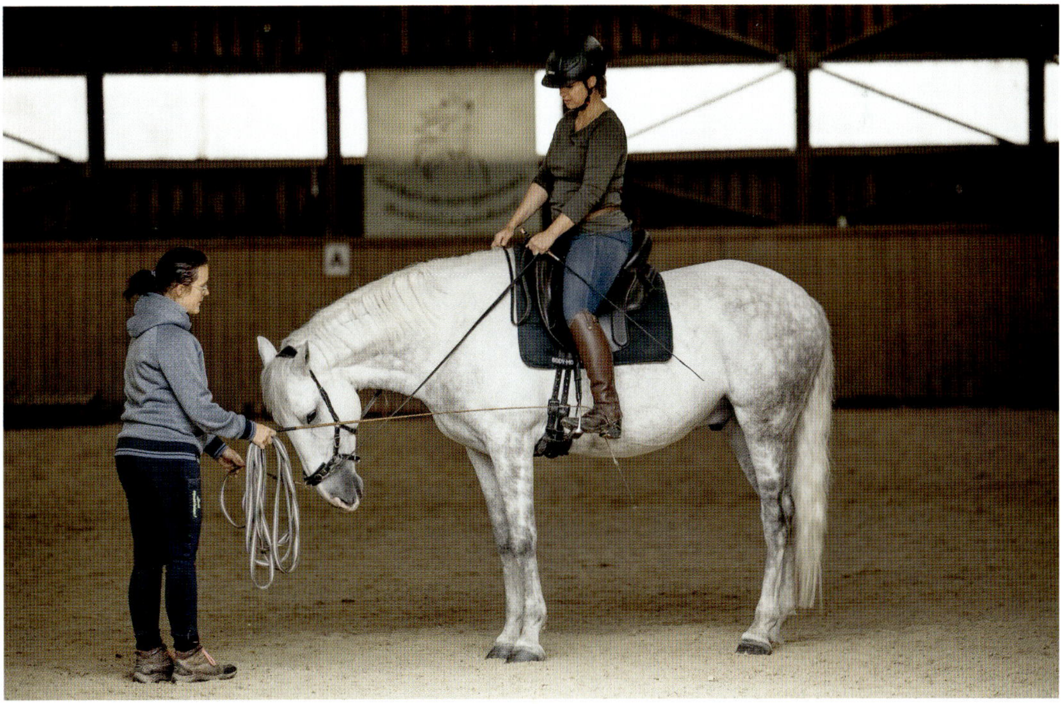

vorsichtig in den Sattel sinken. Lassen wir uns auch hier Zeit und beginnen nicht sofort mit der nächsten Aufgabe. Zuerst spürt der Reiter, wie ihn das Pferd sitzen lässt, vielleicht ist ein Sitzknochen deutlich mehr belastet, vielleicht fühlt es sich für den Reiter auch so an, als würde er auf der linken oder rechten Seite des Pferdes tiefer sitzen. Im besten Fall vermittelt das Pferd dem Reiter bereits ein Gefühl von »innen« und »außen«. Wir verständigen uns untereinander, der Reiter teilt dem Ausbilder am Boden das jeweilige Gefühl mit. Je besser wir miteinander kommunizieren, umso leichter wird die weitere Ausbildung verlaufen.

Der Ausbilder stellt sich nun vor das Pferd und zeigt mit der Gerte in Richtung innerer Schenkellage. Nun berührt die Gerte das Pferd nicht mehr, sie hat lediglich eine zeigende Funktion. Der Reiter kann diese zeigende Hilfe bereits durch ein Sinkenlassen des Gesäßes der gleichen Seite verstärken, aus der Hüfte heraus vibrieren wir leicht mit dem gesamten Bein ein bisschen abwärts. Ich bezeichne das auch als »twiggeln« im inneren Steigbügel. Die sanfte Vibration wird also bis in die Zehenspitzen übertragen, dadurch berühren wir das Pferd auch leicht mit der Wade und streichen vorsichtig gegen die Fellrichtung nach vorne.

Unser junges Pferd kombiniert somit sehr rasch die bereits bekannte Hilfe des Abwärtslösens vom inneren Schenkel mittels Gerte mit der neuen Hilfe von Sitz und Schenkel. Der Ausbilder vor dem Pferd unterstützt diese Hilfe, indem er am Kappzaum abwärts löst und stellt, im besten Fall reicht jedoch das Zusammenspiel von Gerte und Schenkel aus, um dem Pferd die bereits bekannte Übung in Erinnerung zu rufen. Stichwort Übung: Auch wenn die ersten Versuche scheinbar wie von Zauberhand ganz leicht gelingen – das junge Pferd lernt natürlich durch Wiederholung – erinnert es sich eher an die bereits bekannte Kommunikation aus der Bodenarbeit. Die Verknüpfung mit der neuen Schenkelhilfe darf es ganz allmählich verinnerlichen.

Zunächst wiederholen wir also die lösende Arbeit im Stehen und nehmen diese dann in die Bewegung mit. Während unser Helfer nun rückwärts vor oder seitlich neben dem Pferd unterwegs ist und es durch bereits vertraute Hilfen bezüglich der Formgebung begleitet, konzentriert sich der Reiter auf den Abfußmoment des inneren Hinterbeins. Immer dann, wenn das innere Hinterbein vom Boden abfußt, setzt die direkte, treibende und gleichzeitig formgebende Schenkelhilfe ein. Der Sitz begleitet die Rotation der Wirbelsäule, indem der Reiter sich vom inneren Hinterbein des Pferdes in dessen Spielbeinphase mit dem Gesäß nach vorne-unten bewegen lässt. Im Prinzip können wir uns das so vorstellen, als würden unsere Sitzknochen vorsichtig Salsa auf dem Pferderücken tanzen. Manchen Reiter nutzen dabei lieber das Bild vom Fahrradfahren, andere stellen sich wiederum kleine Füße vor, die anstelle der Sitzknochen im Sattel platziert sind und vorsichtig abrollen. Das Gefühl von Salsa oder einem Tanz gefällt mir persönlich am besten. Es unterstreicht den Bewegungsfluss, den wir begleiten, und gibt uns gleichmäßig Rhythmus, also Takt und Tempo, vor. Der Reiter sollte sich bei diesen ersten Runden auf einem großen Zirkel mit dem Assistenten absprechen, sodass sich beide in puncto Angehen und Anhalten einig sind.

Die ersten Schritte verlaufen bisweilen noch stockend, so manch junges Pferd ist irritiert, wenn der Reiter auf seinem Rücken in Bewegung gerät. Hilfreich ist hier auch die Vorstellung von »ruhigem Seegang im Bauch«. Wir stellen uns dafür den Rumpf des Reiters gläsern vor. Im Rumpf selbst ist eine Flüssigkeit, die nun im Körper in Bewegung gerät. Das Wasser sollte allerdings nicht in Richtung Nabel oder gar aus dem Nabel schwappen. Sorgen wir dafür, dass unser Oberkörper nicht durch das Antreten des Pferdes aus dem Gleichgewicht kommt. Halten wir uns aufrecht, bewegen wir unsere Hüften im Gleichklang mit dem Pferd, ohne im Oberkörper Dysbalancen auf das Pferd zu übertragen. Gerade ein großer Reiter mit langem Rumpf verändert den Schwerpunkt eines kleinen Pferdes stark – somit ist ein ruhiger Oberkörper auch für das Balancegefühl des Pferdes unabdingbar.

Bei den ersten Reitversuchen empfehle ich, das junge Pferd oder auch den Umsteiger noch nicht mit allzu vielen neuen Eindrücken zu überfordern. Wir nutzen nach wie vor den Kappzaum und können in die seitlichen Ringe Zügel einhängen. Unser Ziel ist

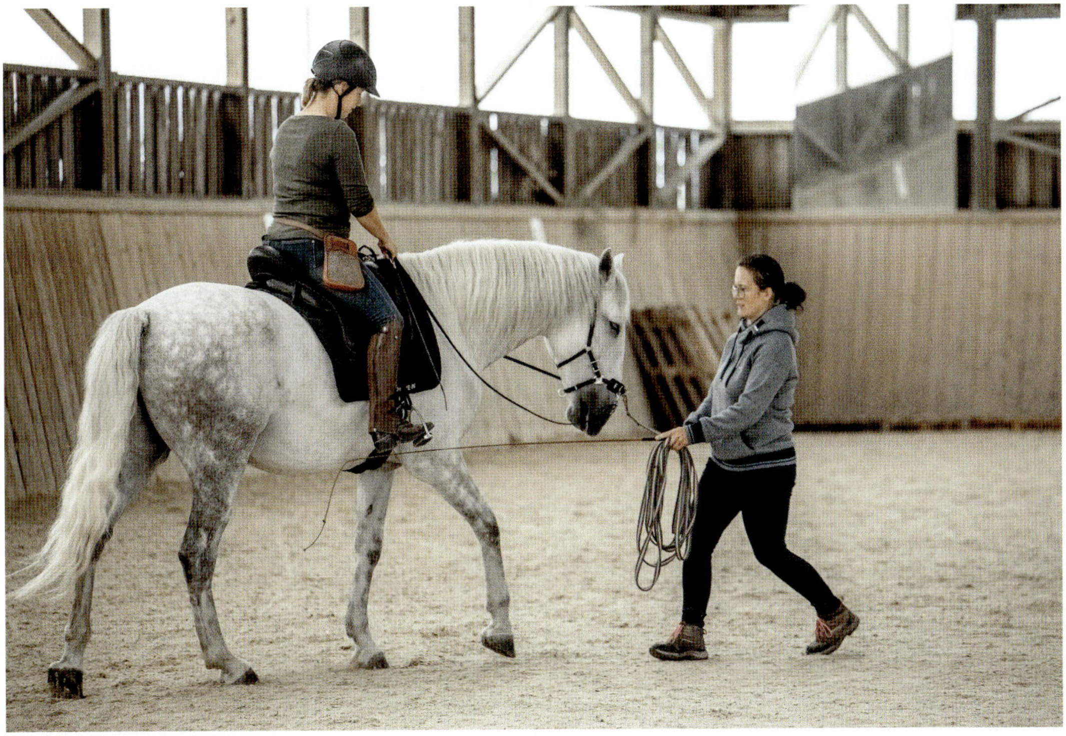

Wir nehmen nun Mandrake aus dem Stand in die Bewegung mit.

es, das Pferd primär von Sitz und Schenkel zu lösen. Das bedeutet, dass die Einwirkung am Kappzaum im besten Fall bereits in der Grundausbildung am Boden nach und nach reduziert werden konnte. Wenn wir nun die Zügel nachfassen, sollte der innere Zügel marginal kürzer und der Biegung entsprechend gefasst werden als der äußere.

Dabei ist auch darauf zu achten, dass wir kein Gewicht am inneren Zügel spüren, das Pferd soll sich vom inneren Zügel lösen lassen, um am äußeren Zügel eine Anlehnung, also eine Verbindung zur Hand hin, zu suchen.

Anlehnung ist ein Begriff, der durchaus missverstanden werden kann. Das kommt auch beim Begriff »Schwung« vor. Wenn wir uns anlehnen, dann drücken wir meist gegen etwas – ob das jetzt eine Sessellehne oder eine Schulter zum Ausweinen ist, wir lehnen uns mit unserem Körper gegen etwas. Das Pferd soll sich freilich nicht gegen unsere Hand lehnen.

Aber wie erreichen wir grundsätzlich die Leichtigkeit?

Bei der Bodenarbeit erarbeiten wir mit dem Pferd die formgebenden Schenkelhilfen, das hießt, wir etablieren im Stand und dann später in der Bewegung das Suchen zur Hand hin bzw. das Abwärtsstrecken. Hier ist natürlich die erste Stolperfalle vorprogrammiert:

Einerseits zeigen wir dem Pferd, das es den Kopf durch die zeigende oder berührende Gerte in der Schenkellage senken kann, andererseits ist damit die Suche zur Hand noch nicht unbedingt gänzlich verstanden. Hier sind auch die Vor- und Nachteile der Frontposition zu erwähnen: Wenn sich das Pferd auf uns zu bewegt, dann können wir dies mit mehr oder weniger Kontakt zum Kappzaum bewerkstelligen. Wir sind mit dem Pferd unterwegs und kontrollieren die Balance zwischen den Schultern, das heißt, wir observieren genau, wie das Pferd mit den Vorderbeinen auf uns zu tritt. Da wir uns in der Bodenarbeit auch häufig auf einer Kreislinie bewegen, ist das korrekte

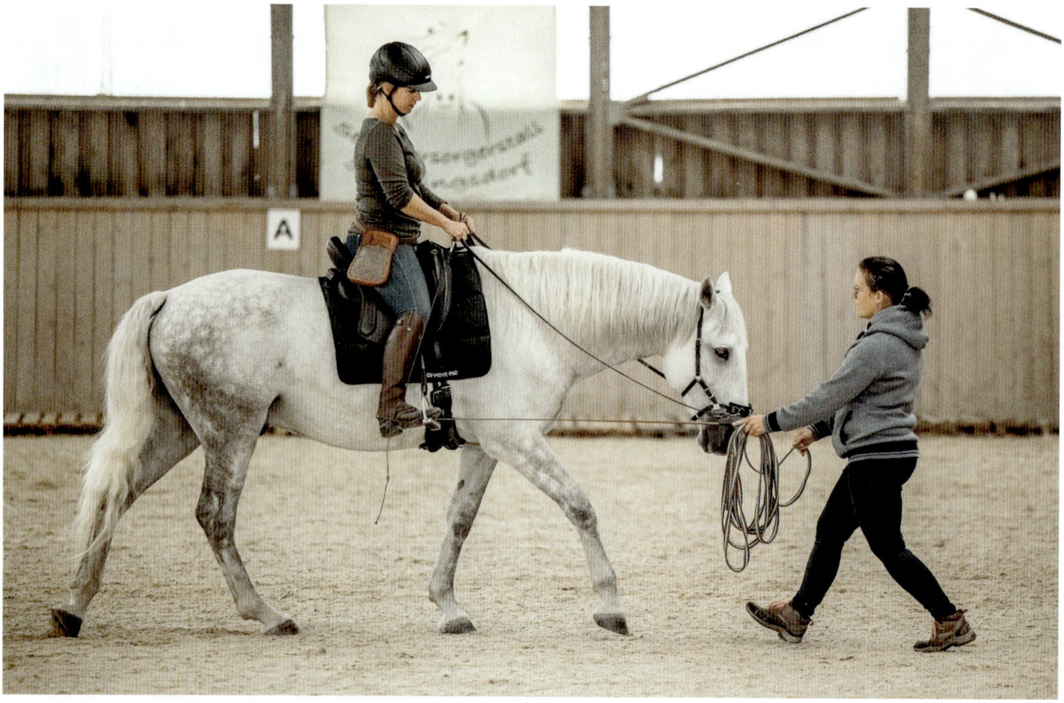

Folgen und Schulterkontrolle gemeinsam im Team.

Wenden der Vorderbeine schon essenziell, wenn es um die Balance zwischen den Schultern und die Tragfähigkeit der Vorhand geht.

Das Ziel ist es, dass sich das Pferd in einer Wendung weder auf die innere, noch auf die äußere Schulter fallen lässt. Das Pferd bekommt hier eine erste Bewegungsidee, die später auch durch zeigende Gertenhilfen bezüglich des inneren und äußeren indirekten Zügels Wendungen, Zirkel vergrößern oder verkleinern und eine neue Linienführung möglich machen. Zunächst orientiert sich das Pferd noch an unserer Laufrichtung und an unserem Körper, die zeigenden oder auch berührenden Gertenhilfen werden später für das Pferd zu den indirekten Zügelhilfen.

In diesem Stadium erarbeiten wir also die formgebenden Schenkelhilfen, die direkten, treibenden Schenkelhilfen und die indirekten Zügelhilfen. Wenn wir dann später im Sattel Platz nehmen, dann können wir diese Grundschule am Boden relativ schnell nutzen. Trotzdem fehlt uns aber noch das aktive Suchen zur Hand.

Bei der Bodenarbeit laufen wir rückwärts vor dem Pferd, beim Reiten sind wir nun in einer Position, die eine direkte Beeinflussung am Kappzaum natürlich unmöglich macht. Das unterstreicht die Notwendigkeit, die Hand am Kappzaum als Hilfe nicht zu stark zu nutzen, die Hilfen demnach ausschleichen zu lassen, andererseits ist es aber auch ein wichtiger Hinweis, das Pferd nicht von uns weg zu treiben. Manchmal fühlen wir uns in der Position vor dem Pferd stark geschoben und korrigieren das Pferd. Grundsätzlich wünschen wir uns eine gute Balance, das Pferd soll – wenn wir die Idee vom gläsernen Reiter mit der Flüssigkeit auf das Pferd übertragen – auch nicht die gesamte Wassermasse in Richtung Vorhand bewegen. Allerdings sei sowohl in der Bodenarbeit wie auch für die ersten Schritte unter dem Reiter angemerkt: Wenn die Vorhand ein bisschen »Übergewicht« bekommt, dann ist noch lange nicht aller Tage Abend. Unser Pferd darf natürlich auch üben, sich in einem vorgegebenen Rahmen zu bewegen. Dieser sollte jedoch nicht zu restriktiv bemessen werden. Gerade bei einem ungünstigen Größenverhältnis mit langen Pferdebeinen und kleinerem Zweibeiner

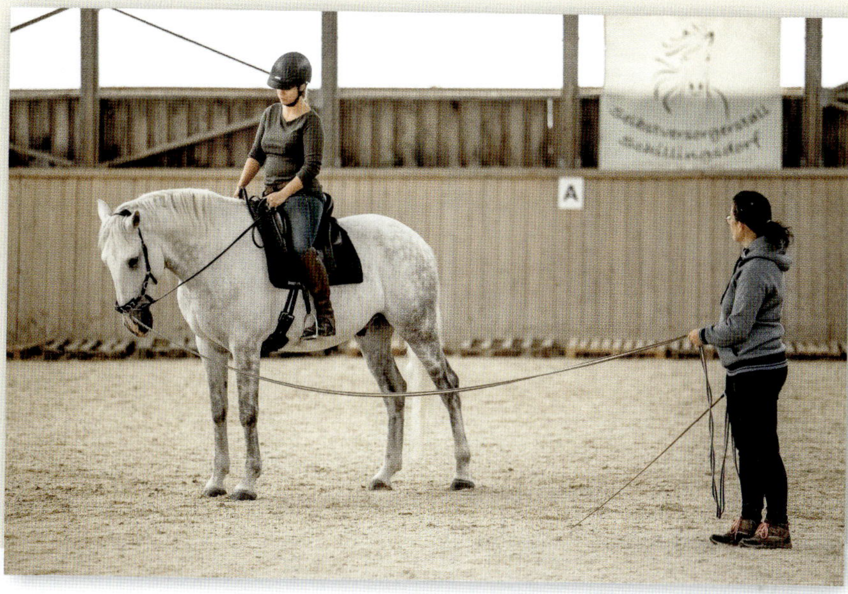

Den inneren Schenkel im Team erarbeiten: Zunächst ist Judith noch mit dabei und unterstützt bei der Hilfengebung. Nach und nach probieren Mandrake und ich aber alleine aus, ob die Hilfe tatsächlich verstanden wurde – und das aus jeder bekannten Position.

müssen wir streng hinterfragen, ob wir das Pferd zum »Ausbremsen« zwingen, weil wir einfach selbst keine schnelleren oder längeren Schritte schaffen. Dieses Ausbremsen führt unweigerlich dazu, dass die Vorderbeine des Pferdes vermehrt unter den Rumpf geschoben werden und nicht mehr frei aus der Schulter dort hin fußen, wo die Pferdenase hinzeigt. Die Reduktion des Tempos resultiert auch in einer geringeren Schwingung und Rotation des Brustkorbes. Somit haben wir den Schwung des Pferdes erfolgreich »abgewürgt«, auch wenn die Formgebung den Anschein einer Dehnung und Losgelassenheit hat. Die Angst, dass das Pferd niemals auf die Vorhand kommen darf, ist insofern unbegründet, da das Pferd ja bei entsprechender Haltung auf der Suche nach Futter mit der Nase am Boden unterwegs ist und dadurch viel Zeit »auf der Vorhand verbringt«. Dafür ist die Vorhand auch konstruiert, in diesem Fall »nimmt« sie die Hinterhand einfach »mit«. Natürlich ist auch hier der Raumgriff nicht besonders groß und die Schwingung der Wirbelsäule ebenso gering, das Pferd belastet jedoch seine Vorhand, die dafür auch geschaffen ist.

Im Umkehrschluss befreit uns dieses Wissen natürlich nicht davon, uns intensiv mit der Tragkraft des Pferdes zu befassen. Ich möchte lediglich betonen, dass Übung den Meister macht und wir nicht unser Pferd im Hauruck-Verfahren ausbilden sollten. Jedes Lebewesen braucht einige Wiederholungen, um ein neues Bewegungskonzept tatsächlich zur guten Gewohnheit werden lassen zu können.

Aus diesem Grund ist es wichtig, das Pferd auch tatsächlich in der Bodenarbeit auf uns zugehen und die Verbindung zur Hand entstehen zu lassen. Sitzen wir dann auf dem Pferd, sortieren wir die Zügel und suchen den Kontakt. Dieser Kontakt darf nicht schwer oder fest sein. Erstrebenswert ist eine Verbindung. Der äußere Zügel ist wie bereits beschrieben etwas leichter, trotzdem sollte auch über ihn eine Verbindung da sein.

Grundsätzlich – auch wenn wir gebisslos reiten – gefällt mir die Vorstellung, das Pferd würde das Gebiss auf der Zunge vor sich hertragen. Das oberste Gebot ist, die Hand nicht rückwärts zu nutzen.

Das Bild vom Oberkellner

Ich stelle mir das Bild folgendermaßen vor: Wir haben einen schicken Wiener Oberkellner aus einem traditionellen Wiener Caféhaus, der Tante Agnes eine Sachertorte und eine Melange serviert.
Er trägt das Tablett elegant vor sich her, den Unterarm ziert eine Stoffserviette. Das Bild vom klassischen Wiener Kaffeehaus ist hier bewusst gewählt, wir denken dabei an die Eleganz und Leichtigkeit. Flink wie ein Derwisch huscht der Herr Ober von Tisch zu Tisch und trägt sein Tablett immer elegant vor sich her. Was hat das jetzt mit dem Reiten zu tun?

Sehr viel, denn einerseits helfen uns Bilder, wenn wir uns vorstellen, etwas vor uns her zu tragen, andererseits verändert sich auch unsere Körperhaltung und Körpersprache. Übertragen wir die Szene aus Wien nun in den Sattel. Unsere Hand ist der Ober, das Tablett ist das Pferdemaul oder eben die Pferdenase. Das Tablett ist also das Maul und das Pferd trägt das Gebiss (Sachertorte und Melange). Dieses Bild beschreibt, wie ich finde, sehr schön, was mit dem Gebiss oder in weiterer Folge mit dem Kontakt zur Hand auch wirklich passieren sollte. Nicht das Pferd hält etwas fest, sondern es trägt den Gegenstand auf dem Tablett vor sich her, ohne dabei die Balance zu verlieren, wenn in unserem Café zwischen den Tischen ein geschäftiges Treiben stattfindet.

Sobald wir also auf dem Pferd sitzen, versuchen wir die Verbindung (zwischen unserer Hand und dem Tablett) zu fühlen. Im zweiten Schritt nehmen wir die Gläser auf dem Tablett wahr. Im dritten Schritt bewegen wir uns und erhalten den Kontakt, wir wollen ja weder die Balance verlieren, noch etwas verschütten.

Jedes Pferd wird natürlich auch seiner individuellen Physis entsprechend unterschiedlich auf diesen ersten Kontakt reagieren. Bei einem Pferd, das viel Masse zwischen den Schultern, einen tief angesetzten und kräftigen Hals mitbringt, wird sich die Sache anders darstellen, als bei einem schmalen, hoch angesetzten Hals, der sich weniger leicht biegen lässt.

In jedem Fall müssen wir immer den Hals lang machen, um den Ganaschenwinkel bestmöglich zu öffnen. Andernfalls ist Stellung und damit auch

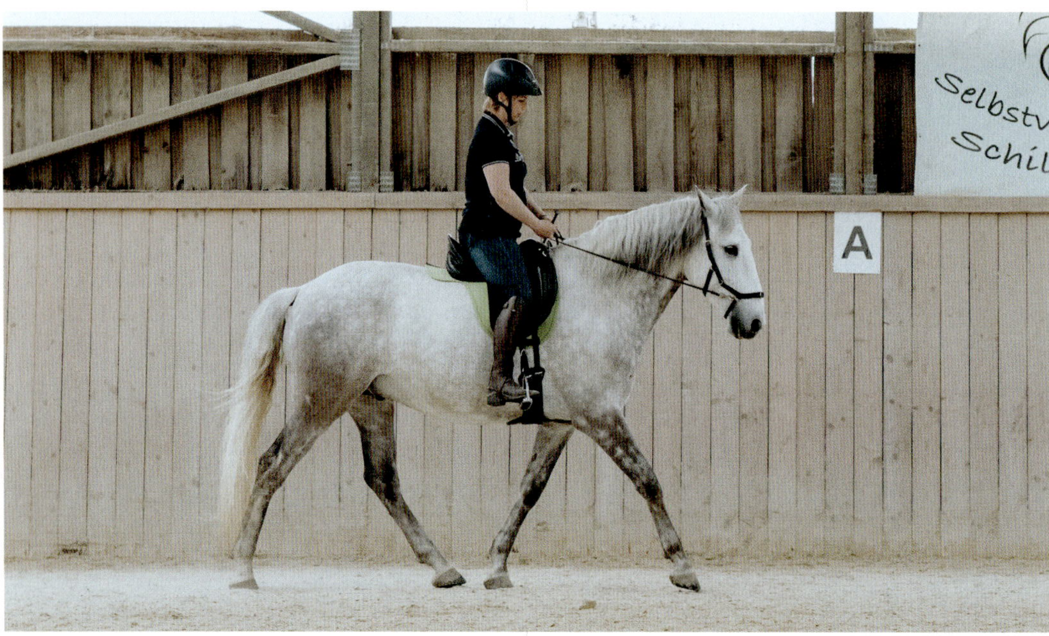

Die Verbindung zur Hand sollte entstehen dürfen und nicht genommen werden. Rufen wir uns stets die Formulierung von »Hergeben des Genicks« in Erinnerung.

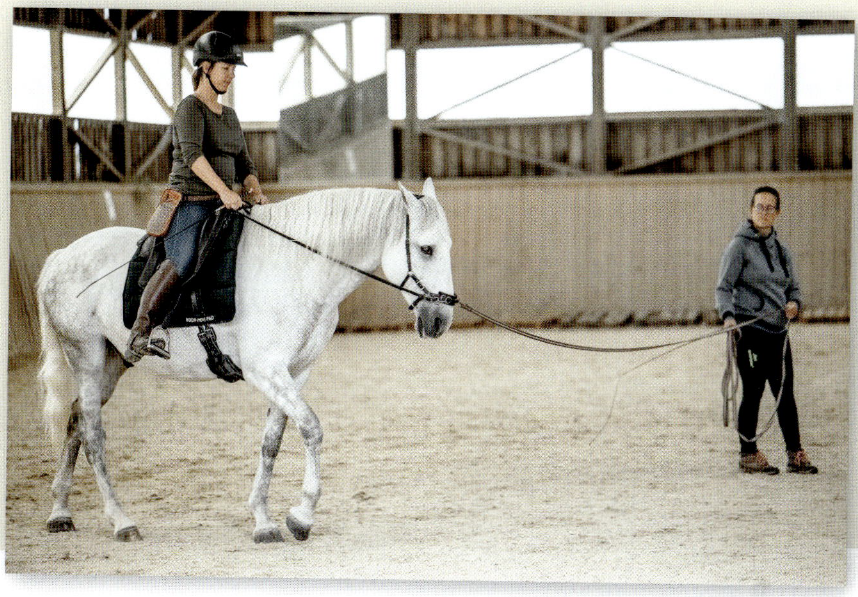

Die Verbindung zur Hand hin kann auch durch die Arbeit im Team an der Longe entstehen. Durch die Unterstützung vom Boden aus fällt es Mandrake leichter, bekannte und neue Hilfen zu kombinieren.

keine Biegung möglich. An dieser Stelle kommen die Schenkelhilfen erneut ins Spiel. Das Pferd sucht aufgrund der bekannten Aufgabe und Kommunikation mittels Schenkelhilfen nun erstmalig zur Hand, wir setzen uns in Bewegung. Die schwierigste Aufgabe für den Reiter ist hier das »Warten«, sich eher passiv zu verhalten und nicht gleich etwas mit der Hand formen zu wollen.

Nachdem wir in unserem Alltag sehr »handlastig« sind und gerne »eingreifen«, fällt uns die Erforschung der Verbindung häufig sehr schwer. Der innere Schenkel weist auf die Lösung hin, die direkte Hand darf jedoch nichts weiter tun, als der Nickbewegung des Pferdes folgen und durch das unterschiedliche Zügelmaß, den inneren und äußeren Zügel betreffend, eine vorsichtige Biegung vorgeben.

Ein schöner Gedanke, der uns auch schon bei den ersten Reiteinheiten mit unserem Assistenten vom Boden aus begleitet, ist das Pferd tatsächlich auch immer zur Hand hin zu bewegen. Das Pferd soll dem »Übergewicht des Tabletts« natürlich nicht hinterherlaufen, es soll den Weg durch das Café suchen.

Dafür müssen wir aber auch zum Treiben kommen können. Je besser das Pferd vom Boden aus vorbereitet ist, umso leichter fällt uns diese Aufgabe. Ist das Pferd in der Bodenarbeit oder an der Longe noch eilig unterwegs, hat es Balance- und damit auch Taktschwierigkeiten, so ist es fürs Reiten noch zu früh. Wir brauchen unbedingt einen gleichmäßigen Takt und ein gleichmäßiges Tempo, um überhaupt unsere Schenkelhilfen gleichmäßig einsetzen zu können. Wir begleiten das jeweilige Hinterbein sowohl innen als auch außen mit unseren Schenkelhilfen sowie der begleitenden Bewegung aus dem Sitz in der Spielbeinphase und überprüfen, was in unserer Hand passiert. Spüren wir hier einen Gegendruck am inneren Zügel, können wir dies als unmissverständliches Zeichen dafür auffassen, dass unser Pferd mit dem inneren Hinterbein einerseits nicht weit genug nach vorne kommt, andererseits auch Schwierigkeiten hat, die innere Hüfte abzusenken. Da wir zu Beginn der Ausbildung beidhändig reiten, können wir sehr leicht fühlen, welches Hinterbein bereits geschmeidiger ist. Nehmen wir ein »Übergewicht« an einem Zügel wahr, ist die Ursache immer im gleichseitigen Hinterbein zu suchen.

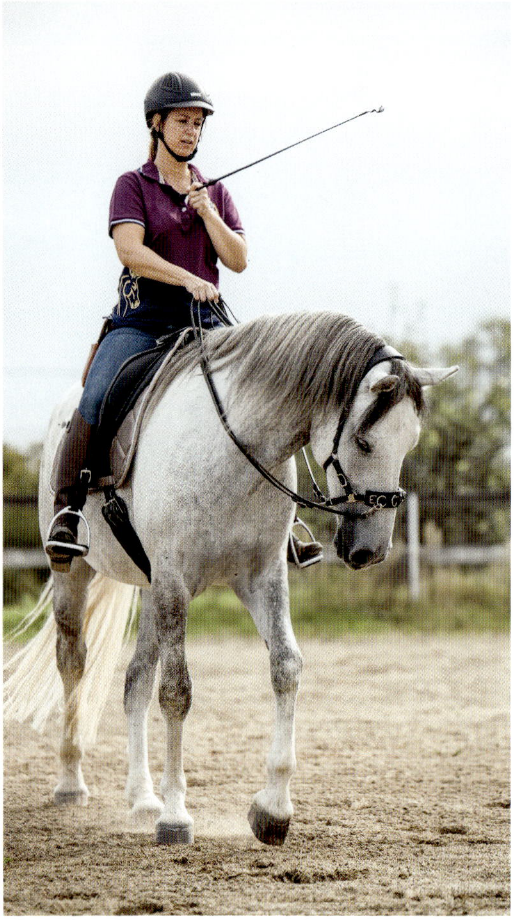

Von Beginn an lege ich Wert auf die Linienführung – die aufgestellte Gerte am Brustbein zeigt, ob das Pferd sicher unter mir ist oder ob wir in der Bewegungsrichtung auseinanderdriften. Das Aufstellen der Gerte sollte zunächst auch noch von der Aufstiegshilfe aus geübt werden, sodass das junge Pferd kein Problem mit der Gertenbewegung über seinem Rücken hat.

Diese Vorgehensweise unterstreicht einmal mehr die Bedeutung der Schenkelhilfen. Sie sorgen für Vorgriff und Biegung, nur bei korrekter Platzierung der Hinterbeine unter der Pferdemasse kann der jeweilige gleichseitige Zügel auch leicht werden.

In der ersten Einheit genügt es also, das innere Hinterbein vom direkten Schenkel begleiten zu lassen, das äußere Hinterbein bekommt natürlich ebenso Unterstützung. Allerdings sollte das Hauptaugenmerk auf dem inneren Schenkel liegen, andernfalls sorgen wir für Unklarheiten, was die eindeutige Bestimmung anbelangt, welcher Schenkel nun tatsächlich für die korrekte Biegung sorgt.

Halten wir uns immer vor Augen, dass wir eine Verbindung entstehen lassen. Ich betone »entstehen lassen« – eine schwierige Sache, da wir einerseits ungern Kontrolle abgeben, gerade deswegen spricht vieles für die Ausbildung im Team, sie verhindert, dass wir verfrüht zu viel Einwirkung mit der Hand ausüben. Schon François Robichon de la Guérinière hat verdeutlicht, dass das Nachgeben die schwierigste Hilfe überhaupt ist. Nachgeben ist jedoch auch eine Form von Aktivität und Tun. Nichts zu tun ist für uns häufig die größte Hürde.

Allmählich erkunden wir einen größeren Zirkel, unsere Assistentin verändert ihre Position und geht nun ins Longieren über. Dabei können wir die indirekten Zügelhilfen mit den zeigenden Gertenhilfen verbinden und halten so die Schultern des Pferdes beweglich.

Gerade am Anfang wird es dem Pferd schwerfallen, eine gewünschte Linie punktgenau zu beschreiten. Trotzdem sollten wir tatsächlich auch von Beginn an darauf Wert legen, dorthin zu reiten, wo wir auch tatsächlich ankommen wollen.

EINFACH ZUM NACHDENKEN

Wenn wir unser junges Pferd bereits sehr weit am Boden ausgebildet haben, vielleicht sogar schon bis zur Versammlung, ist die Versuchung groß, alle bereits bekannten Inhalte möglichst rasch vom Boden in den Sattel zu übertragen. Sollten wir die »Einschulung« des Pferdes als Reitpferd bereits tatsächlich mit hohen Anforderungen beginnen, oder ist es an dieser Stelle auch mal klug, auf die Reset-Taste zu drücken? Eine Jahrhunderte alte Empfehlung lautet, das junge Pferd zunächst auf möglichst großer Linie zu reiten. In der Praxis finden jedoch die meisten ersten Reitstunden tatsächlich auf dem Zirkel statt, so wie es das Pferd bereits in der Bodenarbeit und beim Longieren gelernt hatte. Ist der Zirkel eine zu hohe Anforderung? Jein,

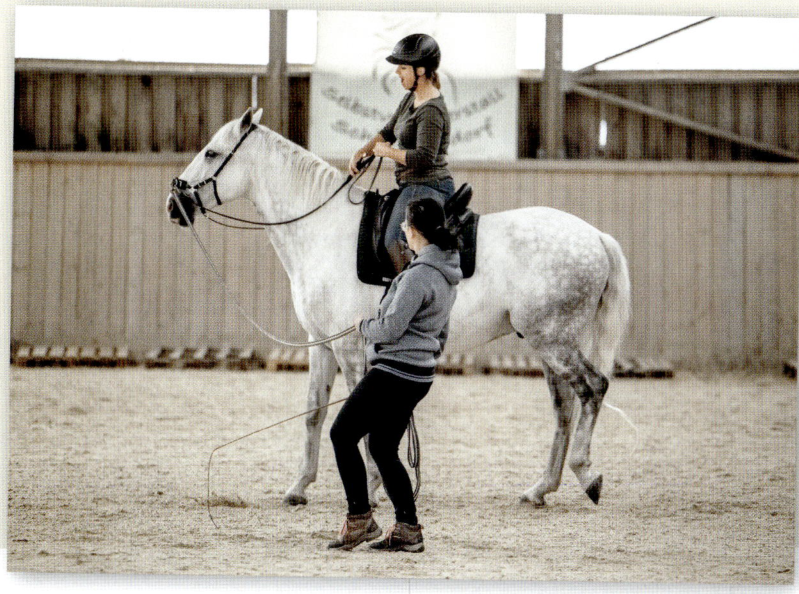

Erste Übergänge zum Halten werden noch mit der Stimme und Körpersprache des Longeurs begleitet.

denn die Wahrheit liegt wie so oft in der Mitte. Im Schritt und unterstützt durch einen zweiten Ausbilder vom Boden lassen sich viele Hilfen aus der Bodenarbeit in den Sattel übertragen. Vergrößern wir die Distanz zum Longieren, kann der Helfer noch immer eingreifen oder unterstützend Hilfen für das Pferd kommunizieren, wenn der Reiter sich nicht ausreichend verständlich machen kann. Perfektion ist aber in diesem Stadium bei weitem keine Anforderung. Die Empfehlung hinsichtlich der Entwicklung der Schubkraft auf möglichst geraden Linien, sollte uns stets im Hinterkopf bleiben. Für viele Ausbilder, die das Anreiten des eigenen Pferdes selbst in die Hand nehmen, sind aber gewisse Befürchtungen sehr präsent. Da ist einerseits die Angst, etwas in der Ausbildung falsch zu machen. (Keine Sorge, das wird passieren, aber aus jeder Sackgasse nehmen wir wichtige Erkenntnisse mit.) Andererseits ist da auch bei einem jungen Pferd vielleicht die Furcht, die Kontrolle zu verlieren und daher lieber durch eine exakte Bewegungskontrolle auf Nummer sicher zu gehen. Das Pferd muss sich aber auch selbst erfahren dürfen. Wir werden im Laufe der Ausbildung viel von ihm verlangen. Es muss sich nicht nur auf uns einstellen, es soll seinen Körper zur Verfügung stellen, auf unsere Balanceveränderungen reagieren, blitzschnell die Gangarten wechseln und vieles mehr. Wir geben dem Pferd dermaßen viele Aufträge, dass es auf der Hand liegt, dass auch wir loslassen sollten. Losgelassenheit beim Pferd hat viel mit der eigenen Losgelassenheit zu tun. Jungpferdearbeit ist nicht immer perfekt. Wenig klappt sofort auf Anhieb, vieles muss und DARF von Mensch und Pferd geübt werden. Die ersten Übergänge zum Halten werden vermutlich mit mehr Handeinwirkung vonstattengehen, als wir uns wünschen. Auch die Lenkung sieht vielleicht nicht ganz elegant aus, wenn wir eine Zügelhand öffnen, um dem Pferd den Weg zu weisen. Und die Hilfen werden noch nicht so prompt ankommen. Pferd und Mensch werden eher auf einer Linie dahintorkeln als energiegeladen und zielgerichtet von A nach B zu kommen.

All das ist in Ordnung. Erlauben wir uns, nach einer guten Grundausbildung vom Boden auch die Arbeit unter dem Sattel gemeinsam zu erkunden. Erlauben wir uns, nicht jede Bewegung des Pferdes zu observieren und zu gestalten. Glauben wir an das wichtigste Organ des Pferdes, wenn es um Bewegung geht – das Fasziennetz. Wir können dem Pferd zwar sagen, wie es wo seine Beine bewegen soll, unterschätzen wir jedoch auch nicht sein Körpergefühl, seine Möglichkeit Bewegungsaufgaben zu bewältigen und durch Erfahrung immer mehr Tragekompetenz zu entwickeln.

Geradeaus oder auf gebogener Linie

Ein junges Pferd, das nur sehr wenig Zeit an der Longe verbracht hat und nur wenige Hilfen vom Boden aus gelernt hat, wird im Zweifel eher mit einer geraden Linie zurechtkommen. Es ist zu Beginn vielleicht ratsam, die wegweisende Bande als Unterstützung zu nehmen. Dadurch bekommt das Pferd Orientierung, allerdings nehmen wir damit auch in Kauf, dass es vor allem mit seiner äußeren Schulter durch die Wand magnetisch angezogen wird und als Resultat weitere Hürden in Sachen natürlicher Schiefe auf uns warten.

Wir starten zunächst auf der gebogenen Linie, die unser Pferd durch die ausreichende Vorarbeit bereits kennt. Es kann sich auf dem Zirkel zurechtfinden und ausbalancieren, jetzt können wir den Zirkel verkleinern und vergrößern. In der Bodenarbeit zeigt die Gerte über den Hals des Pferdes (ähnlich einem Geigenbogen auf den Saiten), um den äußeren, indirekten Zügel zu schulen. Durch Zeigen oder eine sachte Berührung wird die äußere Schulter des Pferdes einwärts geführt. Die Körpersprache des Ausbilders tut das Übrige und zeigt dem Pferd die zu beschreitende Linie. Der innere Zügel wird ebenso mit Hilfe der Gerte als Hilfe etabliert. Hier liegt die Gerte direkt innen am Hals des Pferdes und kann so die Vorhand nach außen auf einen größeren Zirkel dirigieren. Von der Seite und mit etwas mehr Distanz beim Longieren kann eine lange Touchiergerte ebenso als äußerer Zügel oder fächernd und zeigend als innerer Zügel genutzt werden.

Der Reiter nimmt nun die Zügel hinzu und fasst diese so kurz, dass sie problemlos am Hals des Pferdes zum Liegen kommen. Nun dirigiert der innere Zügel das Pferd auf eine größere, der äußere Zügel das Pferd auf eine kleinere Linie.

Auch diese Schritte können in den ersten Reiteinheiten bereits umgesetzt werden. Jedes Mal, wenn das Pferd eine unserer Fragen richtig beantwortet, ist es sofort zu loben. Wichtig ist, das Verkleinern oder Vergrößern der Linie nicht zu prompt umzusetzen. Geben wir dem Pferd immer Zeit, eine Hilfe zu verdauen. Es soll nach den ersten Versuchen sofort eine Pause machen dürfen und sich strecken. Die Zügel werden dabei lang gelassen. Das Pferd soll im Stehen über die vorangegangene Aufgabe noch einmal nachdenken.

Der seitwärts treibende, innere Schenkel

Kennt unser junges Pferd bereits die Hilfen für das Schulterherein, dann können wir auch mit diesem Inhalt spielerisch beginnen. Das Pferd wird aus der Frontposition geführt, Helfer und Reiter sprechen sich erneut ab. Sobald sich der Helfer in der Frontposition mit seiner äußeren Schulter etwas vom Pferd wegdreht und mit der zeigenden Gertenhilfe in der Position des inneren Schenkels bleibt, hebt der Reiter außen am Rumpf ein wenig den Sitzknochen an, indem er das äußere Knie leicht anzieht. Die äußere Hüfte kann sich etwas mehr zum Pferd hin drehen, so als ob unsere »Sitzknochenfüße« das Pferd mit der großen, äußeren Zehe etwas mehr einwärts schubsen wollten. Eine der häufigsten Fragen mit viel diskutierten Antworten ist die Ausrichtung des eigenen Schwerpunktes im Schulterherein. Die äußere Schulter des Pferdes sollte frei nach vorne schwingen können, demnach ist eine Belastung am äußeren Sitzknochen unlogisch, vor allem, wenn die äußere Oberlinie auch mehr Dehnung erfahren soll. Wenn sich der Reiter vorstellt, auf einer geraden Linie das Schulterherein einleiten zu wollen, dreht er seinen Oberkörper in Richtung der diagonal gegenüberliegenden Bande. Über unseren Blick vergewissern wir uns, dass der Oberkörper tatsächlich auf das gewünschte Ziel ausgerichtet ist. Nun richten sich

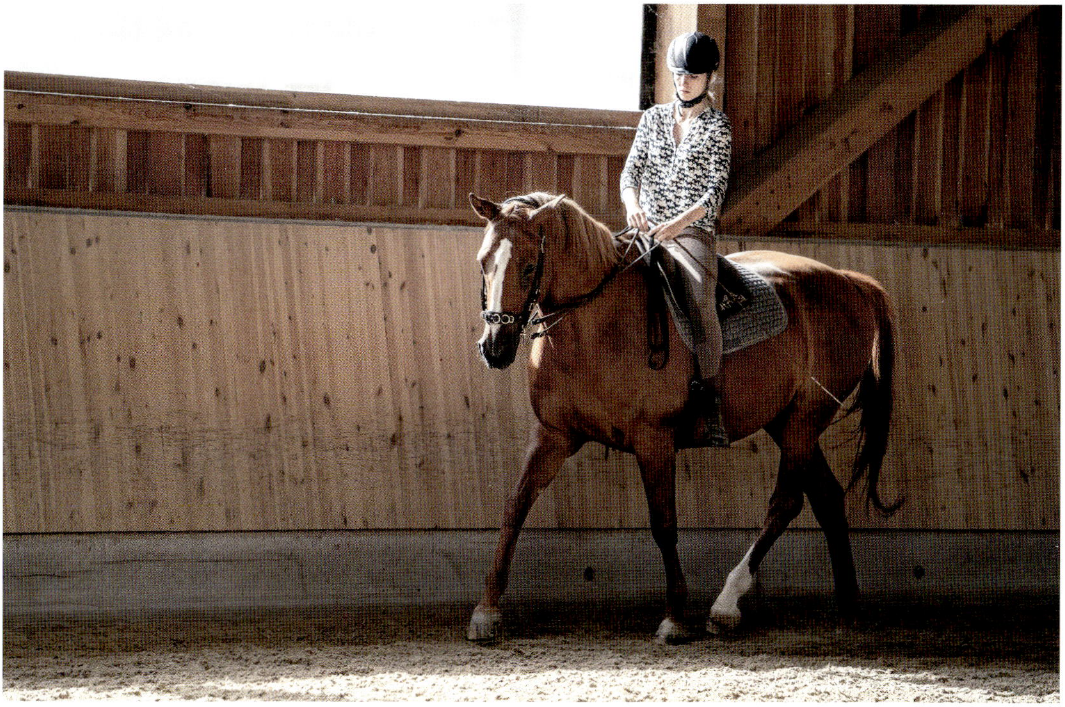

Amira im leichten Schultervor. Viktoria kommuniziert fein über den inneren Schenkel mit ihrer Stute, dadurch fällt es Amira leicht herauszufinden, ob das innere Hinterbein etwas mehr untertreten soll.

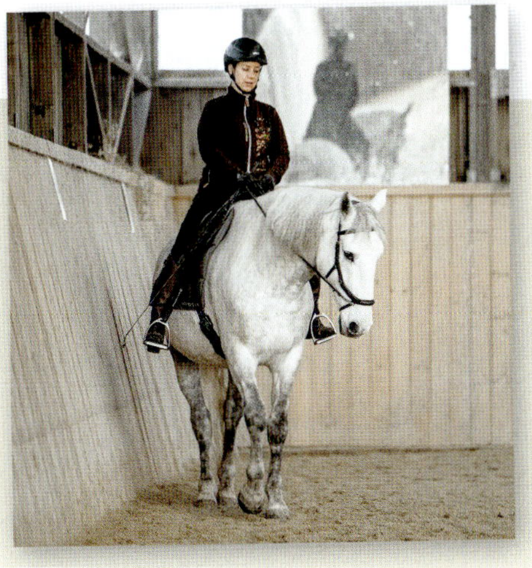

Auch Mandrake konzentriert sich bereits sehr schön auf den inneren seitwärts treibenden Schenkel, ohne eilig zu werden.

die Augen auf die tatsächlich zu erreichende Bewegungsrichtung aus. Stellen wir uns vor, wir hätten eine »Schwerpunktkugel« verschluckt, ich verwende gerne das Bild einer im »Götterspeise-Oberkörper« gefangenen Billardkugel. Stellen wir uns weiter vor, dass diese Billardkugel ganz leicht in unserem Götterspeise-Bauch in Bewegungsrichtung rollt. Da unser Oberkörper aus Götterspeise besteht, ist er sehr »durchlässig« – die Kugel darf aber nicht aus dem Oberkörper hinausfallen. Das Bild soll ein zu weites Nach-vorne-Lehnen verhindern. Der Schwerpunkt soll schließlich noch immer mit dem Fußungspunkt des inneren Hinterbeins zusammenfallen.

Der seitwärts treibende äußere Schenkel

Ist das Pferd bereits im Kruppeherein, in Transversalen und Pirouetten am Boden ausgebildet, dann lassen sich diese Hilfen sehr einfach mit in den Sattel nehmen. Die Kommunikation erfolgt auch hier erneut vom Boden, jetzt kann der Ausbilder allerdings nicht mit der Gerte über den Rücken zeigen, das heißt die Hilfen müssen so gut »sitzen«,

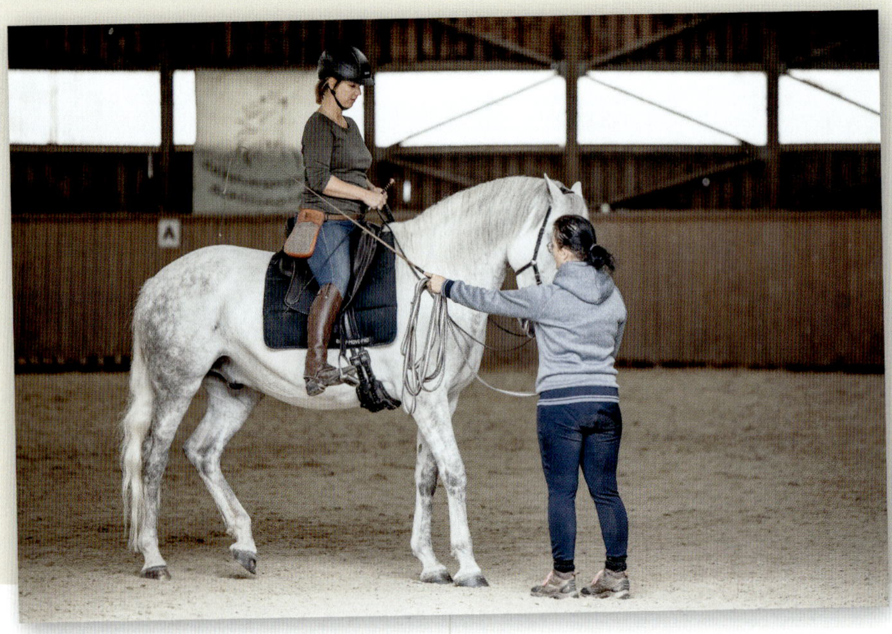

Mandrake lernt den äußeren, von sich weg biegenden Schenkel von unten und »von oben« in Kombination.

dass bereits ein Fingerzeig oder eine sehr kurze Gerte ausreichen, um sich dem Pferd verständlich zu machen. Ausbilder und Reiter sprechen sich ab, der Reiter achtet jetzt sehr genau auf die Hilfengebung von seinem Assistenten – soll heißen, wenn die Gerte langsam angehoben wird, dann nimmt der Reiter seine äußere Hüfte etwas weiter zurück, fordert nun mit der Rückseite des äußeren Oberschenkels das Pferd auf, mit dem äußeren Hinterbein im Moment des Abfußens etwas mehr in Richtung Schwerpunkt zu treten. Der Oberkörper sollte sich nicht nach außen drehen, die äußere Schulter bleibt immer etwas nach vorne gerichtet. Der Schwerpunkt (denken wir an die verschluckte Billardkugel) wandert ein wenig in Richtung des inneren Vorderbeins des Pferdes.

Sobald das Pferd die gewünschte Reaktion im Stehen oder in der Bewegung zeigt, Hilfe einstellen und den Erfolg ausgiebig feiern. Denken wir noch einmal an die vielen Aufgaben, die wir unserem Pferd stellen, an die vielen kleinen Nuancen, die es im Laufe der Ausbildung zu unterscheiden lernt und seinen großen Wunsch, uns zu gefallen und unsere Wünsche zunächst von den Augen, besser gesagt der Körpersprache, später vom Sitz ablesen zu können. Unser Pferd strengt sich für uns unfassbar an – daher ist das Loben gerade in diesem Ausbildungsstadium der wertvollste Faktor überhaupt.

Zusammenfassung des Lehrplans in der Grundschule vom Boden

Folgende Inhalte werden von der Bodenarbeit in den Sattel übertragen:

- Das Lösen um den inneren Schenkel
- Vorwärts vom direkten inneren und äußeren Schenkel
- Der seitwärts treibende innere und äußere Schenkel
- Die Führung zwischen den indirekten Zügeln
- Die Kontaktaufnahme mit den direkten Zügeln, jedoch ohne Einflussnahme vom Sattel – dem Pferd wird lediglich der Zügelkontakt bei der bereits erarbeiteten und bekannten Formgebung gezeigt

Die Arbeit im Team: Longieren mit dem Reiter

Unser junges Pferd sollte sich an der Longe bereits selbst gut ausbalancieren können. Die Einhaltung von Richtung und Distanz sowie Gangart, Tempo und Takt ist Voraussetzung für das Anreiten. Wenn das Pferd die Arbeit mit dem inneren und äußeren Schenkel bereits in der Bodenarbeit erlernt hat, können auch erste Seitengänge hinzugefügt werden, sind allerdings nicht zwingend notwendig. Wichtig ist auch, die Zwanglosigkeit an der Longe zu fördern, sodass es unserem Pferd keine Mühe macht, auch auf sehr großer Linie, im besten Fall der gesamten Bahnlänge, locker und entspannt zu traben und zu galoppieren.

Die ersten Einheiten an der Longe

Wir beginnen mit unserem bereits bekannten Programm in der Bodenarbeit. Der Reiter wiederholt noch einmal gemeinsam mit dem Longeur die abwärts lösenden Hilfen mittels Sitz und Schenkel, danach in Bewegung in der Bodenarbeitsposition geführt und schließlich vergrößert der Longeur die Distanz und weist dem jungen Pferd den Weg auf den größeren Zirkel. Es kann bei den ersten Versuchen natürlich durchaus zu Schwierigkeiten kommen, wenn das Pferd sich alleine noch unsicher unter dem Reiter fühlt und lieber in der Nähe der Führposition bleiben möchte. In diesem Fall kann die Distanz kleinschrittig erhöht werden. Ist der Übergang von der Frontposition in die seitliche Führposition mit immer größer werdendem Abstand zum Longeur jedoch bereits gefestigt, klappt dieser Übergang in der Regel sehr gut. Manchmal decken auch neue Herausforderungen Defizite in der Ausbildung auf. Soll heißen: Wir waren in der Bodenarbeit mit dem Übergang zur Longenposition recht zufrieden, auch wenn das Pferd mit der inneren Schulter nahe an der Führposition »kleben« blieb und nach eineinhalb oder zwei Runden endlich der Abstand gelang. Da wir uns schon stark auf die nächsten Aufgaben, wie Übergänge oder Trab, konzentriert hatten, wurde der Positionswechsel zur Nebensache. Das unterstreicht, dass wir uns, selbst wenn wir bereits einen guten Plan für die weiteren Schritte geschmiedet haben, unbedingt auf alles konzentrieren sollen, was im Hier und Jetzt stattfindet.

Wenn wir nun mit dem Reiter auf einen großen Zirkel kommen wollen, rächt sich eine ungenaue Ausbildung. Wir gehen jetzt aber von einer guten Vorbereitung und Übung aus und finden uns auf dem großen Zirkel wieder.

Der Longeur begleitet nun den Reiter und das junge Pferd wie gewohnt. Das Pferd ist erstmalig recht selbstständig unterwegs und hat auch noch die Aufgabe »Zirkellinie« zu meistern. Das ist für unser junges Pferd keine leichte Sache, daher macht es sich bezahlt, wenn wir bereits an der Longe ohne Reiter lange Linien und viel Geradeaus trainiert haben.

Lösen und Formen an der Longe?

Jein. Denken wir immer an den Grundsatz, dass sich eigentlich die Form aus der Arbeit der Hinterhand von selbst entwickelt. Greifen wir jetzt auch nicht zu stark in das Bewegungskonzept unseres Pferdes ein. Wir möchten die Eigenkompetenz des Pferdes nicht behindern. Einerseits können wir natürlich die Intelligenz des Pferdes nutzen und die bereits bekannte Kommunikation einsetzen, um dem Pferd die Aufgabe zu erleichtern, andererseits ist die Bewegung mit dem Reiter auf dem Rücken eine ganz andere Sache, vor allem, wenn nun eine gewisse »Stütze« in der Frontposition fehlt.

Warum wir jetzt nicht stark eingreifen, lässt sich durch die Macht der Faszien und der Biotensegrität erklären. Unterschätzen wir nicht die Intelligenz des Fasziensystems. Reden wir uns nicht von Anfang an ein, unserem Pferd mangele es an Bewegungskompetenz, Tragkraft und vor allem Lösungskompetenz. Erlauben wir ihm, sich auch mit der Aufgabe des Tragens mental und physisch auseinanderzusetzen. Faszien sind unglaublich »wissbegierig«.

In den ersten Einheiten an der Longe geht es also auf großen Linien vorwärts. Die große Linienführung erleichtert dem Pferd den Bewegungsfluss, vor den Ecken kann der Longeur die bereits bekannte Hilfe für die Biegung um den inneren Schenkel hinzufügen, der Reiter begleitet die Hilfengebung.

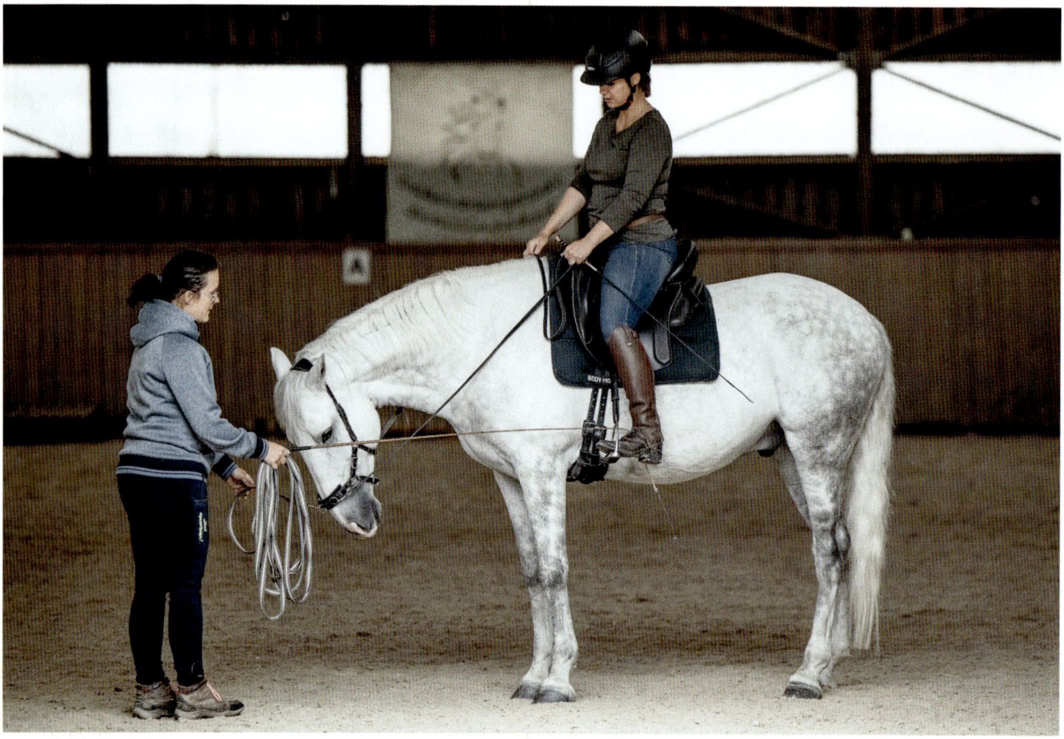

Gemeinsames Lösen zu dritt an der Longe. Mandrake ist noch unsicher und kommt zu tief und eng in der Ganasche.

Die Zügel sollten noch nicht zu kurz gefasst werden, ein leichter Kontakt zur Pferdenase reicht aus, der Reiter geht mit der Bewegung mit und lässt die Pferdenase nach vorne schwingen.

Fehlt uns die gründliche Ausbildung an der Longe, wird das Pferd seinen Hals nutzen, um die verloren gegangene Balance wieder herzustellen. Das ist an sich kein großes Problem, ist ihm aber die Idee einer Dehnung, eines Loslassens des Halses, bereits gut bekannt, wird es auch hier diese Lösung ausprobieren. Es mag sein, dass es sich im Laufe dieser Selbsterfahrung auch mal mit dem Hals aus der Form hebt, zu hoch oder zu tief kommt, all das ist in dieser Phase der Ausbildung absolut in Ordnung. Natürlich haben wir dem Pferd bereits zuvor eine Bewegungsidee vermittelt, es lässt sich leicht ausmalen, dass eine selbstständige Umsetzung und Lösung der Aufgabe auch mental ungemein wichtig für unser Pferd ist. Ein selbstbewusstes Pferd ist gesünder und motivierter, neue Aufgaben zu lösen.

Der Reiter begleitet das Pferd mit sachtem Kontakt und nutzt primär die indirekten Zügelhilfen, um die Vorhand auf die gewünschte Linie zu führen. Der Longeur unterstützt dabei vom Boden, auch hier ist es gut, wenn sich die beiden ständig austauschen, je besser das Timing der Hilfen vom Boden und vom Sattel abgestimmt ist, umso leichter verbindet das Pferd die unterschiedlichen Hilfen miteinander.

Häufig sind Reiter junger Pferde sogar erstaunt, wie leicht sich das Pferd führen lässt. Der Longeur hält sich dann mit der unterstützenden Hilfengebung etwas zurück und wird zunehmend neutraler.

Wie lange sollten wir jetzt üben? Geben wir dem jungen Pferd immer ausreichend Zeit, um sich an die neue Aufgabe zu gewöhnen. Für manche Pferde kann eine Runde schon eine große Aufgabe sein. Andere Pferde brauchen hingegen etwas Zeit, um in sich hineinzuhorchen, sie wollen etwas länger über die ganze Sache nachdenken. Die individuelle

Herangehensweise unserer Pferde konnten wir in der gesamten Vorbereitungszeit vom Boden bereits optimal beobachten. Unter dem Sattel wird die Sache ähnlich sein. Kurze Einheiten sind immer gut, besonders, wenn das Pferd mental stark gefordert ist. Es gibt aber unter dem Reiter auch ein »zu kurz«, wenn das Pferd etwa den Rücken noch verkrampft festhält. Wenn wir in dieser Phase immer sofort absteigen, besteht die Gefahr, den Bindegewebsstrukturen ein Festhalten regelrecht beizubringen.

Ein zweites Augenpaar, gerade wenn sich auch unser junges Pferd von oben völlig neu für uns anfühlt, ist hilfreich, um die Reaktionen des Pferdes gut einschätzen zu lernen.

Da jedes Pferd anders ist, kann leider keine konkrete Angabe hinsichtlich der Trainingsdauer gemacht werden. Kein Reitmeister vergangener Epochen wurde müde, die Vorzüge des »denkenden Reiters« zu betonen. Ich gebe zu, ein Trainingsplan mit dem man auf Nummer sicher gehen könnte, wäre natürlich verlockend, die Verantwortung lässt sich aber leider nicht so leicht abgeben. Wir sind immer dazu angehalten, unser Handeln und die Reaktion des Pferdes laufend zu überprüfen.

Ob nun eine Runde in der Bahn absolviert wird oder fünf – das Pferd sollte auf jeden Fall auf beiden Händen geradeaus laufen, Handwechsel werden vom Longeur noch ganz sachte und mit einer großen Linienführung eingeleitet. Je besser der Reiter die Balance bewertet, umso eher kann die Arbeit auf dem großen Zirkel und auf der langen Seite fortgesetzt werden.

Tipps und Wissen rund ums Zackeln

Was mache ich, wenn das Pferd im Schritt zackelt?

Tempo und Takt stehen in der Ausbildungsskala ganz weit oben. Aus gutem Grund. Je nach Temperament, aber auch physischen Voraussetzungen kann das junge Pferd eine regelmäßige Bewegung halten oder unterbrechen.

Praxisbeispiel Amena und Mandrake

Amena hatte von Beginn an ein absolut sicheres Taktgefühl. Schon zweijährig fiel beim Vortraben in Piber auf, wie gleichmäßig er Takt und Schwung halten konnte. Mühelos trabte er vor uns auf und ab. Sein damals bester Freund, der neben ihm lief, wirkte eilig und gehetzt. Mandrake brachte ebenso eine gute Balance mit, seine Tritte sind jedoch nicht so lang wie Amenas. Machte sich die lange Vorarbeit bei Amena so bezahlt, oder waren es auch die Voraussetzungen, die er schon mitbrachte, die die Ausbildung einfach machten? Denken wir an die Skala und die Positionierung von Tempo und Takt zu Beginn der Ausbildung zurück: Amenas Talente haben die Ausbildung mit Sicherheit vereinfacht, durch die intensive Grundschule stand ihm außerdem ein breites Repertoire an Ideen zur Verfügung. Wenn die Dinge einfach von der Hand gehen, dann hat man auch Lust auf neue Herausforderungen. So war es bei Amena, aber definitiv auch bei Mandrake. Mein lustiger Lusitano unterstreicht die Förderung der Selbstständigkeit. Für ihn waren die ersten Reitversuche mit vielen Hilfen und Signalen – auch wenn diese vom Boden aus bekannt waren – sehr stressig. Zügelkontakt wurde mit wildem Kopfschütteln quittiert. Um zu verhindern, dass die Zügel permanent vorne am Kappzaum auf der falschen Seite landen, hätte ich die Zügel sehr kurz nehmen müssen, was ich jedoch aufgrund von Mandrakes kurzem Rücken ablehnte. Mandrake ist um ganze 10 cm kürzer als Amena, bei annähernd gleichem Stockmaß. Der Rückenschwung der Iberer findet manchmal eher prominent vor und zurück statt, die Dreidimensionalität der Schwingung wird verringert, die Pferde zackeln und kommen nicht ins korrekte Vorwärts. Dass wir zum Treiben kommen können ist jedoch elementar. Ich war also dazu gezwungen, viel nachzudenken und auszuprobieren. Als erstes habe ich das Anlegen der Zügel in der Handarbeit ausprobiert, anschließend haben wir Handarbeit und Longieren miteinander kombiniert, um auch hier einen Zwischenschritt beim Übergang zum Reiten zu setzen. Erinnern wir uns an das »Ich packe meinen Koffer«-Prinzip. Für Mandrake kam eine Aufgabe nach der anderen hinzu. Das Reiten an der Longe wurde einfacher, allerdings neigte Mandrake immer wieder dazu, ein paar Schritte anzutraben, dabei aber auch eher klein im Rücken zu schwingen

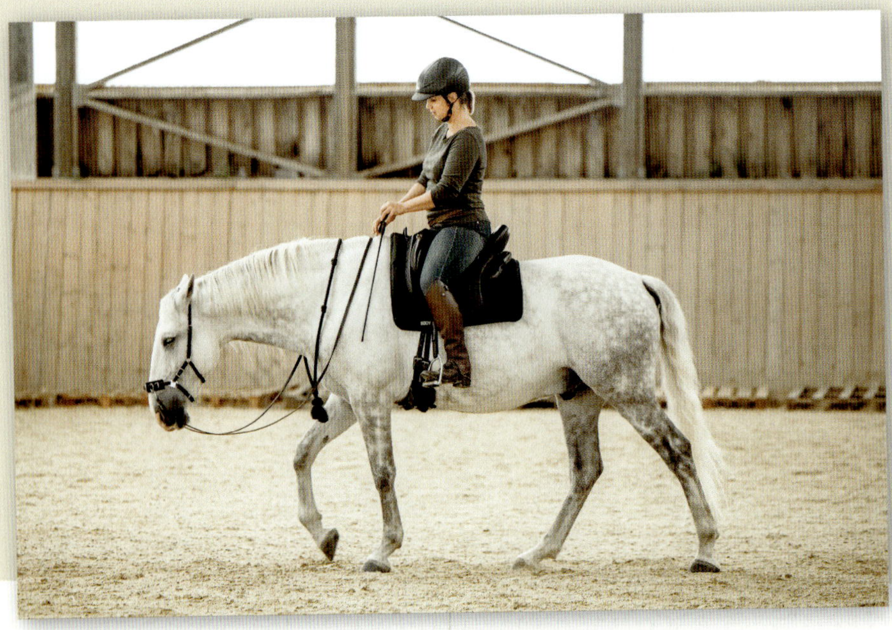

Beim Reiten mit Halsring und ohne Zügel hat sich Mandrake tatsächlich sehr auf meinen Sitz und dessen Einwirkung konzentriert.

und beim Durchparieren auf die Schulter zu fallen. Einerseits waren die langen Rückenmuskeln nicht gelöst, der Muskel zog sich also eher von seiner vorderen Aktionsbasis zusammen, dadurch wurde auch die Bewegung der Vorhand kleiner und abgehakter. Mit den Zügeln hatten wir somit auch erneut das Problem anzunehmen, sobald Mandrake in den Trab zackelte, loszulassen wenn eine Parade zum Schritt klappte. Das Spiel wiederholte sich jedoch nach wenigen Tritten erneut. Ich wollte partout nicht ständig mit den Zügeln einwirken. In den meisten Fällen wird bei Problemen in der Ausbildung gerne etwas hinzugefügt. Bei Mandrake war es genau umgekehrt, wir haben wieder reduziert. Nur mit Halsring ausgestattet, hatte Mandrake im Hals wirklich komplette Bewegungsfreiheit, aus dem Sitz heraus war für ihn die Umsetzung eines Zirkels viel einfacher, da er sich noch nicht auf Zügelhilfen konzentrieren musste. Der Einsatz der Gerte als biegender, vorwärts treibender Schenkel oder die Vorhand führender Zügel war ihm weit angenehmer. Ich nutze die Freiarbeit noch immer sehr gerne für Mandrake. Für ihn ist es eine wirklich gute Sache fokussiert auf mich zu hören, gleichzeitig lasse ich ihm aber auch viel Möglichkeit, sich selbst auszuprobieren und mehr Selbst- als Fremderfahrung zu machen. Zurück zu Amena: Dieser hatte wiederum als »potenzieller Beamte« für die Spanische Hofreitschule eine Genauigkeit an den Tag gelegt, was die Formgebung anbelangt, dass er sich, wenn ich ihn zu mehr Dehnungshaltung auffordern wollte, kaum traute, meiner Frage nachzukommen. Nach dem Motto »gelernt ist gelernt« und »das war schon immer so, das bleibt so« war es nicht so einfach, Amena davon zu überzeugen, nicht immer »Dienst nach Vorschrift« zu machen. Wir sehen, wie stark die individuelle Herangehensweise vor allem das Temperament des Pferdes betrifft. Beide Pferde hatten ähnliche physische Voraussetzungen, beide sind harmonisch gebaut, verfügen über weder zu laschen noch zu festen Muskeltonus und lieben es, sich zu bewegen.

Sobald sich Mandrake auf meinen Sitz konzentrierte, konnte ich mit dem Gesäß einen ruhigen Takt vorgeben. Es half auch, den Takt laut und meditativ mitzuzählen. Ganz viele Pausen zum Nachdenken und tatsächlich zum Entspannen haben uns ebenso geholfen, die Aufgaben zu verarbeiten. An den Trainingstagen mit Freiarbeit waren es stets wenige

Aufgaben, dafür aber sehr viel Ruhe. Beim Reiten mit vollständigem Equipment haben wir natürlich mehr Bewegungsfluss dann auch hinzugefügt, aber ebenso wieder längere Pausen genutzt, um Ruhe und Entspannung ausreichend Platz zu bieten. Mandrake ist häufig so motiviert, dass er sich bei meinen Jungs immer vordrängt. Er will der erste sein, der etwas unternehmen darf. Bereits am Putzplatz schlüpft er hektisch ins Zaumzeug und möchte alles richtig machen. Einerseits ist eine hohe Motivation sehr förderlich, für den Ausbilder gilt es, diese zu erhalten, gleichzeitig aber Ruhe und Entspannung in den Vordergrund zu stellen.

Die Einführung von und Gewöhnung an längere Pausen im Stehen, wobei wir auf ein tiefes Ein- und Ausatmen des Pferdes warten, ist ganz wichtig. Diese Pausen helfen auch unseren eigenen Tatendrang ein bisschen zu bremsen. Wir sind häufig selbst auch ganz schlecht darin, eine wenig harmonische Situation auszuhalten. Ein ausgeprägtes Harmoniebedürfnis ist natürlich von Vorteil, dennoch ist eines der obersten Gebote zudem, auf das Pferd zu warten und nicht immer gleich zu »machen«.

Waldemar Seunig geht in »Von der Koppel bis zur Kapriole« auf das Temperament des Pferdes ein:

»Ein nervöses Pferd, das »Nerven« hat, die ihm und uns böse Streiche spielen können, scheint gehlustig und ist unruhig aus Ängstlichkeit, denn es hat sein seelisches Gleichgewicht verloren und sucht diese Verkrampfung, die sich auch seinem Körper mitgeteilt hat, durch Flucht nach vorwärts abzureagieren.«

VIDEO

Gemeinsam mit Antonia im Sattel habe ich einen ruhigen Schritt, Leichtigkeit zwischen den Schultern und die Idee der Dehnung erarbeitet und konnte vom Boden aus unterstützen.

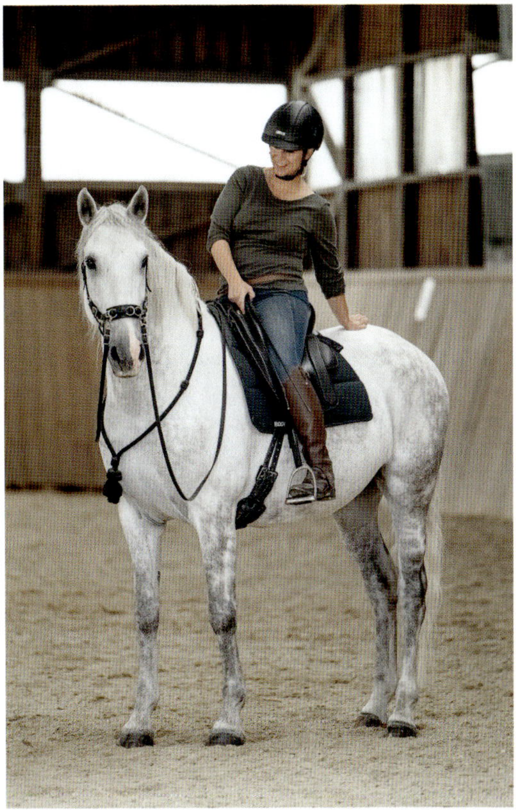

Ruhige Pausen im Stehen sind nicht so einfach umzusetzen. Oft bleiben wir nur für wenige Sekunden stehen, dabei sollten wir uns wirklich Zeit nehmen, um innezuhalten.

Muskeln werden willkürlich bewegt. Nerven geben die Impulse an die Muskeln weiter. Das bedeutet, wenn wir das Pferd mit dem Schenkel berühren und eine Reaktion an einem bestimmten Muskel hervorrufen wollen, brauchen wir »gute Nerven«.

»Das Hirn des Pferdes, der Sitz seines Verstandes und Willens, kann als Zentralorgan nicht übergangen werden. Wir brauchen es, damit es auf unsere Hilfen hin seine Muskeln in Bewegung setzt. Eine Ausnahme machen nur die als reine Gewichtsverlegung wirkenden Hilfen, die direkt die Masse Pferd und damit die den Schwerpunkt dieser Masse verschiedenen Muskeln bis zu einem gewissen Grade mechanisch beeinflussen. Schalten wir es durch Narkose aus, verliert auch das Pferd seine Bewegungsfähigkeit.«
Waldemar Seunig, *»Von der Koppel bis zur Kapriole«*

- Wenn wir Verstand und Nerven brauchen, dann geht es nicht unbedingt alleine um das Verständnis einer Schenkelhilfe. Das Pferd kann die Hilfe ja grundsätzlich verstanden haben, ist aber äußerst reaktiv. Fühlt es sich unwohl im Klassenzimmer und ist es generell ein ängstlicher Typ, dann ist es nicht auf »Empfang« und außerhalb unserer pädagogischen Reichweite. Das kann natürlich auch bei einem Pferd passieren, das übermotiviert ist und dadurch nicht immer ruhig nachdenkt, sondern im Zweifel einfach mal schnell reagiert, ohne sich die Frage des Reiters durch den Kopf gehen zu lassen.
  Zackeln wird auch beeinflusst durch die Lebensumstände des Pferdes. Viele Pferde sind generell nervös und unruhig, weil die Rahmenbedingungen nicht für sie passend gewählt wurden. Auch unsere eigene Energie überträgt sich auf das Pferd. Die Optimierung der Haltungsbedingungen, ein detektivischer Spürsinn hinsichtlich etwaiger Schmerzpunkte und deren Behandlung bringt die Entspannung zurück.

- Sekundarhilfe Gerte am Halsansatz oder als verlängerter Arm vor dem Pferd: In der Bodenarbeit haben wir auch die ersten Paraden zum Halten durch die Gerte als verlängertem Arm vor dem Pferd genutzt. Körpersprache war ebenso eine primäre Hilfe. Auch vom Sattel aus lässt sich die Gerte gut nutzen, wir können das Pferd am Halsansatz an der Brust vorsichtig berühren, vielleicht sogar schon ein Rückwärtsrichten hinzufügen. Eine vorsichtige Berührung am Halsansatz kann auch in der Bewegung dafür sorgen, dass das Pferd sich ein wenig zurückhält und sortiert. Die Zügelhilfen sollten erst nach und nach hinzugefügt werden. Da ihre erste Aufgabe die Begleitung des Pferdes ist, verbindet das Pferd die ständige Nutzung von Paraden aber eher mit einer negativen Beeinflussung der freien Bewegung. Die Korrektur des gestörten Rückenschwungs wird später umso mehr Zeit benötigen. Vorsicht mit der Handeinwirkung ist auch geboten, wenn das Pferd sich nicht bremsen lässt, dafür aber hinter den Zügel kommt. Das wirkt sich natürlich auch auf die Muskelketten im Pferdekörper aus. Tritt das Pferd mit den Hinterbeinen korrekt unter die Masse, kann die Kraft von der Hinterhand ins Becken und von da weiter auf die Wirbelsäule übertragen werden. Schwingt diese dann tatsächlich dreidimensional, zieht sich der lange Rückenmuskel von seiner hinteren Aktionsbasis zusammen. Während die Oberlinie entspannt etwas verlängert wird, zieht sich die Unterlinie zusammen und die Bauchmuskulatur wird aktiviert. Kommt das Pferd aber hinter den Zügel, werden die Bauchmuskeln festgestellt. Ein Festmachen im Hals wirkt sich somit auf viele weitere Bereiche und auf den Energiekreislauf aus.

- Begleitung durch den Sitz: Der fühlende Sitz analysiert den Takt und das Tempo. Unregelmäßigkeiten können wir begegnen, indem wir unsere eigene Bewegung langsamer und ruhiger gestalten. Denken wir an den Bewegungszyklus: Das Gesäß wird mit der Spielbeinphase des gleichseitigen Hinterbeins nach vorne-unten bewegt, in der Standbeinphase zurück und aufwärts geführt. Kurz vor dem Abfußen erreichen wir den höchsten Punkt. Während es auf einer Seite abwärts geht, hebt sich das Gesäß auf der gegenüberliegenden Seite. Zählen wir mit dem inneren Hinterfuß beginnend den Takt mit. Nach ein paar Schritten zählen wir etwas langsamer als in dem vom Pferd vorgegebenen Takt. Passt sich das Pferd nun an die Bewegungen aus dem Sitz an, die den ruhigeren Takt vorgeben, lässt sich das Pferd vom zweibeinigen Tanzpartner führen. Auch die Atmung kann natürlich wesentlich dazu beitragen, das Pferd zu beruhigen. Zackelnde Pferde verleiten uns häufig dazu, die Luft anzuhalten. Geben wir aber eine ruhige und tiefe Bauchatmung vor, lässt sich die Entspannung auf das Pferd übertragen. Pferde halten auch aus Nervosität die Luft an. Schon das Zählen des Taktes, das Sprechen, sorgt für eine ruhigere Atmung beim Ausbilder, ebenso die Aussprache. Ist diese ruhig und sind die Worte miteinander verbunden oder abgehakt und hektisch? Im ersten Fall lässt sich die Ruhe auch auf das Pferd übertragen. Ein Beispiel zum Schmunzeln: In der Halle lief das Radio. Während dem Schrittreiten wollte ich eine Nachrichtensendung hören. Die Analysen des Politologen auf Sendung, sehr ruhig und verständlich moderiert, hatten eine sofortige

Wirkung auf Mandrake. Auch eine hohe oder tiefe Stimmlage kann sich auf das Pferd auswirken (ich bezweifle, es war der Inhalt der Sendung).

- Der Longeur unterstützt das Pferd durch Wechsel zwischen Frontposition und seitlicher Führposition. Manche Pferde zackeln eher, wenn die Distanz vergrößert wird und sie sich unsicher fühlen. Anderen macht der Wechsel der Führpositionen zu schaffen. Einerseits geht es beim Training jetzt darum, die Position zu finden, in der das Pferd sicher entspannen kann, andererseits wird das Pferd durch das Meistern schwieriger Aufgaben zunehmend entspannter, eben durch die wachsende Lösungskompetenz. Als Ausbilder müssen wir eine gute Balance zwischen entspannenden, lösenden Aufgaben und neuen Herausforderungen und Meilensteinen finden.

Diese Vorgehensweise sollte generell bei der Arbeit zwischen Longeur und dem Reiter abgestimmt werden.

Der erste Trab an der Longe

Ist das Pferd sicher im Schritt unterwegs, kann auch der Trab allmählich hinzugefügt werden. Für die meisten Pferde ist der Trab außerdem noch leichter als der Schritt – weil es hier zu einer höheren Tonisierung der Muskulatur kommt, die wir uns zunutze machen können, wenn das Pferd im Schritt jegliche »Straffheit« verloren hat.

Der Longeur trabt das Pferd wie gewohnt an. Dabei hilft uns das Diagonalisieren. Wenn das äußere Vorderbein vom Boden abfußt, folgen Stimmhilfe, Körpersprache und das Signal durch die Gerte zum Antraben. Wir holen uns also das innere Hinterbein diagonal zum äußeren Vorderbein in die Spielbeinphase. Kommt die Hilfe zum Antraben vom Longeur relativ überraschend für Reiter und Pferd, dann werden beide Schwierigkeiten mit der Balance haben. Erinnern wir uns an die eigene Schwerpunktkugel im Bauch. Diese gibt es ja nicht nur beim Reiter – die »Kugeln« von Reiter und Pferd sollten im

Mandrake im Trab an der Longe. Judith setzt die für Mandrake bereits bekannten Hilfen an der Longe um. Ich füge die Hilfen aus dem Sattel hinzu.

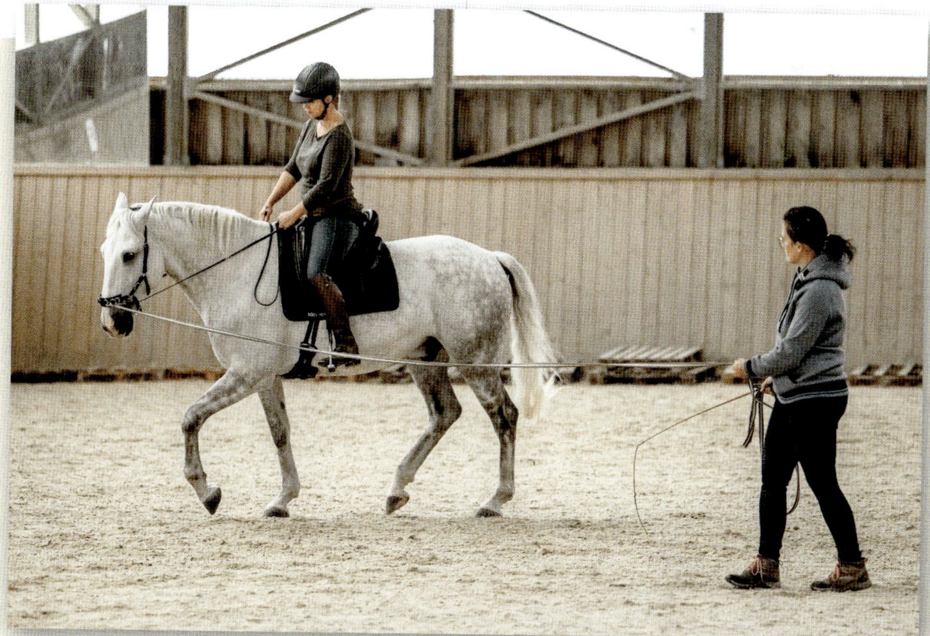

Einklang miteinander an der Bewegung teilnehmen. Bei den ersten Trabversuchen wird sich der Schwerpunkt natürlich etwas weiter nach vorne verlagern, die Frage ist allerdings wie viel? Wir erleichtern dem Pferd die Sache, wenn wir zunächst verstärkt Kontakt mit den Oberschenkeln suchen, wobei ich hier kein klemmendes Festhalten meine. Wir lassen uns mit dem Gesäß noch nicht belastend in den Sattel sinken, sondern verlagern das Gewicht etwas mehr in Richtung Schambein. Der Reiter stützt sich ein wenig auf den Oberschenkeln ab, dies erleichtert dem Pferd den Bewegungsfluss und den Vorgriff aus der Hinterhand.

Antraben üben oder Bewegung erhalten?

Verschiedene Übergänge auszuführen, ist für das Pferd eine noch recht schwierige Aufgabe. Sobald das Pferd im Trab die Balance erreicht hat, wird es sich gerne mit dem Reiter weiter vorwärtsbewegen. Auch hier gilt es, das Pferd richtig einzuschätzen.

Der Trab wird von alten und neuen Meistern nicht zu Unrecht als die wichtigste Ausbildungsgangart bezeichnet. Wie lange das Pferd bei den ersten Einheiten tatsächlich traben soll, hängt natürlich vom Individuum ab. Auch das Balancegefühl des Reiters spielt hier eine Rolle, denn das junge Pferd trabt vermutlich noch nicht regelmäßig im Takt, es wird seine Balance suchen, mal den Kopf tiefer nehmen, ihn dann wieder höher tragen. Bei François Robichon de la Guérinière können wir, die wir immer gerne nach Zahlen und genauen Anweisungen suchen, in »École de Cavalerie« nachlesen, dass der Autor mit drei bis vier Runden auf beiden Händen zufrieden ist, loben und absitzen lässt. Berücksichtigen wir, dass Guérinière hier beschreibt, dass das Pferd durchpariert werden soll, indem man den Zirkel immer kleiner gestaltet, bis das Pferd beim Longeur angekommen ist. Wir haben heute durch die intensive Vorarbeit am

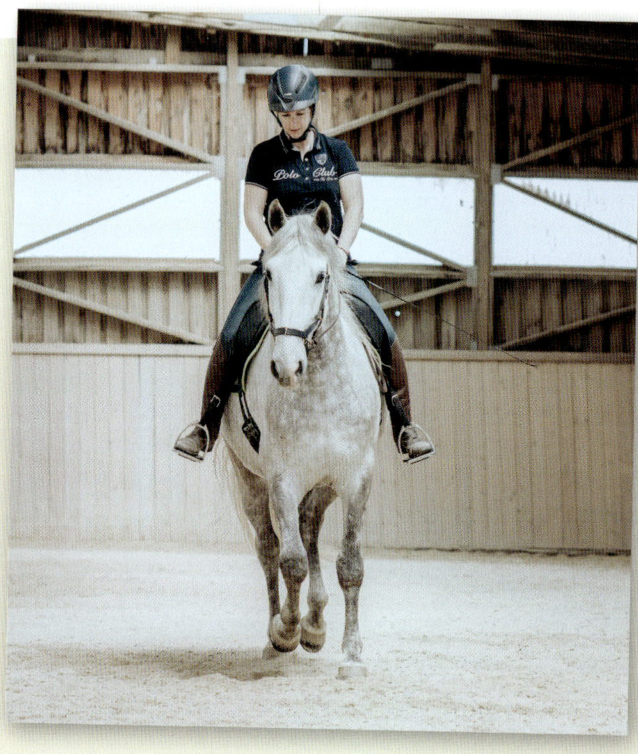

Mehrmaliges Antraben und ruhiges Leichttraben helfen Mandrake dabei, in den Takt zu finden.

Boden und an der Longe bereits viel mehr Kommunikation erarbeitet. Mehr Kommunikation soll jedoch kein Freibrief für »mehr Runden spulen« sein. Fällt unser Pferd allerdings in den Galopp, haben wir hier aufgrund der bereits vorhandenen Kommunikation und Hilfenschulung die Möglichkeit, es sanft durchzuparieren. Wie das Pferd seine ersten Runden im Trab gestaltet, ist durchaus unterschiedlich. Manche Pferde werden eher zäh vorwärtsgehen, auch hier beschreiben beispielsweise Seunig, Bürger und Steinbrecht, wie das zuvor prächtig trabende Pferd beim ersten Trab unter dem Reiter sofort an Geschmeidigkeit und Schulterfreiheit verliert und der Gang eher gebunden und hölzern wirkt. In diesem Fall darf man das Pferd auch nicht durch langes Traben belasten. Wir müssen uns damit abfinden, dass wir in den ersten Einheiten mit Sicherheit noch nicht die Bewegungsqualität herstellen können, die wir zuvor ohne Reiter hatten. Erinnern wir uns hier auch noch einmal an das Konzept der Biotensegrity. Faszien brauchen Übung und diese Übung und Selbsterfahrung müssen wir ihnen gewähren.

Eine weitere Möglichkeit ist, dass das Pferd viel zu schnell unterwegs ist. »Schneller« ist meist einfacher zu korrigieren als »Zähigkeit«. Das Pferd läuft jetzt seinem Schwerpunkt hinterher, der Reiter kann durch Stimme, langsames Leichttraben ebenso unterstützend einwirken wie der Longeur. Eventuell können hier jedoch mehrmalige Versuche anzutraben hilfreich sein, wobei wir dem Pferd das Gefühl geben, das Wechseln der Gangart ganz mühelos und mit viel Vorbereitungszeit umsetzen zu dürfen. In diesem Fall sollten die Hilfen zum Antraben allmählich hinzugefügt werden. Ein zu promptes Signal zum Antraben lässt das Pferd eher nach vorne schießen wie ein Katapult. Stichwort Katapult. Da manche Pferde sich auch mit dem nun vorhandenen »Übergewicht« auf der Vorhand nicht wohl fühlen und den Rumpf nicht zwischen den Vorderbeinen absacken lassen wollen, nehmen sie die Sache gerne selbst in die Hand und bieten einen Galoppsprung nach oben an. In diesem Fall würde ich den Sprung zunächst zulassen und wieder zum Trab zurück parieren.

»An dieser Stelle möchte ich nur empfehlen, das junge, gewandte Pferd, wenn es sich selbst den Galopp sucht, nicht eher darin zu stören, bis man dadurch die gewünschte Anlehnung und Richtung seiner Vorhand gewonnen hat, und es dann dadurch zum Trabe zurückzuführen, dass man durch etwas stärkere Wirkung des inneren Zügels und Schenkels das innere Hinterbein mehr unter die Last bringt.«
Gustav Steinbrecht, »Das Gymnasium des Pferdes«

Die Lehrstunde der ersten Trabeinheiten an der Longe sollte auf jeden Fall so beendet werden, dass unser junges Pferd munter und fröhlich zu seinen Artgenossen zurückkehrt. Noch bevor erste Ermüdungserscheinungen auftreten, ist die Stunde zu beenden. Wenn der Longeur bereits ein gutes Auge für das Pferd hat, dessen Bewegungen hinsichtlich der Kraftanstrengung gut beurteilen kann, ist dies ein Vorteil, denn der Reiter hat ja durch wenig Praxis auf dem Pferderücken noch keine genaue Kenntnis über die Bewegungen des Pferdes. Es kann sein, dass sich eben auch Themen wiederholen, die ganz am Anfang der Ausbildung bereits beim Longieren ohne Reiter ersichtlich waren. Neigte das Pferd damals schon zum Eilen, dann ist häufig erneut mit dieser Lösungsstrategie zu rechnen, beim Verhalten ist es genauso.

Der Trab wird mit jeder Einheit ein bisschen gesteigert. Nun nimmt der Reiter auch langsam Einfluss auf die Handwechsel, die natürlich zuerst im Schritt erarbeitet werden. Bei den ersten Runden im Schritt war der Longeur noch maßgeblich für den Handwechsel verantwortlich. Nun steigt der Einfluss des Reiters hinsichtlich der Hilfengebung.

Ich empfehle meinen Schülern immer mit einem Zügelpaar zu reiten, jede Hand hält einen Zügel. Reiter und Longeur legen vorausschauend den Zeitpunkt des Handwechsels fest (beispielsweise von X zu A) und bereiten sich darauf vor. Je besser beide Ausbilder auch hier miteinander zusammenarbeiten, umso schneller wird das junge Pferd die Hilfen aus dem Sitz zum Wenden mit der Aufgabe verbinden. Der Longeur wendet das Pferd von der Zirkellinie ab und lässt es auf sich zukommen, wie gewohnt wird die Longiergerte gewechselt und das Pferd an der inneren Schulter auf die neue Linie geschickt. Der Reiter nutzt nun die Drehung seines Oberkörpers. Bei jeder Wendung stelle ich mir vor, dass sich das

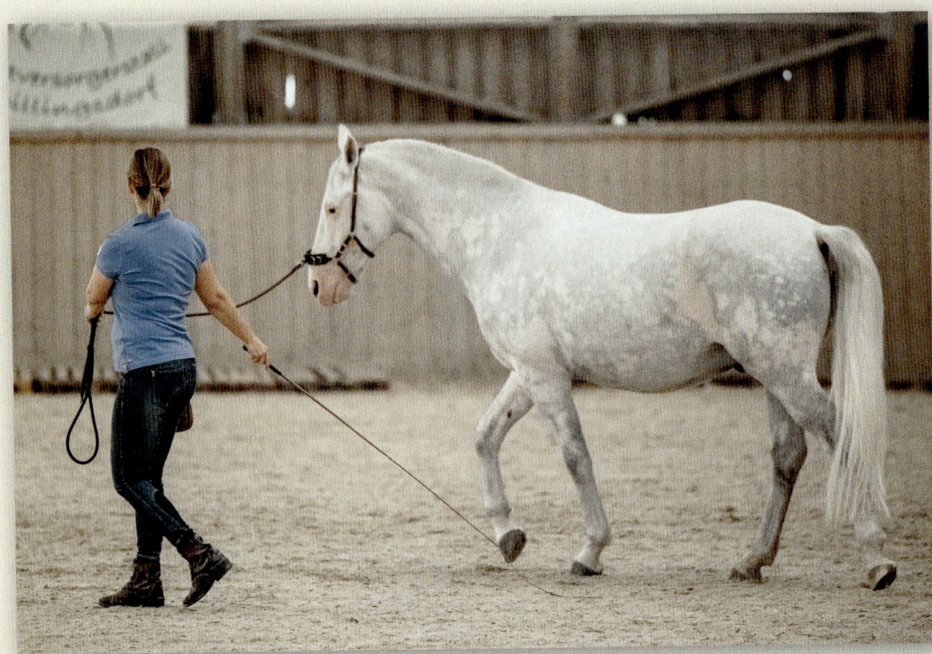

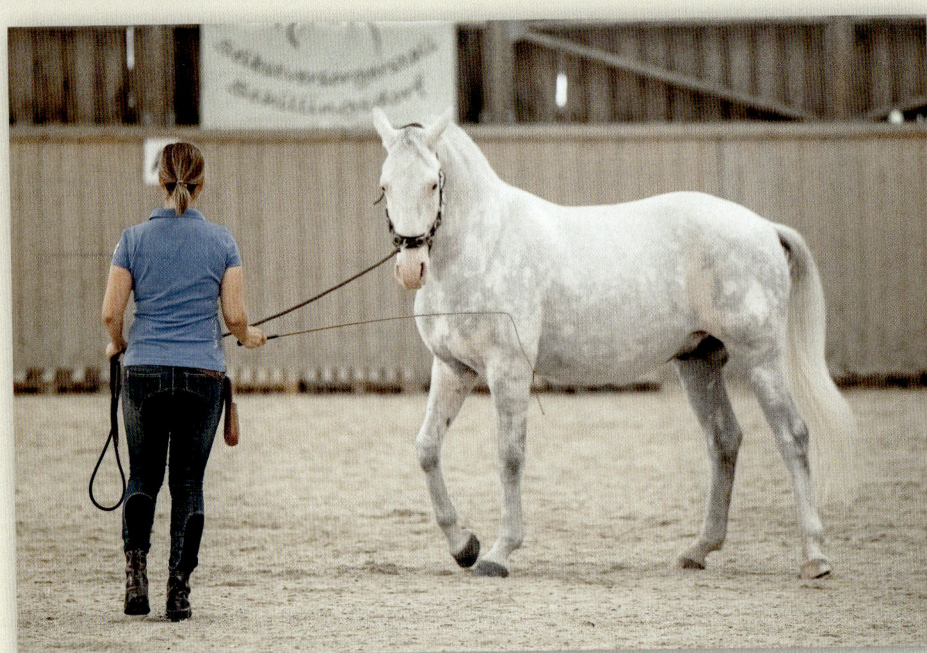

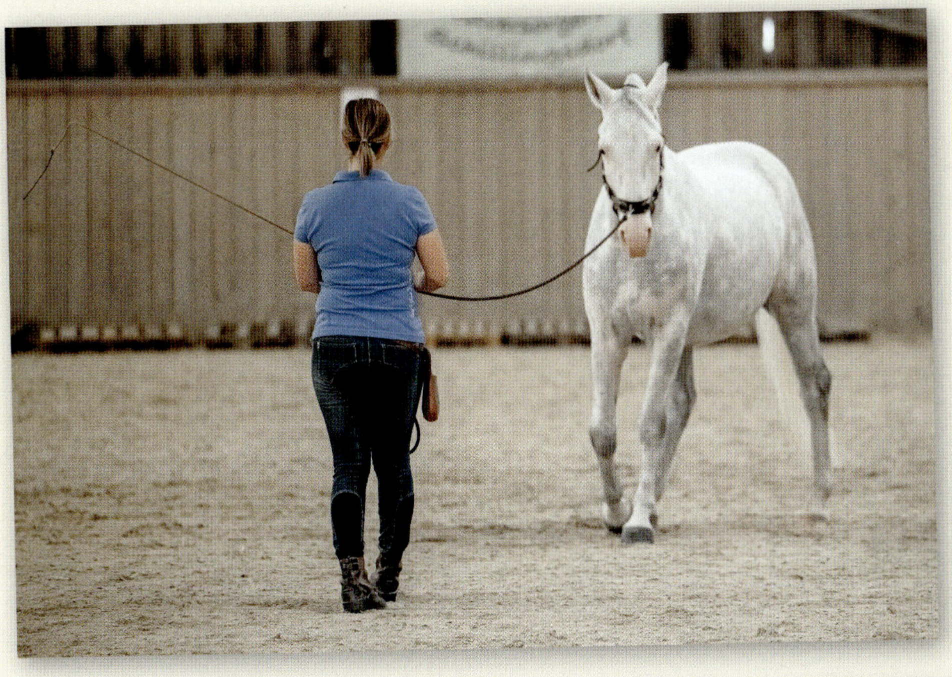

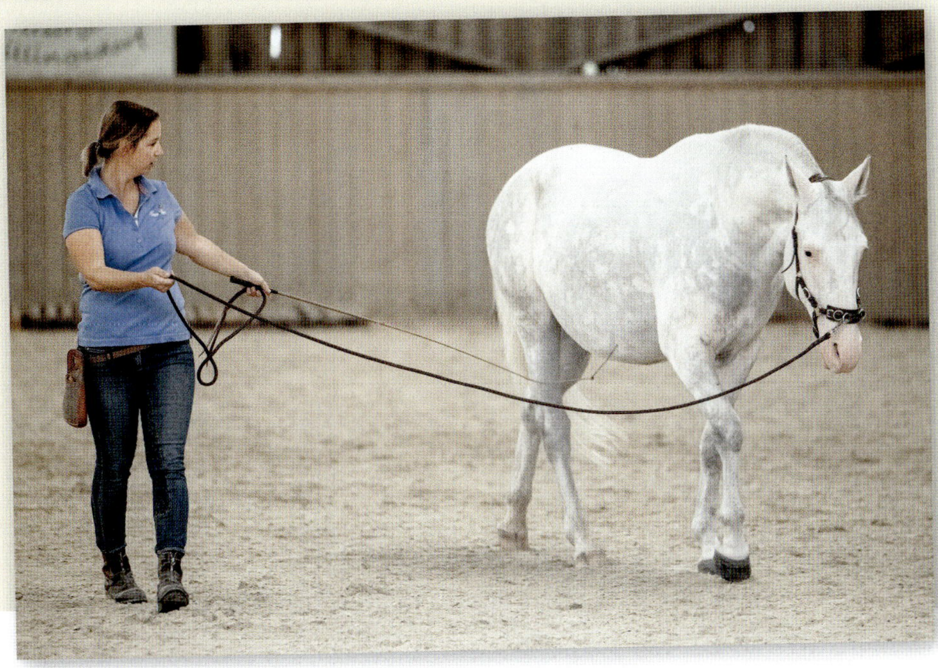

Handwechsel mit Schnucks – die Körpersprache des Longeurs sollte stets klar und eindeutig sein, so ist es für das Pferd leicht, die Hilfen später aus dem Sattel zu kombinieren.

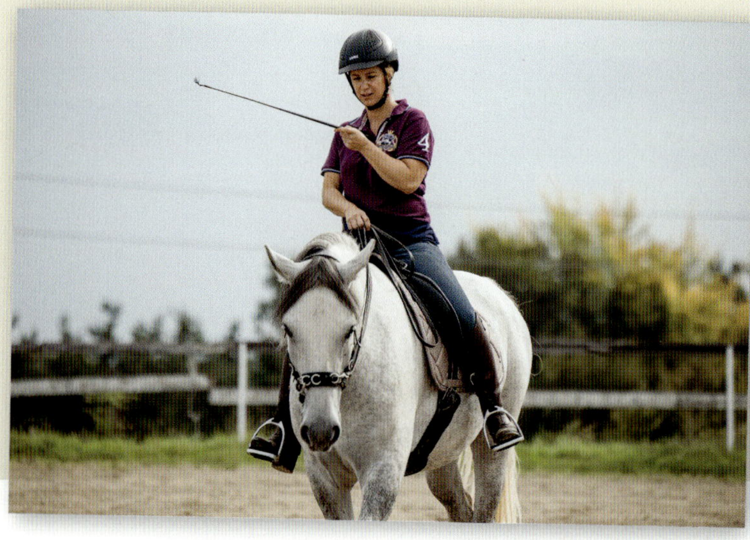

Die Richtung bestimmen: Schambein und Brustbein des Reiters geben die Richtung vor, das Pferd sollte direkt unter der vorgestellten Linie bleiben. Hier bleibt Amena nicht unter dem Reiter. Wie sollte er auch? Hier übertreibe ich meine Oberkörperdrehung absichtlich, sodass Amena gar keine andere Chance hat, als über die Schulter unter meinem Sitz »weg zu driften«.

Brustbein verlängert und zwischen den Pferdeohren durch zeigt. Diese Verlängerung kann man auch mit einer Gerte am Brustbein angelegt ausprobieren. Vorsicht ist natürlich bei sensiblen Pferden geboten.

Auch das ist ein Pluspunkt für die vorbereitende Bodenarbeit, da wir hier die Gerte immer wieder über den Hals und Rücken nehmen. Unser langes »Pinocchio-Brustbein« und der Pferdehals bis zum Genick sollten im Idealfall auf einer Linie bleiben. Es nützt also wenig, bei einem jungen Pferd die Wendung durch Übertreibung der Oberkörperdrehung einzuleiten. Warum sollte das Pferd die Wendung zuerst falsch und dann richtig lernen? Machen wir es doch von Anfang an korrekt und zeigen dem Pferd den Drehsitz, der es zu einem Handwechsel einlädt. Das äußere Gesäß hebt sich ein wenig durch vorsichtiges Anheben des Knies, um dem Pferd die Dehnung und Rotation des Brustkorbes zu erleichtern. Wir bleiben innen am Sitzknochen belastend sitzen, ohne uns jedoch mit dem Oberkörper nach innen zu lehnen. Der innere Schenkel fragt nun nach etwas mehr Biegung, der äußere Schenkel bleibt verwahrend etwas weiter hinten. Der äußere Zügel gibt nun etwas nach, gerade so weit, dass die Funktion des äußeren indirekten Zügels noch erhalten bleibt. Der innere Zügel löst und sorgt für Stellung. Sind Reiter und Pferd genau auf den Longeur ausgerichtet, gibt der alte innere Zügel nach und wird zum neuen äußeren Zügel. Der Reiter setzt sich auf die neue innere Seite. Manchmal hat man das Gefühl, sich deutlich auf die neue Seite setzen zu müssen. Der alte innere Schenkel wird zum äußeren neuen und umgekehrt. Entsprechend der neuen Biegung unterstützen innerer Zügel und Schenkel, äußerer Zügel und Schenkel wirken verwahrend. Auch der innere indirekte Zügel kommt nun beim Vergrößern auf die neue Zirkellinie zum Einsatz. Die innere Hand kann beim Einleiten der Wendung etwas nach innen genommen werden, lediglich der Idee folgend, den Weg zu weisen. Zug am inneren Zügel bringt das Pferd nur auf die äußere Schulter, der Zügel sollte also leicht bleiben und kein Gewicht aufnehmen.

Die ersten Handwechsel sollten im Schritt geritten werden, da hier die Wendung doch sehr eng ausfällt, und dem Pferd noch Mühe bereitet. Auch sollten

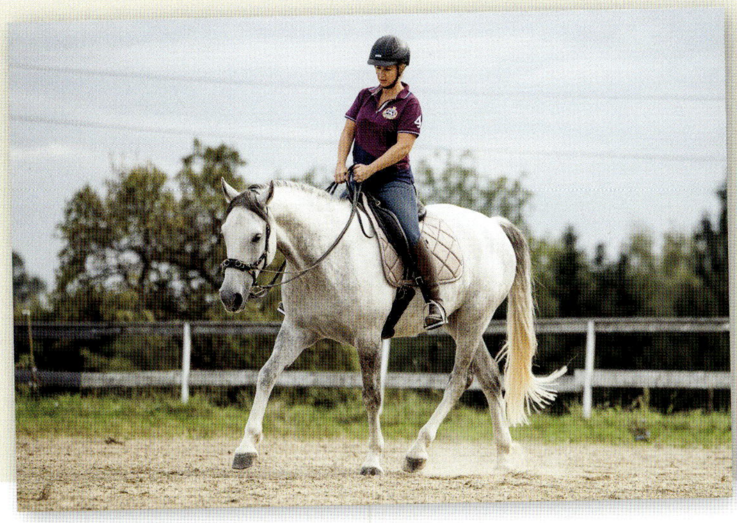

Zu Beginn können die Übergänge noch auslaufend erfolgen.

die Gelenke der Hinterhand nicht umphysiologisch belastet werden, so lange sich das Pferd noch nicht konstant und in Formgebung biegt.

Bei den ersten Trabversuchen nimmt der Reiter zwar bereits die Zügel auf, was zur reinen Kontaktaufnahme dient. Losgelassenheit und eine Dehnung zur nachgiebigen Hand müssen vom Pferd angeboten werden, erst dann dürfen wir aktiv durch den inneren direkten Zügel allmählich die Formgebung beeinflussen.

Je besser das Pferd bereits auf die Hilfen des Reiters zum Antraben und Durchparieren reagiert, umso eher kann der Longeur sich zurückziehen.

Das erste Durchparieren an der Longe erfolgt natürlich auch wieder in Abstimmung der beiden Ausbilder. Der Longeur nimmt das Pferd durch sachte »Paradewellen« an der Longe auf, der Reiter sitzt weich ein, verlagert den Schwerpunkt vorsichtig in die Mittelpositur – der Hinterhand sollte noch kein übermäßiges Gewicht durch den Reiter zugemutet werden. Stimmhilfen können das Pferd ebenso unterstützen, wie eine langsamere Vorgabe der Bewegung. Je besser sich der Reiter an die Bewegung des Schritts erinnert, umso eher kann er eben diese Bewegung aus seiner Hüfte heraus einleiten und das Pferd so ermutigen, in diese Bewegung zu folgen. Vorsichtiges Parieren mittels sanften Vibrationen an beiden Zügeln gleichermaßen fordert das Pferd auf, in die niedrigere Gangart zu wechseln.

Diese Hilfen können auch allmählich durch Wiederholung gefestigt werden. Die Übergänge dürfen zu Beginn natürlich auslaufend sein und ihre Zeit brauchen. Vereinfacht ausgedrückt muss das Pferd lernen, auf das Annehmen beider Zügel sein Tempo zu reduzieren und den Takt zu wechseln. Und hier die schlechte Nachricht: Vermutlich wird diese Hilfe noch nicht sofort in aller Eleganz umgesetzt. Das junge Pferd kennt die Hilfen vielleicht aus der Handarbeit, trotzdem sind sie unter dem Reiter neu, dazu kommt das Bedürfnis, seine Balance wieder zu finden. Manchmal hat der Reiter vielleicht das Gefühl, bereits eine Ewigkeit an den Zügeln zu ziehen. Wichtig ist jedenfalls, die Hand nicht hochzunehmen oder zu stark rückwärts zu führen. Stellen wir uns vor, dass wir unser Becken ein wenig näher an die Hand bringen und halten wir die Zügelhilfe doch ein wenig aus. Das Pferd wird unsere Absicht recht bald verstehen und immer feiner und rascher auf diese neuen Hilfen reagieren. Aber auch hier ist Übung das Maß aller Dinge und es ist auch in Ordnung, wenn erste Versuche sich noch ein bisschen grobmotorisch und in der Umsetzung sehr lang anfühlen.

Da wir uns in diesem Kapitel erstmals mit dem Trab unter dem Reiter beschäftigt haben, sollten wir die große Frage »Leichttraben oder Aussitzen?« noch einmal erörtern.

Leichttraben oder aussitzen?

Ein viel diskutiertes Thema ist, ob man ein junges Pferd im Entlastungssitz reiten sollte oder ob man auf ihm leichttraben sollte.

Der Sitz ist ohne Zweifel die wichtigste unserer Hilfen. Das Pferd muss aber auch im Rücken schwingen dürfen. Zwanglosigkeit ist wie bereits mehrfach erwähnt, die erste Stufe auf dem Weg zur Hergabe des Rückens und der Möglichkeit des Reiters, das Pferd zu formen. Zwanglos gilt jedoch nicht nur für das Pferd, sondern auch für den Reiter.

Als Ausbilder unserer Pferde haben wir natürlich die Pflicht, uns nicht nur um die physische Entwicklung des Pferdes zu sorgen. Wir sollten unsere eigene Fitness ebenso wenig vernachlässigen. Wenn wir uns im Sitz verspannen, weil uns das Pferd noch nicht gut sitzen lässt, wir daher die Stöße des Aufpralls der Vorderbeine besonders stark wahrnehmen, dann dürfen wir uns und dem Pferderücken die neue Bewegung auf jeden Fall leichter machen, indem wir leichttraben.

Welches Tempo und wie viel Energie gewählt werden muss, hängt schlussendlich vom Pferd und dessen Muskeltonus ab. Haben wir ein Pferd, das von Haus aus eher eine schlaffe, weiche Muskulatur mitbringt, dann darf es ruhig nach Gustav Steinbrecht ein »entschlossener Gang« sein, soll heißen, der Trab darf durchaus energetisch sein, sollte aber keinesfalls gehetzt oder eilig gestaltet werden. Durch die höhere Tonisierung der Muskulatur bekommt das Pferd eine bessere Stabilität, es wird sich nicht leicht verbiegen. Lässt das junge Pferd den Reiter hier noch nicht sitzen, sodass der Ausbilder selbst auf dem Pferderücken nur durch Verspannung zum Sitzen kommt, ist Leichtreiten für einen positiven Bewegungsfluss auf jeden Fall zu empfehlen. Bei einem sehr straffen, eher steifen Pferd wird man genau das Gegenteil

Es heißt gerne: »Durch Leichttraben wird man nicht leichter, aber man muss es sich auch nicht schwerer machen.« Leichttraben hilft Reiter und Pferd dabei, den Takt zu finden und entlastet den sensiblen Bereich der Lende.

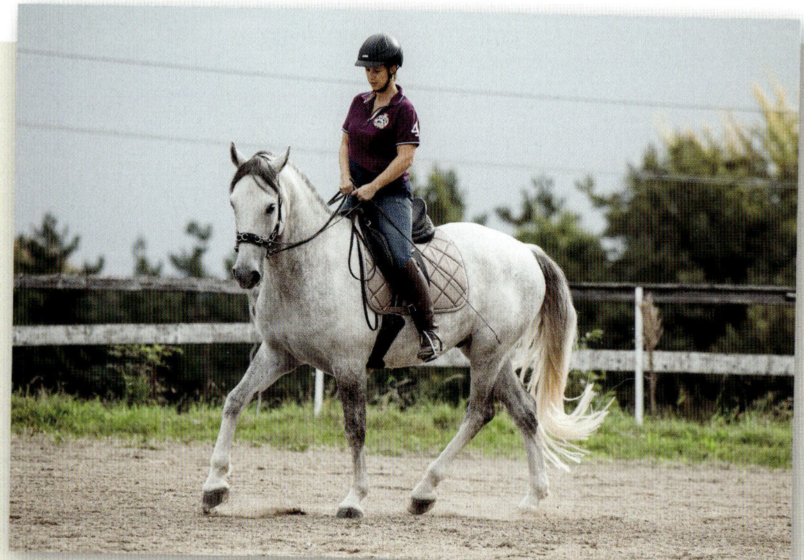

benötigen. Für ein solches Pferd ist die Arbeit an den Biegungen recht zügig auf den Stundenplan zu setzen, empfehlenswert sind gemäßigtes Tempo und Gangart. Nicht immer ist es jedoch möglich, sofort Tempo zu reduzieren, vor allem, wenn sich das Pferd anfangs noch verhält. Wir müssen hier also auch zuerst die Gehlust in möglichst freien Gangarten fördern.

VIDEO

Leichttraben oder nicht? Darum geht es in diesem Video.

Für den Reiter liegt der Vorteil beim Leichttraben auf der Hand: Er wird nicht stark geworfen und verspannt sich nicht, wenn er korrekt leichttrabt. Der Nachteil ist natürlich die schnelle Abfolge des Leichttrabens. Dadurch hat der Reiter weniger Zeit, im Sattel direkt durch seinen Sitz zu fühlen. Für ein junges Pferd ist es dennoch ein guter Kompromiss. Denken wir noch einmal an die wichtigen Punkte bei der Wahl des Sattels fürs Pferd. Leichttraben empfiehlt sich nicht bei baumlosen Varianten oder Sätteln mit dünnem Lederbaum. Für die Steigbügel brauchen wir ein Kopfeisen, das durch das Gewicht in den Bügeln vermehrt ins Bindegewebe des Pferdes einsinkt und möglicherweise starken Druck erzeugt. Der Reiter steht in den Bügeln, kann sich aber auch ein wenig auf den Oberschenkeln abstützen. Der Knieschluss sollte nicht zu fest sein, beim Einsitzen nimmt man zuerst auf den Oberschenkeln und dann vorsichtig mit dem Gesäß Platz. Gerade im Gelände ist es für Reiter und Pferd wesentlich einfacher, einen guten Rückenschwung zu entwickeln, wenn nicht ausgesessen wird. Zu frühes Aussitzen kann auch die Muskulatur im Lendenbereich versteifen, ein Zeichen dafür ist ein plötzliches Schleppen der Zehen der Hinterbeine. Das Pferd im Training zu filmen lohnt sich, denn wenn der Trab seine Schwebephase verliert, dann ist möglicherweise zu früh zu viel Belastung auf den Pferderücken gekommen. Mit zunehmender Versammlung gibt es keine Schwebephase mehr im Zweitakt, da sich die hohen Anforderungen aber nur aufgrund einer korrekten

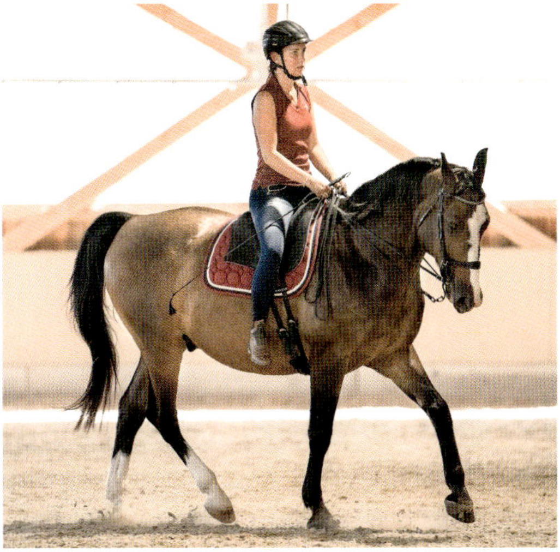

Wenn wir aussitzen, sollte das Pferd Tempo und Takt nicht verlieren.

Basis entwickeln können, darf nicht zu früh mit der Beeinflussung der Schubkraft begonnen werden. Haben wir ein Pferd mit viel Schub, ist dies erneut ein Plädoyer für das Leichttraben.

Im Gelände sollte nicht ständig auf demselben Fuß getrabt werden, hier gilt es immer wieder umzusitzen.

Historisch gesehen kann man das Leichttraben als relativ späte Erfindung mit dem Siegeszug im 19. Jahrhundert feiern. Gerade für den schnellen Truppentransport der Rekruten und viel Trab im Gelände war es einfacher leichtzutraben als auszusitzen.

Bei sehr eiligen Pferden lässt sich durch Leichttraben auch noch das Tempo und der Takt beruhigen, indem der Reiter langsamer aufsteht und sich auch langsamer setzt. Läuft unser Pferd jedoch regelmäßig, dann heißt es jetzt: Bitte nicht stören und die eigene Position des Oberkörpers den Bewegungen des Pferdes anzupassen. Bei viel Energie und Raumgriff bedeutet das eine Entlastung etwas nach vorne, wobei wir auch hier an die verschluckte Schwerpunktkugel im »Götterspeise-Oberkörper« denken. Nur so viel Balance in Bewegungsrichtung zulassen, dass unsere Schwerpunktkugel nicht aus der Götterspeise stürzen kann. Lehnen wir uns zu stark nach vorne, sorgen wir selbst für mehr Beschleunigung. Das Pferd wird dazu gezwungen, seinem Schwerpunkt hinterherzulaufen. Je gemäßigter das Trabtempo wird, umso eher kann sich der Reiter mit dem Oberkörper aufrichten.

Ein weiterer Pluspunkt für das Leichttraben ist die Hilfe zum Angaloppieren. In der Regel wird korrekt leicht getrabt, wenn der innere Hinterfuß den Boden verlässt. Man nennt das auch deutsches Leichttraben. Ursprünglich kam das Leichttraben aus England, hier war es genau umgekehrt, es wurde am äußeren Hinterbein leicht getrabt. Ob englisch oder deutsch, die Tradition stammt wie vieles aus der Militärreiterei. Wenn wir auf dem äußeren Hinterbein Leichtraben, kann dies bei jungen Pferden auch eine gute Unterstützung sein, die Galopphilfe einzuleiten. Dies sollte jedoch nicht dazu führen, dass Pferde in den Galopp stürmen.
Die Wahl des Sitzes sollte letztlich zu den Bewegungen des Pferdes passen sowie zu den Überlegungen, wie wir unser Jungpferd in den nächsten Ausbildungsschritten am besten unterstützen können.

Wann nehmen wir den Galopp dazu?

Grundsätzlich gilt: Je besser wir das Pferd am Boden und in der Longenarbeit auf den Galopp vorbereitet haben, umso günstiger ist dies für die Galopparbeit. Allerdings sollte der Galopp unter dem Sattel nicht zu früh abgefragt und dann auch nicht zu lange verlangt werden.

Bleiben wir dem Grundsatz treu, das Pferd nicht zu früh zum Galopp aufzufordern, allerdings den Galopp nicht zu unterdrücken, wenn ihn das Pferd von sich aus anbietet. Gerade im Galopp werden die Fliehkräfte ungleich größer, das Pferd hat Mühe, sich auf dem Zirkel zu halten.

Einige Ausbilder raten dazu, das Pferd beim Angaloppieren an der Longe zunächst nach außen zu stellen. Dadurch wird die innere Schulter vermehrt belastet, das Einspringen in den Galopp soll erleichtert werden. Nun ist aber das innere Vorderbein im Galopp ohnehin am stärksten belastet, da es kurz vor dem Absprung alleine die gesamte Körpermasse vorwärtsbringt. Wünschen wir uns aber langfristig, dass dem inneren Vorderbein primär die Aufgabe zukommen soll, den Abstand des Pferdes vom Boden zu regulieren und nicht die Masse über das stützende Vorderbein zu ziehen, dann sollten wir die Idee der Außenstellung verwerfen. Schließlich halten wir uns auch an den Grundsatz, nicht einfach »irgendwie« den gewünschten Inhalt umzusetzen, sondern lieber gleich mit einer korrekten Bewegungsidee. Dass das Pferd auch hier üben muss, um uns später mühelos zu tragen, ist ebenso selbstverständlich, wie auch die Empfehlung, möglichst große Linien, am besten das Gelände, für den Galopp zu wählen.

Grundsätzlich müssen wir den Galopp nicht zwingend an der Longe dazunehmen. Aber auch hier lohnt sich der Blick in die Praxis:

Galopp mit Konrad

Konrads Lieblingsgangart ist der Galopp. An der Longe hatte er große Freude daran, aus einer Schulparade anzugaloppieren und sich dann nach oben zu katapultieren. Nach wenigen Sprüngen war er unfassbar stolz und mit sich selbst zufrieden. Wir konnten genau diese Übung dann auch in den Sattel mitnehmen und die Hilfen zum Angaloppieren in der Teamarbeit zwischen Longeur und Reiter bestens absprechen. Konrad hatte sich die Hilfen nach wenigen Wiederholungen bereits sehr gut gemerkt. Was uns aber einen Strich durch die Rechnung gemacht hatte, war die fehlende Zwanglosigkeit und Losgelassenheit. So mühelos Konrad den Galopp für wenige Sprünge auch fand – es bereitete ihm dann vor allem auch durch seine geringe Schubkraft große Mühe, den Galopp auf gerader Linie ungezwungen und bei gleichmäßigem Takt und Tempo »durchzuhalten«. Hätten wir also gleich vorwärtsgaloppieren sollen? Nicht unbedingt, denn Konrad hatte durch sein Versammlungstalent natürlich eine sehr gute Idee entwickelt, wie er den Brustkorb im Galopp nach oben heben konnte. Andererseits hätte es ihm auch nicht geschadet, etwas mehr Galopp an der langen Longe zu üben und dabei die gesamte Halle oder den großen Außenplatz auszunutzen. Da ich bei Konrad nicht so »pitzelig« sein wollte, wie bei meinen

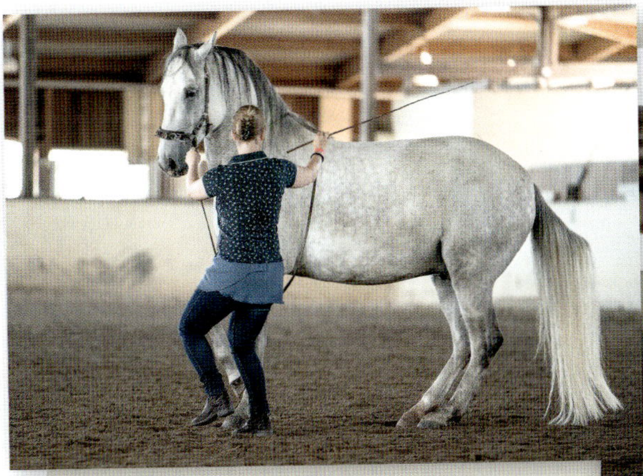

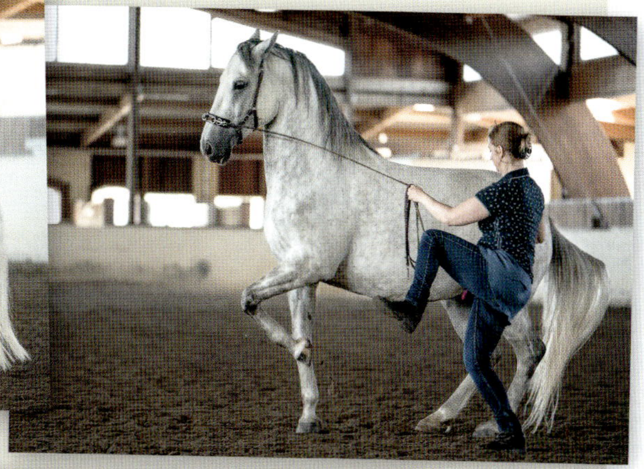

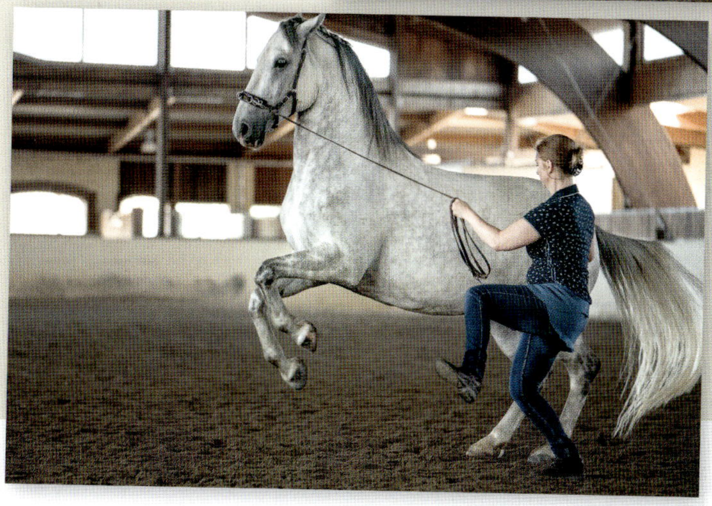

Konrad ist es immer besonders leicht gefallen, aus der Versammlung heraus anzugaloppieren – allerdings sollte das Augenmerk stets auf der Bewegungsvielfalt liegen. Auch eine längere Galoppreprise ist wichtig, um Kondition und Koordination zu schulen.

Stuten, die ja durchaus schwierige Handicaps bei der Ausbildung mitbrachten, bestärkte ich seine Talente, förderte aber auch nicht unbedingt in dem Maß die Inhalte, die ihm schwerfielen, wie es notwendig gewesen wäre. Eine Balance zwischen Talent und dem Erklimmen schwieriger Meilensteine sollte immer vorhanden sein.

YouTube-VIDEO

Einer der ersten Versuche von Mandrake im Galopp unter dem Reiter.

Galopp mit Amena

Amena fiel der Galopp zunächst wirklich schwer. Sein Talent ist der Trab. Wir haben durch ein wenig Versammlung an der Longe den Galopp sehr gut vorbereitet und dann sehr rasch auf die großen Linien der 70 x 30 Meter großen Halle mitgenommen. Manchmal war Amena – typisch Jungpferd – sehr rasant unterwegs. Es brauchte somit auch Übung, einen losgelassenen, mühelosen Galopp

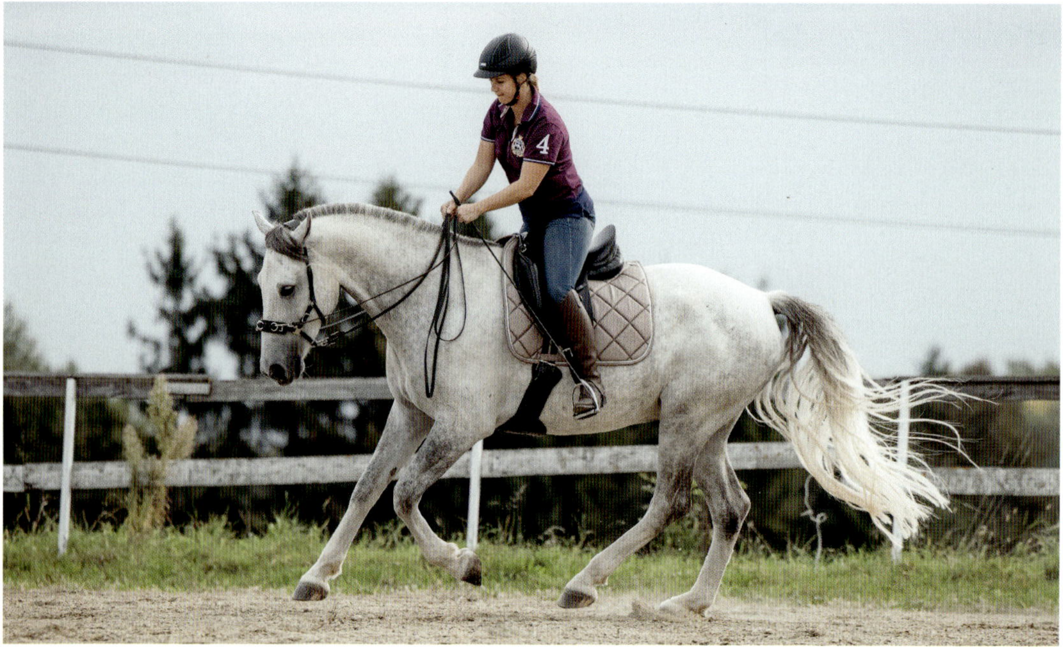

Amena half ein versammeltes Angaloppieren. Für ihn war ein grenzenloser Raum wichtig, um sich gut auszubalancieren. Galopp in beengtem Raum (Reithalle mit den Maßen 20 x 40 Meter) war für Amena wesentlich schwieriger umzusetzen, als Galopp auf großem Raum im Freien.

zu entwickeln, wobei natürlich auch das Training von Ausdauer und Kondition im Vordergrund stand. Später, als wir ohne Longeur unterwegs waren und Amena viele Aufgaben im Trab super gemeistert hat, bin ich öfter schon vor dem Galopp abgestiegen, da ich mit Amena so zufrieden war. Das war auch in Ordnung. Trotzdem ist der ruhige Galopp sowohl auf dem Zirkel als auch auf der langen Seite letztlich Übungssache, die ich nicht vernachlässigen sollte. Den Galopp ruhig zu gestalten ist für die meisten Reiter ein großer Wunsch. Hier grätscht auch das Thema »Angst« in die Ausbildung von jungen Pferden hinein. Wir fürchten häufig um die Kontrolle im Galopp. Die Arbeit an der Versammlung sollten wir jedoch nicht irrtümlich mit »Kontrolle« verwechseln. Natürlich »kontrollieren« wir gewissermaßen die Bewegung des Pferdes durch die Versammlung, allerdings muss die Versammlung immer in ein ungezwungenes Vorwärts aufgelöst werden, wobei sich erst dann die wahre Qualität der vorhergegangenen Übung zeigt. Schießt das Pferd aus der Versammlung nach vorne, war es nicht losgelassen genug, möglicherweise wurde auch bereits zu stark über die physischen Grenzen des Pferdes gearbeitet.

VIDEO

Amena mitten im Sturm bei einer Morgenarbeit. Hier standen Linienführung, flüssiges Reiten, Übergänge und erste Galoppversuche im Vordergrund. Gefilmt für das Forum der Onlinekurse und zur Dokumentation von Amenas Weg zum Reitpferd.

Galopp mit Mandrake

Bei Mandrake war im Galopp alles feurig und energiegeladen. Nicht unkontrollierbar, aber reine Bewegungsfreude. Hier war es meine Aufgabe, den Galopp ruhiger zu gestalten, sodass Mandrake seine Bewegungsfreude auch »meditativ« im Galopp genießen konnte.

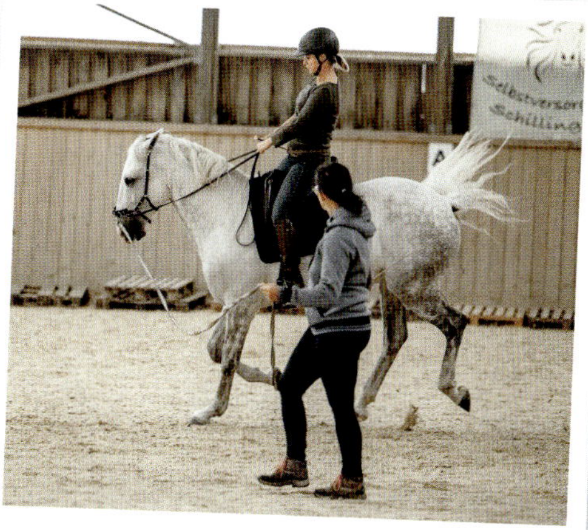

Mandrakes erste Galoppsprünge waren immer von einer gewissen Rasanz geprägt.

Den ersten Galopp unter dem Reiter meisterte Mandrake durch Unterstützung meiner Schülerin. Als Vertrauensperson blieb ich am Boden, da Mandrake überaus sensibel auf Körpersprache reagiert. Noch heute spiegelt er seinem Longeur punktgenau, ob da zu viel Energie des Zweibeiners im Spiel war. Da der Galopp nicht in Schräglage und hohem Tempo umgesetzt werden sollte, blieb ich am Boden, meine Schülerin Anja stieg in den Sattel. So probten wir nur, die ersten Versuche reiterlicher Hilfen und die ihm bekannte Kommunikation vom Boden aus zu kombinieren. Die reiterlichen Hilfen waren lediglich auf ein sanftes Zurücknehmen des äußeren Schenkels sowie ein »Abwarten« vom Sitz und Nachgeben mit den Zügeln bei sanfter Verbindung beschränkt. Wenn das innere Hinterbein im Begriff war abzufußen, setzte ich mein vorsichtiges Signal zum Angaloppieren um. Als Zeitpunkt haben wir bei ruhigem Trab immer die Ecke vor der kurzen Seite der Halle gewählt, um vom Trab in den Galopp zu wechseln.

Wir wiederholten diese Hilfengebung ehe es ins Gelände ging. Dort bin ich an zweiter Stelle geritten, wir hatten somit Unterstützung durch ein braves Pferd, das vorausging. Stimmhilfen und Schenkelhilfen reichten aus und wir hatten unseren ersten Galopp im Gelände.

Im Gelände war der Galopp sofort ruhiger und kontrollierter. Auch der Dreitakt war viel schöner. Bei jungen Pferden lässt sich häufig ein Passgalopp feststellen. In diesem Fall fußt das äußere Vorderbein nicht gleichzeitig mit dem inneren Hinterbein auf, die diagonale Beinphase verschiebt sich, auf der linken Hand würden also rechts hinten und rechts vorne beinahe gleichzeitig landen. Ist das innere Hinterbein noch in der Luft und das äußere Vorderbein am Boden sprechen wir immer von Passgalopp. Das unterstreicht, das zu frühe Galoppieren zu vermeiden, da wir dem Pferd ansonsten ein ungesundes Bewegungskonzept beibringen, da wir ja den Versuch anzugaloppieren sehr wohl positiv bestätigen. Wie unterscheidet das Pferd, ob wir den Versuch zu galoppieren loben oder die Art und Weise wie der Galopp ausgeführt wird?

Wenige Sprünge reichen zu Beginn, der Reiter sollte diese im Fokus haben und nach Möglichkeit vermeiden, das Pferd immer von sich aus ausfallen zu lassen. Je weniger wir am Galopp auf dem Zirkel arbeiten »müssen«, weil nur dort ein geregelter Takt mittels Versammlung hergestellt werden kann, umso besser. Natürlich müssen wir uns etwas »trauen«,

Nach wenigen Sprüngen klappt die Sache aber dann schon ganz gut.

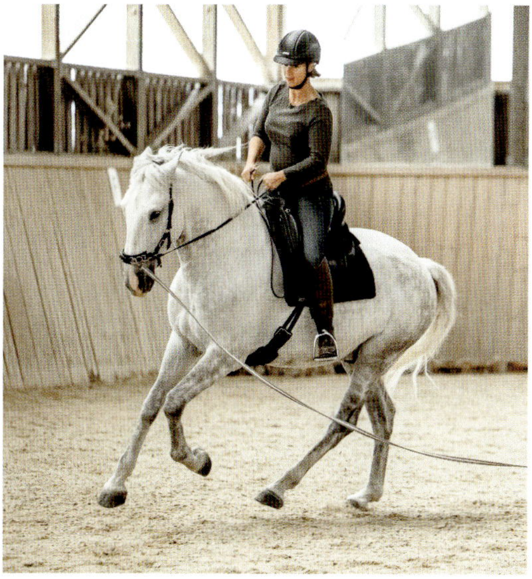

wenn wir mit unserem jungen Pferd die gesamte Fläche der Halle oder des Reitplatzes nutzen wollen. Ein Longeur bietet uns große Sicherheit, sollte auf jeden Fall motiviert sein, den gesamten Platz mitzulaufen.

Vorsicht ist auch geboten, wenn das Pferd im Galopp stürmt und schneller wird. Wirkt der Ausbilder nun permanent mit seiner Hand rückwärts ein, wird die Grundlage des Vorwärts und der positive Effekt der Schubkraft abgewürgt. Auf großer Linie ist unser Ziel der zwanglose Galopp, bei natürlicher und freier Selbsthaltung. Die gesamte Ausbildung wird umso einfacher, je weniger das Pferd den Galopp als »aufregende Sache« erlebt. Mandrake hatte Freude am Galopp, aus diesem Grund haben wir ihn auch nie ausgelassen. Aber mental haben wir eben einen meditativen Galopp erarbeitet und aus dem Galopp keine große Sache gemacht.

Wichtig zur Hilfengebung: Der äußere Schenkel liegt hinter der Gurte, der innere Schenkel gibt in der Gurtlage das Zeichen zum Angaloppieren, wenn das innere Hinterbein vorschwingt. Geben wir die Hilfe in der Standbeinphase des inneren Hinterbeins, dann ist der Sprung in den Galopp für das Pferd geradezu unmöglich. Es muss mindestens noch einen Schritt vorwärts machen, ehe es die Hilfe umsetzen kann oder aber es kommt ins Eilen, da es uns nicht verstanden hat. Halten wir es dann zurück und wiederholen die Hilfengebung, springt das Pferd nicht in den Handgalopp, sondern häufig in den Kreuz- oder Außengalopp. Herrscht Unordnung und Eile, bedeutet das für uns also immer, zur Ruhe zurückzukehren. Als Ausbilder unserer Pferde können wir diese Zeit aber durchaus nutzen, die einzelnen Hilfen nochmal Schritt für Schritt durchzugehen.

MEIN TIPP:
An der Longe die Kommunikation und Hilfen für das Angaloppieren schulen, im Gelände die Zwanglosigkeit fördern und auf dem Platz dann nach und nach beide Elemente miteinander kombinieren!

Was macht die Hand an der Longe?

Konzentrieren wir uns nun auf den Reiter. An der Longe haben wir den Vorteil, dass wir Unterstützung vom Boden an der Seite haben, das Pferd wird also in der Formgebung durch bereits bekannte Hilfen begleitet. Primär konzentriert sich der Reiter darauf, die bereits bekannten Schenkelhilfen nun durch seinen Körper zu ersetzen. Er versucht, die Bewegungen des Pferdes über seinen Sitz möglichst wenig zu stören. Die Reiterhand hält die Zügel und begleitet vor allem die Nickbewegung des Pferdes im Vorwärts. Mehr sollte die Hand eigentlich nicht tun. Wir greifen als sehr »handlastige« Wesen gerne ein. Beherzigen wir jedoch den Grundsatz, dass sich Hals und Genick des Pferdes zuletzt formen, dann sollten wir uns die Chance nicht entgehen lassen, das Pferd möglichst korrekt auszubilden. Die Hand des Reiters wird also primär den Longenführer dabei unterstützen, das Pferd auf einen größeren oder kleineren Zirkel zu dirigieren, sowie bei den Handwechseln Wendungen einzuleiten und die neue Stellung dem Pferd mitzuteilen. Niemals darf die Hand rückwärts wirken oder versuchen, eine Formgebung der Wirbelsäule zu erwirken.

Der Vorteil der gesamten Bodenarbeit kann uns nun quasi zum Verhängnis werden. Die einzig physische Verbindung zum Pferd wurde ja bei allen Varianten am Boden über die Hand hergestellt. Egal ob wir in der Frontposition vor dem Pferd unterwegs waren oder seitlich neben dem Pferd oder mit etwas mehr Distanz beim Longieren. Die Hand war also immer unser »Primärkontakt« zum Pferd. Nun muss der Sitz diese Aufgabe übernehmen, wobei wir unser junges Pferd, wenn wir es selbst anreiten, eben auch in der Bewegung noch nicht so gut kennen. Hier kommt wieder ein Vorteil der Bodenarbeit heraus: Je besser wir unser Pferd beobachtet haben und je mehr Erfahrung wir als Ausbilder mitbringen, das Gesehene so zu interpretieren, dass nicht nur die Augen die Informationen wahrnehmen, sondern auch das Gesäß (ohne im Sattel zu sitzen), umso eher lässt sich auch voraussagen, wie sich das Pferd unter uns anfühlen wird. Wir werden also nicht groß überrascht und können uns schon ein wenig auf das Pferd einstellen.

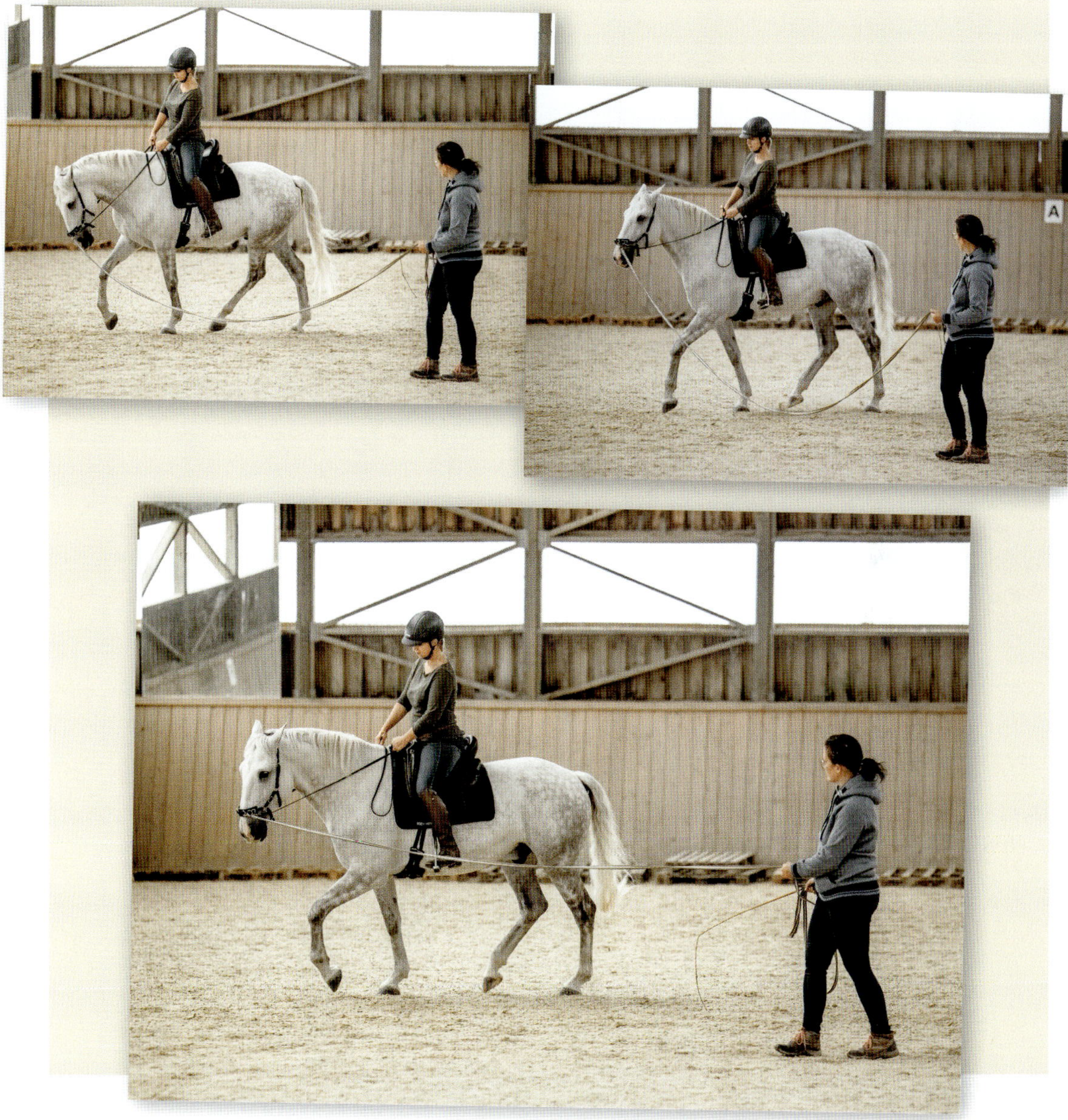

Mal zu tief, mal zu hoch – die Hand wartet ab und beeinflusst Mandrake nicht. Die Formgebung wird nur von hinten nach vorne und nicht von vorne nach hinten erarbeitet.

An der Longe überwiegen also die »verbindenden, folgenden Zügelhilfen«, die noch relativ passiv bleiben, und die indirekten Zügelhilfen. Die direkten Zügelhilfen sollten sich noch stark im Hintergrund halten. Denken wir erneut daran, wie wir selbst gerne »Händchenhaltend« unterwegs sind. Wir nehmen eine verlässliche Verbindung zu unserem Partner wahr, keiner stört den anderen in der Bewegung und damit im eigenen individuellen Rückenschwung. Im Gegenteil, die Bewegungen passen sich einander an. Genau so sollte der erste Zügelkontakt ablaufen, es sollte nicht mehr und nicht weniger passieren.

Lösende Impulse sind primär durch den Schenkel dem Pferd mitzuteilen, maximal der Ringfinger der inneren Hand darf sich, wenn der Longeur das Pferd stellt, in dem Moment schließen, wenn das innere Vorderbein nach vorne fußt. Dies ist insofern der beste Moment zum Lösen, als das Pferd hier den Kopf ohnehin nach innen bewegt. Dauerhafte lösende Einwirkung ist jedoch zu diesem Zeitpunkt der Ausbildung abzulehnen.

Wie lange bleiben wir an der Longe?

Wie lange man sich longieren lässt, das entscheidet der Reiter. Hier gibt es einige Faktoren, die beachtet werden müssen.

Tabby – ein Jahr an der Longe

Meine Trakehnerstute Tabby lernte ich einen Tag vor der Stutenleistungsprüfung kennen, für die sie sich qualifiziert hatte. Die Züchterfamilie war sich noch nicht sicher, ob Tabby überhaupt verkauft werden sollte. Also wurde sie für ein Monat zur stationären Prüfung gebracht.

Beim Probereiten zeigte sich Tabby sehr aufgeschlossen und bemüht. Sie war neugierig, schließlich hatte ich ein anderes Timing in Bezug auf die Hilfengebung. Was mir sofort sehr gut gefallen hat, war die unglaublich leichte Verbindung zwischen meiner Hand und dem Pferdemaul. Tabby stützte sich nicht auf die Hand, sie hatte bereits eine sehr schöne Selbsthaltung.

Nach einem Monat Ausbildung unter vielen fremden Reitern hatte Tabby gelernt, sich beim Antraben förmlich auf die Hand zu werfen. Meine erste Reaktion beim Reiten war daher, sofort nachzugeben, um die »Stütze« an der Hand nicht zur permanenten Krücke werden zu lassen. Tabby reagierte jedoch wütend auf diese Idee. Sie stieg beinahe senkrecht in die Luft und ich entschloss mich aus Sicherheitsgründen einen großen Schritt zurück in der Ausbildung zu machen und mich longieren zu lassen. Das gab vor allem mir die Sicherheit, denn mein Helfer vom Boden war erfahren und konnte bereits die kleinsten Signale von Tabby deuten. Auch gab es Tabby die Sicherheit, an der Longe die lösenden Hilfen nochmal in Kombination mit den Reiterhilfen zu verstehen. Da sie viel Temperament hatte und leicht zu heftigen Reaktionen neigte, wenn sie eine Aufgabe unbedingt lösen wollte, aber nicht wusste wie, wurden wir fast ein Jahr lang von Silke unterstützt. Ich gebe zu, bei den ersten Malen antraben, rutschte mir das Herz bis in die Knie. Aber mit der Zeit wurden wir immer sicherer.

Konrad war ja schon sehr weit am Boden ausgebildet, wir haben daher nicht viel Zeit an der Longe verbracht. Insgesamt lassen sich die wenigen Male an der Longe wohl an zwei Händen abzählen. Recht ähnlich ist es mit Amena gewesen und auch mit Mandrake, wobei Mandrake im Vergleich zu den beiden Lipizzaner-Buben weit weniger »Vorbildung« am Boden genossen hatte.

Während Konrad und Amena ganz schnell die Hilfen aus dem Sattel mit den Hilfen vom Boden kombinieren konnten, war ich bei Mandrake lange ohne Helfer unterwegs. Ich bin also immer wieder abgestiegen und habe Mandrake in aller Ruhe viele Details nochmals vom Boden erklärt und dann zeitnah vom Sattel erneut probiert. Grundsätzlich lässt sich nicht sagen, welcher Weg der »bessere« war. Für das Pferd muss es passen.

An der Longe können auf jeden Fall alle Hilfen kombiniert werden. Dazu zählen die Hilfen aus dem Sitz und der Schenkel für die Formgebung, die treibenden Hilfen, Übergänge, parierende Hilfen primär aus dem Sitz und durch sanfte Begleitung über die Hand und auch die Hilfen für die Seitengänge. Diese sind jedoch kein Selbstzweck, soll heißen, die Seitengänge sollen an der Longe auch noch gar nicht lange und intensiv geübt werden. Die Entwicklung der freien Gänge sollte immer im Vordergrund stehen. Demnach sind alle Übungen mit Vorsicht zu genießen, die das Pferd deutlich »abbremsen« oder langsamer machen, bevor es nicht eine gewisse Routine in puncto Biegung und Stellung, sprich der Formgebung, entwickelt hat. Und die Form folgt natürlich immer der Funktion. Für Seitengänge müssen wir natürlich mehr Formgebung erarbeiten. Unter dem

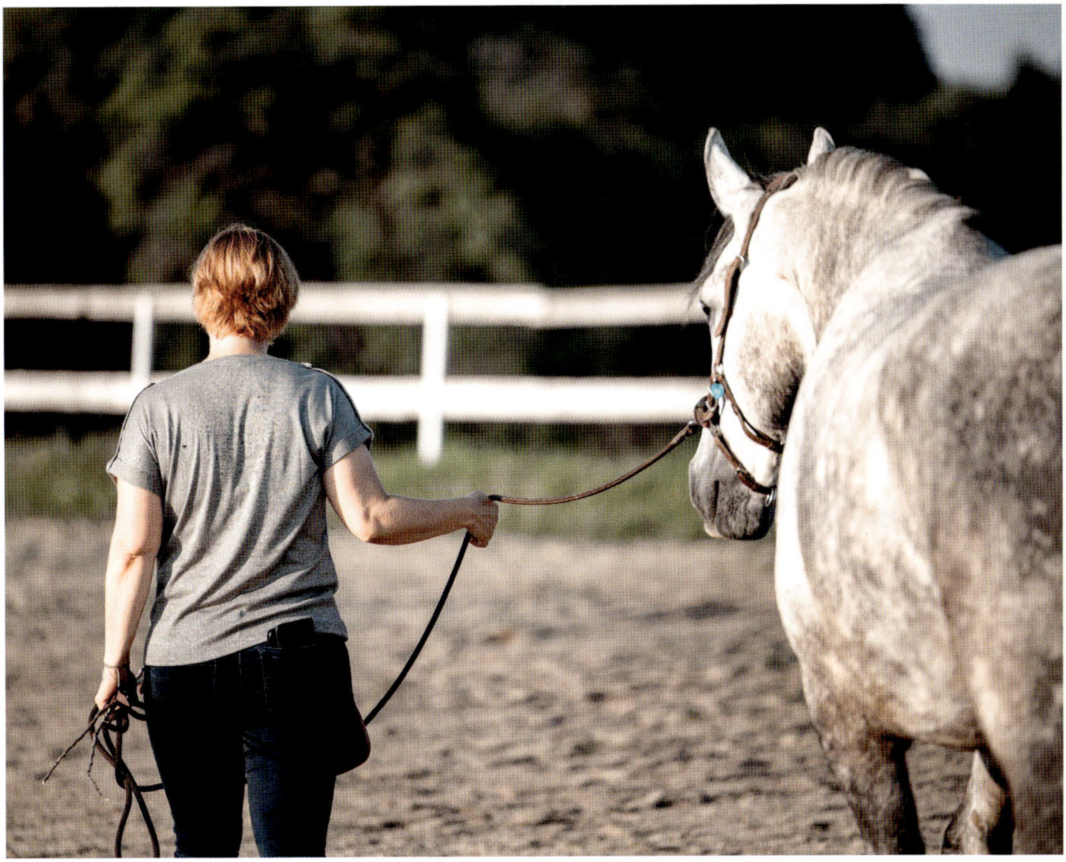

Das Pferd entscheidet, wie lange gewisse Dinge brauchen und in welchem Bereich wir vielleicht etwas mehr Zeit investieren müssen.

Reiter sollte aber das unbefangene Vorwärts sowie die Entwicklung der Schubkraft im Vordergrund stehen. Das bedeutet keinesfalls, die Pferde auf die Hand zu reiten, schwer in der Hand werden zu lassen. Die Bedeutung der Zwanglosigkeit kann einfach nicht oft genug betont werden. Auch im Stand lassen sich mit dem Bodenpersonal etliche Hilfen schulen, ohne dass wir viel in Bewegung umsetzen müssen. So weit vorbereitet, lässt sich das Gelernte sehr leicht in die selbstständige Arbeit unter dem Sattel mitnehmen.

Kommt es zu Unklarheiten von Seiten des Pferdes oder Unsicherheiten beim Reiter, kann ein Longeur jederzeit wieder hinzugezogen werden. Niemals sollte der Ausbilder zweifeln oder dies als einen Rückschritt betrachten. Eine Hürde ist niemals ein Rückschritt, im Gegenteil, wir lernen gerade an den schwierigen Extrameilen eine ganze Menge als Ausbilder unserer Pferde dazu.

Je länger wir an der Longe reiten, umso eher sollten wir mit dem Zirkel Schluss machen und gerade Linien hinzufügen. In einer ständigen Biegung zu bleiben, ist für das Pferd ein großer Kraftakt, daher sind an der Longe viele Handwechsel ratsam und auch viele Pausen am hingegebenen Zügel geradeaus zu empfehlen.

Anreiten ohne Helfer vom Boden

Was tun, wenn man nun tatsächlich keinen Assistenten bei der Hand hat? Gerade bei den ersten Einheiten, in denen wir das Pferd mit dem Reitergewicht bekannt machen, ist eine zweite helfende Person zwingend notwendig. Das gilt selbst beim liebsten Pferd und ist ein wichtiges Kriterium in puncto Sicherheit.

Selbstständig wird das Einparken an der Aufstiegshilfe geübt. Wir erinnern uns: Das »Parken« alleine reicht nicht aus. Das Pferd muss gelassen stehen bleiben, wenn der künftige Reiter ihm über den Rücken eine Belohnung gibt. Es muss ruhig bleiben, wenn sein Rücken belastet wird und es muss entspannt neben der Aufstiegshilfe verweilen, auch wenn der Ausbilder dem Pferd keine spezifische Frage stellt.

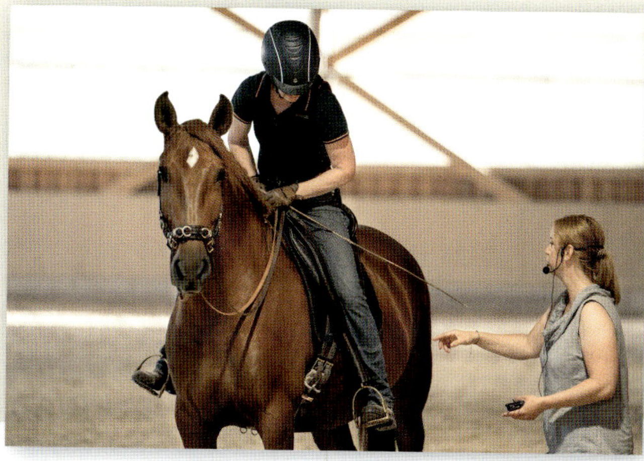

Mit oder ohne Hilfe? Grundsätzlich ist es von Vorteil, wenn man sich auf Unterstützung vom Boden aus verlassen kann.

Die ersten Aufstiegsübungen sind dann in jedem Fall mit einer helfenden Person umzusetzen, auch das Führen des Pferdes mit dem Reiter sollte nicht im Alleingang bewältigt werden. Was, wenn man aber doch vor allem auf sich gestellt ist? Wie könnte man nach diesen Schritten weiter vorgehen?

Nimm die Zügel selbst in die Hand

Das sagt sich so einfach. Vertrauen ist die wichtigste Basis. Wenn wir nach der Gewöhnung an den Reiter vor allem auf uns selbst angewiesen sind, bleibt das Longieren trotzdem ein wichtiges Element in der Ausbildung des Pferdes. Bevor wir aufsitzen, longieren wir das Pferd aber nicht im klassischen Sinne »ab«. Auch jetzt achten wir auf eine große Linienführung, auf eine gewisse Zwanglosigkeit des Pferdes unter dem Sattel, aber noch ohne Reitergewicht. Wir wiederholen unser bereits bekanntes Programm. Viele Übergänge, einfache und mehrstufige, lösen das Pferd, wir bewegen das Pferd zur Hand hin und können auch jetzt schon viele Bahnfiguren, wie einfache Schlangenlinien an der langen Seite, dreifache Schlangenlinien durch die ganze Bahn oder auch Seitengänge im Crossover longiert, dazunehmen. Galopp auf beiden Händen, möglichst auch geradeaus, runden das Programm ab.

Nun übertragen wir bereits bekannte Hilfen ohne Helfer in den Sattel.

Das Aufsteigen wurde bereits geübt und ist dem Pferd bekannt. Auch das Angehen im Schritt ist ausreichend vorbereitet. Meistens betritt das junge Pferd auch Neuland, wenn die Hilfen ohne Unterstützung vom Boden nun aus dem Sattel kommen. Jetzt macht sich die genaue Schulung von Stimm- und Gertenhilfen am Boden bezahlt.

Die ersten Runden alleine mit Trakehner Wiesenkobold

Mein erstes Jungpferd habe ich mit 14 Jahren fast im Alleingang angeritten. Meinen Trakehner Wiesenkobold hatte ich zwei Jahre zuvor bekommen. Wir waren zu Fuß bereits viel unterwegs und ein sehr gutes Team im Gelände, auch die Longenarbeit klappte recht passabel. Ich hatte damals nur für kurze Zeit eine Trainerin an meiner Seite, die mich bei den ersten Aufsteigversuchen begleitete. Aufgrund ihrer Schwangerschaft und da mir die Art der anderen Trainer im Stall nicht zusagte, musste ich alleine zurechtkommen. Aber ich hatte ja ein bisschen Erfahrung, schließlich war ich bereits zwei Jahre »Crashtest-Dummy« auf jungen Pferden im Gestüt, wo auch »Kobold« gezogen worden war.

Das erste Aufsteigen verlief komplett unspektakulär. Zwei Einsteller nahmen kaum Rücksicht, sie saßen zu zweit mit Halfter und Strick auf ihrem Wallach und ritten mitten in die Halle, als ich gerade meine erste Runde geführt auf Kobold zurücklegte.

Ich hatte keine Sorge, Kobold zuckte nicht mit einer Wimper. Rückblickend muss ich zugeben, dass mein Vertrauen in jungen Jahren natürlich weit größer war. Auch das Risikobewusstsein war nicht so groß wie heute. Ich fühlte mich sicher, das war damals ein großer Vorteil. Ich machte mir um nichts Sorgen und das übertrug sich natürlich auch auf Kobold, der dadurch diesen ersten Reitversuch zufrieden nach zwei Runden und viel Lob beendete.

Als meine Trainerin nicht mehr kommen konnte, war ich zunächst ratlos. Der Stallbetreiber, ein älterer Herr mit viel Pferdeerfahrung, sprach mir Mut zu und überredete mich schließlich, mich doch einfach in den Sattel zu schwingen und über das Hofgelände zu reiten. Ich machte mich also auf. Der Plan war, Runde um Runde um die Halle und den Stall zurückzulegen. In der Halle war mir noch zu viel Betrieb. Ich konnte schließlich noch nicht zielsicher die Richtung bestimmen, um im Zweifelsfall auszuweichen.

Kobold war irritiert. Als ich meinen linken Schenkel an den Gurt legte, drehte er sich um, schnupperte und knabberte an meiner Zehenspitze. Flugs kam der Stallbetreiber mit einer kurzen Gerte und gab mir die Anweisung, Kobold sanft zu touchieren und jeden Schritt zu loben. Gesagt, getan. Ich musste nicht mit den Schenkeln pressen, eine sanfte Berührung mit der Gerte reichte aus, und sobald wir einen gewissen Bewegungsfluss hatten, waren wir unaufhaltsam unterwegs. Gemütlich im Schritt, mit leichter Zügelverbindung und ich mit einem breiten Grinsen im Gesicht.

Wir wiederholten diesen Ritt ein paar Mal, ehe wir die Reiteinheiten in die Halle verlegten, um dann dort auch den Trab und später den Galopp dazuzunehmen. Kobolds Reaktion, erst einmal abzuwarten, war grundsätzlich für ein Jungpferd wünschenswert. Viele Reiter werden dann ungeduldig und hektisch. Sobald etwas nicht gleich funktioniert, werden sie nervös und verlieren die Sicherheit. Bei den Pferden ist häufig von vorauseilendem Gehorsam die Rede, aber das gilt auch für uns Reiter. Geduld ist also die erste und wichtigste Zutat, wenn es um das Anreiten geht. Wenn das Pferd über die gestellte Aufgabe nachdenkt und nicht einfach »irgendeine Antwort« gibt, ist dies immer ein gutes Zeichen und Zeugnis für die vorangegangene Arbeit.

Sobald das Pferd in Bewegung ist, unbedingt ein paar Schritte noch bewusst vorwärtsreiten und danach halten und loben. Sind wir nur einen Schritt unterwegs, könnten wir durch das Lob auch riskieren, dass wir im Endeffekt das Pferd dazu erziehen, einen Schritt zu machen und danach sofort für die Belohnung stehen zu bleiben. Nach Möglichkeit nutze ich eher ein Stimm- und Kraul-Lob, lasse die Zügel aus der Hand gleiten und bleibe einfach länger stehen. Das Pferd soll über die treibende Hilfe nachdenken dürfen.

Am Anfang ist es noch nicht so wichtig, ein bestimmtes Hinterbein zum Antreten aufzufordern. Spüren wir aber beispielsweise deutlich, dass der rechte Hinterfuß etwas weiter nach hinten platziert ist, dann ist es sicherlich von Vorteil, diesen Fuß »anzusprechen«. Grundsätzlich beherzigen wir aber immer den Grundsatz vom Leichten zum Schweren.

Immer wieder werde ich von Schülern gefragt, wie das Angehen aus dem Stand verbessert werden könnte, gerade wenn die Pferde auf die Hilfen noch zögerlich reagieren. Wie immer lautet die Antwort: üben und wiederholen. Wenn wir vor lauter Erleichterung, dass das Pferd angetreten ist, gleich mal länger im Schritt bleiben, dann wurde das Angehen selbst noch nicht genau unter die Lupe genommen. In den ersten Einheiten werden wir uns also ausschließlich diesem Thema widmen. Anreiten, eine gewisse Distanz im Schritt vornehmen und wieder stehen bleiben. Danach wirklich eine ausreichend lange Pause einplanen. Ein Tipp an dieser Stelle: In den Pausen mindestens bis 10 zählen.
Wir werden merken, dass wir uns für Pausen sonst nur wenige Sekunden Zeit gelassen hätten, dabei kann die Nachdenkpause für unser Pferd gar nicht lange genug sein. Einerseits um von Beginn an ein gewisses Maß an Ruhe und Achtsamkeit zu schulen, andererseits um der Entspannung und Losgelassenheit möglichst viel Raum zu geben.

Sollte sich das Pferd stark verhalten und möglicherweise rückwärts treten, können wir über die indirekten Zügelhilfen einerseits versuchen, durch Einleitung

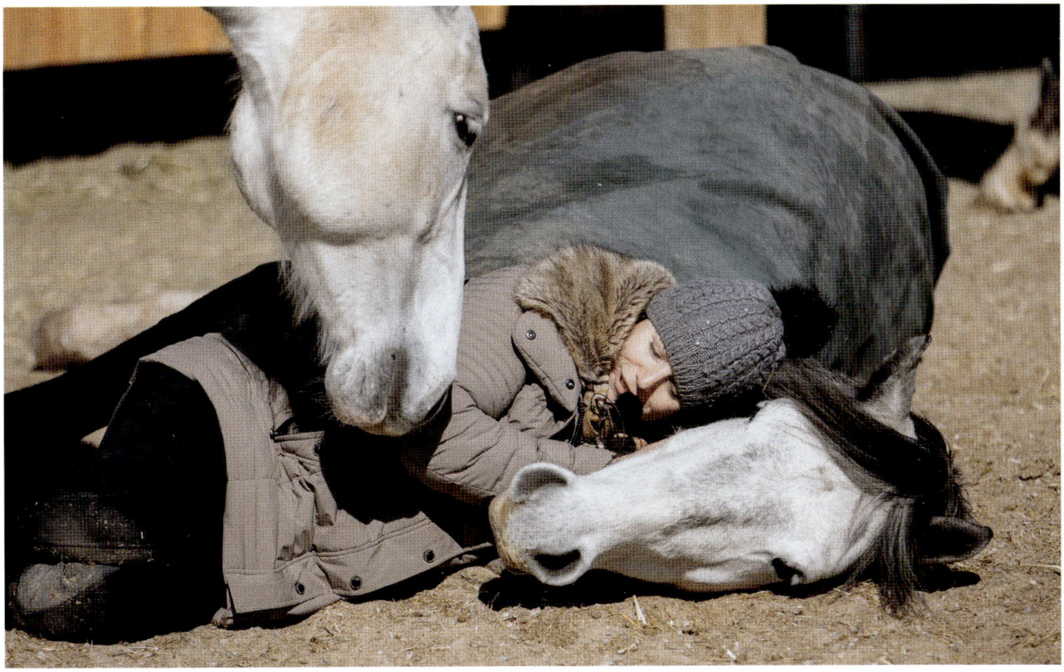

Vertrauen kann auch im »Trio« mit einem vierbeinigen Co-Trainer wachsen.

einer Wendung in Bewegung zu kommen oder eben auch eine helfende Person hinzuziehen. Haben wir kein »Bodenpersonal«, bietet sich auch ein Kollege aus dem Stall an, der mit seinem Pferd die Bewegungen vorgibt.

Diese Unterstützung hatte ich auch bei Kobold. Mein Vater ritt mit seinem Schimmel voran, ich folgte zunächst im Schritt, später auf der großen Galoppstrecke des Stalls im Trab und dann auch im Galopp. Die Hilfen zum Anreiten sowie zum Durchparieren waren für Kobold rasch logisch und konnten so auch bald beim Reiten alleine umgesetzt werden. Für den Vorreiter gilt, einen Übergang durch Handzeichen anzuzeigen, damit der Reiter hinter ihm seine Hilfengebung nicht überfallsartig umsetzen muss.

Wer sich viel Zeit für diese Schritte lässt, wird davon nur profitieren. Pferde, die nervös und unsicher auf den Reiter reagieren, sind meist nicht ausreichend auf ihre Aufgabe vorbereitet worden – und damit ist nicht das Aufsteigen per se gemeint, sondern die Vorbereitung am Boden und an der Longe.

Auch die Haltung des Jungpferdes trägt maßgeblich zur Gelassenheit bei, ausreichend Bewegung im Alltag sorgt für ein ruhiges Gemüt.

Der Aufbau der ersten Übungsstunden am Beispiel von Mandrake

Den Lusitano Mandrake habe ich ebenfalls beinah ohne Hilfe angeritten, nachdem er die Basis am Boden erlernt hatte. Dazu zählten: die Arbeit im Stand und Biegung um den inneren Schenkel aus verschiedenen Positionen, das Untertreten geführt aus der Front- sowie aus der Longierposition, die Grundgangarten an der Longe, Kruppeherein in der Frontposition und an der Longe sowie das Kennenlernen des Sattels. Meine ersten Versuche aufzusteigen habe ich tatsächlich alleine umgesetzt. Ich habe im Zeitraum von einem Jahr das Einparken an der Aufstiegshilfe perfektioniert, habe Mandrake an mein Gewicht im Steigbügel gewöhnt, bis ich langsam das Einsitzen in den Sattel ausprobierte.

Danach ließ ich mich jedoch auch von einer Begleitperson führen. Mandrake war neugierig und eifrig

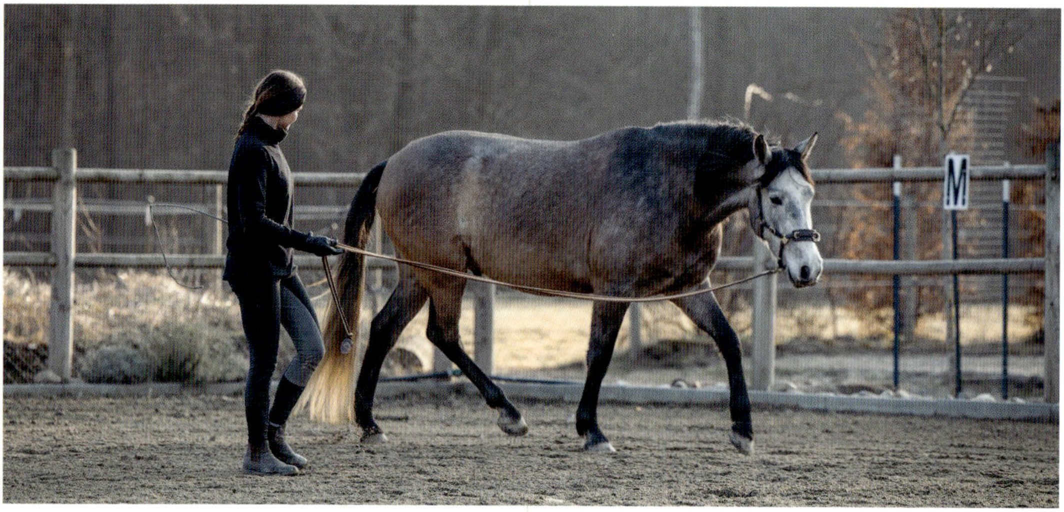

Martina lässt Duende die Form finden. Neben der Körpersprache ist der innere Schenkel alleine ausreichend, um Duende zur nachgiebigen Hand suchen zu lassen.

bei der Sache, er hatte stets Spaß und Freude daran, die nächsten Schritte zu erlernen. Wenige Male griff ich auf Wochenschüler zurück, die ich dann selbst auf seinem Rücken longierte. Die Zügelgewöhnung war ein eigenes Kapitel. Als ich mich selbst longieren und führen ließ, schüttelte Mandrake den Kopf so heftig, dass sich die Zügel immer unter sein Kinn oder über die Nase schummelten und ich permanent anhalten musste, um den Zügelsalat wieder zu sortieren. Mandrake fühlte sich mit den begrenzenden Zügelhilfen scheinbar nicht wohl, auch wenn ich die Zügel weder straff noch fest in der Hand hielt. Ich habe mich dann für einen Zwischenschritt entschieden. Also wieder absteigen und zurück an die Longe. Ich ließ Mandrake von einer Stallkollegin longieren, ich selbst war neben ihm unterwegs und hielt die Zügel am Widerrist in einer Hand. So konnte ich ihn noch ohne Reitergewicht und die Einwirkung des Sitzes an die Berührung mit den Zügeln gewöhnen, die sich aus der Position des Reiters doch anders anfühlten, als in der Handarbeitsposition beidhändig neben dem Pferd geführt. Die einhändige Handarbeit hatten wir noch nicht ausprobiert und es ging mir in dieser Phase lediglich um die Gewöhnung an die Zügel, noch nicht um eine perfekte Formgebung oder tatsächlich praktische Arbeit an der Hand. Dies haben wir wenige Male wiederholt. Rückblickend würde ich sagen, dass fünf Wiederholungen dieser Aufgabe ausreichten. Danach habe ich es wieder vom Sattel aus probiert. Auch wenn Mandrake noch nicht sicher angeritten und lenkbar war, habe ich mich dann noch für eine weitere Variante entschieden. Da die Zügel direkt am Kappzaum einwirken und indirekt am Hals des Pferdes, wollte ich ihm jede einzelne Facette der Zügelhilfen separat zeigen. Ich stieg also mit Halsring auf und nutzte zwei kurze Gerten, um Mandrake die Wirkung der indirekten Zügelhilfen besser zu erklären. Mit Hilfe des Halsrings und Berührungen der Gerte konnte ich so allmählich besser »lenken«. Eine Berührung am Halsring innen sowie der Gerte innen an der Schulter oder eben genau da, wo die Zügel später am Hals anliegen, zeigte ihm den Weg zu einer vergrößerten Linie oder von der Mitte der Bahn in Richtung Hufschlag. Vom Hufschlag ließ sich Mandrake durch eine Berührung des äußeren Zügels abwenden, ersetzt durch Halsring oder Gertenimpuls. Erst danach fügte ich wieder die Kappzaumzügel hinzu und versuchte sowohl eine Verbindung mittels direktem Zügel, als auch Linienführung durch die indirekten Zügelhilfen aufzubauen.

Mandrake konnte sich sichtlich entspannen, denn er wurde nicht von allen Hilfen gleichzeitig eingerahmt und angesprochen – er konnte die Hilfen nun viel besser sortieren.

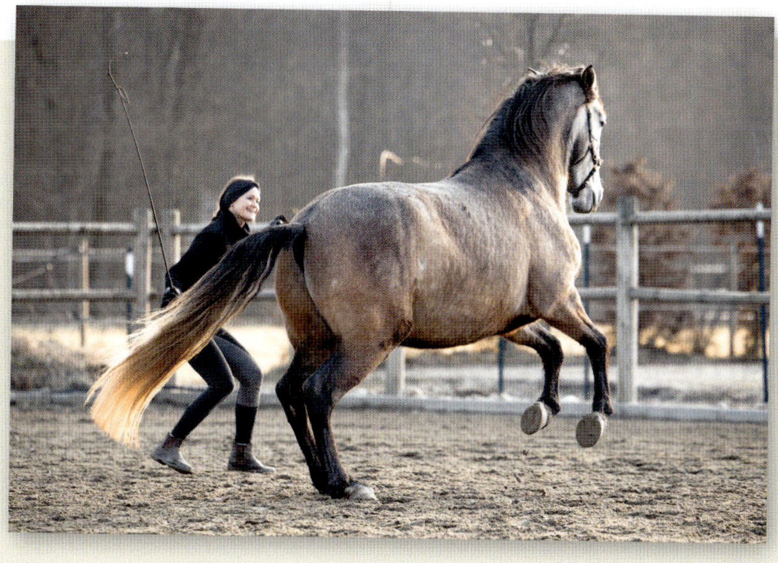

Martina und Duende im Spiel zwischen Schub- und Tragkraft. Duende darf sich ausprobieren.

Der nächste Schritt war dann das Beschreiten der großen Linien. Wir haben uns also mit langen Geraden auseinandergesetzt und die Ecken noch nicht in perfekter Form abgerundet.

Die Frage lautet an dieser Stelle häufig: Muss ich das Pferd bereits ordentlich über den Rücken formen, oder kann ich es seine Form finden lassen?

Bei meinen Lipizzanern Konrad und Amena hatte ich bereits die Formgebung am Boden so umfangreich erarbeitet, dass ich sie sofort in den Sattel mitnehmen konnte.

Und trotzdem war damit die Ausbildung noch lange nicht abgeschlossen. Während Konrad sich tatsächlich in einer schönen Form gerne »feststellte« und das Suchen zur Hand und Verlängern der Oberlinie sowie die Schubkraft darunter litten, war dies bei Amena kein Problem.

Was war also der Unterschied zwischen Amena und Konrad? Grundsätzlich hatte ich bei Amena weit mehr Ausbildungszeit in die Arbeit an der Longe gesteckt. Amena unterscheidet sich auch physisch stark von Konrad. Er bringt weit mehr Schub mit, also deutlich mehr »Go« und Gummi, Konrad wurde ja auch wegen mangelnder Schubkraft nicht für die Spanische Hofreitschule ausgewählt. Damals saß ich dem Irrtum auf, die Schubkraft ohnehin nicht zu benötigen und bewertete sie auch noch eher negativ. Ich war der Meinung, dass Tragkraft für gesunde Bewegung ausreicht. Das Pferd muss jedoch auch ein gewisses Maß an Schubkraft entwickeln.

Wenn wir über Schubkraft und Tragkraft nachdenken, dann reicht es nicht, Tragkraft als Kompetenz zu betrachten, die durch Hankenbeugung den Rumpf des Pferdes anhebt. Tragkraft kann auch leider missinterpretiert werden. Das Pferd beugt zwar die Gelenke der Hinterhand, allerdings kann die Kraft des stehenden Hinterfußes nicht über das Becken auf die Wirbelsäule übertragen werden, beispielsweise, weil das Pferd einen »Katzenbuckel« macht und der Übergang zwischen Lendenwirbelsäule und Kreuzwirbelsäule nicht in einer funktionalen Formgebung verläuft. Das Pferd kippt zu stark im Lumbosakralgelenk ab; wenn die Wirbelsäule Kraft übertragen soll, können wir sie uns als Tunnelkette vorstellen. Jeder Wirbel, jedes Segment muss so zueinander ausgerichtet sein, dass die Kraft durch die Wirbelreihe übertragen werden kann. Haben wir »Knickstellen« in unserer Tunnelkette, dann wird die Kraft nicht mehr übertragen. Versammlung, die in

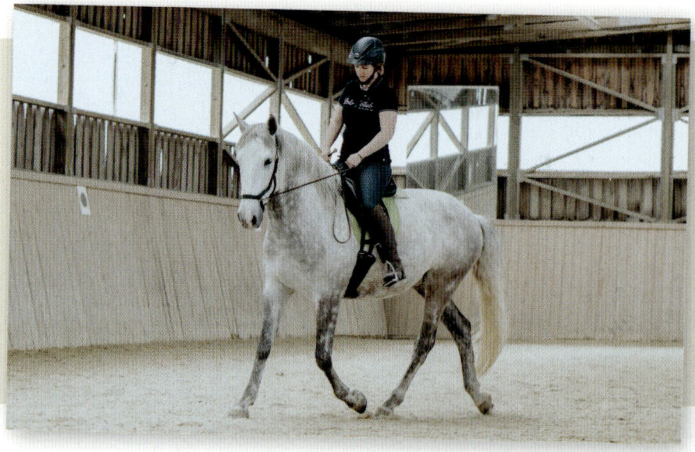

Mandrake auf der Diagonalen. Die Hand begleitet. Die indirekten Zügelhilfen stehen deutlicher im Fokus als die direkten. Volle Konzentration auf Bewegungsrichtung, Tempo und Takt.

der Bewegung »verhungert«, wo Energie verloren geht ist immer eine Pseudoversammlung.

Bevor wir also ans Versammeln denken, brauchen wir die notwendige Schubkraft. Das beschreibt auch Gustav Steinbrecht in seinem Gymnasium des Pferdes eindrucksvoll:

»Zunächst handelt es sich nun darum, die Schubkraft und damit die Gehlust des Pferdes in seiner ganz natürlichen Richtung zu entwickeln. Jedes rohe Pferd wird unter dem Reiter verhaltener und gebundener treten, als an der Hand, weil die Freiheit seiner Bewegung durch das Tragen der Reiterlast und die dadurch hervorgerufene ungewohnte Berührung mehr oder weniger eingeschränkt wird.«

Wir wissen bereits, wie stark der Reiter den Pferdekörper beeinflusst.

Für uns als Ausbilder steht nun die Aufgabe an, den Gang des Pferdes durch das Schreiten auf möglichst geraden Linien zu fördern und das Bewältigen der Ecken vorerst durch Abrunden zu erleichtern.

»Die Führung beschränke sich darauf, durch leicht andeutende Zügelhilfen den richtigen Hufschlag einzuhalten und eine stete, volle Anlehnung zu gewinnen. Der Reiter führe daher die Zügel verhältnismäßig kurz, stelle die beiden Hände tief und so gegeneinander gerichtet, dass die Zügel den Hals des Pferdes berühren. Er suche nicht mit den Händen die gewünschte Anlehnung, sondern warte in ruhiger Stellung den Zeitpunkt ab, bis das Pferd sich infolge der vortreibenden Hilfen und des dadurch bewirkten Strecken des Halses das Gebiss von selbst nimmt.«
Gustav Steinbrecht

Genau wie von Steinbrecht beschrieben bin ich bei Mandrake vorgegangen. Ein Zwischenschritt dabei war, dass ich ihn mit direkten und indirekten Zügelhilfen vertraut machte. Das allerdings nacheinander, da Mandrake ein deutliches Veto einlegte, da er sich überfordert fühlte.

Sobald dieser Meilenstein geschafft war, konnten wir in der Halle unsere Runden drehen und durch bekannte Stimmhilfen auch durchparieren.

BEKANNTE HILFEN ÜBERTRAGEN OHNE HELFER

Schenkelhilfen

Unser Ziel war es bereits in der Bodenarbeit, das Pferd möglichst unabhängig von der Reiterhand auszubilden. Für die meisten Reiter lautet das Ziel, »nichts in der Hand haben«, das Pferd gleichsam durch unsichtbare Hilfen zu formen. Wenn wir dem Pferd bereits aus der Frontposition beigebracht haben, den inneren Schenkel über Berührung der Gerte als lösende Mitteilung zu interpretieren, können wir dies auch vom Sattel aus überprüfen.

Der innere Schenkel schmiegt sich nun leicht an den Brustkorb des Pferdes. Der Schenkel kann leicht »twiggeln«, darunter verstehe ich je nach Intensität ein feines Wackeln des Fußgelenks (im Steigbügel). Dieses Twiggeln kann jedoch auch mit dem gesamten inneren Schenkel umgesetzt werden. Das dazu passende Bild ist das »Nudelholz«, das den Brustkorb des Pferdes auf seiner inneren Seite sanft aushöhlt, um die Biegung zu erhalten.

Zu Beginn wird der Schenkel durch die Sekundarhilfe Gerte supplementiert, wenn das Pferd die Hilfe noch nicht umgehend versteht. Verständnis darf und muss sich immer entwickeln dürfen. Im weiteren Verlauf der Ausbildung wünschen wir uns natürlich ein Ausschleichen der Sekundarhilfen. Eine gute Übung ist beispielsweise, das Lösen um den inneren Schenkel zuerst in der Frontposition zu üben, anschließend in der seitlichen Position, in der Longenposition, der Crossoverposition, in der Position der Handarbeit von außen geführt und schließlich vom Sattel aus. Wenn wir diese Übung in jeder Position wiederholen, haben wir den Vorteil, dass das Pferd sich zunächst noch an die Übung erinnert, auch wenn die Position aus dem Sattel noch neu ist. Es verknüpft die bereits bekannten Hilfen nun einfacher mit den neuen Hilfen und kann die Frage dementsprechend leicht beantworten.

VIDEO

Amena und der innere Schenkel.

Wenn wir im Sattel Platz nehmen, entscheiden wir, ob wir eine Links- oder Rechtsbiegung einnehmen wollen. Manchmal gibt es bereits einen Biegungsvorschlag durch das Pferd – so wählen wir als Reiter bereits jene Seite als »innere« Seite, wo wir das

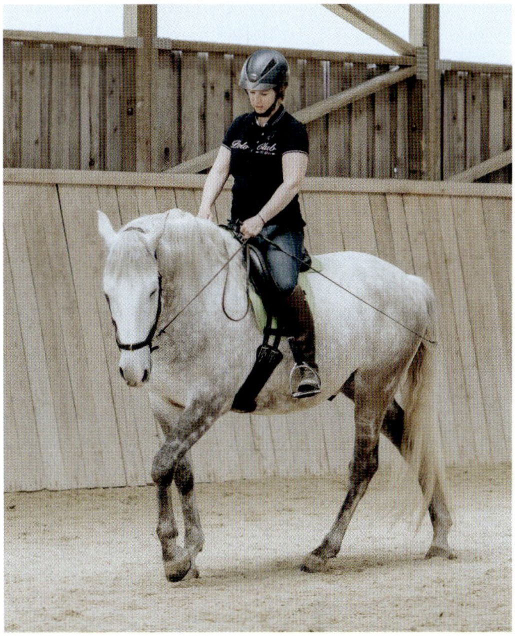

Mandrake beginnt, sich langsam um den inneren Schenkel zu formen und sucht immer mehr zur Hand.

Gefühl haben, der innere Sitzknochen wird vom Pferd etwas tiefer platziert.

Nehmen wir an, »innen« wäre nun linksherum (statistisch gesehen ist das auch am ehesten die Seite, die uns das junge Pferd eher anbietet). Wir spüren den Rumpf des Pferdes innen etwas tiefer als an dessen äußerer Seite. Wir lassen den Sitzknochen bewusst sinken, ohne aber mit einer großen Belastung in den Rücken des Pferdes zu drücken. Wir sitzen aufrecht, unsere Wirbelsäule trifft im rechten Winkel auf die Wirbelsäule des Pferdes.

Nun legen wir den inneren Schenkel sanft ans Pferd. Unsere Zügelhilfen können vorsichtig assistieren, wir fassen den inneren direkten Zügel marginal kürzer, im Orchester der Hilfengebung ist jedoch der innere Schenkel unser Solist. Spürt das Pferd nun den Kontakt der Wade des inneren Schenkels, biegt es sich im besten Fall um eben diesen Schenkel und lässt Hals und Kopf in Dehnungshaltung fallen. Diese Interpretation des Pferdes ist von uns bereits am Boden geschult worden. Beim ersten Versuch wird das Pferd »raten«, was wir nun von ihm wollen. Wichtig

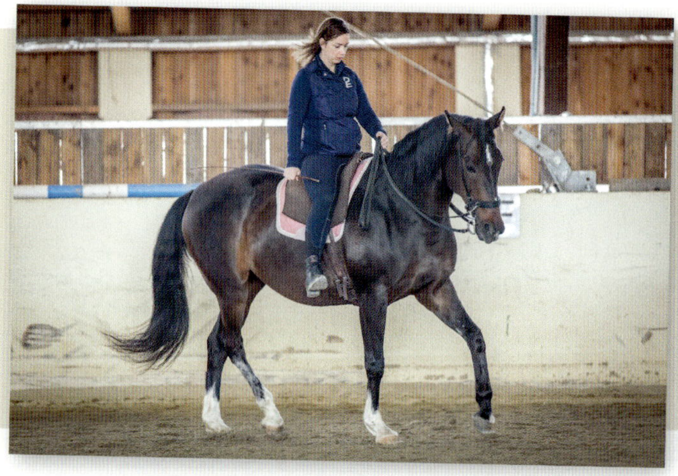

Pina biegt sich um den inneren Schenkel und hört in der Formgebung auf den Sitz. Wenn das innere Hinterbein den Boden verlässt, rotiert der Brustkorb nach vorne-unten. Die Bewegung des Brustkorbs wird von meiner inneren Hüfte begleitet.

ist jedoch, die Reaktion des Pferdes abzuwarten, gegebenenfalls nach einiger Zeit durch die bereits bekannte Berührung mit der Gerte zu verstärken. Findet das Pferd die gewünschte Lösung, folgt viel Lob und positive Bestätigung.

TIPP:
Zu Beginn reichen wenige Tritte natürlich aus. Es ist jedoch auch von Anfang an ein gewisser Bewegungsfluss ins Zentrum der Aufmerksamkeit zu rücken. Es kann nämlich sehr schnell passieren, dass wir den Automatismus »wenige Schritte gehen, darauf Lob folgen lassen« etablieren und so gar keine flüssige Bewegung erzeugen. Daher ist es ratsam, die Anzahl der Schritte immer in kleinen Dosen zu steigern.

Nun nehmen wir die Hilfen in die Bewegung mit und fügen den direkten Schenkel hinzu. Wir fordern das Pferd zum Schritt auf, dabei unterstützen Stimme und Gerte. Auch eine Wendung der äußeren Schulter kann den Übergang zur Bewegung begünstigen. Pferde, die bereits die Gertensignale für Vorwärts aus verschiedenen Positionen vom Boden kennen, haben in der Regel kein Problem damit, auf eine Berührung der Gerte anzutreten. Meist reagiert das Pferd jedoch noch zögerlich, daher ist ein erstes Antreten durch Begleitung eines Helfers immer vorzuziehen, denn die meisten Reiter sind nicht unbedingt Weltmeister in puncto Geduld. Je länger das Pferd stehen bleibt, umso unruhiger werden wir. Wir lassen uns dann auch gerne zu altbekannten Fehlern verleiten, in dem wir die Fersen hochziehen und mit den Beinen klemmen. Ein garantiertes Rezept dafür, dass das Pferd erst recht nicht zur Bewegung verleitet wird.

Der direkte Schenkel kommt im Moment des Abfußens des jeweiligen Hinterbeins zum Einsatz. Für uns als Ausbilder ist es daher immens wichtig, wahrzunehmen, wann der innere bzw. der äußere Hinterfuß den Boden verlässt. Die folgenden Beschreibungen beziehen sich immer auf das gleichseitige Hinterbein, egal ob wir nun im Schritt, Trab oder Galopp unterwegs sind. Wann fußt das jeweilige Hinterbein eigentlich ab? Diesen Moment zu spüren, bereitet vielen Reitern Kopfzerbrechen. Wenn wir jedoch aus den Bügeln gleiten und genau spüren, wie das Pferd unsere Hüften bewegt, werden wir feststellen, die linke Hüfte kommt in einem bestimmten Moment nach vorne-unten, gleichzeitig wird die rechte Hüfte etwas nach oben bewegt. Links geht es abwärts, wenn das linke Hinterbein in der Spielbeinphase nach vorne greift. Rechts geht es nach oben, wenn das rechte Hinterbein in der Standbeinphase den Pferdekörper vorwärts schiebt.

Es gibt viele Bilder in der Reiterausbildung für dieses Phänomen. Die einen nutzen hier das innere Bild für Fahrradfahren und diskutieren auch häufig, ob die Vorstellung rückwärts- oder vorwärtszufahren hilfreicher wäre.

Um den Moment der jeweiligen Spielbeinphase perfekt zu spüren, benötigen wir immer den leichten Hauch abwärts. Wenn das Pferd einen gesunden und gleichmäßigen Rückenschwung hat, werden wir immer in der Spielbeinphase etwas tiefer gesetzt, in der Standbeinphase angehoben. Wir können mit unserem direkten Schenkel den Moment der Spielbeinphase für Biegung und Formgebung sowie für optimalen Vorgriff des Hinterbeins verstärken. Ein wichtiger Merksatz lautet: Wir beeinflussen leichter das sich bewegende Hinterbein als das stehende. Durch den Druck in den Boden kann das stehende Hinterbein natürlich auch gegen die Reiterhilfe Druck ausüben oder gar übermäßig in die Reiterhand schieben. Daher ist es naheliegend, die Phase des Vorgriffs zu verstärken. Der Reiter lässt seine innere Hüfte nach vorne-unten bewegen und kann durch ein Abwärtsstreichen des inneren Oberschenkels die Biegung um den Rumpf auf der inneren Seite verstärken. Die Wade gleitet im gleichen Moment ein wenig gegen die Fellrichtung nach vorne in Richtung Gurtlage. Zu Beginn begleiten wir nur das innere Hinterbein bewusst, dies ist in der Regel einfacher, als sich sofort auf den Takt der einzelnen Hinterbeine zu konzentrieren. Allmählich wird auch der äußere Schenkel als direkter, treibender Schenkel aktiv, aber hinsichtlich der Biegung ist er eher passiv. Aktiv wird er nur als biegende Hilfe, wenn er Biegung reduzieren möchte. Er ist also der Gegenspieler zum inneren Schenkel.

Nicht immer kommen wir jedoch zum Treiben, so wie wir uns das vorstellen. Ein flottes Pferd lädt uns eventuell nicht zum Treiben ein, umgekehrt kennen wir auch das Phänomen, permanent zu treiben und dennoch dehnt sich das Pferd nicht an die Hand heran und bleibt eher steif.

Zum Treiben kommen

Waldemar Seunig beschreibt in seinem Werk »Von der Koppel bis zur Kapriole« die Bedeutung des Treibens sehr treffend: »*Die Schenkelhilfen bewirken ein so raumgreifendes Vor- und Abschwingen der Beine, wie es der Bau des Pferdes erlaubt … zwanglos kann ein Pferd auch schon gehen, ohne noch den lang hingehaltenen Zügel gefunden zu haben; losgelassen aber erst dann, wenn es infolge der treibenden Hilfen seine bisher im natürlichen Trabe zwar zwanglos aber nur matt schwingenden Muskeln ausgesprochener und energischer an und abspannt und, sich*

Durchlässigkeit bedeutet Leichtigkeit und gelingende Kommunikation aus dem Sitz heraus. Durchlässigkeit darf durch Übung und Balance entstehen.

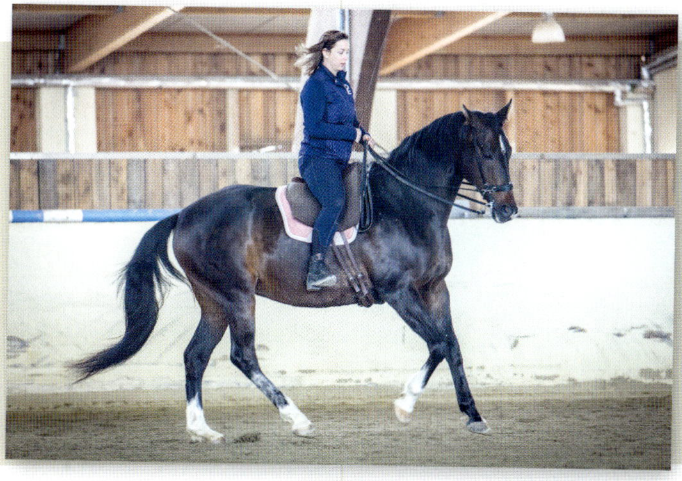

dehnend, diesen Zügel aufgesucht hat, um sich an ihm und dem Sitz loszulassen.«

Seunig beschreibt hier, wie durch das Vorwärts und das Treiben nach der Zwanglosigkeit die Losgelassenheit als nächste Stufe erreicht wird. Im Bewegungsfluss – das kennen wir auch, wenn wir in unserem Tun völlig im »Flow« sind. Flow beschreibt einen Zustand völliger Vertiefung, den wir als beglückend erleben. Wir gehen in einer Tätigkeit auf, die dann wie von selbst vonstatten geht. Ich denke, das ist eine sehr gute Beschreibung für Losgelassenheit.

Durchlässigkeit ist eine der wichtigsten Zutaten, damit wir überhaupt zum Treiben kommen. Es gibt aber auch einige Stolperfallen, die dem Wunsch, zum Treiben zu kommen, im Weg stehen: wenn sich das Pferd versteift, wenn das Pferd im Unterkiefer falsch rotiert oder das Maul verkrampft öffnet. Auch die Hinterhand kann sich entziehen und zurückbleiben, also nach hinten ausweichen. Sichtbar wird das durch kurze und eilende oder schleppende und matte Tritte. Die Hufe scheinen dann wie am Boden zu kleben, das Pferd »pflügt« durch den Hallenboden. Die Hinterbeine können auch seitlich oder sehr stark zur Mitte hin ausweichen. Das wäre beim Seiltänzer der Fall. Sind die Hinterbeine steif, dann spiegelt sich das natürlich in der gesamten Pferdebewegung wider. Der Rücken ist angespannt und festgehalten. Nicht immer finden wir hier eine physische Ursache. Wir müssen unbedingt auch die psychische Komponente berücksichtigen.

Wenn die Schenkel nicht »klammern« und der Reiter frei aus der Hüfte die Bewegung begleitet, dann kommen wir aus der Hüfte heraus zum Treiben. Viktoria Portugal auf ihrer Warmblut-Stute Amira.

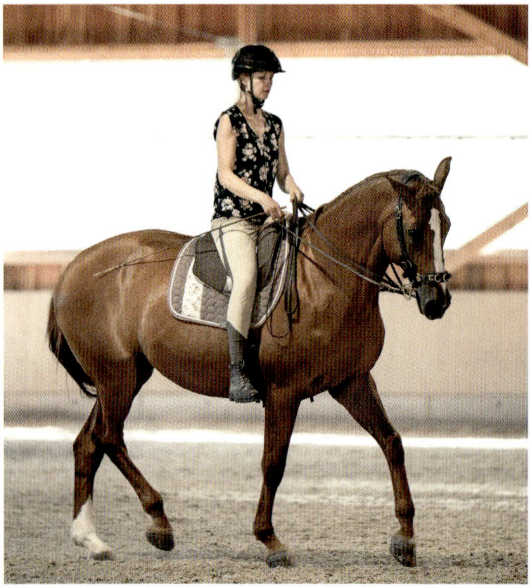

Treiben kann sich auf das reine Vorwärts, auf die Regulation des Tempos, auf die Beeinflussung des Rückenschwungs, auf die Trittlänge, auf den Takt, auf die Formgebung bis hin zur Versammlung beziehen.

Bei unserem Jungpferd geht es zunächst um das reine Vorwärts. Wie bereits beschrieben, gibt der Unterschenkel gegen die Fellrichtung nach vorne einen leichten Impuls zum Antreten. Die Schenkel dürfen sich nicht am Rumpf des Pferdes festklammern, ein schönes Bild ist, dass wir das Pferd für die Bewegung loslassen müssen (wobei wir wieder bei der Losgelassenheit und ihren vielen Facetten wären). Sobald das Pferd in Bewegung ist, begleitet der Schenkel neutral die Bewegung, er setzt aktiv ein, wenn sich das Pferd verhält und wird durch die Gerte unterstützt.

Wir kommen nicht zum Treiben, wenn wir mit der Hand zu früh, zu starken Einfluss nehmen. Kommt das Pferd beispielsweise hinter den Zügel, dann verkrampft es die Bauchmuskulatur, die Halsmuskeln werden festgezogen und der Energiekreislauf ist gestört. Eine unruhige und sehr aktive Reiterhand stört die Losgelassenheit der Muskulatur. Wirkt die Hand dann auch noch genau auf den vorgreifenden Hinterfuß ein, verstärkt sich das Phänomen.

Ich arbeite im Unterricht sehr gerne mit Musik, ein gleichmäßiger Rhythmus hilft nicht nur dem Ausbilder, sondern häufig auch dem Pferd.

Dieser Tipp bezieht sich nicht nur auf die Etablierung von Vorwärts, sondern auch auf die Entspannung bei nervösen und wackeligen Pferden, die sich aufgrund von scheinbar viel Energie nicht treiben lassen.

Wir können also den physischen Takt verändern und damit auch den mentalen Takt beeinflussen.

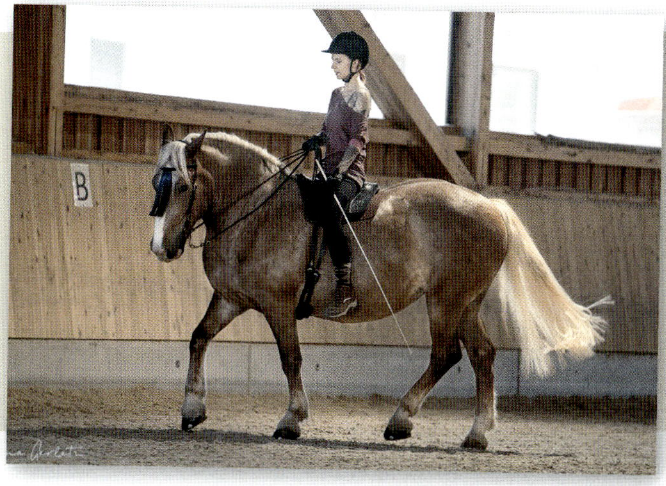

Noriker-Stute Nora hat vor allem von der Versammlung profitiert, um den Kraftabdruck mehr nach vorne-oben zu übertragen. Zu eiliges und überhastetes Tempo hätte Nora, die von Haus aus etwas überbaut ist, auch im Brustkorb eher steif und fest gemacht.

VIDEO

Zur Hand hin und zum Treiben kommen. In diesem Video arbeite ich mit Mandrake an den folgenden Themen: zum Treiben kommen, das Gebiss vor sich her tragen, Verbindung entstehen lassen, Linienführung, Formgebung, Tempo und Takt.

Wenn ich beispielsweise auf einem zappelnden Pferd sitze, dann zähle ich das innere Hinterbein ganz bewusst in seiner Bewegungsphase mit und nehme den aktuellen Takt zunächst so wie er ist wahr. Ich zähle dann den Takt bewusst etwas langsamer. Es kann hilfreich sein, nicht jeden Abfußmoment mitzuzählen, sondern jeden zweiten. Wenn sich der Sitz nun an den gezählten Takt anpasst, wird sich auch das Pferd langsam an den Sitz anpassen, der nun wie bei einem Tanz die Führung übernehmen kann. Was man bei einem Tanz auch immer beherzigen muss – der führende Partner lässt seine Tänzerin immer gut aussehen. Dieses Bild sollten wir stets im Hinterkopf behalten, falls sich dann doch die Hand als zusätzliche Hilfe einmischen möchte und wir dadurch Gefahr laufen, erneut Verspannungen im Pferdekörper auszulösen. Auch die Atmung kann wesentlich dazu beitragen, das Pferd zu beruhigen. Pferde halten aus Nervosität nicht nur sprichwörtlich die Luft an. Schon den Takt wirklich laut mitzuzählen und dabei die Worte eher ruhig und gebunden als abgehakt und energisch auszusprechen, kann eine große Hilfe für eine gleichmäßige Atmung – vor allem bei uns – sein.

Auch François Robichon de la Guérinière betont in seinem Werk sowohl bei zu ruhigen als auch unruhigen Pferden nicht zu viel mit der Hand zu machen: *»Die Pferde, die von Natur aus ihre Kräfte zurück halten, muss man in einen gestreckten, beherzten Trab versetzen, um ihnen die Schultern und Hanken zu lösen. Im Falle der anderen, die von Natur aus auf der Hand liegen, indem sie die Nase wegstrecken, muss der Trab erhabener und verkürzter sein, damit man sie vorbereitet, sich beisammen zu halten. Sowohl im einen wie auch im anderen Fall müssen die Pferde aber in einem gleichmäßigen und steten Trab gehalten werden, ohne dass sie die Hinterbeine nachschleppen. Sie sollen hierbei von Anfang an bis zum Ende mit dem gleichen Schwung gehen, dürfen andererseits aber nicht zu lange getrabt werden. Während dieser ersten Ausbildung im Trab darf man weder versuchen dem Pferd ein gutes Maul zu machen, noch seinen Kopf in eine bestimmte Stellung zu bringen. Hiermit muss man warten, bis es sich gelöst hat und die Leichtigkeit erlangt hat, mühelos auf beiden Händen zu wenden.«*

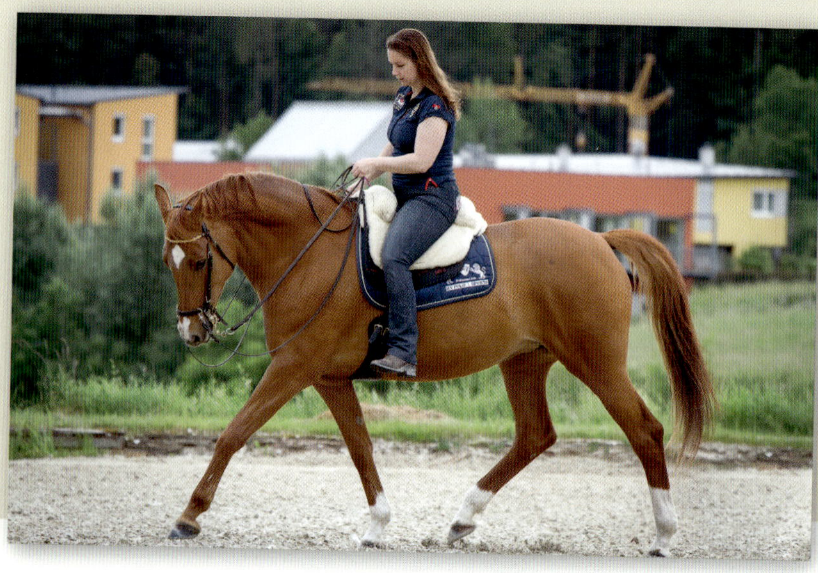

Tabby war schon ein »Ferrari«, der große, ganz typische Rückenschwung des Warmbluts ist manchmal aber etwas leichter, in einen ruhigeren Takt zu begleiten, als etwa der typisch iberische Rückenschwung von Mandrake.

Gerade bei nervösen und energetischen Pferden ist es für uns als Ausbilder schwierig, nicht über Gebühr mit der Hand einzugreifen. Wer es versucht hat, kann bestätigen: Der Erfolg ist mäßig und das Pferd kann sich immer weniger entspannen. Daher bietet die stufenweise Ausbildung von der Boden- bis zur gerittenen Arbeit bei nervösen Pferden mit möglicherweise bereits negativer Vorerfahrung auch die Möglichkeit, die Hilfen des Reiters neu zu verstehen.

Energie ist eine Sache, die sich nicht nur steigern lässt. Ich achte daher von den ersten gemeinsamen Schritten in der Ausbildung darauf, dass das Pferd meine energetische Intention wahrnimmt. Strahle ich als Ausbilder Ruhe und Gelassenheit aus, wird sich auch das Pferd zur Entspannung einladen lassen. Jede gut gelungene Übung steigert außerdem das Selbstbewusstsein und die Selbstsicherheit des Pferdes.

Manchmal klappen Ruhe und Losgelassenheit am Boden bereits hervorragend, aber vom Sattel aus stellt sich kein gleichmäßig ruhiges Gefühl ein. Dies kann auch an den bereits gemachten Vergleichserfahrungen des Pferdes liegen. Gerade für viele »Umsteiger« ist die Bodenarbeit noch sehr neu, das Pferd hat auch noch keine vergleichbaren Erfahrungen gemacht. Im Sattel fällt das Pferd gerne in alte Muster, auch wenn es beispielsweise als Jungpferd gar nicht lange geritten worden war.

Die Gefühlsschulung ist daher so wichtig, denn wir lernen so, den richtigen Moment des Treibens einzuschätzen und dementsprechend zu gestalten. Mal mehr aus der Hüfte heraus und langsamer, als das Pferd die dreidimensionale Schwingung der Wirbelsäule gestaltet, mal etwas flotter und unter Zuhilfenahme der Schenkelhilfe.

Der äußere Schenkel

Erinnern wir uns an die Anfänge am Boden, als wir unserem jungen Pferd den äußeren, von sich weg biegenden Schenkel gezeigt haben. Wir haben die Gerte über den Rücken gehoben, Stellung und Biegung waren zu Beginn dieser Arbeit noch gänzlich nebensächlich, es ging lediglich darum, das Verständnis für den äußeren, von sich weg biegenden Schenkel zu etablieren.

Ebenso kann tatsächlich die Vorhandwendung eine gute Übung sein, um dem Pferd das Weichen vom Schenkel weg zu zeigen. Es geht hier ebenso nur um das Weichen, noch nicht um ein vollständiges Wegbiegen. Ist die Hilfe bereits vom Boden aus für das Kruppeherein erarbeitet, dann kann man die ersten Schritte im Kruppeherein auch bereits mit einer helfenden Person am Boden ausführen. Hat man jedoch keinen Helfer zur Hand, ist die Vorhandwendung eine Möglichkeit, dem Pferd die Einwirkung der Schenkelhilfe zu erklären.

Vorsicht ist allerdings geboten bei Pferden, die sich ohnehin stark verhalten. Die Übung sollte erst dann in den Stundenplan aufgenommen werden, wenn die vorwärts treibenden Hilfen sicher erarbeitet wurden.

Zu Beginn muss auch keine ganze Vorhandwendung geübt werden. Wir halten beispielsweise bei E oder B an der langen Seite. Nun darf das Pferd sogar ein bisschen Außenstellung einnehmen, der äußere Schenkel wirkt etwas hinter dem Gurt und drückt den Rumpf leicht von sich weg. Für manche Pferde kann die Übung an der Bande emotional sehr beklemmend sein, für andere ist die Bande eine gute verwahrende Hilfe. Hier ist Rücksicht zu nehmen auf den jeweiligen Charakter des Pferdes. Es ist ratsam, eher auf dem zweiten Hufschlag stehen zu bleiben, als direkt neben der Bande.

VIDEO

Die Anfänge von Konrad mit dem äußeren, weg biegenden Schenkel.

Für die erste Vorhandwendung bleiben wir also am zweiten Hufschlag oder mittig in der Bahn stehen. Der äußere Schenkel treibt die Hinterhand von sich weg, der innere Schenkel achtet darauf, dass das Pferd mit dem Rumpf nicht zu stark nach innen herein fällt. Der äußere Zügel sorgt dafür, dass sich das Pferd nicht übermäßig nach innen stellt, als direkter Zügel hebt er auch ein wenig Biegung auf. So fällt dem Pferd der erste Versuch deutlich

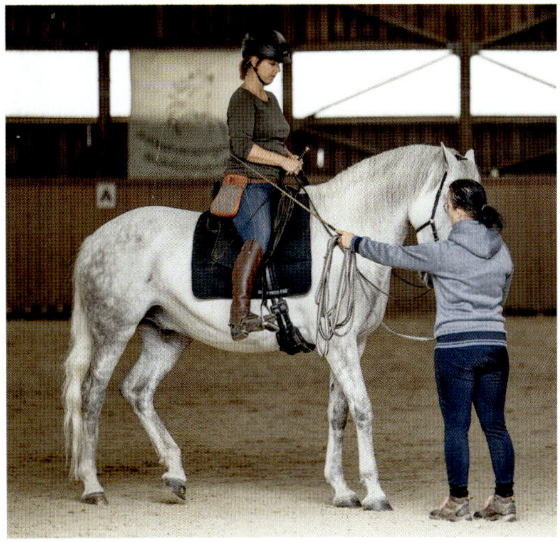

Mandrake lernt den äußeren, von sich weg biegenden Schenkel mit Unterstützung vom Boden aus kennen.

leichter. Nach wenigen Tritten sofort loben und wieder vorwärtsreiten.

Es ist zu Beginn nicht wichtig, viele Schritte seitwärts zu erarbeiten, es geht lediglich um das Verständnis. Es kann sein, dass das Pferd auf einem kleinen Kreis bleibt, aber nicht wirklich dem äußeren Schenkel weicht. Jetzt ist das Halten wieder sorgsam aus dem Schritt zu üben, ohne eine weitere Aufgabe hinzuzufügen. Die Übung kann zu einem späteren Zeitpunkt wieder dazugenommen werden.

Die Hand

Für uns, im Alltag sehr »handlastige« Wesen, ist die Frage der Losgelassenheit und Durchlässigkeit in puncto Reiterhand von großer Bedeutung.

Die Hand hält grundsätzlich die Zügel. Aber wie fest, wie tief, wie hoch? Wie fest sind die Finger geschlossen, oder sind sie geöffnet? Spüren wir ein Gewicht in der Hand und wenn ja, wie viel ist okay? Und wie sollen wir beim Anreiten die Hände beim Reiten mitbewegen?

Gustav Steinbrecht sagt über die Zügelhand: *»Die Zügelhand ist das Hauptorgan, durch das der Reiter*

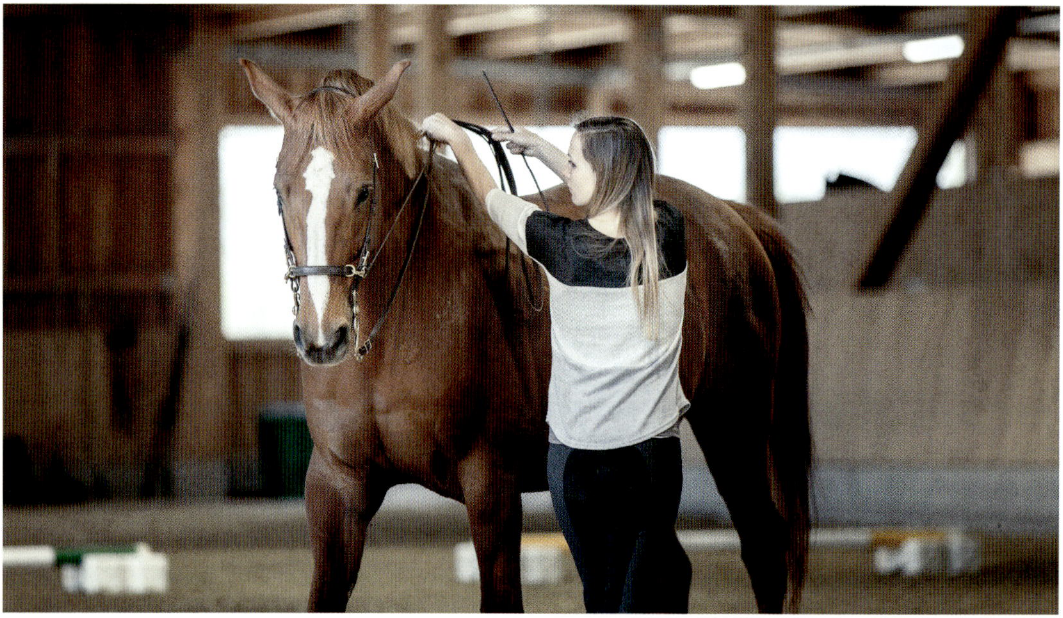

Bei der einhändigen Zügelführung wird schnell klar, dass die direkte Hand weder rückwärts einwirken darf, noch die Formgebung bestimmen kann. Die Form muss immer aus der Tätigkeit der Hinterhand heraus entstehen und wird zwischen den Schultern in die gewünschte Bewegungsrichtung mittels indirekter Zügelhilfen geleitet. Viktoria mit Amira.

zu seinem Pferde spricht und ihm seinen Willen kundgibt. Die Geschicklichkeit der Hand kann damit zu Recht als Gradmesser der gesamten Geschicklichkeit des Reiters gelten, denn es ist eine irrige Auffassung, dass eine gute Hand eine vereinzelt gute Eigenschaft des Reiters sein könne. Sie ist vielmehr das Ergebnis vollkommenen Sitzes und feinen Reitergefühls. Wir hören im Leben oft Behauptungen, dass jemand nicht besonders reite, aber eine sehr gute Hand habe, oder umgekehrt, dass er ein sehr guter Reiter sei, aber den Fehler besitze, nämlich eine zu harte Hand. Dies ist ein offenbarer Widerspruch, denn wer als Reiter eine wirklich gute Hand besitzt, ist ein Meister der Reitkunst, wenn er auch durch seine Haltung und sein Benehmen zu Pferde dem Laien noch so sehr als mangelhafter Reiter erscheinen mag, wohingegen ein Reiter mit einer wirklich schlechten Hand niemals im wahren Sinne des Wortes ein Reiter sein kann, mag er auch durch Festigkeit des Sitzes, Schneid und Eleganz der Erscheinung noch so sehr bestechen, weil sein Fehler nur aus Mangel an Gefühl und Verständnis für das Pferd hervorgehen kann.«

Bei den Zügelhilfen unterscheiden wir zwischen direkten und indirekten Zügelhilfen. Direkte Zügelhilfen nehmen unmittelbar Einfluss auf die Formgebung und Stellung. Reiten wir beispielsweise mit jeweils einem Zügel in der linken und rechten Hand, dann kann die direkte Zügelhilfe lösend, stellend, aufrichtend, parierend, stetig oder nachgebend einwirken.

Bei der Frage nach der Handeinwirkung kommen wir nicht umhin, uns erneut mit der Bewegung des Pferdes auseinanderzusetzen. Die Schwingung der Wirbelsäule ist für das Timing der jeweiligen

VIDEO

Pina und die Zügelhilfen: In diesem Video fasse ich noch einmal die wichtigsten Zügelhilfen zusammen!

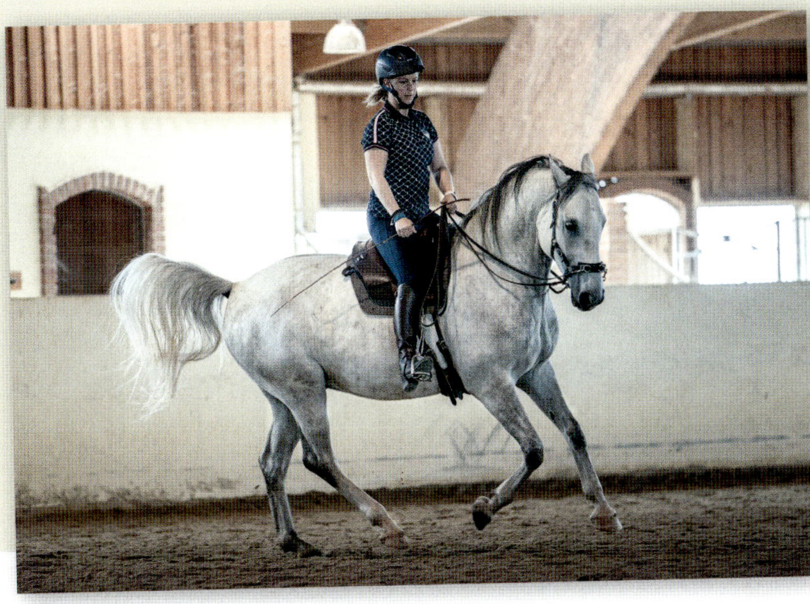

Konrads Stirnlinie bleibt genau parallel zum Brustbein. Konrad ist nicht überbogen. Würde ich im Galopp zu stark am inneren Zügel bleiben, bestünde die Gefahr, den Galopp hinsichtlich des Takts durcheinanderzubringen – Passgalopp wäre dann die Folge.

Hilfengebung von großem Interesse. Wenn das innere Vorderbein abfußt, dann nickt das Pferd etwas Richtung Boden und auch etwas zur inneren Seite. Wenn das äußere Vorderbein abfußt, dann wird das Pferd seine Nase etwas nach außen schwingen lassen. Das korrekte Timing zum Lösen und Stellen ist also, wenn das innere Vorderbein als Spielbein nach vorne greift. Die lösende Hilfe passt sich somit optimal an die natürliche Bewegung des Pferdes an.

Die innere Zügelhand schließt beim Lösen die Faust ganz leicht. Ein schönes Bild dafür ist die »Alpenquelle«. Stellen wir uns vor, wir halten die Zügel so geschlossen, sodass die Zügel nicht zwischen den Fingern hindurchgleiten können. Es bleibt also etwas »Luft« oder anders gesagt – es könnte etwas Quellwasser durch die Finger fließen. Beim Lösen schließen wir die Hand und drehen somit den »Wasserhahn« ab. Abdrehen ist auch ein guter Gedanke, denn »abdrehen« dürfen wir die Energie des Pferdes insofern nicht, indem wir mit der Hand rückwärts einwirken. Die Hand darf auch nicht zu tief oder zu hoch (fest)gestellt werden.

Lösende Hilfen können langsam und zum Schwung des Pferdes passend umgesetzt werden. Wichtig dabei: Die Nase des Pferdes soll immer mittig zwischen den Vorderbeinen platziert bleiben. Wird die Pferdenase beim Überstellen zu weit in Richtung des inneren Buggelenks platziert, verwirft sich das Pferd entweder in der Stellung oder es überbiegt im Hals. Dadurch gerät auch die physische Balance aus den Fugen. Ein Überbiegen hat immer einen Balanceverlust zur Folge, den wir auch unter mentalen Gesichtspunkten berücksichtigen müssen. Verliert das Pferd die Balance und muss nicht nur sich selbst, sondern auch einen Reiter ausbalancieren, wird die Sache für unser Jungpferd nicht unbedingt leichter.

Der Hals als beweglichster Teil der Wirbelsäule (neben dem Schweif) ist besonders im Übergang zwischen Hals und Brustwirbelsäule besonders sensibel. Erinnern wir uns an die Aufwölbung (Kyphose) zwischen dem ersten und dritten Halswirbel und die Lordose – das Wegdrücken der Halswirbelsäule zwischen 4. und 7. Halswirbel, wodurch die Halswirbelsäule ihre charakteristische S-Form bekommt.

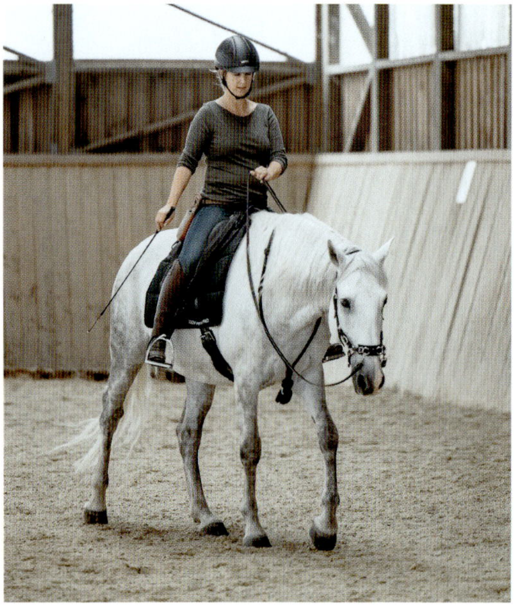

Immer wieder die Zügel ganz lang lassen, damit sich Mandrake auch ausreichend strecken kann und sich nicht permanent von mir geformt und beeinflusst fühlt.

Bei korrekter Dehnungshaltung wird die Lordose aufgehoben, die Wirbelkörper entfernen sich etwas voneinander und haben damit mehr Bewegungsspielraum. Wird der Hals des Pferdes durch die Reiterhand in eine bestimmte Form gepresst, nähern sich die Wirbel einander an, für den Reiter mag sich das Pferd dann sogar »stabiler« anfühlen. Der schöne Schein trügt jedoch, da die Wirbel nun durch ihre engere Position näher zueinander stehen und den Bewegungsspielraum einschränken. Immer dann, wenn wir mit der Hand einwirken, besonders beim jungen Pferd, müssen wir uns die Frage stellen: Ist die geplante Hilfe tatsächlich notwendig? Könnte eine andere Sekundarhilfe der beabsichtigten Handeinwirkung vorausgehen? Wie intensiv muss die Einwirkung mit der Hand tatsächlich sein?

Zunächst beschränkt sich die Handeinwirkung bei unserem jungen Pferd auf die Begleitung der Nickbewegung. Verspannt sich das Pferd in der Halsmuskulatur oder im Unterkiefer, wird die Nickbewegung immer weniger deutlich sichtbar. Am größten ist sie freilich im Schritt, weswegen dem Schritt keinesfalls die Bezeichnung »schwunglos« zufallen sollte. Die dreidimensionale Schwingung ist hier am größten. Da wir den Schritt auch beim Anreiten am meisten nutzen, ist hier besondere Vorsicht walten zu lassen, die Einwirkung mit der Hand nicht inflationär zu gebrauchen.

Das junge Pferd braucht im Prozess des Loslassens unbedingt das freie Schwingen der gesamten Wirbelsäule und damit die Nickbewegung für die korrekte Arbeit der Muskulatur. Nehmen wir die Zügel zu früh zu kurz, dann wird die Nickbewegung gestört, der Gang wird in den Vordergliedmaßen sichtlich gebunden und hölzern, die Schulterfreiheit geht verloren. Dieses Gangmuster wird uns bei den ersten Reitversuchen ohnehin begegnen, diese sind daher unbedingt am langen Zügel durchzuführen. Wenn wir die Zügel dann wenig später aufnehmen, müssen sie so lang sein, dass die Nickbewegung des Pferdes ohne Einschränkung möglich ist.

Daher ist die Begleitung der natürlichen Bewegung der Wirbelsäule sowie die lösende Einwirkung im natürlichen Moment unabdingbar für unsere weitere Ausbildung. Im Laufe der Ausbildung wird die Nickbewegung nicht durch Beeinflussung durch die Reiterhand kleiner, sondern durch die Entwicklung der Tragfähigkeit. Wirkt die Hand jedoch im falschen Moment ein, dann spürt sie unmittelbar einen Widerstand des Pferdes gegen die direkte Zügelhilfe. Und wenn wir über Paraden nachdenken, dann zitiere ich meine Kollegin Annika Keller gern: »Die Parade ist die Abwesenheit jeglichen Widerstands.«

Grundsätzlich ist für mich auch beim gebisslosen Reiten die Vorstellung, das Pferd würde ein Gebiss auf Zunge und Laden tragen, immer hilfreich, da wir uns hier das Bild vom Oberkellner und dem Tablett in Erinnerung rufen können. Anders gesagt: Wir sollten die Zügel auch so halten, wie wir selbst mit unserem Partner »händchenhaltend« spazieren gehen würden.

Die Hand kann das Pferd stetig begleiten, das bedeutet, die Verbindung am Zügel bleibt leicht, aber beständig. Wenn zwei Menschen Hand in Hand unterwegs sind, dann haben sie natürlich ihren individuellen Rückenschwung. Der Rückenschwung bringt auch unsere Arme zum Schwingen, schließlich sind wir

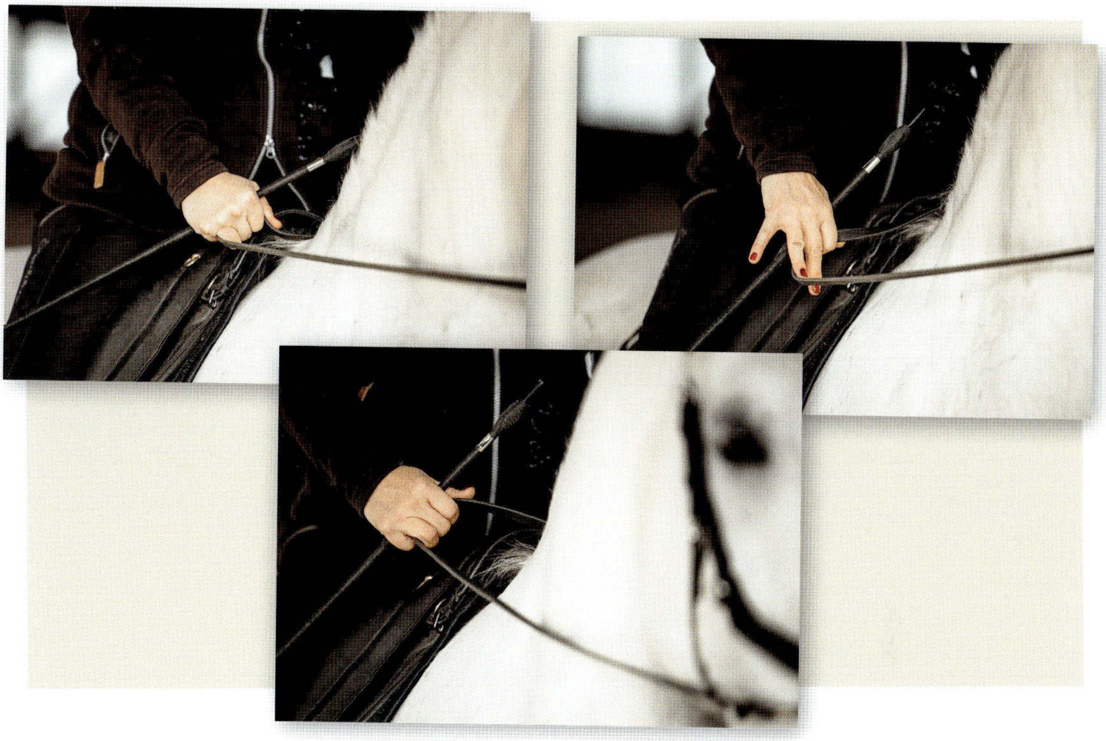

Oben links: Eine zu feste Hand ist ebenso schädlich wie eine zu leichte, bei der die Zügel permanent aus der Hand gleiten. Der offene Ringfinger kann außerdem einen beständigen Druck auf den Zügel ausüben (oben rechts). Besser ist eine stete, aber weiche Hand, die das Pferd verlässlich begleitet (unten).

Menschen »Traber«, wir schwingen mit dem jeweiligen Arm diagonal zu unserem Spielbein. Reichen wir uns die Hand, dann darf die Verbindung, die in der Geschichte der Reitkunst aus dem Französischen ins Deutsche wohl eher unglücklich mit Anlehnung übersetzt wurde, nicht zu fest sein. Würden wir uns beim Händchenhalten aneinanderlehnen, bliebe der Rückenschwung mit Sicherheit nicht unbeeinträchtigt – so sollten wir stets eine Verbindung anstreben, bei der jedes Individuum seinen eigenen Rückenschwung behält, die Schwingung des Partners und dessen Bewegung jedoch spürt und in die eigene Bewegung integriert.

Eine stetige Hand bleibt beständig – im Unterschied zur nachgebenden Hand. Das Nachgeben ist für uns am Schwierigsten zu »begreifen« – vielleicht weil es eben nichts zu »begreifen« gibt. Selbst wenn der Zügel lose durchhängt, kann das Pferd auf das Nachgeben noch reagieren. Für uns Reiter ist mit der Handlastigkeit im Alltag gerade das Nachgeben die schwierigste Sache – vielleicht sogar, weil wir eine gewisse Nachgiebigkeit auch im beruflichen Alltag nicht zulassen wollen. Der Klügere gibt jedoch nach – das ist für die Reiterei auf keinen Fall eine Binsenweisheit. Die Einladung an das Pferd wird so auch ausgesprochen, der nachgiebigen Hand zu folgen. Hier hilft das Bild vom Kaffeekränzchen. Die Schwiegermutter kommt zum Tee und wir tragen unser Service mit all den Teetassen auf dem Tablett zum Tisch. Nun stellen wir Tasse für Tasse sehr langsam und vorsichtig ab. Ebenso wie wir den heißen Tee servieren, so muss uns das Nachgeben erscheinen – langsam, gemächlich, vorsichtig. Eine heiße Tasse Tee »werfen« wir unserem Gast ja auch nicht direkt vor die Füße. Im Unterricht erlebe ich jedoch oft, wenn ich zum Nachgeben erinnere, dass Reiter ganz schnell einfach die Zügel nach vorne schmeißen und so auch die Verbindung zum Pferd aufgeben.

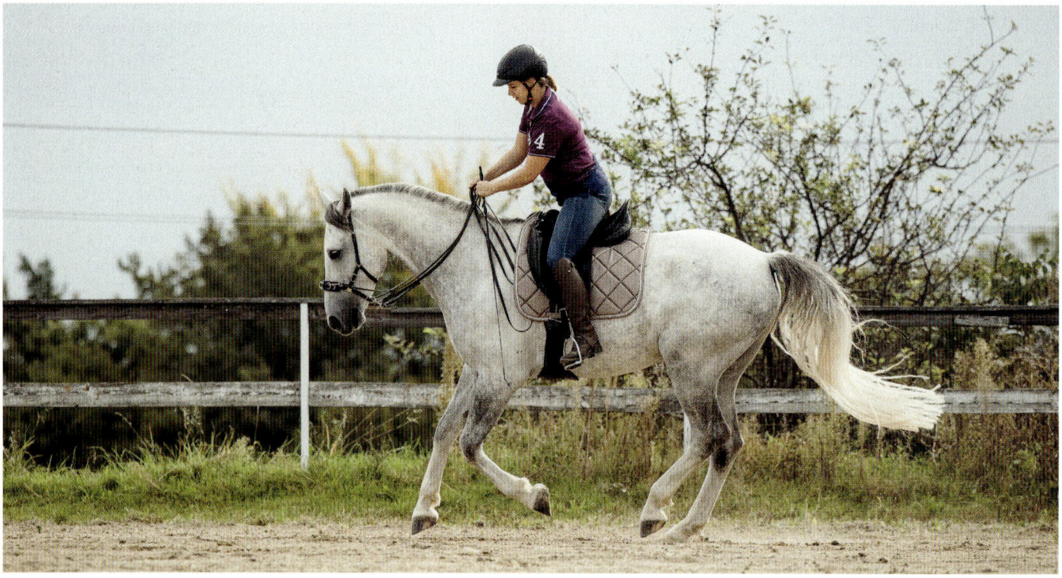

Hand vor und zur Hand hin. Das Nachgeben ist keine einfache Sache. Vor allem sollten wir uns dafür immer viel Zeit lassen und die Zügel nicht einfach »hinschmeißen«. Amena im Galopp beim Überstreichen.

Indirekte Zügelhilfen können wir nun ebenso auf das Pferd übertragen – wir führen das Pferd mit dem inneren Zügel auf eine größere Linie, mit dem äußeren Zügel am Hals auf eine kleinere.

Die Nickbewegung spielt auch beim Treten durchs Genick und bei der Parade eine wesentliche Rolle.

Erste Paraden

Die ersten Paraden zum Halten setze ich mit Hilfe von Gerte und Stimme um. Begleiten wir das Pferd in den ersten Schulstunden primär noch mit der Hand, können wir nach und nach auch Paraden zum Halten hinzufügen. Die ersten Paraden zum Halten werden vermutlich noch mit Gewicht auf der Hand ihren Ausgang finden.

Grundsätzlich ist es ratsam, einen kleinen Pakt mit sich selbst zu schließen. Ganz individuell müssen wir für uns entscheiden, wie viel Gewicht wir jetzt in die Hand nehmen wollen. Wir werden am Anfang natürlich einen Widerstand spüren – aber keine Sorge – der Widerstand wird mit etwas Übung kleiner. Wer am Boden bereits in der Handarbeit ein bisschen Vorarbeit durch »funktionale Paradenarbeit« umgesetzt hat, ist klar im Vorteil.

Funktionale Paradenarbeit beinhaltet für mich eine ganze Parade zum Halten, ohne dass das Pferd Gewicht auf die Reiterhand drückt. Wenn ich mit dem Pferd in der Handarbeit unterwegs bin, leite ich eine Parade zum Halten ein, erhalte jedoch bis zuletzt nach Möglichkeit Energie.

Erste Paraden zum Halten lassen sich sehr fein mit dem jungen Pferd in der Handarbeit umsetzen.

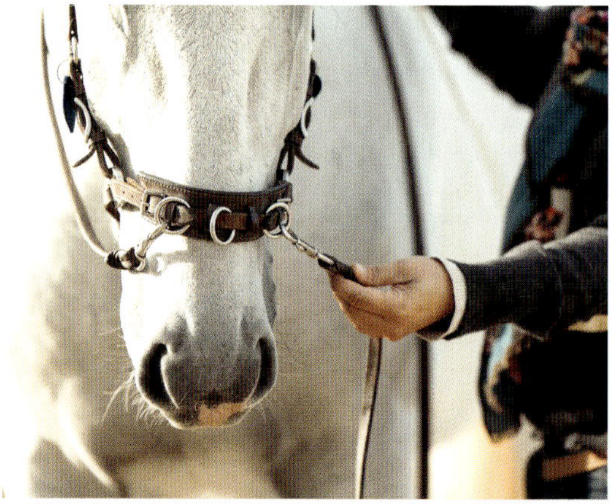

VIDEO

Funktionale Paraden mit Amena in der Bodenarbeit.

Drückt das Pferd in meine Hand und sucht es hier eine Stütze, richte ich es aus der Hand heraus ein paar Schritte zurück.

Durchparieren

Das erste Durchparieren ohne Hilfe vom Boden ist bei aller Vorbereitung doch häufig nicht so leicht wie erträumt. Wer sich eine feine Reitweise und einen leichten Zügelkontakt wünscht, wird schnell feststellen, dass dann doch mehr Gewicht in den Zügelhänden lastet, als ursprünglich geplant. Auch wenn Paraden zum Halten fein in der Handarbeit geübt wurden sowie an der Longe, nimmt das Pferd die Hilfen aus der neuen Position anders wahr, dazu kommt auch der Sitz, den das Pferd ja permanent fühlt, denn diese Hilfe kann selbst bei absolut neutraler Ausrichtung niemals gänzlich aussetzen.
Ich bringe meinen Pferden stets einen »Sicherheitshalt« bei. Wenn ich die Zügel komplett lang und »unangefasst« am Hals liegen lasse, möchte ich ein promptes Anhalten beim Aufnehmen der Zügel. Wenn wir diese Übung in unseren Stundenplan integrieren, nutze ich eine Gerte an der Schulter, respektive am Halsansatz des Pferdes. Diese Hilfe ist bereits vom Boden aus bekannt, ebenso die Stimmhilfen und die Körpersprache. Wenn ich zunächst neben dem Pferd deutlich ausgeatmet habe und mich zur Parade zum Halten förmlich »sinken« lassen habe, dann übertrage ich diese Hilfe nun auch in den Sattel und nutze zusätzlich die bekannte Gertenhilfe sowie meine Stimme. Sobald das Pferd steht, wird es ausgiebig gelobt. Ich wiederhole diese Hilfe gerne ein paar Mal hintereinander. Es kann auch hilfreich sein, bereits jetzt ein kurzes Rückwärtstreten mit Hilfe der Gerte hinzuzufügen, um das junge Pferd mit dem Aufnehmen durch den Sitz sowie der zu erwartenden Pause vertraut zu machen.

Mit Mandrake bin ich lange Linien geritten und habe das sichere Anhalten geübt. Sobald ich auch das Abwenden auf einen Zirkel oder eine Diagonale sicher umsetzen konnte, verlegten wir unser Training tatsächlich ins Gelände. Das Gelände eignet sich hervorragend, um einerseits die Gehlust zu fördern, andererseits recht unbefangen die Arbeit unter dem Sattel auszubauen. Mit Sicherheit wird nicht jeder Ausbilder diesen Schritt so rasch umsetzen. Wir waren viel an der Hand im Gelände unterwegs, meistens war Mandrake dabei bereits gesattelt. Hatten wir einen trittsicheren Weg vor uns, stieg ich für ein paar Meter auf und danach wieder ab. Ich beobachtete dabei natürlich immer Mandrakes Gemütszustand. War er eher aufgeregt oder entspannt unterwegs? Manchmal war es auch ausreichend, mit Hilfe eines umgefallenen Baumstamms das sichere Aufsteigen zu üben und danach wieder abzusteigen. Da meine Pferde das ruhige Stehen an der Aufstiegshilfe und das Warten auf die Belohnung wirklich ausführlich lernen, kann ich mich hier auch im Gelände oder einer anderen Umgebung als der Halle gut auf sie verlassen.

Wir steigerten die Länge der Ritte im Gelände. Und natürlich hatten wir hier auch Begleitung dabei.

Im Wald war vieles für Mandrake einfacher umzusetzen als auf dem Platz. Wir hatten ein klares Ziel und genauen Fokus.

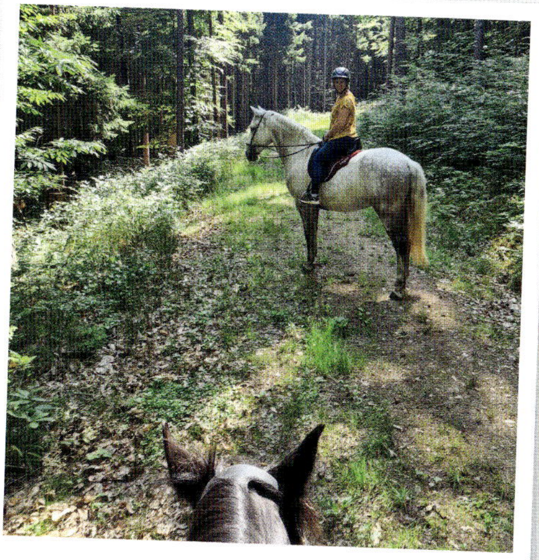

Schnappschuss von einem Geländeausflug.

Am Platz und in der Halle war ich vorwiegend in wartender Position. Ich habe nicht nach Formgebung gefragt, meine Hände waren wie von Steinbrecht beschrieben passiv, aber vorwiegend durch indirekte Zügelhilfen mit der Lenkung befasst. Mandrake konnte sich so nach und nach die Form selbst aussuchen. Allmählich stellte sich ein anderes Gefühl von Kontakt ein, ich kam immer besser zum Treiben, anfängliches »Zackeln« im Schritt verbesserte sich durch eine ruhige Vorgabe für den Takt aus meinem Sitz. Dabei fühlte ich vor allem, wann Mandrakes inneres Hinterbein in der Spielbeinphase unter den Schwerpunkt fußte. Ich begleitete diese Bewegung in meiner Hüfte in einen Kreislauf. Mein Gesäß wurde auf der inneren Seite des Rumpfes zunächst nach innen-unten bewegt und dann wieder zurück nach oben. Ich suchte in meiner Hüfte nach einem kleinen Kreis und vergrößerte diesen dann Schritt für Schritt. So konnte ich den Schritt geräumiger und taktmäßiger gestalten.

Wir nahmen den Trab dazu und erkundeten dann auch im Zweitakt die geraden Linien, abgerundete Ecken, Diagonalen und allmählich auch einfache Schlangenlinien und Zirkel.

Mandrakes Formgebung über den Rücken war noch nicht sonderlich konstant, aber dem Ausbildungsstand entsprechend angepasst.

Zweimal in der Woche plante ich im ersten Ausbildungsjahr unsere Reiteinheiten. Wir hätten tatsächlich auch mehr machen können, denn Mandrake war bereits zu diesem Zeitpunkt sieben Jahre alt, aber es war keine Eile geboten.

Da der Galopp an der Longe für Mandrake noch immer eine sehr aufregende Sache war, besonders mit Sattel, habe ich mir damit noch Zeit gelassen. Am einfachsten war die Sache im Gelände. Hier sind wir einfach meiner Stute Pina hinterhergaloppiert und konnten so die Hilfe für das Angaloppieren auf sehr natürliche Weise etablieren. In der Halle habe ich mich wieder von meiner Kollegin Viktoria Portugal an die Longe nehmen lassen. Mandrake reagierte auf eine neue Person in der Mitte des Zirkels sehr sensibel und häufig mit weit mehr Energie als mir lieb war.

Wir einigten uns auf eine vorsichtige Hilfengebung und konnten an der Longe die ersten Galoppsprünge erkunden. Hier war Mandrake noch sehr schnell und es bereitete ihm fühlbar Schwierigkeiten, den Zirkel in einem ruhigen Takt zu absolvieren. Ich habe also den Galopp aus der Longenposition ohne Reiter geübt, einerseits die gesamte Halle genutzt, um Mandrake viel Platz zu lassen, andererseits haben wir auch mit Hilfe von Dualgassen das Gefühl des »Eingerahmtseins« hinzugefügt. Mandrake entwickelte durch beide Übungen einen langsamen und

Mandrake im Galopp an der Longe.

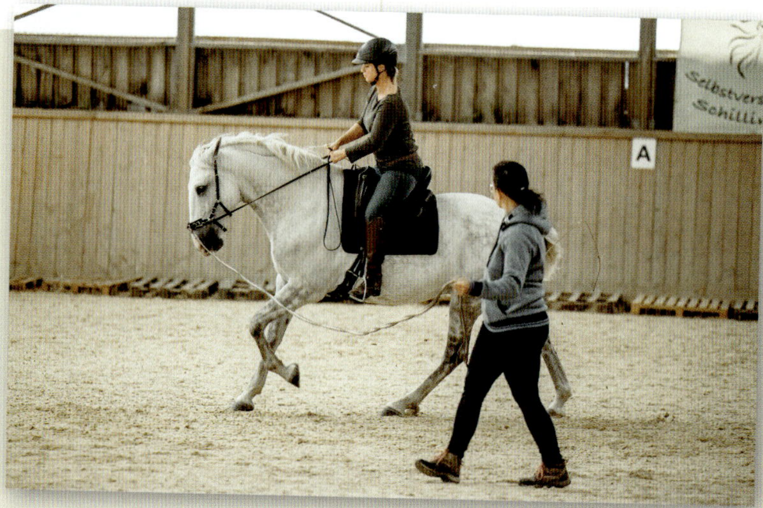

gleichmäßigen Takt. Erst danach habe ich auch das Angaloppieren aus dem Schritt hinzugefügt.

Bei den ersten Versuchen zum Angaloppieren habe ich mir das Leichttraben auf englische Art zunutzegemacht. Dabei steht der Reiter im Sattel auf, wenn das innere Vorderbein durchschwingt. Ich konnte den Takt dadurch ein wenig beschleunigen, wichtig war mir dabei allerdings, dass Mandrake nicht zu eilig in den Galopp übersetzt. Auf dem »falschen Fuß« leicht zu traben erleichtert jungen Pferden häufig die Idee von Galopp. Auch ein vorsichtiges Beschleunigen des Trabs, was jedoch nicht mit eiligen und gehetzten Tritten zu verwechseln ist, kann hier hilfreich sein.

Wenn ich diese Zeilen schreibe, reite ich Mandrake in allen Grundgangarten in der Halle. Die Linienführung im Galopp ist aktuell unser nächster Meilenstein. Noch ist der Galopp ein wenig aufregend – das liegt aber auch etwas an der mangelnden Routine, schließlich reite ich meinen lustigen Lusitano noch immer nicht mehr als zwei- bis dreimal in der Woche. Insgesamt habe ich mir sehr viel Zeit gelassen, die einzelnen weiter unten beschriebenen Schritte würden sich sicherlich auch in einem kürzeren Zeitraum umsetzen lassen. Da ich aber viel Zeit mit meinen Pferden einplane, wobei wir einfach zusammen sind, uns frei miteinander bewegen, ist der Stundenplan niemals so strikt mit »Aufgaben« ausgefüllt.

Der grundlegende Unterschied ist jedoch nach wie vor, dass ich sehr wenig Einfluss mit der direkten Hand nehme. Ich löse vorwiegend über meine Schenkelhilfen und warte auf die Formgebung durch Mandrake. Jedes Jungpferd ist anders. Wir werden immer einen individuellen pädagogischen Zugang wählen. In Mandrakes Fall habe ich deutlich auf mein Bauchgefühl gehört, habe mich dazu entschieden, nicht jede Bewegung von Anfang an mikromanagen zu wollen.

Es bleibt spannend, wie sich das Anreiten von Schnucks gestalten wird. Auch bei ihm lege ich natürlich Wert auf eine ordentliche Basis – aber ich werde sicherlich mehr Elemente aus der Ausbildung von Mandrake in Schnucks reiterlichen Werdegang mit einfließen lassen.

MANDRAKES TRAININGSPLAN IN DER ZEITLICHEN ÜBERSICHT

- Sicheres Aufsteigen üben *(Mai bis September 2021)*
- Handarbeit als Vorbereitung auf die Zügelhilfen *(August, September 2021)*
- Longieren als Vorbereitung auf die treibenden und formgebenden Hilfen *(Februar 2021 bis dato)*
- Schritt mit Hilfe einer Führperson *(August 2021)*
- Ganze Paraden zum Halten *(August 2021)*
- Schritt und Trab an der Longe *(August 2021 bis März 2022 in sehr unregelmäßigen Abständen)*
- Schritt mit leichter Verbindung in der Halle, geradeaus und Abrunden der Ecken *(März bis September 2022 in unregelmäßigen Abständen)*
- Schritt mit leichter Verbindung in der Halle, Hinzufügen von Bahnfiguren (Diagonalen und sehr große Volten) *(März bis September 2022 in unregelmäßigen Abständen)*
- Schritt und Trab mit leichter Verbindung in der Halle, Wiederholung bekannter Bahnfiguren *(März bis September 2022 in unregelmäßigen Abständen)*
- Optimierung des Galopps an der Longe, hinsichtlich Takt und Tempo *(September 2022 bis Februar 2023)*
- Galopp an der Longe unter dem Reiter *(November 2022)*
- Schritt, Trab und Galopp unter dem Reiter frei geritten *(Januar 2023 bis dato)*
- Hinzufügen von einfachen und mehrfachen Schlangenlinien, Übergänge vom Schritt in den Trab und umgekehrt, Vorhandwendung und Schenkelweichen *(Januar 2023 bis dato)*
- Konstanz in der Formgebung durch Übergänge in der Linienführung, Übergänge zwischen den Gangarten, Übergänge zwischen den Schwungrichtungen (Schulterherein, Schenkelweichen, Vorhandwendung, Travers) *(Januar 2023 bis dato)*
- Hinweis: Mandrakes Weg ist natürlich ein Beispiel und keine »So muss es gehen«-Anleitung – schließlich richtet sich die Ausbildung immer individuell nach dem Pferd.

Wir Reiten Einfach

Sind wir noch am Anreiten oder Reiten wir schon?

Ein junges Pferd anzureiten ist immer eine aufregende Sache. Wann sind wir in der Phase des Anreitens und wann reiten wir tatsächlich? Eine wirklich schöne Anweisung für das Reiten finden wir beim portugiesischen Meister der Reitkunst, **Nuno Oliveira, der mehr als einmal betonte, dass wir die Pflicht haben, unser Pferd »glücklich zu reiten«**. Die Pädagogik sollte sich demnach niemals ändern, immer ist es unsere Aufgabe, unser Pferd physisch und psychisch stolz und prächtig zu gymnastizieren. Gelungene Inhalte dürfen niemals zur Selbstverständlichkeit werden und wir sind immer gefordert, unsere beste Version von uns selbst als Ausbilder unserer Pferde zu sein. Die ersten Schritte werden natürlich etwas vorsichtiger gestaltet sein. Wir lernen uns ja in der neuen Position erst kennen und fühlen.

Für das Pferd sind unser Gewicht und unsere Bewegung auf seinem Rücken neu und auch für uns ist die Position aus dem Sattel noch ungewohnt, schließlich kennen wir unser Pferd vom Boden und konnten uns ein Bild von seinen Bewegungen machen, vom Sattel aus werden die Karten neu gemischt. Für viele Ausbilder kann es auch schwierig sein, die emotionale Komponente des Lobens ähnlich wie vom Boden umzusetzen, denn schließlich befinden wir uns jetzt nicht mehr mit unserem Gegenüber auf »Augenhöhe«. Auch ist der Blick für kleine Veränderungen und Verbesserungen vom Boden häufig einfacher, als von oben. Sobald wir auf dem Pferd sitzen, »reiten« wir. Für das junge Pferd gilt natürlich, die Einheiten noch relativ kurz zu gestalten und wenige Inhalte in den ersten Stunden zu planen. Die Aufgaben dürfen mit der Zeit zunehmen. Ich habe bei vielen Schülern mit jungen Pferden erlebt, dass die Phase des Anreitens und des Reitens selbst als zwei unterschiedliche Inhalte angesehen werden. Unabhängig davon, sollten wir unseren Sitz von Beginn an kultivieren.

Überall aus der Geschichte können wir wertvolle Hinweise entnehmen. Die ersten Hinweise stammen aus der jüngeren Zeit. 1933 erschien die erste Ausgabe von Wilhelm Müselers *»Reitlehre«* – und Müseler hat ein paar tröstende Worte für alle, die an sich und ihren reitereichen Fähigkeiten zweifeln sollten: *»Auf ruhigem, geeignetem Pferd sollte jeder Mensch in 30 Stunden lernen können, sich mit einigem Anstand in den drei Gangarten fortzubewegen.«* Wilhelm Müseler, *»Reitlehre«*

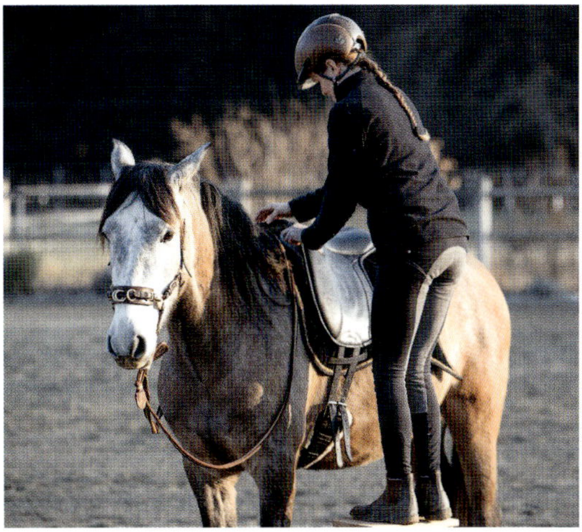

Behutsam gewöhnt Martina ihren Duende an die Aufstiegshilfe.

Aufsteigen und sich miteinander freuen. Duende konzentriert sich sehr genau darauf, was da auf seinem Rücken passiert. In den ersten Einheiten steht natürlich noch nicht mehr als das Auf- und Absteigen auf dem Programm.

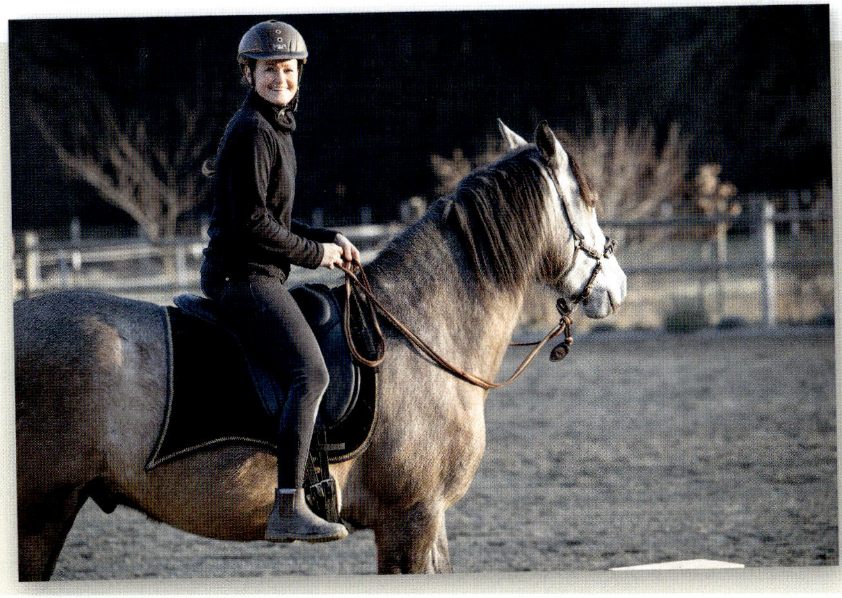

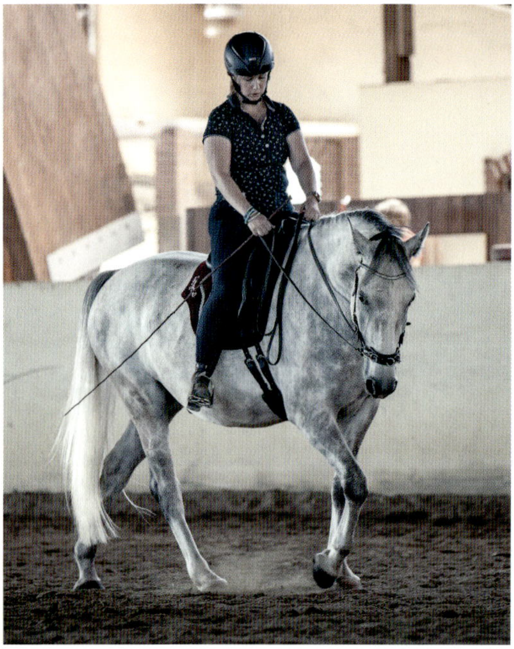

Wie bewegt sich Konrad? 5-jährig bei den ersten Schritten unter dem Sattel waren mir die Bewegungen von unten bekannt, trotzdem ist es dann etwas ganz anderes, sein Pferd wirklich unter sich zu fühlen.

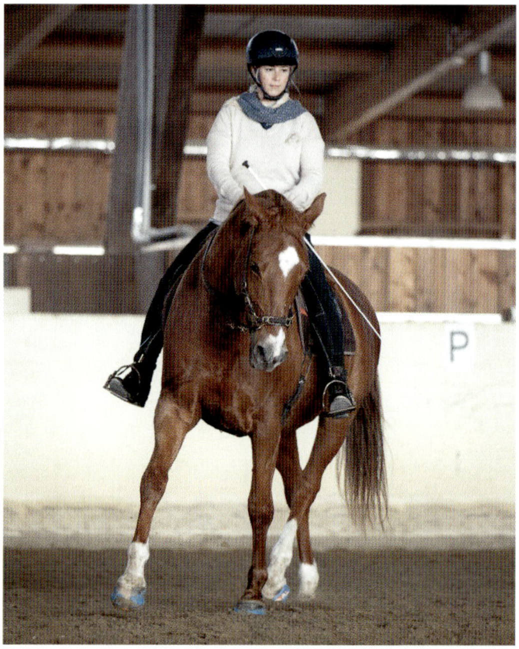

Tabbys Rückenschwung war groß. Im Vergleich zu ihr fühlte sich Konrad im ersten »gerittenen« Schuljahr sehr klein und eckig in den Bewegungen an. Ich tat ihm oft unrecht, wenn ich ihn unmittelbar nach Tabby ritt, da ich ihren Rückenschwung noch sehr präsent im Sitz spürte.

Müseler fasst zusammen, worauf sich das Lernen der Reiterei fokussiert: auf den Sitz, auf das Gefühl und die Einwirkung.

Der Reiter lernt nun im Laufe der Zeit zu sitzen – nach Müseler gibt es hier drei Stufen. Der Begriff »Sitz des Reiters« wird oft falsch aufgefasst, denn er bezieht sich weniger auf die Haltung der Gliedmaßen, wie gewöhnlich angenommen wird, als vielmehr darauf, ob der Reiter:

1. sich nur durch die Balance im Sattel hält und
2. losgelassen zu Pferde sitzt und
3. gelernt hat, in die Bewegungen des Pferdes einzugehen.

»Oben bleiben« lautet also die Grundsatzdevise und »oben bleiben« bedeutet, dass wir »oben« einen gewissen physischen Kontakt mit dem Pferd haben.

Die Konstante »Kontakt« wird nun zunehmend von der »Unbekannten« in ein Ungleichgewicht gebracht, wenn der Reiter nicht in der Lage ist, den Bewegungen des Pferdes entsprechend zu folgen.

Demnach müssen wir, um den physischen Sitz zu beherrschen, die Bewegungen des Pferdes kennen und verstehen.

Bewegung beschäftigt sich immer mit der spannenden Frage ihrer Entstehung. Für unser Pferd und das Reiten ist die Bewegung der Wirbelsäule essenziell. Der Brustkorb bewegt sich auf und ab, vor und zurück und in Rotation – das entspricht einer dreidimensionalen Schwingung der Pferdewirbelsäule. Wenn es heißt, der Schritt sei eine schwunglose Gangart, dann ist dies falsch, wenn man Schwung durch die Bewegung der Wirbelsäule definiert.

Jedes Pferd schwingt individuell. Ein Pferd, das gelernt hat, über den Rücken zu gehen, wird gleichmäßig in den Bewegungen schwingen, das heißt, es gibt ein Gleichmaß in der Bewegung vor/zurück, auf/ab sowie

Rotation. Das Gleichmaß kann beispielsweise im Schritt vorhanden, im Trab jedoch abhandengekommen sein. Diese Taktfehler und Unregelmäßigkeiten im Schwung sind im Großteil der Fälle auf den Reiter zurückzuführen. Das Pferd kann den Schwung vergrößern und verkleinern – aber auch der Reiter kann hier den führenden Part im gemeinsamen Tanz übernehmen.

Der physische Sitz funktioniert, wenn der Reiter die Bewegungen des Pferdes erfühlen und in weiterer Folge beeinflussen kann. Losgelassenheit ist bei den Pferden in aller Munde, jedoch betrifft diese Losgelassenheit auch den Reiter, der – verkrampft im Sattel – mit Sicherheit keinen Einfluss auf die Wirbelsäule wird nehmen können.

Der physische Sitz kann somit die Schwingung der Wirbelsäule vergrößern oder verkleinern, er kann die Bewegung des Pferdes beeinflussen. Dafür muss jedoch die Hand unabhängig vom Sitz sein. Umgekehrt betrachtet ist die Vollendung der Ausbildung wohl auch eine Unabhängigkeit des Sitzes von der Hand.

Der statische Sitz

Der statische Sitz bezieht sich auf das Gleichgewicht. Auch hier zeigt sich: im Stand ruhen der Schwerpunkt des Reiters und der Schwerpunkt des Pferdes übereinander. Dies kann sich jedoch rasant ändern, wenn eine gewisse Mechanik die beiden Körper beschleunigt.

Wenn das Pferd gelernt hat, dem Schwerpunkt des Reiters zu folgen, dann kann der Reiter über den statischen Sitz Schwerpunktverlagerungen beeinflussen. Sitzt der Reiter beispielsweise im Kruppeherein mit dem Schwerpunkt ein bisschen in Richtung der inneren Pferdeschulter, dann bedeutet dies mehr Vorwärts, sitzt er etwas mehr in Richtung Hinterhand des Pferdes, dann bedeutet dies mehr Versammlung.

Das Gleichgewicht, der Schwerpunkt von Reiter und Pferd müssen der Bewegung entsprechend zusammenpassen.

Pina folgt dem Schwerpunkt, so kann der Sitz vorgeben, wie weit wir in der Piaffe vorrücken.

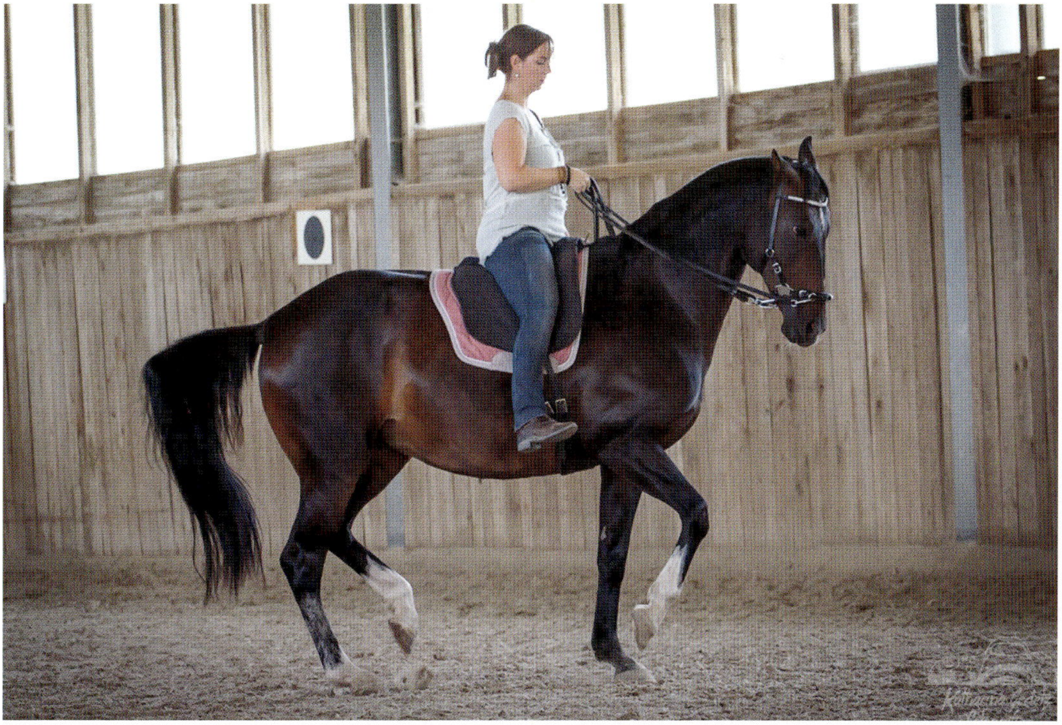

Der fühlende Sitz

Denken wir an das eingangs erwähnte Zitat von Wilhelm Müseler: »Der Reiter muss lernen, zu fühlen.« Ohne entsprechende Information fühlen wir es unter uns nur »rumpeln« – demnach dürfen wir unser Gefühl auf Entdeckungsreise durch den Pferdekörper schicken. Schließlich sind wir beim Reiten Entdecker und keine Pauschaltouristen.

Anfangs kann der fühlende Sitz vielleicht noch nicht sofort korrekt interpretieren, was da unter ihm passiert, mit der Zeit jedoch wird der Reiter genau spüren, wann das linke und wann das rechte Hinterbein in welcher Phase unterwegs sind. Die eigene Hüfte senkt sich etwas nach vorne und abwärts, wenn das innere Hinterbein nach vorne greift. Der tiefste Punkt ist freilich erreicht, wenn das Pferd den Hinterfuß auf dem Boden aufsetzt – der Reiter wird nach hinten-oben bewegt, wenn das Pferd kurz davor ist, den Boden nach der Standbeinphase wieder zu verlassen. Der fühlende Sitz korrespondiert jedoch nicht nur mit dem Gesäß. Das Schambein spürt, ob sich der Brustkorb in der Versammlung tatsächlich hebt oder senkt. Wir können, wenn wir es uns erlauben, kleinste Details wahrnehmen.

- Spürst du die gesamte Wirbelsäule des Pferdes oder nur Teilbereiche?
- Sind besondere Bereiche der Wirbelsäule in der Bewegung des Pferdes prominent?
- Wird ein Vorderbein dominanter wahrgenommen?
- Wann fußt das innere Hinterbein ab?
- Wann fußt das äußere Hinterbein ab?
- Wo fußt das innere Hinterbein auf?
- Wo fußt das äußere Hinterbein auf?
- Wo zeigen die Zehenspitzen aller Pferdebeine hin?

Die Liste lässt sich noch durch viele weitere Fragen ergänzen. Der fühlende Sitz ist kreativ. Er lässt sich auch leiten. Nicht immer muss die Wahrnehmung alleine auf das Pferd beschränkt sein. Auch der Reiter kann sich von Kopf bis Fuß durchchecken.

- Wie fühlt sich das Gesäß auf dem Pferd an?
- Sitzt man mehr nach links oder nach rechts?
- Zieht es den Sitz zu einer bestimmten Richtung?
- Sitzt man entspannt?
- Kann der Reiter tief in den Bauch atmen – oder wird mehr in die Brust geatmet?
- Wie verspannt oder entspannt ist die eigene Lendenwirbelsäule?

Auch hier sind der Fantasie praktisch keine Grenzen gesetzt. Der Reiter darf sich selbst von Kopf bis Fuß observieren, jedes kleine Gefühl soll registriert werden.

Und auch die Gefühlswelt trägt erheblich zum Sitz bei, schließlich macht es sich bemerkbar, ob wir uns sicher und wohl fühlen oder missmutig und niedergeschlagen.

Der abwartende Sitz

Gustav Steinbrecht beklagt in seinem »Gymnasium des Pferdes« 1885, dass es keine Akademischen Reitschulen mit entsprechend ausgebildeten Schulpferden mehr gibt, die zwischen den Pilaren piaffierend Reiter in puncto Sitz schulen können.

Es gibt sie aber noch. Pferde die gut über den Rücken gehen. Vor einigen Jahren habe ich eine befreundete Physiotherapeutin regelmäßig bei der Arbeit in der Hippotherapie beobachtet. Mit unglaublicher Eleganz ritt sie ihre Therapiepferde, die von der Piaffe bis zum Terre à Terre in elastischen Bewegungen glänzten. Ihre Klienten profitierten freilich von den Pferden, die sich gut über den Rücken bewegten.

Zu den heutigen Reitern gibt es jedoch einen ganz frappanten Unterschied: In der Therapie kommt hauptsächlich der physische Sitz zum Einsatz. Da die Bewegung der Pferdewirbelsäule der menschlichen Bewegung beim Gehen gleicht, kann sich der Getragene entspannen, die eigene Rückenmuskulatur und Rumpfmuskulatur stärken und die Schwingung unter sich genießen.

Der »Reiter« von heute will etwas erzeugen. Vom starken Trab bis hin zum Außengalopp. »Es wird geritten« – und das ohne überhaupt zu spüren.
Ein guter fühlender Sitz ist auch ein guter abwartender Sitz, der abwägen kann und sich auch die Zeit nimmt, das eigene Gefühl zunächst einmal urteilsfrei zu beschreiben und erst im Anschluss zu

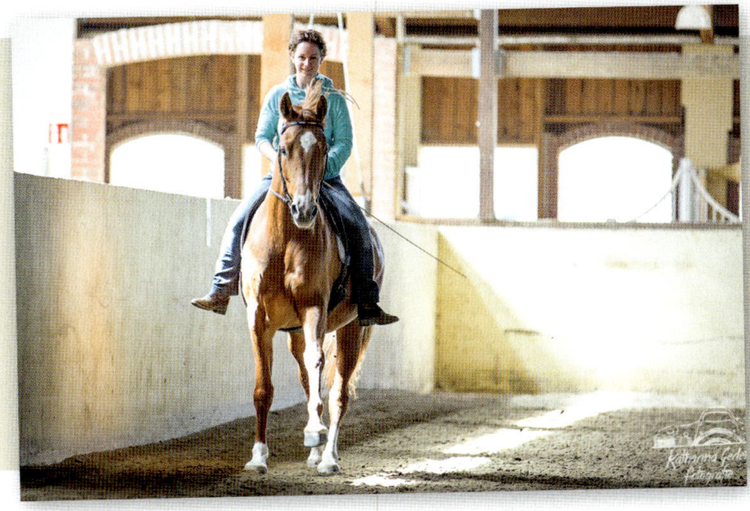

Das Pferd bewegt sich wie es fühlt und es fühlt sich wie es sich bewegt. Wie passt da unser Gefühl dazu?

bewerten. Nimmt der Reiter beispielsweise eine Verspannung im linken Fußgelenk wahr, wird der Absatz stark nach unten gedrückt, dann wirkt sich das zweifelsohne auf das innere Gesäß aus. Würde der Reiter sofort den äußeren Brustkorb nach oben korrigieren, selbst aber keine Entspannung finden, wir wären wie Sisyphos ständig mit Korrekturen beschäftigt.

Ein guter Sitz hat also keine Eile. Und darf sich dementsprechend auch in seiner Gesamtheit entwickeln.

Der wissende Sitz

Der wissende Sitz hat eine konkrete Vorstellung davon, wie sich das Pferd bewegen soll. Wissen erlangt man freilich nur durch Übung. Die meisten Reiter trauen sich viel zu wenig zu, dabei haben sie ein großes Feingefühl, was die Bewegung des Pferdes betrifft.

»Der gefestigte und unabhängige Sitz stellt sich ein, wenn beim Reiter der entsprechende Groschen gefallen ist, aber er lässt sich nicht erzwingen und wie eine Aufgabe üben.« Udo Bürger

Der wissende Sitz spürt das Gleichgewicht und weiß, was er zu tun hat.

Wenn wir nun auf dem Pferd sitzen, dann beginnt freilich alles mit der Analyse. Wie sitzen wir auf dem Pferd? Sitzen wir aufrecht, spüren wir Schambein und Gesäßknochen. Sitzen wir links oder rechts näher mit den Sitzknochen an der Wirbelsäule des Pferdes. Wie fühlt sich unsere Schwerpunktverteilung an?

Der Grundsitz: Wie man sitzen soll

Wenn der Sitz das Pferd formen soll, dann müssen wir uns entschieden, wo unser »innen« und wo unser »außen« sein soll. Wir nehmen das Schambein etwas in Bewegungsrichtung einwärts. Dabei stellen wir uns vor, dass unser Schambein direkt auf dem Widerrist ruht und eben diesen auch in die gewünschte Richtung drehen kann.

Hüfte parallel zur Hüfte, Schulter parallel zur Schulter. Das bedeutet, dass sich die innere Hüfte des Reiters etwas stärker nach vorne-innen neigt, die äußere Hüfte wird etwas mehr zurückgenommen.

Die Oberschenkel liegen flach am Pferderumpf.

Idealerweise spüren wir das Schambein und beginnen unsere ersten Reiteinheiten mit einer Verlagerung des Sitzes vermehrt in dessen Richtung – oder anders gesagt, wenn wir uns das Gesäß als Füße im

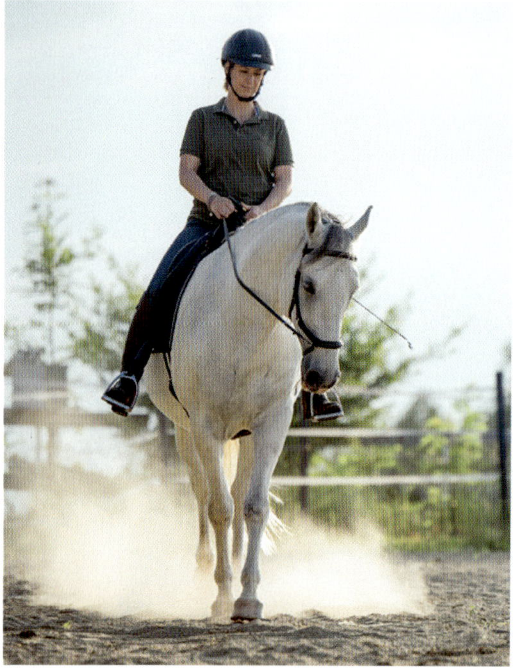

Sattel vorstellen, ruht unser Gewicht etwas mehr auf den Zehenspitzen. So können wir das Pferd zu Beginn der Trainingseinheit hinsichtlich der Lendenwirbelsäule und Muskulatur etwas entlasten. Wenn wir die Vorderseite der Oberschenkel leicht nach vorne nehmen – die Knie etwas mehr zum Pferd nehmen, ohne einen festen Knieschluss zu machen –, kommen wir etwas mehr auf die Oberschenkel, verteilen hier unser Gewicht und entlasten das Pferd.

Die Funktion der Oberschenkel

Die Oberschenkel können als »Nudelholz« den Rumpf des Pferdes ausmassieren. Mal kommt die Vorderseite des Oberschenkels etwas näher ans Pferd, mal die Rückseite. Diese Tätigkeit, die ich auch gerne in die Unterschenkel mitnehme und als »Twiggeln« bezeichne, ist für das Pferd die Information, den

Der innere Schenkel sorgt für die Biegung, der äußere Oberschenkel wird leicht angehoben, sodass der Schwingung des Rumpfes nach außen-oben Platz gemacht werden kann.

Ich nehme das äußere Gesäß ein bisschen aus dem Sattel, um Schnucks die Rumpfrotation etwas leichter zu machen. Am Anfang werden wir das junge Pferd noch nicht mit zahlreichen Informationen aus dem Sitz überfordern, trotzdem sollten wir uns bemühen, so korrekt wie nur möglich zu sitzen.

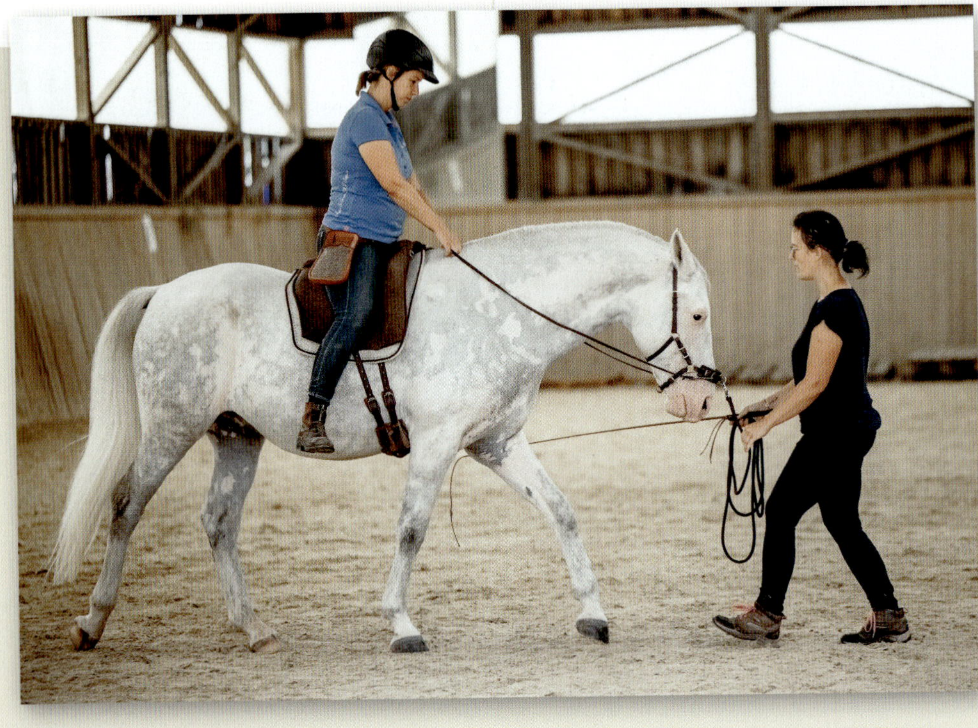

Rumpf an der Innenseite etwas mehr zur verkürzen, sich also um den inneren Schenkel zu biegen.

Der innere Oberschenkel sollte niemals hochgezogen werden. Diese Erlaubnis hat nur der äußere Oberschenkel. Wenn das Pferd außen im Brustkorb absackt, ergo Schwierigkeiten hat, den äußeren langen Rückenmuskel zu dehnen und im Rumpf außen korrekt nach oben zu rotieren, kann der äußere Oberschenkel durch ein Anheben des Knies das Pferd in der korrekten Biegung und Rotation unterstützen.

Das Anheben des Knies bewirkt auch ein Wegnehmen des äußeren Gesäßes – anstelle innen extra tief zu sitzen, macht der äußere Gesäßknochen also Platz, um eine Dehnung in der äußeren Oberlinie zuzulassen. Ein weiteres Bild, das hier hilfreich ist: Anstelle der Belastung der inneren Seite aktiv an die Entlastung der äußeren Körperseite des Pferdes (und der eigenen Körperseite) denken.

Die Oberschenkel können außerdem die Schultern führen – die Vorderseite des äußeren Oberschenkels führt die Schulter einwärts, wenn das äußere Vorderbein abfußt. Die Rückseite des äußeren Oberschenkels begleitet das Pferd in eine vermehrte Biegung weg vom äußeren Schenkel für eine traversale Bewegung. Der innere Oberschenkel begleitet mit seiner Rückseite eine vermehrte Biegung im Schulterherein. Das innere Knie kann die innere Schulter im Travers etwas verwahren.

Von den Knien zu den Zehenspitzen

Die Knie liegen weich am Rumpf, der Unterschenkel begleitet die Bewegung des Pferdes und hindert das Pferd jedoch nicht an der Atmung. Fest pressende Unterschenkel und hochgezogene Fersen zum Treiben des Pferdes sind zu vermeiden.

Hier hilft die Vorstellung, die Beine würden in den Boden wachsen oder der Boden würde sich den Fußspitzen nähern und die Beine auffangen. So lange beide Beine gleichzeitig an den Rumpf des Pferdes schlagen (ob sie wollen oder nicht), ist das Pferd noch nicht korrekt über den Rücken unterwegs. Eine saubere und ruhige Lage der Unterschenkel wird durch die Bewegungsqualität über den Rücken des Pferdes begünstigt.

Ein ganz wichtiges Kapitel sind freilich auch die eigenen Fersen. Ist das Sprunggelenk in einer Streckstellung mit der Ferse abwärts, dazu kommt außerdem ein kräftiger Druck in den Steigbügel – dann wird sich das auch auf das Gesäß bzw. das umliegende Gewebe auswirken. Bei starkem Druck in den Steigbügel wird die Muskulatur rund um das Gesäß angespannt – dies kann ein Anheben des inneren Gesäßes verursachen. Hier kann es helfen, die Zehen ohne Druck im Steigbügel abzustellen und den Absatz nicht zu tief zu drücken.

Das Gesäß folgt dem Pferd

Das Gesäß folgt dem Pferd, so kommt die innere Hüfte des Reiters etwas tiefer und nach vorne, wenn das innere Hinterbein in der Spielbeinphase ist. Sobald das

Wie groß fühlt sich der Kreis in der eigenen inneren Hüfte an? Groß? Klein? Elliptisch oder eckig? So wie wir fühlen, so wird sich auch der Rückenschwung des Pferdes gestalten. Aber wir können auch Einfluss aus der eigenen Hüfte nehmen und dem Pferd zu einer regelmäßigen Schwingung der Wirbelsäule verhelfen.

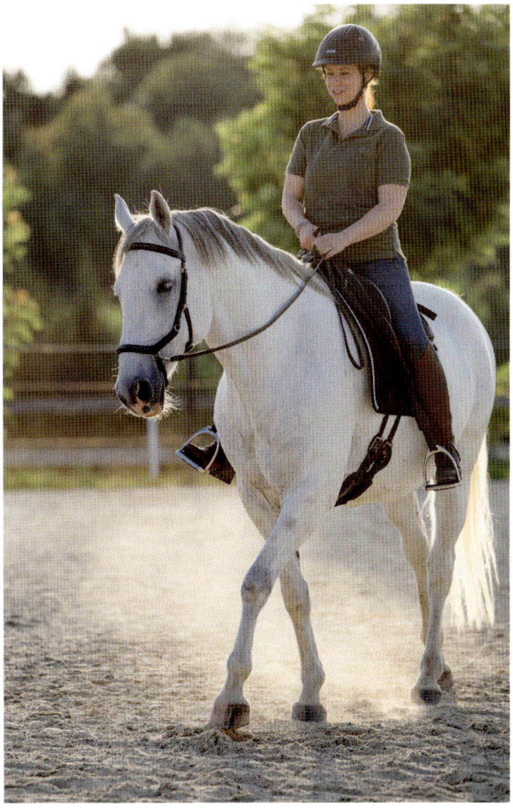

innere Hinterbein am Boden aufsetzt, wird unsere Hüfte innen etwas angehoben und mit der Standbeinphase wieder leicht nach hinten bewegt. Wir erleben somit eine Kreisbewegung in unserer inneren Hüfte. Je nach Bewegungsqualität des Pferdes kann sich der Kreis rund, elliptisch, eckig oder unterschiedlich schnell anfühlen. Der Reiter kann jederzeit durch Anpassung des Kreises die »Führung« im Tanz übernehmen. Das bedeutet, der Kreis kann aus einer Eigenbewegung heraus passieren oder er wird vom Pferd geformt. Die Übernahme der Kreisbewegung wirkt sich freilich auch auf das Pferd aus. Somit kann der gleichmäßige Rückenschwung durch den eigenen Takt, Tempo und Rundung des Kreislaufes beeinflusst werden. Die äußere Hüfte macht immer eine gegengleiche Bewegung.

Der wissende Sitz erkennt mit Sicherheit, wann welches Hinterbein in der Luft ist. Er kann auch gut interpretieren, was da unter dem Gesäß passiert. Kommt die innere Hüfte nur sehr wenig nach vorne, dann weiß der Sitz sofort: Mit dem Vorgriff des gleichseitigen Hinterbeins stimmt etwas nicht. Unsauberer Takt und Tempo, falsche Rotationen, laterale Verspannungen – all das kann durch unser Gesäß aufgespürt werden. Die Grundlage für den wissenden Sitz bildet hier vor allem die Vorarbeit. Wenn wir bereits in der Bodenarbeit »gesehen« haben, was mit dem Pferdekörper passiert, wird unser Gesäß zum Auge und dirigiert die Bewegungskoordination zwischen Großhirn, Kleinhirn und Nervenbahnen.

Vom Gesäß bis zum Kopf

Der Rumpf wird aufrecht getragen. Die Wirbelsäule des Reiters trifft im rechten Winkel in einer vertikalen Balance auf die Wirbelsäule des Pferdes. Ein Hohlkreuz ist zu vermeiden, dies kann aber ganz leicht passieren, wenn der Sattel unpassend gepolstert ist, oder der Reiter zu stark auf dem Schambein sitzt. Die Bauchatmung des Reiters nimmt ebenso eine wichtige Rolle ein.

Atem fließt

Alles Reiten beginnt freilich mit der Analyse. So hat eine tiefe Bauchatmung zur Folge, dass wir uns in der Lendenwirbelsäule entspannen. Dies ist vor allem nützlich, wenn wir auf einem Pferd sitzen, das sich emotional festhält, den Rückenschwung nicht groß, sondern klein und abgehakt gestaltet und sich selbst ebenso in der Atmung nicht loslassen kann.

Atmen wir jedoch tief und bewusst in den Bauch, können wir schon sehr bald auch hier eine Synchronisierung mit dem Pferd erleben. Wie lange dauert es, bis das Pferd sich auf ein gemeinsames Atmen einlässt? Diese Information ist generell auch wichtig, wenn wir weitere Mitteilungen austauschen wollen. Anhand der Atemspiegelung wissen wir bei Anspannung, wie lange es wohl brauchen wird, um die vorgegebene Entspannung nachzuahmen und auszuprobieren.

Wenn wir uns in einem bestimmten Körperteil festhalten, dann können wir die Atmung genau dorthin leiten. So können wir über die Handflächen und über die Zügel ausatmen. Wir können das äußere Gesäß höher und das innere tiefer atmen. Wir können einen Rhythmus vorgeben, mehr Energie durch den Atem holen.

Aber wie?

Meistens spiegeln wir bereits die Atmung des Pferdes. Wir halten genau dort die Luft an, wo sich das Pferd im Bereich der Muskulatur ebenso festhält. Durch ein bewusstes Atmen in unsere eigene Lende, können wir das Pferd entspannen und den Rückenschwung, der an der Lende »stoppte«, wieder fließen lassen.

Atmung bedeutet Achtsamkeit. Den Möglichkeiten sind hier keine Grenzen gesetzt.

Die Macht des Brustbeins

Unser Brustbein ist parallel zum Schambein positioniert. Wir können uns nun eine Verlängerung des Brustbeins vorstellen, ähnlich der Pinocchio-Nase. Das Brustbein verlängert sich und zeigt zwischen den Pferdeohren nach vorne in die gewünschte Richtung. Das Brustbein kann diese Bewegungsrichtung auch durch einen Laserpointer anzeigen – wichtig ist jedoch, dass der gewünschten Richtung freilich auch das Schambein und somit der Widerrist und der Rumpf nachkommen.

Anders gesagt könnten wir auch herausfinden, ob sich der Wunsch der Schwungrichtung zwischen den

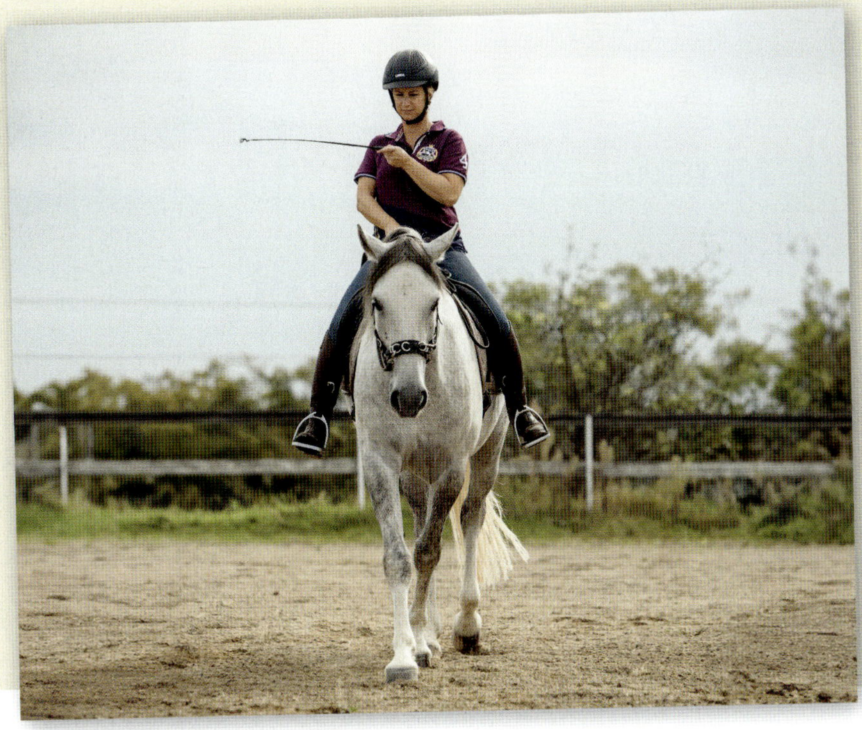

Mein Brustbein zeigt nicht in Amenas Bewegungsrichtung. Wir driften über die äußere Schulter nach außen. Die Dysbalance, die mein Sitz vorgibt, zeigt sich genau in der Schwungrichtung von Amenas Vorderbeinen.

Beinen des Reiters fortpflanzt zum Schambein und Widerrist und im Brustbein widerspiegelt. Vergleichbar mit der Drehbewegung eines Drehsessels, der unser Oberkörper folgt. Somit reiten wir einmal mehr in die gewünschte Richtung aus dem Sitz heraus – die korrekte Umsetzung zeigt sich in unserem Oberkörper.

Allerdings beeinflussen wir freilich auch das Pferd stark durch ...

Die Positionierung der Schultern

Die innere Schulter des Reiters ist etwas hinter der inneren Hüfte positioniert. Die Längsbiegung des Pferdes wird von Hüften und Schultern gespiegelt. So zeigt die äußere Schulter des Reiters etwas mehr nach vorne. Werden äußere Schulter und innere Schulter vermehrt nach vorne bzw. nach hinten genommen spiegelt sich das natürlich auch in der Intensität der Biegung des Pferdes.

Von den Schultern abwärts geht es zu den Händen. Nehmen wir den Oberkörper und damit auch die Schultern etwas nach vorne, dann bedeutet dies auch Nachgiebigkeit und einen etwas größeren Rahmen beim Pferd. Ein Aufrichten und Zurücknehmen der Schultern verkürzt auch die Formgebung über die Wirbelsäle des Pferdes.

Wenn wir uns vorstellen, einen »steifen« Hals zu haben – freilich ist hier die Schwierigkeit, sich nicht selbst zu verspannen (denke an den rosa Elefanten) – dann nimmt der Reiter das Pferd durch ein Drehen des Kopfes und weiterführend durch die Balanceverschiebung im Oberkörper in die entsprechende Richtung mit.

Die Vorstellung von Balance: Bilder für den Sitz

»Alles Urdenken geschieht in Bildern: Darum ist die Phantasie ein so notwendiges Werkzeug desselben, und werden phantasielose Köpfe nie etwas Großes leisten – es sei denn in der Mathematik.«

Arthur Schopenhauer (1788–1860), deutscher Philosoph

Um Erfolg zu haben, greifen sie alle auf Bilder im Kopf zurück: egal ob Sportpsychologie, Kommunikationswissenschaft, Meditation oder Coaching in der Welt des Business.

Sämtliche Disziplinen machen sich die »**Macht der Bilder im Kopf**« zunutze. Und vermutlich hatten doch auch kreative Köpfe in der Mathematik durchaus mehr Erfolg. Wie sieht es jedoch mit den Reitern aus?

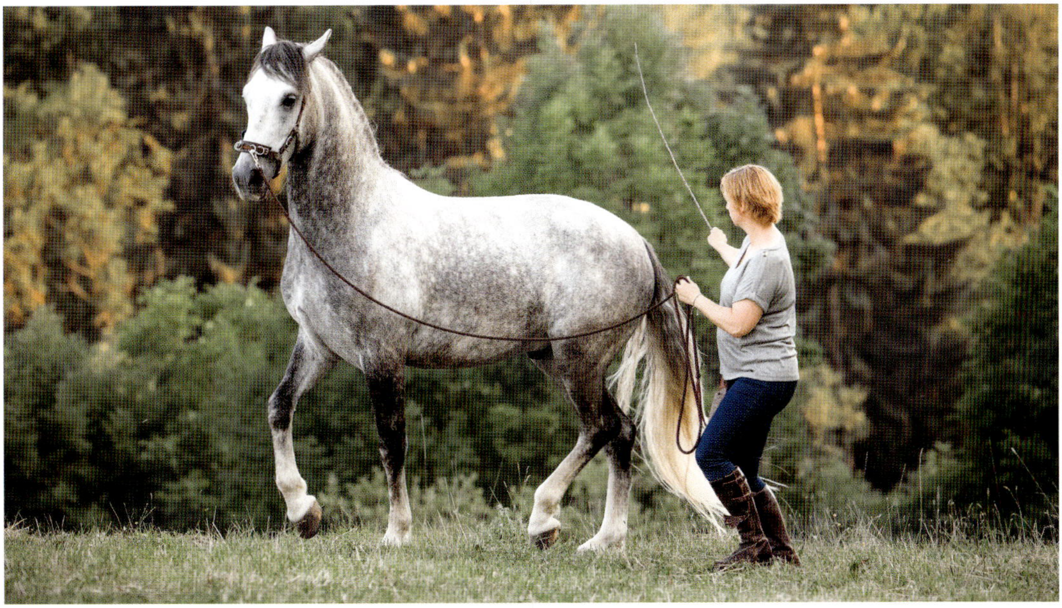

Welches Gefühl drücken wir in der Bewegung aus? Amena ist stolz und voller Energie – aber wer spiegelt hier eigentlich wen?

Der visuelle Pädagoge

Wie fühlt sich Balance an? Wie soll eine gute und losgelassene Formgebung aussehen? Wie stellt sich das geistige Auge Stellung und Biegung vor? Wie sieht ein gutes Tempo bei gleichmäßigem Takt aus? Und wie beurteilt man korrekten Schwung?

Wer dem Pferd ein guter Pädagoge sein will muss zuerst wissen, was er abfragen möchte.

»Wenn du weißt, was du kannst, kannst du tun, was du willst.« Moshe Feldenkrais

Was wollen wir eigentlich von unserem Pferd?

Mit dieser Fragestellung beginnt also unsere erste Zieldefinition für unsere Basisarbeit.

Die Erarbeitung einer gemeinsamen Kommunikation mit dem Pferd beginnt immer zuerst vom Boden aus. Ist die grundlegende Beziehungsarbeit, die Erziehung und Führarbeit mit einschließt, absolviert, steht sodann die erste Erarbeitung einer Formgebung auf dem Stundenplan. Dabei sollte man noch vor dem tatsächlichen Abfragen von Stellung und Biegung natürlich über die einzelnen Komponenten Bescheid wissen. Was soll eigentlich mit dem Unterkiefer in Stellung passieren? Und warum brauchen wir Ganaschen-Freiheit? Wenn der Reiter sich zuerst im Kopf vorstellen kann, wie sich das Pferd der lösenden Hand folgend abwärts streckt und schließlich durch leichte Einwirkung am Kappzaum der Unterkiefer bei geöffnetem Ganaschenwinkel unter den Atlas rotiert – der weiß, wie er eine pädagogische Aufgabe formuliert und das Ergebnis schließlich auch messbar kontrollieren kann.

Gerade unter diesem Aspekt sind die Bodenarbeit, die Longenarbeit, die Handarbeit, die Arbeit am Langen Zügel und der Crossover aller Elemente in der Akademischen Reitkunst von großer Bedeutung, da der Reiter nicht nur seinen Blick, sondern auch sein Gefühl immens schulen kann.

Warum Gefühle beim Reiten so wichtig sind

Visualisierung heißt »Reiten mit Köpfchen«. Der denkende Reiter muss nicht nur Theorie, sondern auch sämtliche Sinneseindrücke verarbeiten.

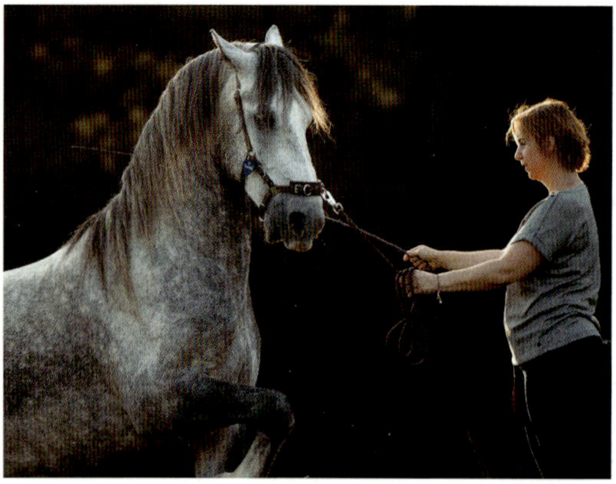

Am Boden lernen wir zu sehen, um das Gesehene später auch durch unseren Sitz »sichtbar« zu machen.

»Nach genauen Vorschriften und toten Buchstaben kann der Reiter ein Pferd wohl zur Maschine machen, aber nicht dressieren. Dies vermag er nur, wenn er sich von seinem Gefühl und seinem eigenen Urteil leiten lässt.« Gustav Steinbrecht

Der denkende Reiter analysiert, überlegt und handelt. Denn schließlich verhält sich auch nur ein einziges Pferd wie im Lehrbuch; das Pferd, das im Lehrbuch drin steht. Somit ist der denkende Reiter lieber kein Pauschaltourist, sondern ein Entdecker, dem die Reise und der Weg zur Reitkunst mehr Spaß machen, als das vermeintliche Endergebnis. Aber nicht nur über unsere Sinne empfangen wir vom Pferd Informationen, auch über die Hand und den Sitz werden wichtige Informationen weitergegeben.

»Gerade aber die richtige und schnelle Wahrnehmung der Wirkungen, die die Bewegungen des Pferdes auf uns ausüben, ist die so überaus wichtige Eigenschaft, die wir mit dem Worte »Reitertakt« oder feines Gefühl zu Pferde bezeichnen. Der Reiter kann die Fußbewegung seines Pferdes mit dem Auge nicht beobachten, wenigstens nicht ohne seine ganze Haltung aufzugeben. Er ist gewissermaßen im Fall des Blinden, der durch hohe Ausbildung des Gefühlssinns das fehlende Augenlicht, so gut es geht ersetzen muss.« Gustav Steinbrecht

Was der fühlenden Hand und dem fühlenden Sitz gerade am Anfang (auch der reiterlichen Ausbildung) der wichtigste Assistent ist, ist das innere und äußere Auge – das Spüren und das Sehen. Gerade weil wir am Gesäß keine Augen haben, später aber die gesehenen Erfahrungen genauer erfühlen müssen – schließt sich hier wieder der Kreis zur Bodenarbeit.

Gefühl braucht man aber nicht nur für die Gymnastik. In erster Linie wollen wir den Geist des Pferdes erreichen. Wir wünschen uns schließlich ein Pferd, das gerne mit uns arbeitet und gerne Zeit mit uns verbringt. Diesen Geist wollen wir auch später in der Gymnastizierung ansprechen, Fragen stellen können und klare Antworten erhalten.

Innere Bilder zur besseren Kommunikation

Somit ist die allererste Visualisierung für uns Menschen als Pädagogen: Was möchte ich von meinem Pferd und was möchte ich nicht!?

Nicht immer müssen wir dabei gleich das Endprodukt vor dem inneren Auge haben. Wenn wir also zu unserem Beispiel der Erarbeitung von Stellung und Biegung im Stand zurückkehren, könnten wir bei den kleinsten Einzelheiten anfangen. Fragt man den Schüler in der Unterrichtsstunde, was er sich vorstellen würde, fängt er gleich mit der korrekten Technik an. Das artet gerne sofort in einen Fachdialog aus, anstelle an elementare Dinge zu denken, wie ein ruhig stehendes Pferd. Wir sollten beim Visualisieren also auch komplett auf Kleinigkeiten achten. Und nicht nur auf das technische Endprodukt: ein gestellt und gebogenes Pferd.

Denken wir dann auch über unsere eigene Körperposition nach? Meist fällt es uns gar nicht auf, dass wir ein Bein entlastend, lässig vor dem Pferd stehen. Wenn wir uns selbst auch in Gedanken eine Haltung geben, die wir vor dem Pferd einnehmen, setzen wir diese in der Praxis auch leichter um. Es gibt also immens viele Kleinigkeiten, die wir auf eine visuelle Checkliste setzen können: Wo halte ich bei der Bodenarbeit meine Hand am Kappzaum? Sind die Finger geschlossen oder offen? In welcher Hand halte ich sämtliche Schlaufen der Longe oder des Führseils? Wo zeigt die Gerte hin? Wie ist meine eigene Balance?

Wenn man sich ein Endbild vor Augen hält, geht es nicht nur um das Pferd, sondern auch um den Menschen. Wie soll der Mensch einwirken und vor dem Pferd stehen und wie nicht.

Haben wir hier ein klares Bild vor Augen, werden wir unsere Frage an uns selbst und an das Pferd eben zuerst in Gedanken formulieren und dann in der Praxis. Mit ein wenig Übung stellen sich rasch Feinheiten in der Kommunikation ein.

Der schlechteste Schauspieler auf der ganzen Welt

Stellen Sie sich vor, Sie stehen als Schauspieler auf einer Bühne. Sie sollen auf der Bühne im Kreis marschieren und abrupt stehen bleiben. Jedoch: Sie sind der schlechteste Schauspieler auf der Welt. Das Publikum ahnt schon längst, dass sie gleich eine Vollbremsung einlegen werden.

Für das Pferd kann es von Vorteil sein, dass Sie ein schlechter Schauspieler sind.

Pferde kommunizieren über ihren Körper. Wir Menschen tun das aber kaum. Echte Freude spiegelt sich nur selten in unserem Körper wider. Das, was für uns sehr leicht zu lesen ist: »... dem Menschen da gegenüber geht es schlecht.« Nach vorne fallende, festgehaltene Schultern, ein starrer Blick. So pendeln wir meist in der Früh zur Arbeit, wobei Emotionen dort natürlich keine Rolle spielen (dürfen).

Wir brauchen aber echte Freude, denn wir wollen ja auch die Freude in unserem Pferd wecken, das sich gemeinsam mit uns über seine Fähigkeiten freut. Wir müssen mit unserem Körper verschiedene Mitteilungen bzw. Hilfen kommunizieren.

Kommen wir zurück zur Sache mit der Parade zum Halten. Wenn wir für unser Publikum so leicht vorhersehbar sind, dann sind wir es auch für unser Pferd. Wir befinden uns also am Boden vor oder neben unserem Pferd. Wir laufen rückwärts oder neben dem Pferd.

Eine Übung aus der Schauspielkunst kann tatsächlich sein, den geplanten Halt genau zu visualisieren, im eigenen Körper vorab zu fühlen. Atmet man eher aus, wenn die Parade zum Halten geplant ist? Sackt der eigene Körperschwerpunkt nach oben oder unten? Wie verändert sich die eigene Schrittfolge? Und dann spielen wir das Halten mal ganz übertrieben schlecht. Wer sein Pferd mit einem plötzlichen Stopp nicht mehr überfällt, bekommt auf einmal mehr Aufmerksamkeit geschenkt. Schließlich ist Kommunikation mit ein wenig Vorhersehbarkeit angenehmer, als Aufgaben, die ständig aus dem Nichts herausgebrüllt werden.

Manchmal dürfen wir auch in unserer Körpersprache übertreiben. Wir sind es in unserem Alltag kaum noch gewohnt, über unseren Körper zu kommunizieren.

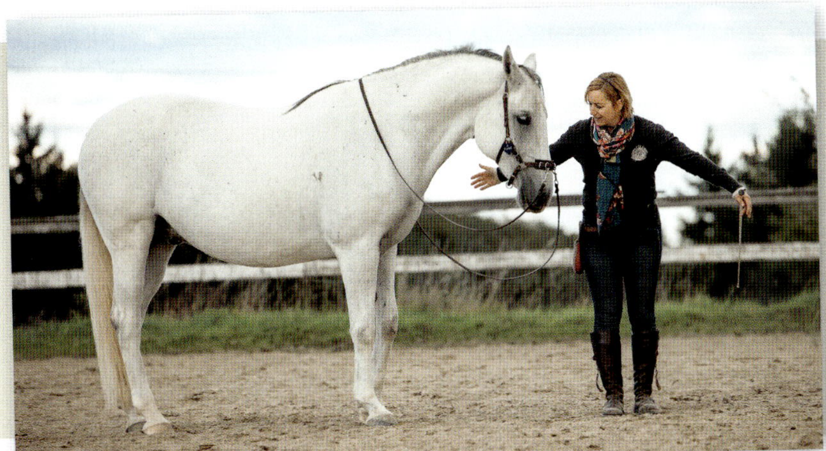

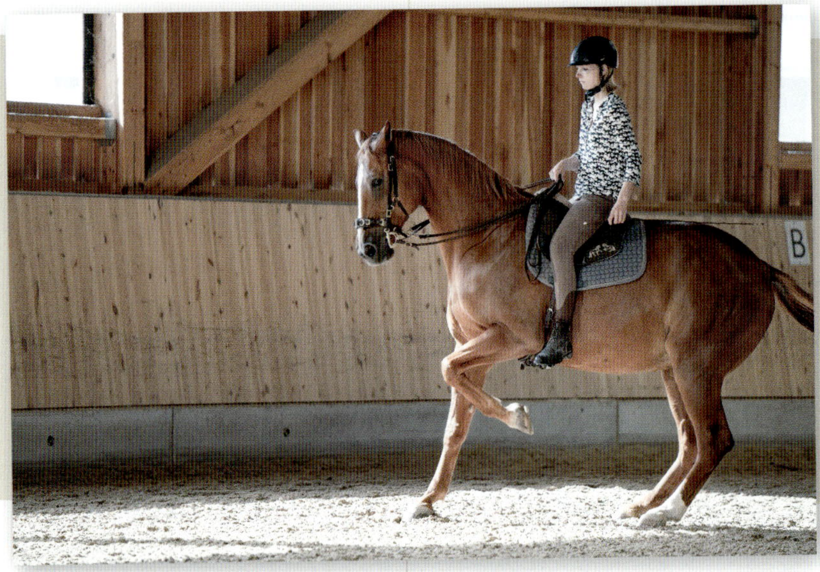

Wo fließt das Wasser im gläsernen Pferd hin? Amira und Viktoria in der Schulparade

Das innere Bild von Balance

Warum wir Reiter so gerne aneinander vorbeireden? Harmonie ist etwas zutiefst Subjektives, wobei jeder Reiter wohl eigene Gedanken und Vorstellungen hat, wie sich Harmonie anfühlen muss. Meine Trainerkollegin Annika Keller hat es einmal bei einem Zusammentreffen sehr schön formuliert: *»Harmonie ist die Abwesenheit jeglichen Widerstands.«*

Jeder hat seine subjektive Vorstellung – diese aber auch auszuformulieren ist ebenso ein erster Schritt zum Bild im Kopf.

Ähnlich ist es auch mit der Balance. Hier gibt es viele Möglichkeiten für einen bildhaften Vergleich.

Meinen Schülern rate ich im Unterricht gerne dazu, sich das »Pferd aus Glas« vorzustellen. Wir verwandeln unser Pferd also in ein Glaspferdchen, dessen Körper nicht komplett mit Wasser gefüllt ist. Ist das Pferd in seiner Mitte? Ist das Wasser gleichmäßig verteilt, oder stimmt das Gefühl, das Wasser würde zunehmend in Richtung des äußeren, rechten Vorderbeins schwappen?

Wenn wir dann durch leichte Arbeit im Stand, im Schulterherein und Kruppeherein sowie mit den Paraden die Balance, also das Gleichgewicht des Wassers, wieder herstellen wollen, denken wir weniger an die Technik, als an das Gefühl, das Wasser durch die Verschiebung des Gleichgewichts wieder in die Mitte des Pferdes bringen zu wollen. Oft hilft schon der Gedanke an das Wasser, um eine ungleiche Belastung an den Vorderbeinen des Pferdes leichter auszumachen. Wollen wir eine Parade durch den Pferdekörper schicken, spüren wir, wo das Wasser möglicherweise eine Engstelle nicht passieren kann – wir wissen also, wo die Parade nicht durchkommt.

Auf dem Pferd können wir als Reiter ebenso wahrnehmen, ob wir unsere Mitte gefunden haben – oder was das Wasser mit uns macht. Dies hilft auch dem statischen Sitz. Der statische Sitz bedeutet im Grunde »gerade zu sitzen«, das heißt im Gleichgewicht und in der Bewegung. Dieses Gleichgewicht sollten wir in unserer Mitte, in unserem Bauch, finden und spüren.

Unser physischer Sitz bedeutet, den dreidimensionalen Schwingungen des Brustkorbes des Pferdes und somit seinen Bewegungen zu folgen und diese zu beeinflussen. Wenn wir uns beispielsweise auf der linken Hand befinden und spüren, dass der Brustkorb des Pferdes innen nach oben rotiert und uns das Pferd so nach außen gesetzt hat, bemühen sich viele Reiter unbedingt wieder nach links-unten zu sitzen. Dabei knickt dann möglicherweise nicht nur die rechte Hüfte ein – der Oberkörper wird stark nach innen verdreht.

Um wieder die Statik in Ordnung zu bringen und gerade zu sitzen kann der Hinweis auf einen gläsernen Menschen auch hier helfen – oder andere Reiter helfen sich gerne mit der Vorstellung einer verschluckten Billardkugel.

Die verschluckte Billardkugel

... beschreibt unsere Mitte. Wir können unseren Schwerpunkt auf dem Pferd nach vorne oder auch wieder etwas zurücknehmen – je nachdem, ob etwas Dehnungshaltung oder Versammlung gefragt wird. Wenn wir unseren Schwerpunkt nach vorne nehmen, können wir uns vorstellen, die Billardkugel in unserem Bauch nach vorne in Richtung Nabel zu rollen. Wir müssen aber aufpassen, dass die Kugel nicht aus unserem Bauch heraus über den Widerrist des Pferdes nach unten kullert. Diese »Begrenzung« hilft Reitern, die nach vorne gerne »Übergewicht« bekommen und sich dann auch zu stark in die Bügel stemmen.

Die Billardkugel kann ich dann auch in Richtung innerer Hüfte des Pferdes rollen, wenn ich beispielsweise im Kruppeherein versammeln möchte. Oder ganz vorsichtig in Richtung innere Schulter rollen, wenn ich das Pferd im Kruppeherein wieder mehr nach vorwärts schwingen lassen möchte.

Versuch es mit Bequemlichkeit

Meine Fuchsstute Tarabaya war mit enorm viel Schubkraft ausgestattet. Als wir endlich die Hinterbeine sortiert hatten, wurde sie für mich – da der Schwung auch besser über den Rücken übertragen wurde – natürlich auch bequemer zu sitzen. Anfangs nur für wenige Momente. Um diese Momente zu verlängern, habe ich mir zwei Bilder visualisiert.

Ich habe sie mir einfach wieder »bequem vorgestellt«, andererseits konnte ich auch die Vorstellung von einem bequemen Pferd auf das unbequeme mitnehmen. Freilich war mein physischer Sitz auf dem bequemen Pferd geschmeidiger. Mit Fantasie konnte ich mein unbequemes Pferd ein wenig bequemer reiten.

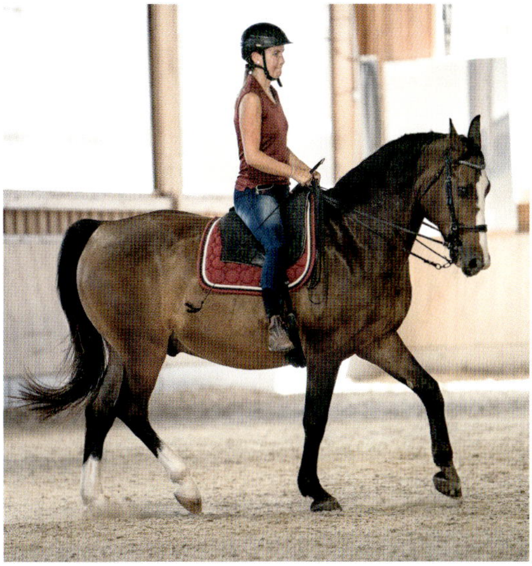

Jasmin stellt sich vor, Rustys rechtes Hinterbein genau unter ihren Sitz zu dirigieren.

Pfeile in den Boden schießen

In der Bodenarbeit haben wir den Vorteil, dass wir das Pferd vor uns observieren können, wenn wir rückwärts laufen. Wir sehen, ob das Pferd zum Schwerpunkt fußt oder nicht.

Wenn wir oben drauf sitzen und unser Gefühl noch nicht so weit ist, die Qualität des Vorgriffs aus der Hinterhand konkret zu beurteilen, kann uns zur Sicherheit folgende Vorstellung helfen: Wenn der Brustkorb unter uns nach rechts und links, nach oben und nach unten sowie in Rotation schwingt, dann bewegen sich unsere Sitzknochen im Schritt auf und ab. Wenn der linke Hinterfuß nach vorne schwingt, sinkt auch der linke Sitzknochen nach vorne-unten. Wenn wir uns in dem Moment vorstellen, der Sitzknochen würde einen Pfeil in den Boden schicken als Signal für den Hinterfuß – dort musst du hin steigen – kann dies einerseits unser Gefühl weiter schulen, andererseits auch tatsächlich helfen, den Hinterfuß etwas besser nach vorne zu holen.

Die Zeitmaschine

Was wir beim Reiten in der Hand spüren ist ja schon passiert – oder eben auch nicht. Was der Reiter in der Hand hat – oder eben nicht – ist immer aus der Hinterhand heraus entstanden. Es hat also keinen

Sinn, mit der Hand irgendeine Formgebung zu beeinflussen, die aus dem Vorwärts der Hinterhand hätte passieren müssen. Daher quasi die Reise in die Vergangenheit: erneutes, korrektes Vorwärts und erneute Informationsaufnahme durch die Hand.

Die Alten Meister

... können uns ebenso beim Visualisieren unterstützen. Wir können beispielsweise ihre Meinung zu einem Thema einholen – Stichwort »Innensitz«:

Steinbrecht spricht hier von einem sanften Hang in der Hüfte nach innen. **Guérinière** sagt, das Pferd macht sich hohl um den inneren Schenkel und der Herzog von **Newcastle** sagt, der Steigbügel erscheint 4 Inches länger. Alle drei sprechen von derselben Sache, nur anders ausformuliert. Manchmal kann es sich lohnen, mehrere Formulierungen zu einem Thema zu lesen, um ein klareres Bild vor Augen zu haben. Denn nicht immer ist das, was Schriftsteller A sagt, für mein inneres Auge sofort hilfreich. Schriftsteller B kann mir aber helfen, Schriftsteller A möglicherweise sogar noch besser zu verstehen.

Umgekehrt ist es auch eine wunderbare Übung, Inhalte aus der Reitkunst für sich selbst in verschiedenen Varianten zu formulieren. Hier malen wir eventuell selbst Bilder, die uns helfen, Fragen an das Pferd besser zu visualisieren.

Fazit

Visualisierung hilft. Und manchmal hilft es auch auf eigene Erfahrungen zurückzugreifen: Erfahrungen, die auf den ersten Blick mit dem Reiten nichts zu tun haben.

Reiten der Grundgangarten

Schritt

Zielsetzung für den Schritt ist ein regelmäßiger Viertakt bei großem Rückenschwung, wobei der Ausbilder in der eigenen inneren Hüfte einen gleichmäßigen Kreislauf beschreiben kann. Manchmal fühlt sich die Kreisbewegung eher elliptisch an, auch der erste Bogen des Kreises fühlt sich schneller vollzogen an, als die zweite Hälfte. Regelmäßigkeit in der eigenen Bewegung aus der Hüfte ist das Ausbildungsziel, wobei wir schon jetzt auch den Sitz nutzen können, um dem Pferd Takt und Tempo und damit Losgelassenheit und Durchlässigkeit zu erleichtern. Bei den ersten Ausbildungsstunden werden wir noch vermehrt mit der Belastung in Richtung Widerrist sitzen. Man kann sich hier auch das Bild vom Armdrücken zunutze machen: Beim Armdrücken geht es ja um Kräfte, die gegenseitig aufeinander einwirken. Belasten wir den Widerrist, verändert sich die Bewegung des Pferdes schon alleine durch unsere Vorstellungskraft, das Pferd würde mit der Vorhand den Widerrist uns entgegen ein wenig anheben. Beachten wir stets, dass der Pferderücken zu Beginn der Ausbildung noch nicht stark genug ist, um uns über längere Reprisen zu tragen. Die ruhige Einflussnahme über den Sitz ermöglicht es dem Pferd jedoch, allmählich die entsprechenden Muskeln durch den gleichmäßigen Rückenschwung zu entwickeln. Wichtig ist, auf einen regelmäßigen Rhythmus der Schrittfolge sowie des Rückenschwungs zu achten bei fleißigem Schreiten.

Zu Beginn üben wir, das Pferd auf einer geraden Linie zu führen. Das kann auch am zweiten Hufschlag umgesetzt werden, das Pferd geradeaus zwischen den Zügeln und Schenkeln führen. Die Ecken werden bei den ersten Reitversuchen noch stark abgerundet, jetzt konzentrieren wir uns nach und nach auf die äußere Schulter des Pferdes, welche wir vor den Ecken etwas nach innen richten, um die Ecken bewusster abzurunden. Die innere Hand kann sich etwas öffnen, um dem Pferd Platz zu machen und den äußeren, indirekten Zügel etwas wirksamer werden zu lassen. Der innere und der äußere direkte Schenkel treiben mit dem gleichseitigen Hinterbein in der Spielbeinphase vorwärts. Der Oberkörper des Reiters richtet sich auf die zu beschreitende Linie aus. Denken wir auch hier immer wieder an unseren »Laserpointer« im Brustbein – oder dessen Verlängerung über dem Mähnenkamm des Pferdes. Das Pferd soll mit etwas Übung lernen, direkt unter dieser Verlängerung zu bleiben und nicht über die äußere oder innere Schulter in die jeweilige Richtung zu kippen. Leicht lösende Hilfen sorgen für die entsprechende Stellung am inneren Zügel, wenn das innere Vorderbein abfußt. Ein Ausfallen der Hinterhand wird mit dem äußeren Schenkel korrigiert, manchmal kann

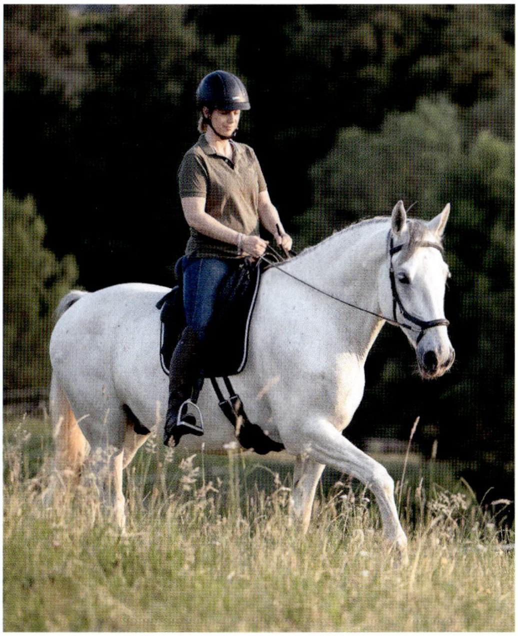

Im Gelände denken wir über den Schritt gar nicht so viel nach, hier haben wir Zeit zu fühlen.

der äußere Schenkel bereits präventiv vorsichtig an den Rumpf angelegt werden, wenn wir das innere Hinterbein vorwärts treiben. So fixieren wir bereits das äußere Hinterbein in der Standbeinphase und erklären dem Pferd, im nächsten Moment beim Abfußen nicht breit nach außen zu treten.

Nehmen wir den Schritt auf die Zirkellinie mit, dann gelten die gleichen Kriterien wie auf der Geraden, die beste Hilfe ist jedoch weder Sitz, noch Hand, noch Schenkel, sondern die exakte Vorstellung über die zu beschreitende Linie. Exaktes Reiten von Bahnfiguren ist manchmal in Vergessenheit geraten, dabei hat gerade diese Genauigkeit einen unschätzbaren Wert, schließlich bemerken wir so auch, welche Hilfe wir auf dem Pferd überhaupt benötigen. Fällt das Pferd an einer Stelle des Zirkels eher auf eine größere oder kleinere Linie, brauchen wir verwahrende, vortreibende oder rahmende Hilfen? All diese Information können wir sammeln – auch wenn wir zu Beginn vielleicht noch unschöne »Ostereier« fabrizieren. Fälschlicherweise konzentrieren wir uns oftmals mehr auf die Korrektur der Formgebung, des Tempos oder häufig auf der gebogenen Linie der inneren Schulter, dabei würde es schon helfen, die gewünschte Linienführung genau zu planen und auch einzuhalten. Diese Vorgehensweise führt wie von Zauberhand zur gewünschten Formgebung der Oberlinie, Losgelassenheit und Durchlässigkeit.

Beim Schritt ist auch immer zu beachten, wie die persönlichen Präferenzen des Pferdes hinsichtlich der Bewegungsfreude einzuordnen sind. Sehr bewegungsfreudige Pferde lösen sich leichter an der Longe im Trab und können sich mit dieser Vorarbeit im Schritt unter dem Reiter besser konzentrieren, als wenn der Ausbilder schon zu Beginn der Einheit in den Sattel steigen würde. Auch ein scheinbar ruhiges Pferd kann vom Trab an der Longe profitieren oder von Bodenarbeit im Schritt, wenn ein höherer Muskeltonus durch die sanfte Gymnastizierung ohne Reitergewicht gelöst wird. Die emotionale Komponente in der Ausbildung des Pferdes ist niemals zu unterschätzen. Nie darf das Pferd den Mut verlieren, daher müssen wir ihm alle Aufgaben so einfach wie möglich machen und immer vom Leichten zum Schweren arbeiten, in dem Sinne, dass wir dem Pferd zunächst Aufgaben stellen, die es leicht bewältigen kann oder gerne hat.

Trab

Im Trab gilt es ebenso Takt und Rückenschwung zu erhalten. Gerade der losgelassene Rücken ist für viele Pferde im Trab eine große Schwierigkeit. Lange Trabreprisen sind für junge Pferde häufig noch schwer umzusetzen. Gut ist der Trab, wenn die Schubkraft gleichmäßig aus beiden Hinterbeinen zur Geltung kommt, der Zweitakt regelmäßig bleibt und nicht übereilt wird. Häufig lernen wir Balanceschwierigkeiten spätestens im Trab kennen, wenn das Pferd den Takt nicht halten kann und mal schneller, mal langsamer wird und auch die Linienführung nicht mehr so einfach einzuhalten ist, wie im Schritt. Das Pferd sollte daher ausreichend an der Longe vorbereitet sein und auch hier eine gewisse Kondition aufgebaut haben. Beispiel Konrad: Hier hat es sich dann später beim Reiten absolut gerächt, dass ich mit ihm nicht so viel Ausdauer entwickelt hatte, wie mit Amena. Konrad hatte mehr Spaß an Versammlung und Kraftarbeit, wie Übergänge von der Schulparade in den Galopp. Auch wenn hier viel Kraft

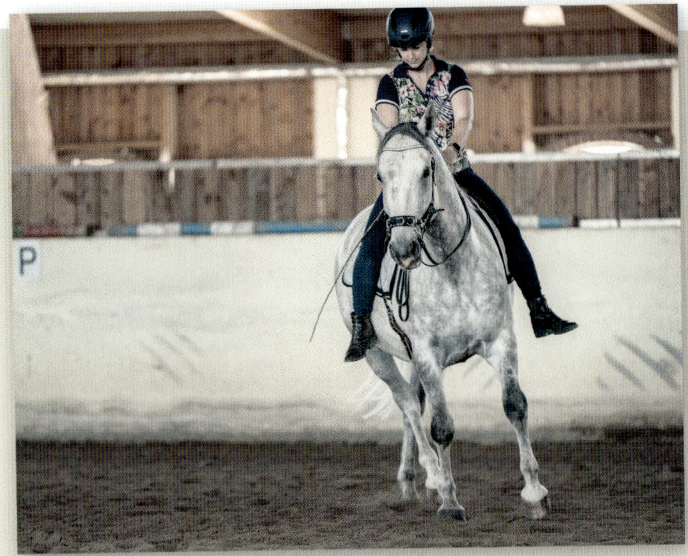

Konrad geht konzentriert im Trab auf dem Zirkel. Die Nase ist etwas zu weit nach innen genommen, trotzdem wird Konrads äußere Schulter schön frei. Von vorne sehen wir, wie sich der Brustkorb außen anhebt. Ich gehe mit der Hand nach vorne, damit sich Konrad auch wieder etwas mehr zur Hand hin löst und sich nicht zu stark im Hals biegt.

aus der Hinterhand entwickelt wird, ist das Training eines längeren Trabs an der Longe nicht zu ersetzen. Gehen lernt man nur beim Gehen und so verhält es sich auch beim Pferd. Auch wenn das manchmal vielleicht langweilig erscheint. Konrad musste ich für die längeren Trabreprisen tatsächlich begeistern, indem ich meine eigene Einstellung zu dieser Arbeit verbesserte. Auch das Gelände hat uns sehr geholfen, mehr Bewegungsfreude zu finden. Leichttraben entlastet wie bereits beschrieben die Lendenpartie des Pferdes. Der Rhythmus sollte gleichmäßig eingehalten werden, zunächst noch auf der geraden Linie und später auch auf dem Zirkel. Auch hier sammeln wir wichtige Informationen über die Schiefe des Pferdes und die benötigte Hilfengebung. Mandrake beispielsweise hatte auf seinen ersten Zirkeln im Trab auf der rechten Hand die Schwierigkeit von der Wand weg zu wenden. Kurz nachdem die Wendung gelungen war, beschleunigte er den Trab und fiel mit der Schulter etwas nach innen. Für mich war daher klar, dass ich die äußeren Hilfen, also Zügel und Schenkel, vorsichtig und auch wohl vorbereitet zur Wendung weg von der Wand einsetzen musste und zwar in einer Dosis, die Mandrake nicht sofort stark nach innen fallen ließ. Die Dosis macht bekanntlich immer das Gift, also fand ich durch Versuch und Irrtum heraus, ob meine Hilfengebung zu stark dosiert war und den »Drift« ausgelöst hatte, oder ob ich dann Mitte des Zirkels auf der offenen Seite generell zu wenig Information hinsichtlich des Rahmens gegeben hatte.

Je besser sich das Pferd löst, umso leichter wird freilich die Trabarbeit. Dabei halten wir einen konstanten, aber weichen Zügelkontakt, konzentrieren uns ebenso auf gerade und gebogene Linien und sorgen für viel Abwechslung. Ich rate meinen Schülern immer, nach zwei Runden mit dem Zirkel »Schluss« zu machen und eine neue Linie zu wählen. Wie schwer das ist, kann ich nur aus eigener Erfahrung bestätigen, wenn wir dem »guten Gefühl« Runde für Runde hinterherjagen und den Ausgang nicht finden, weil – wann ist man denn schon wirklich zufrieden?

Mit jeder Einheit wird die Qualität im Trab zunehmen, vor allem wenn wir uns viel Zeit für die Arbeit auf verschiedenen Linien und Hufschlagfiguren nehmen.

Sobald wir eine konstante Formgebung erarbeitet haben, können wir im Trab auch mit Übergängen spielen. Trab – Schritt – Trab – Halt oder auch

Rahmenveränderungen sorgen für eine weitere Verbesserung der Trabqualität. Wichtig ist: Wenn wir den Trab erweitern und etwas zulegen, wird der Takt ruhiger, nehmen wir den Trab etwas auf in Richtung Versammlung, erhöht sich der Takt ein wenig. Zweitakt ist Zweitakt, dieser muss immer im Sinne der korrekten Fußfolge erhalten bleiben, was sich jedoch verändert ist die Frequenz oder Geschwindigkeit des Zweitakts. Generell gilt: Die Hand muss im Trab immer den Schwung durchlassen. Wir würden auch nicht mit angezogener Handbremse Auto fahren. Dieses Bild hilft bei der Entwicklung der Formgebung über den Rücken.

Zu Beginn der Trabarbeit werden wir vielleicht häufiger leichttraben, stellt sich ein gleichmäßiges Gefühl im Rhythmus ein, wechseln wir uns für wenige Reprisen mit Aussitzen ab, vor allem, wenn wir Übergänge zum Schritt hinzufügen. Nach und nach kommen wir länger zum Sitzen.

Galopp

Für viele Ausbilder ist der erste Galopp etwas Aufregendes. Vorbereitung ist die halbe Miete, daher konzentrieren wir uns noch einmal auf die Hilfengebung im Galopp am Beispiel des Rechtsgalopps. Gerne wird uns im Unterricht vermittelt, mit dem äußeren Zügel die äußere Schulter des Pferdes zu stützen. Die Fußfolge im Rechtsgalopp wäre: links hinten, rechts hinten, links vorne, gefolgt von einer Schwebephase. Wenn wir den äußeren Zügel zu stark einsetzen, drücken wir das Pferd auf die äußere Schulter, die sich ja beim Anspringen in den Galopp grundsätzlich als erstes erheben sollte. Daher macht das Angaloppieren in einer Wendung oder auf dem Zirkel Sinn, wenn wir die äußere Schulter am indirekten Zügel etwas einwärts führen. Die äußere Schulter wird somit in der Spielbeinphase in die Wendung gehoben und damit etwas leichter. Die äußere Zügelhand darf daher niemals rückwärts wirken. Der äußere Schenkel positioniert sich zwei, bis drei Handbreit hinter der Gurtlage. Haben wir mit dem Pferd bereits etwas Kruppeherein geübt, ist das auf keinen Fall ein Schaden – im Gegenteil. Pferde, die diese Hilfe auch an der Longe im fortgeschrittenen Longieren gelernt haben, verknüpfen nun die bekannte Übung zum Angaloppieren aus dem leichten Kruppeherein einfacher. Bei den ersten Galoppversuchen kann eine unterstützende Person am Boden mit Hilfe der Körpersprache die bekannten Hilfen zum Angaloppieren vermitteln, der Reiter legt den äußeren Schenkel etwas zurück und nutzt das bereits bekannte Stimmkommando. Der innere Schenkel bleibt treibend an der Gurtlage und erhält den Galopp. Bei den ersten

Amena vierjährig an der Longe im Galopp.

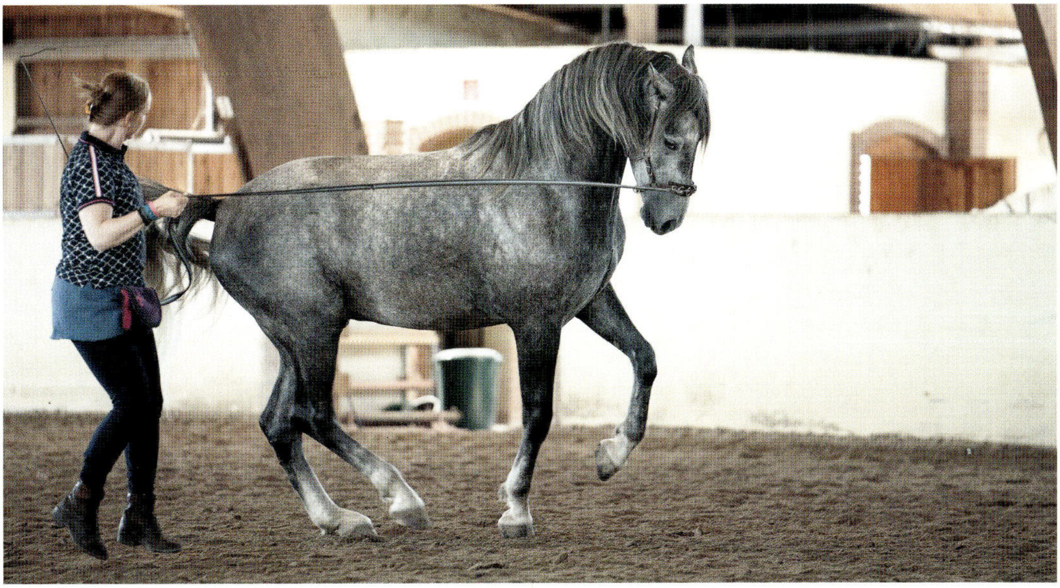

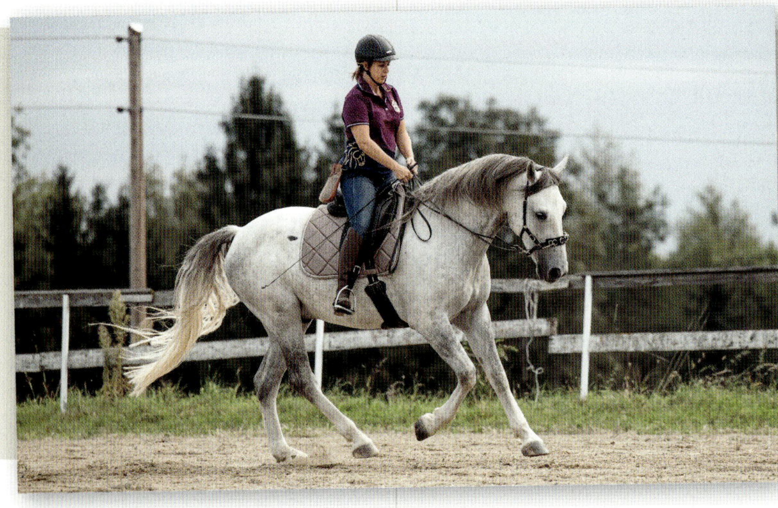

Amena mit sieben Jahren im Galopp unter dem Sattel. Mittlerweile lieben wir den Galopp und den Wind in der Mähne.

Versuchen ist es noch nicht wichtig, viele Sprünge zu schaffen. Wir können das Pferd ausführlich nach dem ersten Einspringen loben und die Übung lieber noch zweimal wiederholen. Reagiert das Pferd sofort, könnten wir auch mit diesem Ergebnis die Stunde beenden. Kommt das Pferd mit der Kruppe vor dem Angaloppieren sehr weit nach innen, muss der innere Schenkel wieder geraderichten und ein Übermaß an Seitwärts korrigieren – denn bei zu viel Seitwärts wird es schwieriger mit dem Vorwärts.

Und auch hier: Genauigkeit zahlt sich aus. Viel zu häufig ist gerade der Galopp eine »Problemzone«, wenn wir mit jungen Pferden nach dem Motto »egal wie, aber Hauptsache Galopp« vorgehen. Es gibt keinen Kompromiss, was die Hilfengebung anbelangt. Ebenso wie wir für das Antraben üben, das innere Hinterbein im gleichen Takt wie das äußere Vorderbein in die Spielbeinphase zu diagonalisieren, kommt eine sachte vorbereitende Parade für das Angaloppieren zur Geltung, wenn das innere Hinterbein vorwärtsschwingt sowie der äußere Schenkel in der Spielbeinphase des äußeren Vorderbeins liegt. Stürmen Pferde in den Galopp, werden sie im Trab schneller und eiliger, dann liegt es an uns, auch hier einen gewissen »Knigge« für den Galopp zu etablieren. Wird das Pferd zu nervös (und wir im Sattel vielleicht ebenso) parieren wir wieder zum Trab durch, arbeiten vielleicht auch Übergänge vom Trab in den Schritt und umgekehrt. Entspannung und Losgelassenheit haben immer oberste Priorität, wir machen uns das Leben als Ausbilder und Reiter auch leichter, wenn wir nicht nach dem »egal wie« Motto »wurschteln«. Ist der Galopp für das junge Pferd schwierig, dann belassen wir es bei einem guten Versuch und nutzen ein gutes Ergebnis nicht aus, um es durch weitere Male zu toppen. Dieser Versuch geht nämlich auch meistens schief. Kurz vor der Ecke oder auf der offenen Seite in Richtung langer Seite sind gute Punkte, um das Angaloppieren zu etablieren. Auch hier profitiert das Pferd davon, wenn wir es an denselben Punkten bereits beim Aufwärmen an der Longe angaloppiert hatten.

Häufig wird der innere Zügel im Galopp viel zu stark angenommen. Der Galopp ist meist noch sehr schnell, wir Reiter neigen dann dazu, uns am inneren Zügel fest zu machen. Denken wir auch immer daran, dass ein erhöhtes Maß an Biegung das Pferd nicht nur physisch, sondern emotional aus dem Gleichgewicht bringt. Nehmen wir uns daher eher lange und große Linien für den Galopp vor, lassen wir am inneren Zügel los und konzentrieren wir uns vermehrt auf den inneren Schenkel als geraderichtende und treibende Hilfe. Haben wir plötzlich mehr in der Hand als im Schritt oder Trab, unbedingt nachgeben. Das Pferd sucht sich eine Stütze an der Hand, gegen zu halten kann jedoch keine Lösung sein – auch wenn das Pferd beim Nachgeben vielleicht etwas schneller werden sollte. Hier zahlt sich auch aus, wenn der »Safety«-Halt in Erinnerung gerufen wird und das Pferd auch am Boden auf beruhigende Stimmhilfen zu reagieren gelernt hat. Beim Angaloppieren selbst sollten wir mit dem Oberkörper nicht nach vorne kippen, beim Durchparieren, gerade wenn der Galopp schneller wurde, sollten wir uns nicht von einer abrupten Bremsung überraschen lassen. Wenn das Pferd gut auf unsere Stimme reagiert, müssen wir damit rechnen, dass es selbst bei großer Aufregung doch recht schnell auf unsere sanften Worte reagiert.

Galopp im Gelände kann noch aufregender sein oder aber entgegen unseren Erwartungen das Gegenteil bewirken. Selbst mit meinen temperamentvollen Pferden habe ich den Galopp auf Forststraßen und Waldwegen ohne Hindernisse gerne genutzt. Geht es leicht bergauf, ist es ziemlich unwahrscheinlich, dass das Pferd immer schneller wird. Für Amena beispielsweise war der Galopp in der 20 x 40 Meter-Halle noch sehr lange aufregend und auch ich hatte ein mulmiges Gefühl, wenn die Geschwindigkeit auf begrenztem Raum hoch war. Hätte ich Amena besser vorbereiten können? Amena kannte bereits Piaffe-Tritte unter dem Reiter, er war im Versammlungsgrad weit ausgebildet und in der Handarbeit konnte ich bequem neben ihm schreitend am Galopp arbeiten. Die beste Vorbereitung kann jedoch Übung und Erfahrung auf neuen Pfaden niemals ersetzen. Für Amena war tatsächlich der Galopp auf unserem großen Außenplatz (60 x 30 Meter) viel einfacher umzusetzen, selbst wenn wir nicht den gesamten Platz genutzt hatten. Auch im Gelände wurde er nicht schneller, im Gegenteil, wir fanden einen sehr angenehmen Rhythmus, indem ich stundenlang so weitergaloppierten hätte können.

Auch beim Galopp ist es daher wichtig, auf die emotionalen Bedürfnisse des Pferdes einzugehen. Manche Grenzen entstehen bei uns ja auch nur im Kopf – den Pferden geht es nicht anders.

Stichwort Köpfchen: Manchmal spüren unsere Pferde unsere Absicht und nehmen eine Hilfe vorweg – besonders im Galopp ist das häufig der Fall. Wir parieren dann durch und probieren es noch

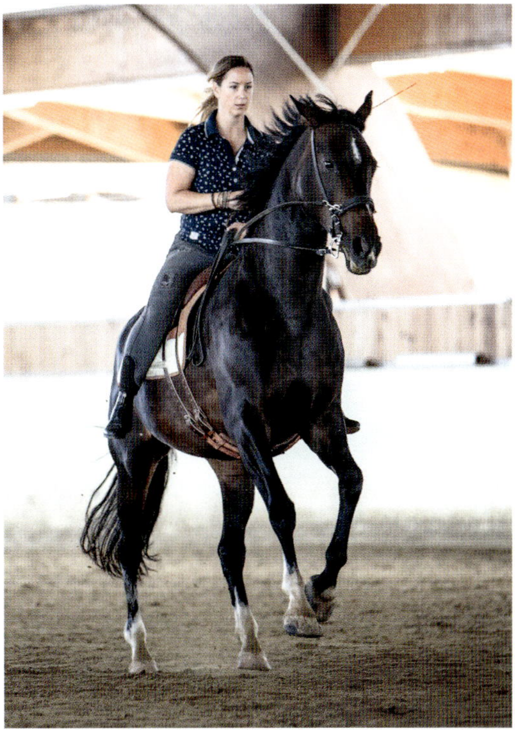

Hauptsache Galopp: Pina beim Zulegen.

einmal. Selbst wenn das Angaloppieren schön, aber halt überraschend erfolgte, ist es notwendig, die Hilfe tatsächlich umzusetzen und miteinander zu sprechen, als aneinander vorbei zu agieren. Klappt eine simple Wiederholung nicht, dann fügen wir nun andere Inhalte ein, wie Übergänge, vielleicht mal ein Zirkelverkleinern und -vergrößern, und achten dabei penibel auf unsere nachgiebige Hand, die dem Pferd auch ein notwendiges Freiheitsgefühl vermitteln muss. Stellen wir uns vor, wir würden festgehalten eine gymnastische Übung umsetzen. Es wäre mit verschränkten Armen erheblich schwerer und so ähnlich geht es auch dem Pferd, vor allem in einem begrenzten Rahmen. Geben wir dem Pferd daher das Gefühl, dass es die Aufgabe sicher bewältigen kann und auch etwas in der Balance ausprobieren darf. Auch wenn wir das Pferd am Boden weit ausgebildet haben – erinnern wir uns stets, wie wir selbst als Kinder neue Bewegungen ausprobiert haben – vor allem mit Freude und Neugierde. Zu restriktive Vorgaben hätten uns auch die Freude an der Mitarbeit madig gemacht.

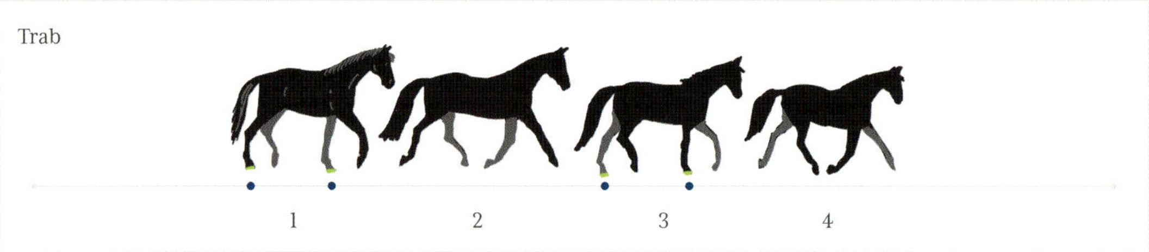

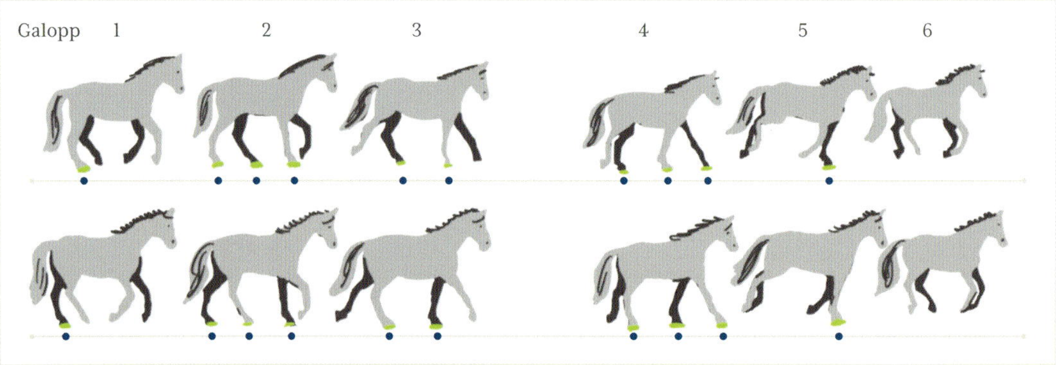

Übergänge

Es gibt verschiedene Arten von Übergängen. Grob eingeteilt unterscheiden wir zwischen Übergängen von einer Gangart in eine andere Gangart und Übergängen innerhalb einer Gangart.

Darüber hinaus gibt es mehrstufige Übergänge, Übergänge in den Schwungrichtungen und Übergänge zwischen den Schulgangarten.

Gangsalat

Wer sich mit Übergängen auseinandersetzt, muss sich mit den Bewegungsphasen in allen Grundgangarten befassen.

Schritt

Der Schritt besteht als Viertakt aus einer Folge an aneinander gereihten Schritten.
8 Phasen der Vorwärtsbewegung sind für den Schritt maßgeblich, wobei zwischen Dreibeinstütze und Zweibeinstütze abgewechselt wird. Die Fußfolge ist dabei diagonal und gleichseitig.

Trab

Der Trab ist eine Bewegung im Zweitakt mit vier Phasen und einem Moment der freien Schwebe. Ein diagonales Beinpaar wird jeweils gleichzeitig vorwärtsbewegt und aufgesetzt.

Galopp

Der Galopp ist eine Bewegung im Dreitakt mit sechs Phasen.

Übergänge zwischen den Gangarten

1. Übergänge von »unten nach oben und von oben nach unten«. Also von einer niedrigen in eine höhere Gangart und von einer höheren Gangart in eine niedrigere.
2. Übergänge zwischen den Gangarten: einstufige und mehrstufige Übergänge, wenn vom Halt in den Trab oder Schritt in den Galopp oder Schulhalt in Piaffe ein Übergang erfolgt.
3. Übergänge zwischen den verschiedenen Schwungrichtungen (versal, traversal) kombiniert mit verschiedenen Gangarten.
4. Übergänge zwischen den Schulgangarten.

Natürliche Übergänge

Welche Übergänge können wir in der Natur beobachten? Welche Übergänge sind in der Natur eher selten?

Bevor wir uns aus der Sicht des Longenführers mit den Übergängen auseinandersetzen, ist die Beobachtung der natürlichen Bewegung von Pferden – eben in der Natur – sehr aufschlussreich.

Grundsätzlich sind in der Natur sämtliche Übergänge möglich. Das Pferd kann einen Kaltstart in einen Sprung schaffen. Das Pferd kann langsam traben, joggen und dann langsam beschleunigen und daraus angaloppieren. Das Pferd kann aber auch höchst versammelt anpiaffieren oder angaloppieren. Im Grunde ist jede Bewegung möglich und sichtbar. Allerdings sehen wir in der Natur auch zwei Varianten von Übergängen aus einer höheren in eine niedere Gangart – man hat das Gefühl, das Pferd beginnt die neue Gangart sehr energetisch und aktiv oder es ist ein Auslaufen und möglicherweise bremst es eher auf der Vorhand. Galoppwechsel à tempo sind in der Natur eher selten, zumindest nicht in einer fortlaufenden Serie. Das Pferd bewegt sich in der Natur möglichst ökonomisch und folgt dem Verhalten der Herde, Übergänge werden aber auch genutzt, wenn Pferde miteinander spielen und toben.

Übergänge vom Sattel spüren

Bevor wir uns mit der Praxis auseinandersetzen, spüren wir in Übergänge hinein, um herauszufinden, wie sie sich für das Pferd anfühlen könnten! Stichwort: Schulung des Gefühls!

Übung 1: Übergang aus dem Stehen

(diese Übung wird alleine gemacht)

Wir stellen uns hüftbreit hin, beide Beine parallel zueinander, die Arme hängen locker aus den Schultern. Probieren wir nun aus, wie viel Energie wir für einen Übergang aus dem Stand brauchen, um

a) in den Schritt
b) in den Trab
c) in den Galopp zu kommen.

Wie würde ich auf einer Skala von 1 bis 10 mein eigenes Energielevel bewerten? Wobei 1 niedrig ist und 10 sehr hoch.

Stellen wir uns nun wieder hüftbreit, allerdings in einen Ausfallschritt – ändert dies etwas am Angehen, Antraben oder Angaloppieren?

Übung 2: Geschoben oder getragen?

(Paarübung)

Nun stellen wir uns hintereinander auf und geben uns einen Schubs in den Trab. Wir Menschen sind ja schon von Haus aus Traber, das heißt, wir müssen lediglich beschleunigen. Wie fühlt es sich an, wenn der Moment von hinten bestärkt wird, sobald wir z.B. das linke Bein auf den Boden setzen? Wie fühlt es sich an, wenn der Abfußmoment beschleunigt wird?

Übung 3: Energieübertragung

Nun nehmen wir nebeneinander Aufstellung. Dies ist eine Übung zum Thema Energieübertragung. Sprecht euch nicht an. Können wir innerhalb unserer Gangart »Schritt« beschleunigen und entschleunigen, ohne dass wir uns berühren müssen? Sprecht euch nicht ab, wer die Führung übernimmt, lasst es einfach mal passieren und fühlt rein, wer hier sofort die Initiative ergreift und wer sich einfach lieber anpasst. Kann man diese Eigenschaft auch für die Arbeit mit dem Pferd nutzen?

Übung 4: Timing der Energie

Wenn wir nochmal selbst Schritt, Trab und Galopp laufen – mit welchem Bein geben wir Energie, mit welchem Bein oder auf welchem Bein bremsen wir besser? Wo nehmen wir Kraft besonders deutlich wahr?

Übung 5: Gemeinsam Energie übertragen

Können wir Energie übertragen, sodass ein gemeinsames Angaloppieren möglich ist? Dies ist wieder eine Paarübung. Einigt euch, wer zuerst vorneweg läuft und wer dahinter folgt. Der Folgende legt die Hände auf den Schultern des Vordermanns ab. Dieser kann nur blind auf die Beinfolge von hinten reagieren. Ist so ein korrekter Galopp überhaupt möglich?

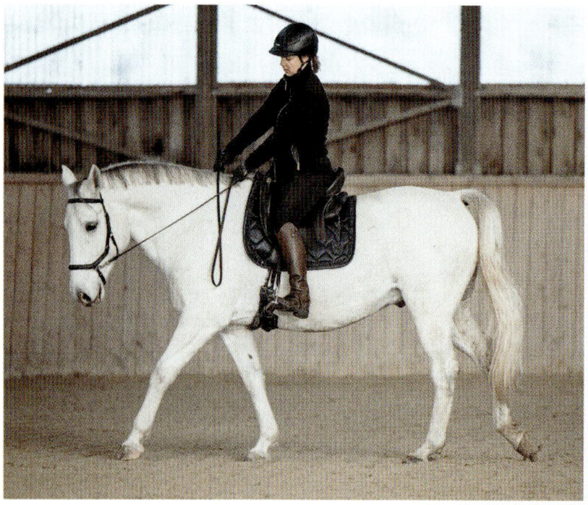

Konrad im Schritt.

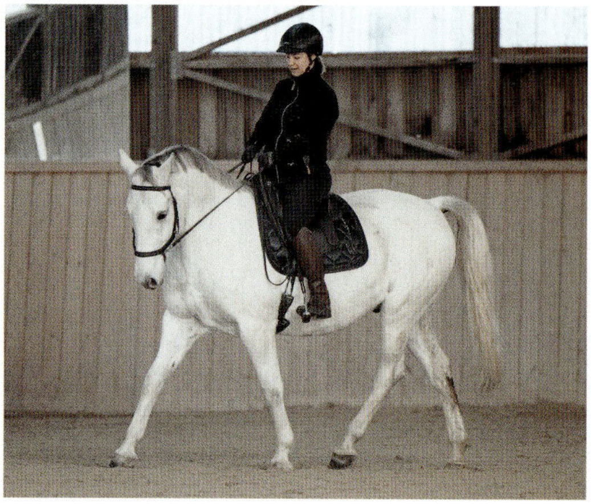

Konrad im Trab – im Vergleich zum linken Schrittfoto wird deutlich, warum wir die diagonale Beinphase zum Antraben ebenso nutzen können.

Übergänge von niedrigen in höhere Gangarten

Wenn wir uns mit Übergängen auseinandersetzen wollen, dann brauchen wir Wissen und Gefühl für den Bewegungsablauf sowie die Beinfolgen. Wenn wir wissen, wann welches Hinterbein wo unterwegs ist, dann können wir auch die Übergänge leichter und flüssiger einleiten und tatsächlich beginnen, die neue Gangart zu reiten und nicht mit der alten Gangart einfach aufzuhören.

Was macht das Pferd in welchem Übergang?

1. **Übergang vom Halt in den Schritt**
   Wenn das Pferd absolut geschlossen steht, dann suche ich mir ein Hinterbein aus, mit dem ich die Bewegung einleiten möchte. Wenn das Pferd aber z.B. mit dem rechten Hinterbein etwas weiter nach hinten verlagert steht, noch dazu im Idealfall als äußerem Hinterbein, dann wird das äußere Hinterbein die Bewegung einleiten. Der äußere Schenkel fungiert dann als direkter Schenkel, der innere Schenkel biegt um sich herum und übernimmt, als direkter Schenkel, das innere Hinterbein im Moment des Abfußens.

VIDEO

Was macht das Pferd in den Übergängen und wie gestaltet sich dadurch das Timing für Übergänge?

2. **Übergang vom Schritt in den Trab**
   Beim Übergang vom Schritt in den Trab laden wir das innere Hinterbein ein, etwas schneller vom Boden abzufußen und treiben beispielsweise das linke Hinterbein (auf der linken Hand) parallel zum Takt des rechten Vorderbeins, um in den Trab zu wechseln.

3. **Übergang vom Trab in den Linksgalopp**
   Der Galopp wird vom äußeren Hinterbein eingeleitet, die Diagonale zwischen innerem Hinterbein und äußerem Vorderbein bleibt erhalten. Für den Reiter sind die Hilfen wie folgt: Es ist möglich, das innere Hinterbein in den Galopp zu schicken, dieses fußt dann etwas rascher nach vorne, der äußere Hinterfuß schiebt in den Galopp. Grundsätzlich ist es hilfreich, das Pferd durch 1/8-Paraden aufmerksam zu machen. Das Timing ist, die Parade auf das innere Hinterbein zu geben, also auch ein wenig aufs innere Hinterbein hin zu

versammeln und die Galopphilfe auf die Standbeinphase des äußeren Hinterbeins zu legen, um das Hinterbein im Trab etwas länger am Boden zu halten und zum kraftvollen Abdruck in den Galopp einzuladen. Der Galopp wird vom äußeren Hinterbein eingeleitet, die Trabdiagonale bleibt erhalten. Durch die Lastaufnahme rechts hinten wird auch ein Vorwärts-Aufwärts nach rechts vorne erzeugt. Das Einleiten der Galopphilfe startet, wenn das innere Hinterbein vor schwingt.

4. Übergang vom Galopp in den Trab

Übergang vom Rechtsgalopp in den Trab: Die Diagonale rechts hinten und links vorne ist noch aktiv, dann greift das rechte Vorderbein etwas mehr nach vorne, bleibt etwas länger stehen, diesen Moment kann der Reiter auch für das Timing der Hilfengebung ausnutzen; der Übergang in den Trab wird eingeleitet, indem die Diagonale links hinten wieder dazugeholt wird. Das bedeutet: Der Höhepunkt der Diagonale ist in der

Konrad beim Übergang vom Galopp in den Trab. Der Übergang in den Trab wird durch die diagonale Beinfolge bestimmt.

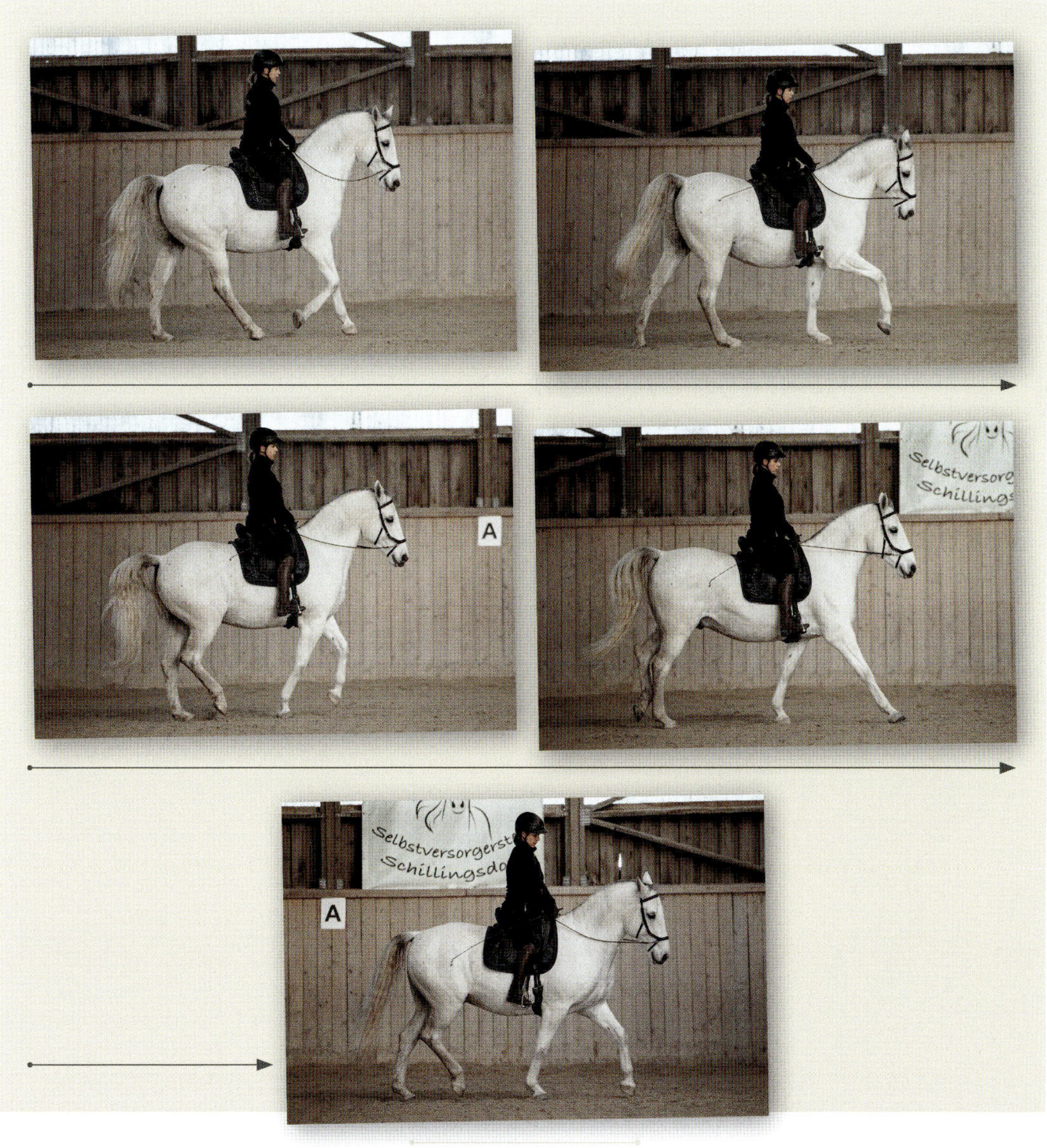

Zweibeinstütze des Galopps, von dieser Zweibeinstütze leitet das Pferd in die nächste diagonale Fußführung – den Trab – über.

5. **Übergang vom Trab in den Schritt**
   Ähnliches beobachten wir beim Übergang vom Trab in den Schritt. Das Pferd wird den Zweitakt im Trab nutzen, um in jener Phase des Schritts überzuleiten, wo ebenso ein Zweitakt zu finden ist. Danach löst sich der Zweitakt in den Viertakt auf. Häufig fängt das innere Vorderbein den Schub von hinten auf, im schlimmsten Fall wird das Bein sogar rückständig und bremst die Schwingung von hinten ab. Das Ziel wäre, die Vorderbeine und Schulter durch die Arbeit mit den Paraden leicht zu erhalten, der Schub darf quasi nicht am Widerrist abprallen, die Pferde stolpern dann in den Übergang. Besser: Die Trabdiagonale bleibt etwas länger stehen, also z.B. links hinten und rechts vorne, es bremst das rechte Hinterbein und nimmt Last auf, der Rhythmus verändert sich, die Diagonale bleibt etwas länger stehen, dann folgt der Übergang in den Viertakt des Schritts.

Rusty beim Übergang aus dem Schritt in den Galopp.

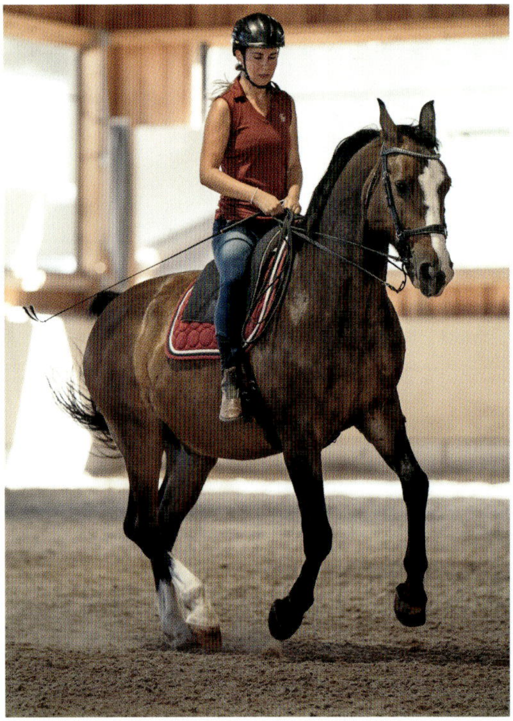

6. **Übergang vom Schritt zum Halten**
   Einer der schwierigsten Übergänge. Hier benötigt das Pferd ein sehr gutes Verständnis für die Parade. Die Schulung der Hilfengebung erfolgt zuerst vom Boden, dann vom Sattel aus. Der Reiter soll immer die Vorstellung haben, eine neue Gangart zu beginnen – nicht die gerittene Gangart zu beenden – das gilt vor allem auch für den Übergang in den Stand, zum Erhalt von Energie.

Mehrstufige Übergänge

Bei mehrstufigen Übergängen von einer niederen Gangart in die höhere gilt: Man muss das Hinterbein ansprechen (aus dem Stand oder aus dem Schritt), welches die gewünschte Gangart einleiten soll. Es beginnt immer das äußere Hinterbein im Links- oder Rechtsgalopp und das jeweilige Hinterbein im Trab diagonal zum jeweiligen Vorderbein.

Beispiel: Schritt – Galopp – Schritt

Wenn der äußere Hinterfuß im Schritt auffußt, kann er in der nächsten Phase in den Galopp überleiten. Nach der Schwebephase landet das Pferd erneut mit dem äußeren Hinterbein.

Für das Durchparieren können wir ein ganz einfaches Bild verwenden. Wo würden wir ein Schaukelpferd bremsen? Wir würden die Energie eher im Aufwärts bremsen als im Abwärts, oder? Das Pferd leitet das Bremsmanöver also ein, wenn das äußere Hinterbein auffußt. Für den Tanz mit dem Pferd bedeutet das, die Parade muss abgeschlossen sein, wenn das diagonale Beinpaar (inneres Hinterbein und äußeres Vorderbein) aufgefußt ist. Die Last muss von der Hinterhand aufgenommen werden, die Entschleunigung darf nicht auf der Vorhand stattfinden.

Übergänge innerhalb einer Gangart

Übergänge innerhalb einer Gangart helfen uns bei der Auseinandersetzung mit: Balance, Durchlässigkeit, Losgelassenheit, Tempo, Takt und Schwung

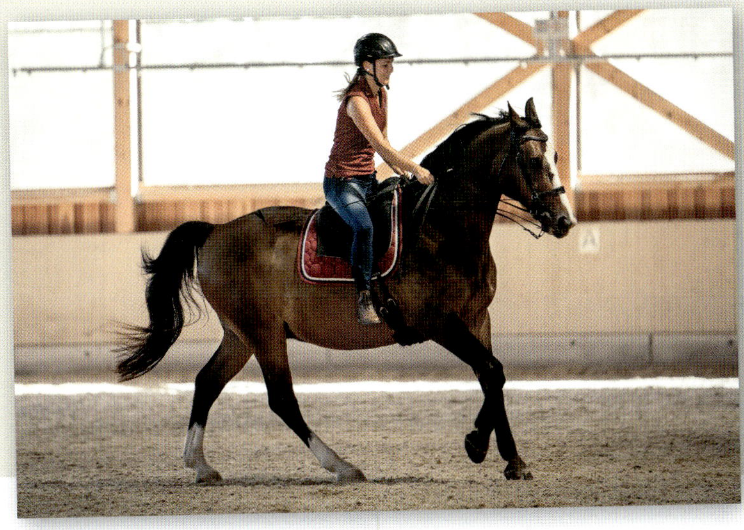

Rusty und Jasmin beim Zulegen im Galopp.

sowie der Formgebung, wenn wir eher vorwärts-abwärts oder vorwärts-aufwärts formen.

Wie deutlich kann man einen Übergang innerhalb einer Gangart gestalten? Das gibt Aufschluss über das Haben und das Soll. Klagen wir über mangelnde Losgelassenheit oder Durchlässigkeit, können uns Übergänge innerhalb einer Gangart helfen, diese Zutaten zu verbessern. Die Übergänge helfen außerdem, das Gleichgewicht und die Formgebung zu verbessern, wenn sich das Pferd mit mehr Leichtigkeit und zunehmender Selbsthaltung bewegt.

Wenn wir ein wenig zulegen und wieder zurücknehmen, dann schulen wir auch unsere Wahrnehmung, hinsichtlich der Balance. Geht diese verloren, dann trägt sich das Pferd nicht; sie geht auch verloren, wenn das Pferd schief wird oder schwankt. Taktstörungen entlarven die mangelnde Balance ebenso.

Tempo zulegen im Trab bedeutet eine Vergrößerung von Schwung und Verlängerung von Tritten bei idealerweise ruhigerem Takt. Schiebt das Pferd aber gegen das Maul, hat das negative Auswirkung auf den Rückenschwung und damit die Wirbelsäule, Sprung- und Fesselgelenke. Der Brustkorb sackt zusammen und die Pferde fallen auf die Schulter.

Zulegen darf jedoch nicht falsch verstandenes Vorwärts werden – daher ist es notwendig, die Veränderung des Takts genau zu studieren.

Warum nutzen wir eigentlich Übergänge?

1. Der Werkzeugkoffer der **Hilfengebung** ist diffizil. Jedes Werkzeug an sich hat schon seine Tücken, in den Übergängen schulen wir vor allem die **Koordinierung der Hilfengebung**.
2. Die **Durchlässigkeit** des Pferdes wird durch Übergänge verbessert.
3. Die **Losgelassenheit** des Pferdes wird verbessert.
4. Der Reiter bekommt eine bessere **Bewegungsvorstellung** des Pferdes.
5. Schulung von **Paraden** bei Mensch und Pferd.
6. Das Pferd muss seinen **Bewegungsablauf** ebenso **koordinieren**.
7. **Fitness** und Gymnastizierung durch unterschiedliche **Rückentätigkeit** (unterschiedliche Schwingungsarten in den Grundgangarten).
8. Übergänge als Überprüfung der »**Kommunikation**« – Qualität der Ausbildung.
9. Variationen in der **Formgebung** – vom Vorwärts-Abwärts, zum Vorwärts-Aufwärts zur relativen Aufrichtung in Relation zur Tätigkeit der **Hinterhand**.

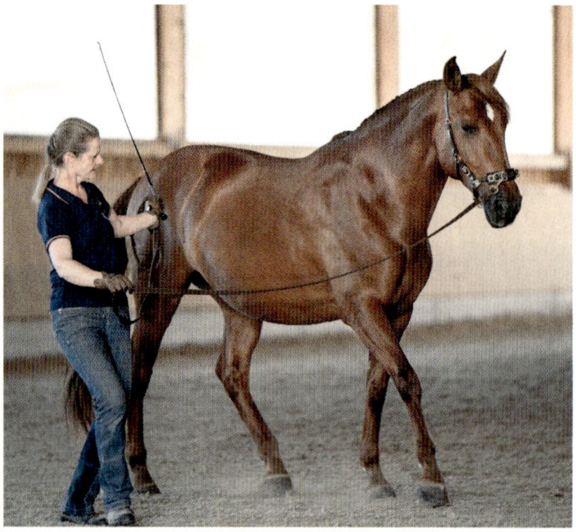

Andrea leitet bereits zum Übergang aus dem Trab ins Halten ein. Im nächsten Moment wird Galáctica stehen bleiben.

10. Prüfstein für **Gleichgewicht und Geschmeidigkeit**.
11. Übergänge fördern die **Geschicklichkeit** und **bereiten auf höhere Aufgaben vor**.
12. Übergänge fördern die **Versammlung**.
13. Beherrschung der **Schubkraft**.
14. Verbesserung der **Tragkraft**.
15. Erarbeitung von **Federkraft**.

Welche Probleme können bei Übergängen auftreten?

1. Probleme mit der Balance

Das Pferd kommt aus der Balance und fängt an zu laufen. Es bremst auf der Vorhand, wird im Übergang schief, egal ob der Übergang von einer niedrigen in eine höhere Gangart erfolgt oder umgekehrt. Das Pferd beschleunigt bei einem Übergang in der Formgebung und zeigt so, dass es durch vermehrtes Tempo versucht, sein Gleichgewicht zu halten. Physische wie mentale Ursachen führen zu Balanceverlust (Schiefe, Selbstzweifel ...).

2. Durchlässigkeit

Der Reiter kommt mit den Paraden nicht durch. Diese bleiben irgendwo in der Wirbelsäule »stecken«. Umgekehrt kommen auch die treibenden Hilfen nicht von hinten nach vorne durch. Balance und Formgebung, sprich Biegung, kann die Durchlässigkeit verbessern.

3. Losgelassenheit

Das Pferd kommt physisch aus dem Gleichgewicht und dadurch leidet auch die mentale Balance – und auch umgekehrt ist das ein Problem für Tempo und Takt.

4. Tempo und 5. Takt

Beide Elemente gehen verloren, wenn die Balance verloren geht. Häufig ist auch noch wahrnehmbar, wenn wir im Trab mit der Formgebung spielen, beispielsweise einmal mehr Dehnung zulassen, einmal mehr aufnehmen – die Bewegung kann blockieren oder das Pferd kommt ins Rennen, wenn wir Dehnung anbieten, die falsch verstanden wird.

6. Formgebung

Das Pferd kommt beim Übergang aus der Form. Häufig kommt es vor, dass Pferde sich herausheben, wenn wir einen Übergang von einer niedrigen in eine höhere Gangart umsetzen wollen. Die Pferde legen sich umgekehrt auf die Hand oder schieben mit der Hinterhand nach hinten raus, wenn wir von einer höheren in eine niedrige Gangart wechseln wollen.

Konrad im Trab etwas zu eilig, die Bewegung sieht mehr abwärts als getragen aufwärts aus.

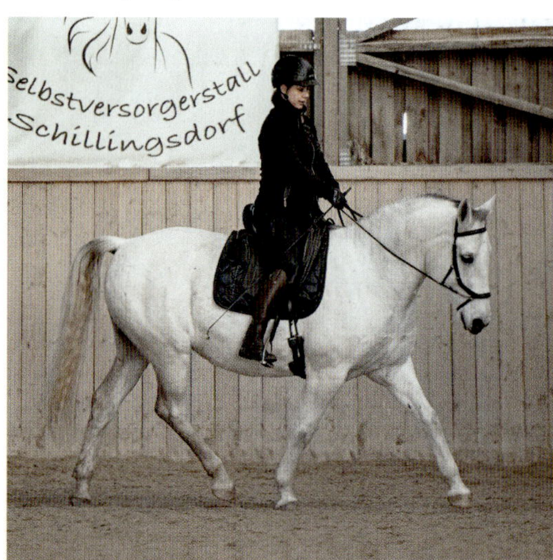

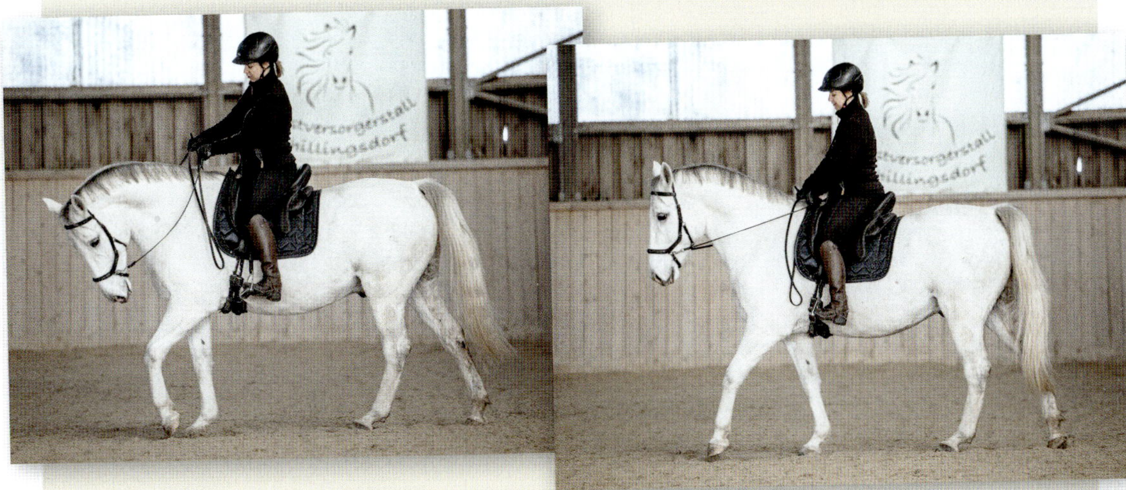

Beim ersten Übergang in den Schritt macht sich Konrad etwas eng und taucht im Hals ab. Beim zweiten Übergang komme ich besser zum Treiben und behalte den Gedanken ans Vorwärts. Ich höre also nicht auf zu traben, sondern beginne aktiver den Schritt zu denken und zu reiten.

7. **Schwung**
   Schwung kann stecken bleiben; beim Zulegen kann sich der Rückenschwung zum Nachteil verändern, wenn der Rücken fest und das Pferd klemmig wird.

8. **Versammlung**
   Hier finden wir Übergänge mit dem Zweck, die Schubkraft abzukürzen und ein verfrühtes Abfußen zu fördern. Probleme können auftreten, wenn das Pferd den versammelnden Schenkel nicht versteht, wenn die Faszien zu straff sind; eine korrekte Dehnungshaltung in Versammlung mit langer Oberlinie ist dann nicht möglich. In der Versammlung sind wir auch häufig zu Übergängen gezwungen, wenn die Versammlung nicht mehr erhalten werden kann, ohne das Pferd auf die Vorhand zu werfen – Stichwort: keine echte Versammlung.

Aus der Praxis

Aus dem Stand angehen/anreiten: Der Reiter ist sich nicht darüber klar, wie und wo die Hinterbeine platziert sind und treibt »einfach mal drauf los«. Im Sattel wird dann auch noch der Sitz unpräzise, der Reiter gibt seine feine Hilfengebung auf und klemmt.

Das Pferd nimmt sich aus der Biegung und die Wirbelreihe, die wir uns als geformte Perlenkette vorstellen, passt nicht mehr zueinander. Der Reiter muss nun in der Bewegung das Pferd lösen und in der Formgebung korrigieren. Darunter leiden auch Balance, Durchlässigkeit und Tempo, weil zuerst mit viel Einsatz getrieben wurde und nun muss man eventuell drosseln.

Übergang aus dem Schritt in den Trab: Obwohl es vielen Reitern leicht fällt, für den direkten Schenkel und das Vorwärts in den Trab die Diagonale vom inneren Hinterfuß zum äußeren Vorderfuß zu finden, heben sich viele Pferde im Übergang heraus. Was passiert? Der Reiter kommt in die »Grauzone Übergang« und wird inaktiv oder überaktiv. Das Pferd kann so nicht mehr korrekt über den Rücken schwingen, wenn der Reiter in der »Grauzone Übergang« plötzlich nicht mehr mit der Bewegung mit schwingt, diese sogar blockiert. An der Longe »überfällt« der Reiter das Pferd mit dem Wunsch nach Vorwärts und verliert die Verbindung zur Pferdenase. Was hilft? Zunächst braucht der Reiter ein klares Bild, wann das innere

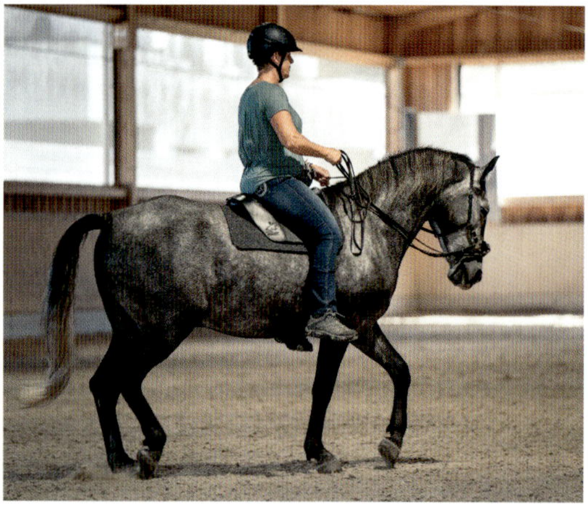

Sabine mit Mozart beim Antraben – vorsichtig gelingt der Übergang aus dem Schritt in den Trab.

Hinterbein zu vermehrtem Vorgriff aufgefordert werden soll. Musik kann unterstützen, die Geschmeidigkeit im Sitz des Reiters zu erhalten – auch eine akribische Vorbereitung in der Longenarbeit und das langsame Steigern des Takts sind hilfreich.

Übergang vom Trab in den Galopp: Galoppiert man nun vom inneren Schenkel an oder vom äußeren? Beides ist möglich, je nachdem, was man braucht. Muss ich das innere Hinterbein ein wenig schneller nach vorne holen? Oder möchte ich das äußere Hinterbein deutlich zur Beugung und Lastaufnahme ansprechen? Im Grunde ist die beste Variante, eine Parade auf die innere Trabdiagonale zu geben und dann vom äußeren Hinterbein anzugaloppieren. Wenn das innere Hinterbein getrieben wird, kann es sein, dass das Pferd in den Galopp stürmt und den Reiter oder sich selbst aus der Form hebt.

Bei den Übergängen in eine niedrige Gangart werden Reiter häufig passiv und lassen das Pferd aus der Gangart »auslaufen«. Sie sind sich nicht über die korrekte Fußfolge – und damit über das Timing der Hilfengebung – im Klaren. Grundsätzlich muss der Reiter bei jedem Übergang in eine niedrige Gangart wissen, wie das Pferd entschleunigt und dann wieder in die neue Gangart startet.

Mandrake beim Galopp und beim Durchparieren.

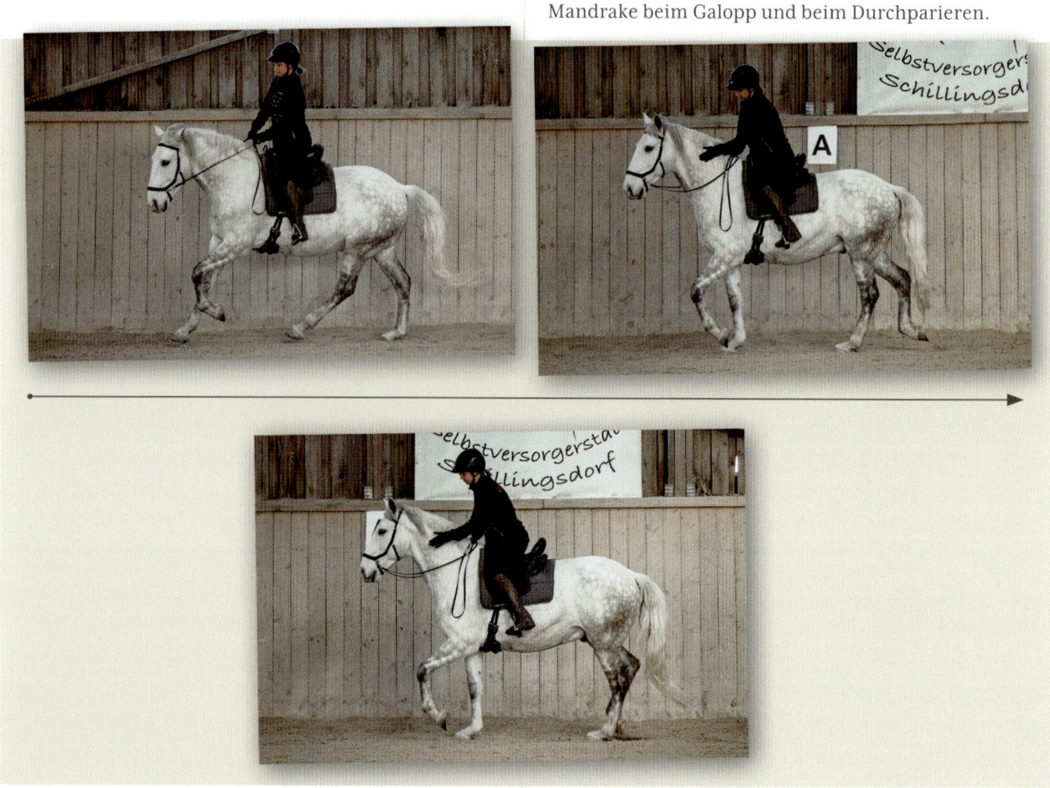

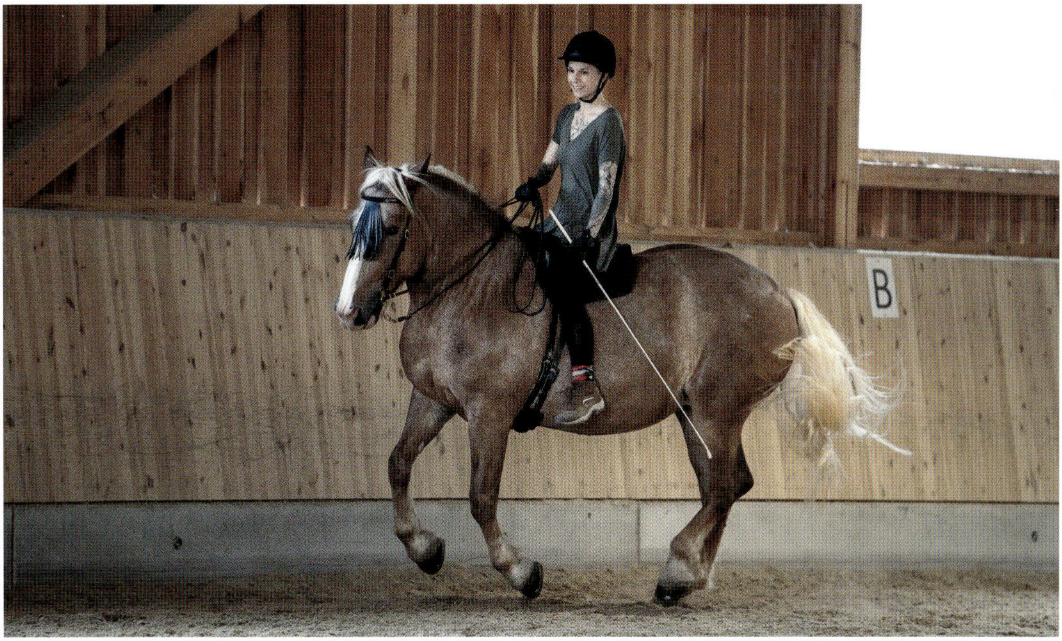

Nora lässt sich im Galopp schön aufnehmen, die Energie geht nicht verloren. In dieser Formgebung wird auch ein Übergang in eine niedrigere Gangart leicht gelingen.

Welches Bein ist maßgeblich bei der Entschleunigung beteiligt, welches leitet die neue Gangart ein? Danach richtet sich das Timing der Hilfengebung und vor allem der Paraden.

Eine Parade wirkt ja nicht unmittelbar, sie wird eingeleitet, findet ihren Weg durch die Wirbelsäule des Pferdes, hat dann schließlich ihren Höhepunkt, der mit der Fußung des Pferdes zusammenhängt. Ist das Timing schlecht, drückt das Pferd gegen die Hand, es öffnet die Gelenke der Hinterhand, anstatt diese zu schließen, und wird zu mehr Rückschub verleitet. Das Pferd arbeitet nicht mehr von hinten nach vorne über die Wirbelsäule, der Rückenschwung wird inkorrekt, das Sitzgefühl ist für den Reiter unbequem, wenn dann noch Beschleunigung durch Balanceverlust hinzukommt. Bei den Übergängen in eine niedere Gangart muss Energie erhalten bleiben, es findet allerdings ein Wechsel der Energie statt – hier hilft es ebenso mit Musik zu arbeiten. Das Orchester hört nicht auf zu spielen, es ist möglich, die aktivere Energie in eine ruhigere Energie umzuwandeln, aber fließend in der Bewegung zu bleiben.

Bei den Übergängen innerhalb einer Gangart, beispielsweise der **Versammlung**, kommt es häufig vor, dass das Pferd zwar langsamer wird, aber nicht versammelt. Möglicherweise wird das Pferd auch durch eine falsche Formgebung »ausgebremst«. Immer, wenn wir Einfluss nehmen auf die Formgebung, stören wir unsere »Wirbelkette« und erschweren die Schwingung aus dem Becken nach vorne. In einer echten Hankenbiegung kann der Reiter das Pferd auch bei einem langen Hals formen und die Versammlung erhalten. Vermeintlich korrekte Versammlung lässt sich nur in einem kleinen Zeitrahmen erhalten und muss rasch wieder ins Vorwärts aufgelöst werden – soll das Pferd sich nicht auf der Vorhand feststellen. Das Pferd kann sich nicht durch die Unterstützung des Ausbilders zentrieren, die Kombination von Beugen und Vorwärts ist nicht möglich.

Beim **Zulegen** vergisst der Reiter, den Übergang durch Paraden vorzubereiten. Das Pferd wird eilig und fällt auf die Vorhand. Der Reiter wird fest in der Hand und macht das Pferd eng im Hals. Ähnlich wie bei falscher Versammlung wird die Wirbelsäule komprimiert und es entstehen verspannte Tritte. Umgekehrt gibt der Reiter die weiche Verbindung auf, das Pferd verliert das Gleichgewicht und kommt aus dem Takt.

Um Stolpersteine und »Holprigkeiten« in Übergängen aufzuspüren und zu verbessern, muss der Reiter sein Augenmerk auf alle Bausteine im Einzelnen und in der Gesamtheit legen:

- Was muss ich tun, um Balance zu erhalten?
- Was muss ich tun, um Durchlässigkeit zu erhalten?
- Was muss ich tun, um Losgelassenheit zu erhalten?
- Was muss ich tun, um Tempo und Takt zu erhalten?
- Welche Schwungrichtung ist im Übergang hilfreich?
- Was muss ich tun, um die Formgebung zu erhalten?

To-dos für den Ausbilder

Visualisieren

Der gute Pädagoge hat eine Vorstellung vom Inhalt, der vermittelt werden soll. Der gute Reiter visualisiert seine Ziele. Dafür braucht es Achtsamkeit und Verlässlichkeit auf beiden Seiten. Nur, wenn wir verlässliche Partner für das Pferd sind, können wir auch tatsächlich vom Pferd fordern, dass es 100 Prozent bei uns ist. Dafür geben wir aber auch verlässlich 100 Prozent unserer Aufmerksamkeit. Wir können das Pferd allerdings nicht zwingen mitzumachen. Es ist unsere Aufgabe, es für unsere Arbeit zu interessieren und zu begeistern.

Welche Vorstellung kann uns helfen, beschwingte Energie zu erzeugen? Ist es ein Glas Champagner, ein musikalischer Ohrwurm, der uns zu Bewegung einlädt? Wie fühlt sich unsere Energie an, wenn wir in Eile sind?

Welche Komponenten visualisieren wir bei einem Übergang – und welche Komponenten haben Vorrang?

- Rhythmus und Wechsel des Rhythmus
- Formgebung
- Balance
- Schwungrichtung
- Schrittlänge
- Versammlung
- Entspannung
- Aufmerksamkeit
- Tempo
- Takt

Gitti mit Billy Jean: Erst denken, dann reiten. Gitti stellt sich genau vor, was sie im nächsten Moment von ihrer hübschen Welsh-Stute möchte.

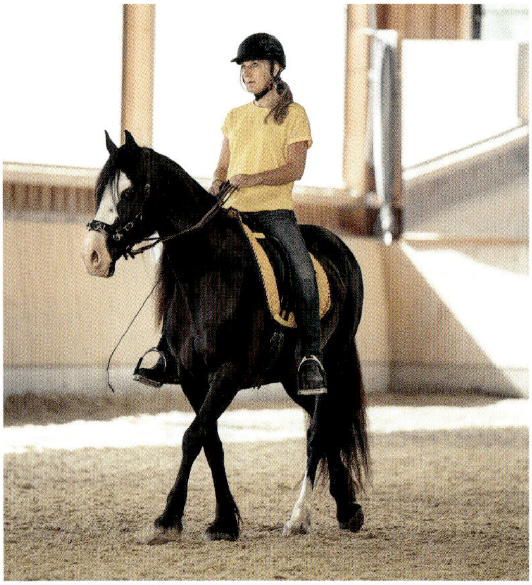

Mit einer guten Vorstellung gelingt die Traversale dann prompt.

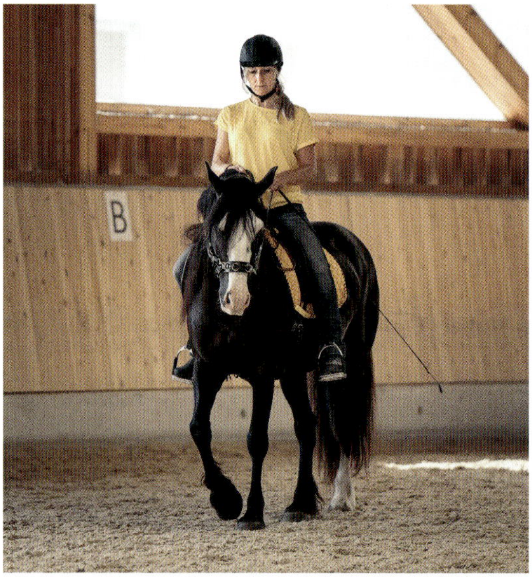

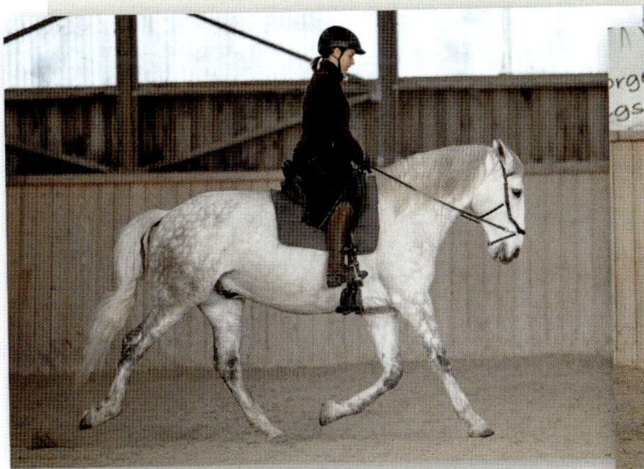

Mandrake wird hier im Trab etwas zu eilig.

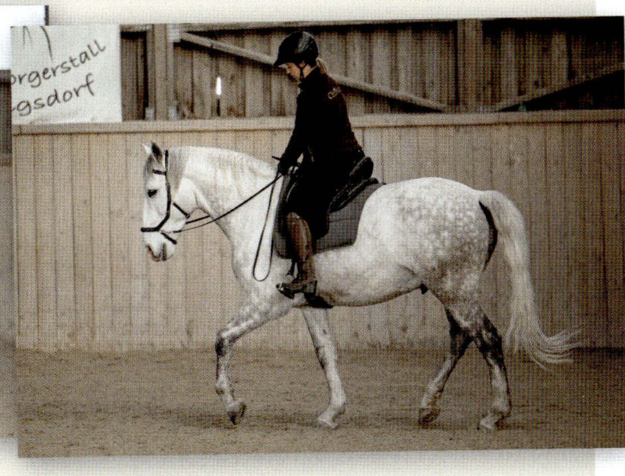

Jetzt haben wir das Trabtempo wieder besser sortiert, auch wenn ich in meinem Sitz noch immer deutlich ans Vorwärts denke.

Manchmal hilft es auch, in Gedanken zu übertreiben. Wie fühlt sich der zunächst misslungene Übergang vom Schritt in den Trab an, wenn wir nun einen Halt visualisieren, tatsächlich aber erneut nur in den Schritt überleiten?

Wie Übergänge besser werden – Timing

Das Pferd holt sich die direkte Schenkelhilfe selbst ab. Schwingt der Brustkorb korrekt, dann findet der Sitz den richtigen Moment in der gleichbleibenden Gangart von selbst und wird diese Impulse nutzen, wenn auch bewusst die Gangart betont werden soll.

Aus Waldemar Seunig, »Von der Koppel bis zur Kapriole«

»... General Josipovich: Es ist gleichgültig wodurch die Beschleunigung des Ganges beim gehenden Pferd ausgelöst wird, immer wird das Pferd nur mit dem gerade abstoßenden Beine der Aufforderung zu folgen vermögen.
Ein Pferd trabt an der Leine, der Abrichter treibt es, weil seine Hinterbeine zu schwerfällig gebraucht, durch einen Peitschenknall zur Lebhaftigkeit an. Welches Hinterbein, vorausgesetzt, das Pferd reagiert darauf ohne zu erschrecken, wird im Augenblick des Knalls die Beschleunigung des Ganges auslösen? Man mache einmal selbst zu Fuß den Versuch – man gehe einige Schritte in einem ruhigen, gemächlichen Tempo und stelle sich vor, man wolle dieses plötzlich beschleunigen. Mit welchem Bein wird man das besorgen? Bestimmt mit dem, das gerade am Boden ist ....«

Im **Selbstversuch** finden wir also heraus, dass das Spielbein zwar aktiv nach vorne kommt, das am Boden befindliche Standbein schiebt den Körper mit mehr oder weniger Kraft nach vorne. Der Reiter kann die Quantität hinsichtlich der Frage beeinflussen: Wie viel Vorgriff oder Rückschub möchte ich haben? Soll das Standbein länger am Boden verweilen oder schon rasch zum Abfußen aufgefordert werden? Wenn der Reiter dann auch noch Balance, Formgebung, Schwungrichtung, Geraderichtung und Versammlung beeinflussen will, dann nutzt er hierfür den gleichseitigen Schenkel.

Wenn das Pferd eilt?

Wenn das Pferd eilig wird, dann kann der Reiter im natürlichen Tempo die Schritte zählen. Bei ein wenig Extension müssen die Schritte gleich bleiben, die Tritte werden nur länger.

Wenn das Pferd »ausläuft«?

Losgelassenheit und Entspanntheit tragen zur Verbesserung der Übergänge bei, weil sie Paraden besser

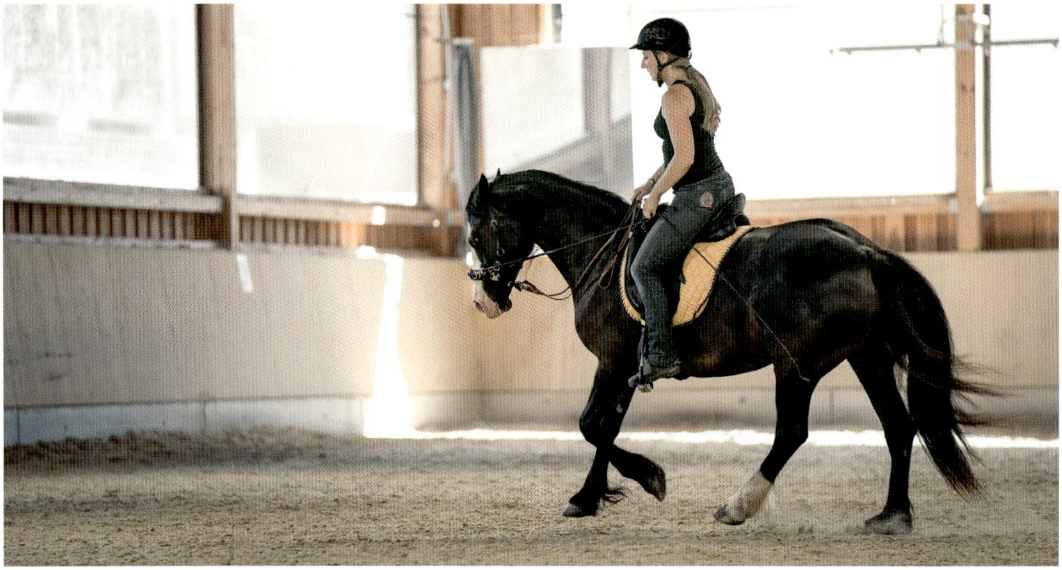

Ein schöner Moment im Galopp von Gitti und Billy Jean. Würde der Übergang zum Schritt im nächsten Moment klappen? Gittis Sitz vermittelt der Stute jedenfalls mehr Vorwärts als Aufnehmen.

durch den Körper lassen. Wenn das Pferd ausläuft, dann kann dies auch ein Zeichen für eine ermüdete Halsmuskulatur sein.

Übergänge Galopp-Schritt

Beim Übergang vom Galopp in den Schritt und zum Halten nimmt der äußere Zügel etwas mehr Einfluss auf die vermehrte Beugung und Lastaufnahme des äußeren Hinterfußes. In der Schwebephase erfolgt eine versammelnde Hilfe des Reiters, die Nachgiebigkeit in Genick und Rücken sicherstellt. Der Weg für die Parade, die zu mehr Beugung der Hinterhand auffordert, ist nun frei, der vorschwingende innere Hinterfuß ist widerstandsfrei. Wie ist der Ausdruck im Schritt nach der Parade? Wenn das Pferd von selbst in den Schritt ausgefallen ist, dann war das häufig durch ein Stemmen der Vorderfüße in den Boden erfolgt – nach einem korrekten Übergang mit gebeugten Hanken bleibt der Ausdruck der Vorhand erhaben und leicht.

Wenn das Pferd beim Übergang vom Galopp in den Schritt in den Trab fällt, dann ist häufig ein Mangel an Selbsthaltung die Ursache. Eine Verstärkung der Hilfengebung hat dann keinen Sinn. Muskeln, Sehnen und Bänder brauchen eben Zeit, sich in puncto Tragkraft zu entwickeln. Erst wenn die Muskeln der Hinterhand gestärkt und die Gelenke in der Beugung besser geworden sind, kommen die Paraden ohne Zwischentritte durch. Auch Verständigungsprobleme können die Ursache sein.

Übergänge gut – Parade gut

Übergänge und die Arbeit mit den Paraden zwischen halben Tritten und Galopp richten gerade und sorgen für ein flüssiges Angaloppieren. Überhaupt werden die Übergänge mit zunehmender Fähigkeit zur Versammlung besser. Haben wir die Abwesenheit jeglichen Widerstandes geschaffen, dann kann der Übergang durch ein weiches Untersetzen der gebeugten Hinterhand umgesetzt werden. Je eher das Pferd die Paraden gleichmäßig auf beiden Hinterbeinen aufnimmt, umso sicherer sind auch Anlehnung und Formgebung.

Ein Prüfstein für den Grad der Versammlung sind auch Übergänge vom Stand in den Trab und Galopp. Der erste Tritt muss ein Trabtritt sein, ebenso der Galoppsprung soll ohne Zwischensprünge erfolgen – das erfordert auch ein hohes Maß an mentaler Vorbereitung zur Übertragung der passenden Energie.

Schenkelweichen

Ist Schenkelweichen sinnvoll oder aus dem Stundenplan zu streichen?
Manche Lehren sprechen sich deutlich gegen das Schenkelweichen aus.

Schlagen wir bei Alois Podhajsky nach. Er schreibt in seiner »Klassischen Reitkunst«:

»Zur Vorbereitung der Seitengänge dient das Schenkelweichen, um das Pferd mit der Wirkung des seitwärts treibenden Schenkels vertraut zu machen. Dem Schenkelweichen soll aber niemals mehr Bedeutung beigemessen werden, als ihm zukommt. Es soll nur dem Begreiflichmachen der Hilfen dienen. Leider ist in der neuen Epoche der Reitkunst vielfach das Gegenteil der Fall. Es wurde diesem Hilfsmittel auch in der deutschen Reitvorschrift eine viel zu große Rolle eingeräumt. Die Spanische Reitschule beschränkt das Schenkelweichen von jeher auf seinen ursprünglichen Zweck, und Oberbereiter Niedermayer, der in der zweiten Hälfte des 19. Jahrhunderts an diesem Institut wirkte, äußerte sich, dass Kopfherein und Kruppeheraus nur menschlicher Unverstand erdacht habe. Mit Unvernunft und Maß angewandt

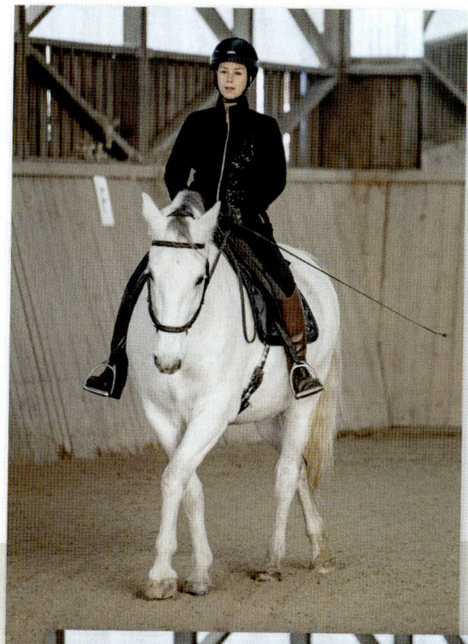

Konrad im Schenkelweichen. Mein Ziel ist, dass die Biegung gleichmäßig bleibt und die Rotation des Rumpfes nach außen hin nicht stärker wird.

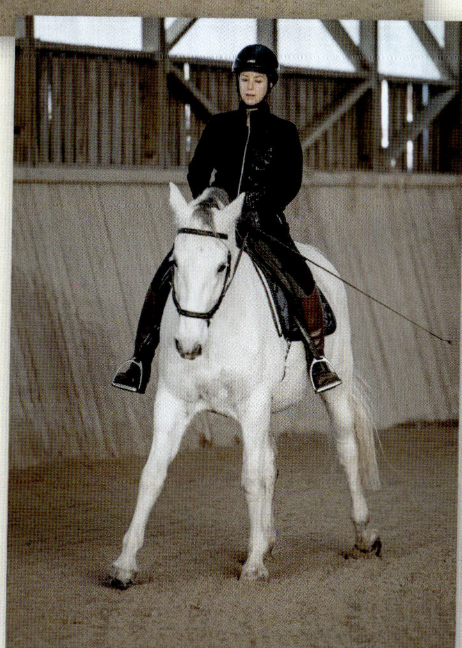

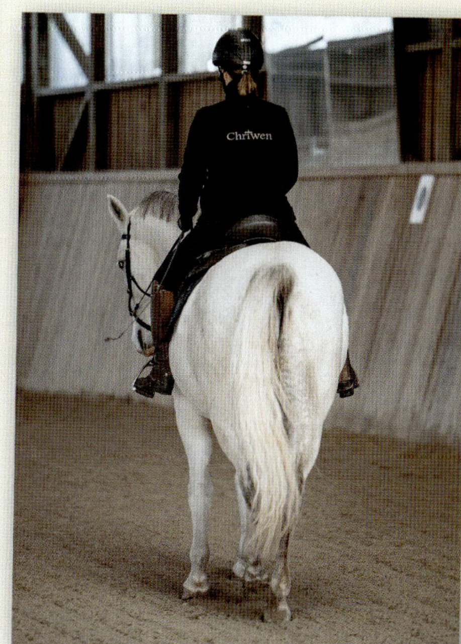

sei diese Übung für jedes Pferd schädlich ... Warum soll man ein Tier das Seit- und Vorwärtsgehen mit genau der entgegengesetzten Stellung lehren, als man es dann von ihm im halben Travers verlangt? Man lehrt ja auch ein Kind von Haus aus das richtige Schreiben und bringt es ihm nicht über den Umweg einer falschen Schreibweise bei.«

Diesen Punkt kann ich ebenso unterschreiben. Wenn ich das Pferd extrem zur entgegengesetzten Stellung bringe, dann wird sich der innere Brustkorb im Seitwärts natürlich heben, der äußere Brustkorb wird sinken und genau das Gegenteil wünschen wir uns ja in einem Schulterherein oder Travers. Grundsätzlich wird dem Schenkelweichen also dann eine negative Wirkung nachgesagt, wenn der Brustkorb entgegen der späteren Zielsetzung rotiert.

Aus tensegraler Betrachtungsweise soll Bewegungsvielfalt jedoch möglich sein. Das heißt, wir sprechen dem Pferd nicht die Kompetenz ab, Hilfen zu unterscheiden. Wenn wir davon ausgehen, dass wir die ersten Seitwärtstritte vom äußeren Schenkel weg gebogen auch noch nicht in perfekter Biegung ausführen, dann können Schenkelweichen und Vorhandwendung jedoch auch eine Übung sein, bei der das Pferd die Wirkung des seitwärtstreibenden Schenkels erkunden darf, ohne sich dabei in seiner Längsachse schon stark biegen zu müssen. Warum auch nicht hier vom Leichten zum Schweren und auch eine entsprechende Vorübung einleiten. Ein weiterer Vorteil des Schenkelweichens kann darin liegen, sehr empfindlichen Pferden die genaue Wirkung der unterschiedlichen Schenkelhilfen zu zeigen und sie langsam daran heranzuführen. Im Fall von Mandrake beispielsweise, der auf leichtes Anlegen einer Schenkelhilfe sofort explosiv nach vorne reagierte, hat auch die Differenzierung über Schenkelweichen geholfen, sich in aller Ruhe auf die Kommunikation mit dem Schenkel zu konzentrieren.

Grundsätzlich führen wir das Pferd im Schenkelweichen vorwärts-seitwärts. Wenn wir das Pferd dabei gerade halten und nur wenig Seitwärtsbewegung

Im Schenkelweichen nicht mit dem Sitz übertreiben. Sowohl im Schenkelweichen als auch im Schulterherein haut uns der äußere Schenkel gerne ab, wie im Bild deutlich zu sehen. Auch ein Lehnen im Oberkörper bestärkt für uns vielleicht das Seitwärtsgefühl, wir sollten uns von Anfang an bemühen, korrekt zu sitzen. Konrad macht trotzdem brav mit.

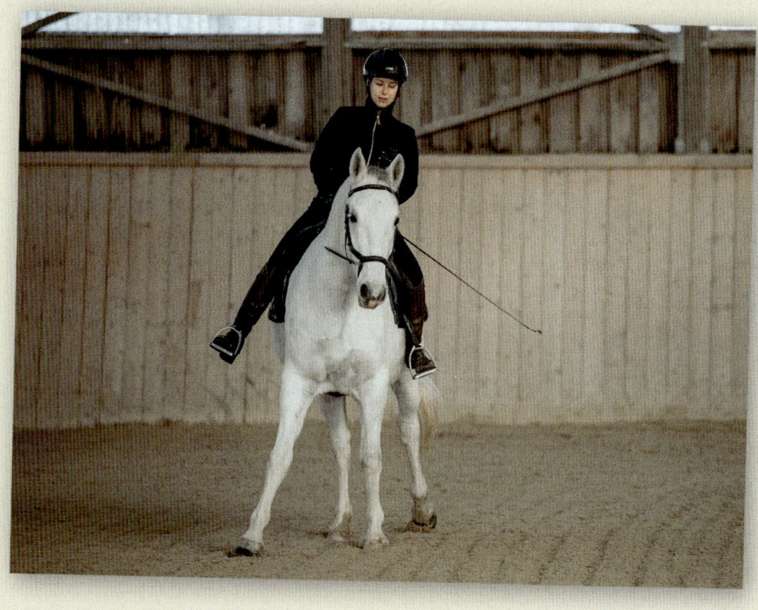

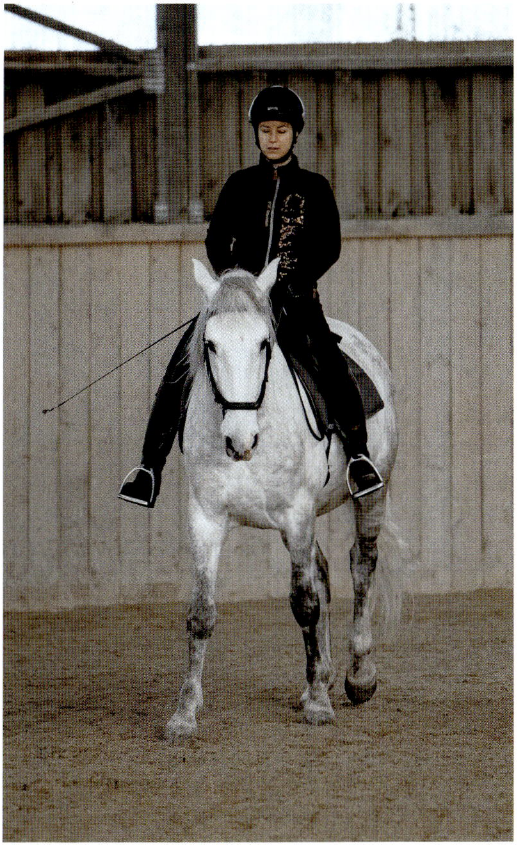

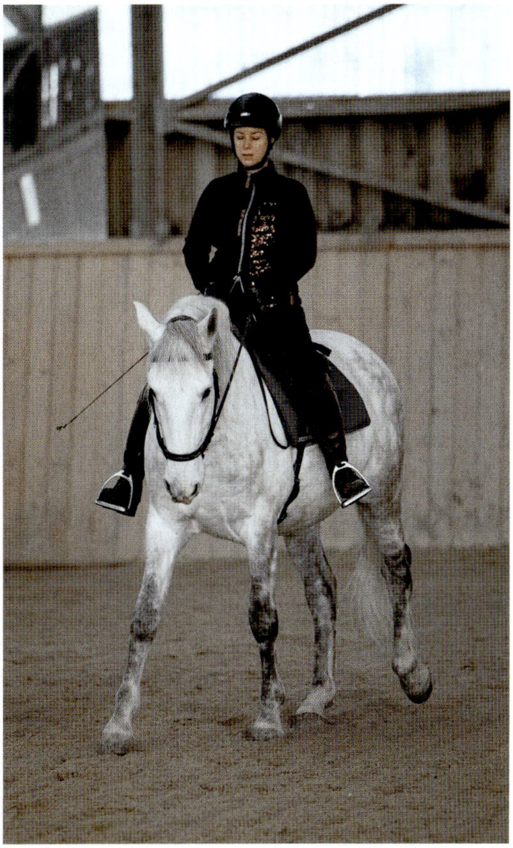

Mandrake im Schenkelweichen. Er lernt gerade die Seitengänge kennen. Für Mandrake war Schenkelweichen auch eine gute Übung, den inneren Schenkel nicht immer nur als vorwärts treibenden Schenkel zu interpretieren. Am Anfang der Ausbildung kam ich überhaupt nicht zum Treiben, den Schenkel aber permanent zu vermeiden ist auch keine Lösung.

abfragen, reduziert sich die Wahrscheinlichkeit, dass das Pferd sich aus der Vogelperspektive betrachtet in seiner Längsbiegung in eine S-Form begibt. Während der innere Schenkel das Pferd auf einer diagonalen Linie leicht seitwärts treibt, sorgt der äußere Schenkel für den Erhalt des Vorwärts. Die Stellung sollte möglichst gerade bleiben. Das Tempo darf nicht verloren gehen, das Pferd muss unbedingt im Vorwärts bleiben. Die Vorwärtsbewegung hat immer Vorrang und kann bereits hier als Grundsatz für die »echten« Seitengänge etabliert werden. Die Hinterhand darf weder vorausgehen, noch zurückbleiben.

Gerade weil Schenkelweichen so umstritten ist, ist die Beschäftigung damit (auch rein in der Theorie) spannend. Es gibt gute Argumente, die gegen eine übermäßige Nutzung des Schenkelweichens sprechen, aber es gibt auch Argumente dafür. Erstere werden entkräftet, wenn wir uns darin einig sind, dass wir niemals mit einem perfekten Endergebnis starten werden und auch Stellungsfehler beispielsweise in den Anfängen des Kruppehereins ja kein Dauerzustand bleiben werden. Letztere werden ebenso kritisch betrachtet, wenn wir Schenkelweichen übermäßig praktizieren. Wir würden unserem Schüler der 10. Klasse auch nicht mehr das Lesebuch aus der Grundschule vorlegen.

Vor dem Timing kommt das Gefühl

Wer sagt uns eigentlich, was wir wann zu tun haben? Das Großhirn fasst den Plan und steuert die Bewegung bewusst, das Kleinhirn ist allerdings unser wichtigster Verbündeter in Sachen Gefühl und Timing. Von hier aus werden dem Rückenmark die wichtigsten Informationen für Bewegung geliefert.

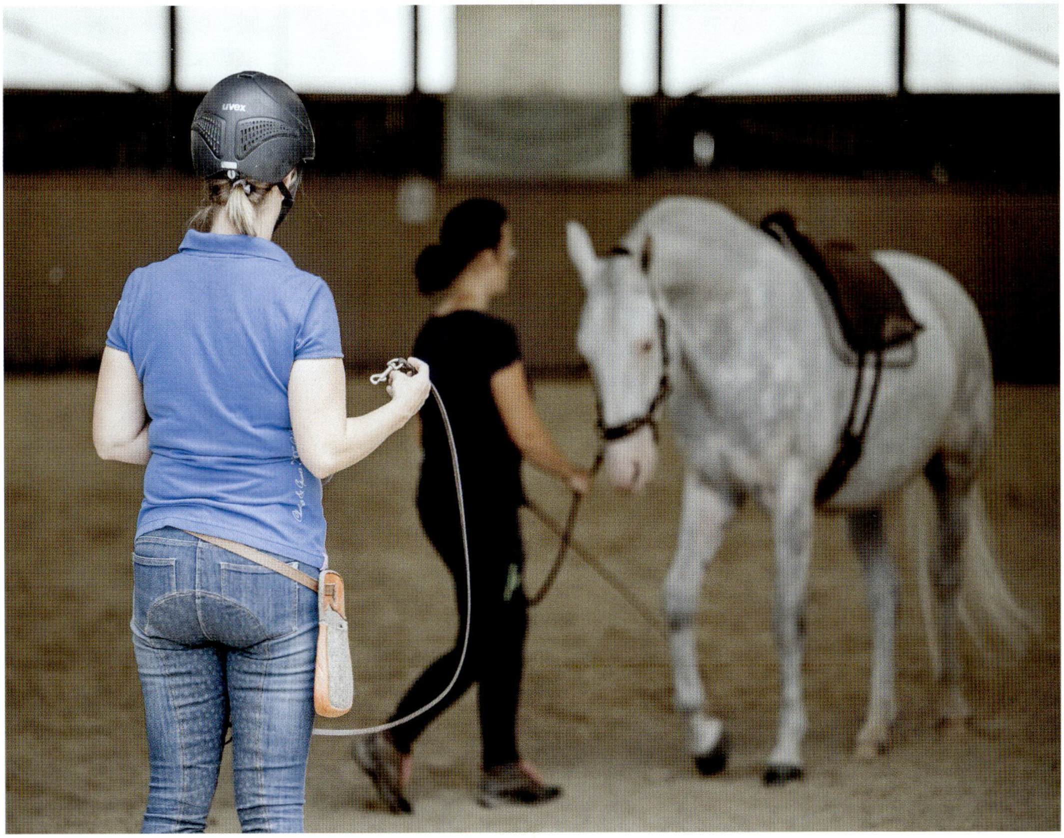

Die Zügel sind parat, der Plan ist gefasst, wie wird sich wohl das erste Mal auf Schnucks anfühlen?

Wenn wir über das Timing der Hilfengebung nachdenken, dann müssen wir uns stets fragen:

1. Welche Hilfe brauche ich?
2. Wann brauche ich diese Hilfe?
3. Wie lange brauche ich diese Hilfe?
4. Wie setze ich die Hilfe aus?
5. Was, wenn meine Hilfe nicht verstanden wird?

Die größte Schwierigkeit beim Reiten und Ausbilden von Pferden ist einerseits die Unvorhersehbarkeit, das notwendige Lernen neuer Bewegungskonzepte und andererseits das zeitgenaue Reagieren. Aus diesem Grund beginnt alles Reiten mit der Theorie. Zunächst müssen wir Reiter ein ungefähres Bild davon entwickeln, warum und wie sich ein Pferd mit uns gemeinsam bewegen soll.

Wenn wir auf dem Pferd sitzen, dann erlauben wir ihm uns einerseits mitzunehmen – unser Körper registriert die Bewegung des Pferdes ähnlich unserer natürlichen Bewegung beim Gehen (was sich viele Menschen im therapeutischen Reiten zunutze machen). Andererseits sind unsere Füße nun nicht mehr am Boden, weshalb sich unsere Kommandozentrale im Gehirn neu ausrichten muss.

Vieles passiert in unserem Alltag auf zwei Beinen automatisch, jetzt müssen wir Verantwortung abgeben, was freilich auch unser Kleinhirn »begreifen« muss, wenn wir uns auf Bewegung des Pferdes einlassen, umgekehrt müssen wir ja auch gleichzeitig Informationen aufnehmen und eine bewusste Bewegung in unserem Körper auslösen.

Das Pferd unter sich spüren

Wir sitzen auf dem Pferd, folgende Bewegungen lassen sich erfühlen:

- Spüre ich die gesamte Wirbelsäule des Pferdes unter mir? Der Reiter kann sich die Wirbelsäule wie eine Bahnstrecke vom Genick bis zum Schweif vorstellen. Dabei lohnt es sich, darüber nachzudenken, ob die gesamte Zugstrecke sichtbar ist oder ob an manchen Teilstrecken scheinbar keine Gleise verlegt wurden.
- Wie fühlt sich das Gleichgewicht zwischen den Schultern an? Fällt das Pferd mehr auf das linke oder auf das rechte Vorderbein?
- Fühlt sich das Auffußen des linken/rechten Vorderbeins schwer an und ist auch hörbar oder setzt das Pferd den Fuß sanft auf den Boden?
- Gibt es eine untaktmäßige Bewegung zwischen dem inneren oder dem äußeren Vorderfuß?
- Wann fußt das linke/rechte Vorderbein ab und auf?
- Wann fußt das linke/rechte Hinterbein ab und auf?
- Wie fühlt sich der Brustkorb unter dem Reiter an?
- Welche Schwingung ist am prominentesten wahrzunehmen? Auf und ab oder vor und zurück?
- Wenn wir durch eine gewisse Biegung ein »Innen« und »Außen« im Pferdekörper differenzieren und bestimmen, wann fußt das innere/äußere Hinterbein ab?
- Wo fußen die Hinterbeine auf? Setzen sie direkt unter dem Reiter auf? Fußt das jeweilige Hinterbein mehr nach »innen« oder nach »außen«.
- Treten die Hinterbeine breit, sehr schmal oder kurz?
- Wo zeigen die Zehenspitzen des jeweiligen Beins hin?
- Fühlt sich das Pferd bei leichter Biegung der Richtung entsprechend gebogen oder gegen die Richtung verbogen an?
- Wie fühlt sich ohne Einflussnahme die natürliche Nickbewegung des Pferdes an? Nickt der Schädel mehr in Richtung des Reiters oder mehr in Richtung des Bodens?

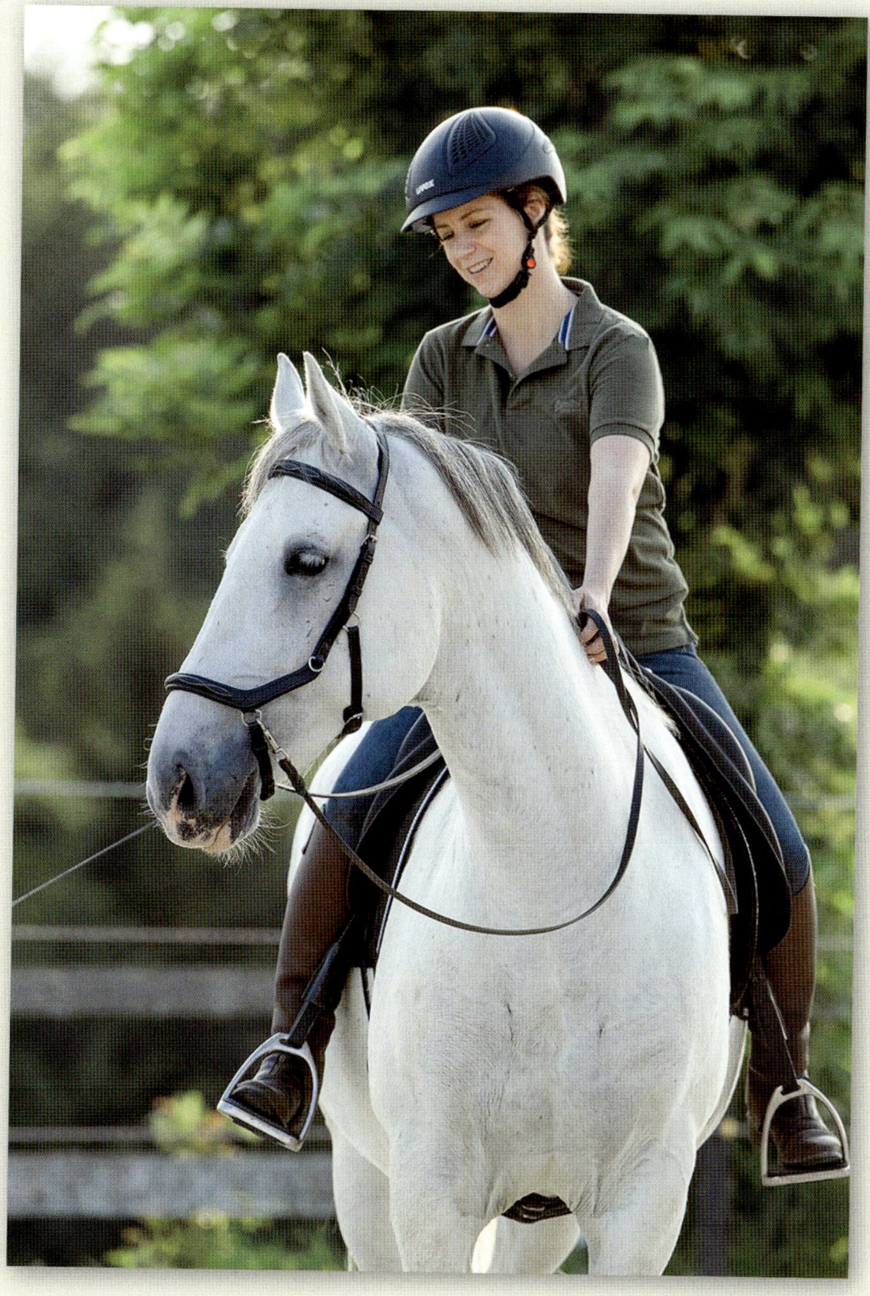

Was habe ich gefühlt, was hat Konrad gefühlt? Nicht immer muss man alles bewerten, das Wichtigste ist einander zuzuhören.

Eine Frage des Timings

Wenn wir uns Gedanken über das korrekte Timing machen, dann muss sich der Reiter freilich fragen: **Was möchte ich eigentlich reiten und wie sollen die Hilfen getimt werden?**

Im Grunde geht es um **Vorwärts, Seitwärts, Rückwärts, Halten, Lenken, Geraderichten, Einrahmen und Versammeln**.

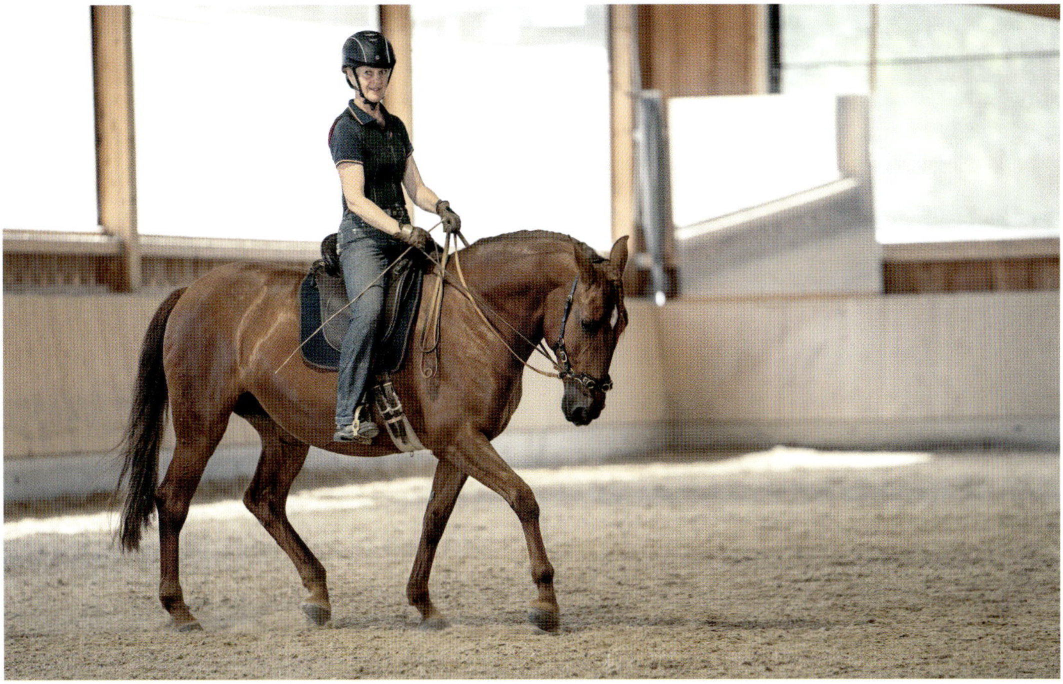

Mit der 3:1-Zügelführung könnte sich Andrea selbst »longieren«, wenn sie die innere Hand etwas in Richtung Zirkelzentrum führen würde. Aber Achtung: Sehr schnell ist der bewegliche Pferdehals überbogen, die Gefahr ist groß, dass der Reiter am inneren Zügel hängen bleibt und das Pferd die äußere Schulter über Gebühr belastet.

Das Timing für den formgebenden Schenkel

Der formgebende Schenkel kann im Prinzip unabhängig vom direkten Schenkel verwendet werden. Wann nutzen wir diese Hilfe? Immer dann, wenn wir sie brauchen – und ganz wichtig – so lange, bis ihre Mitteilung tatsächlich auch zum Verständnis führt.

Wenn das Pferd beispielsweise auf der linken Hand auf dem Zirkel unterwegs ist und wir spüren einen Mangel an Formgebung – dann fügen wir zur Rotationsbewegung auch ein »Twiggeln« im inneren Schenkel hinzu. Der Reiter vibriert mit dem gesamten, inneren Schenkel. Man kann sich auch vorstellen, der eigene Oberschenkel würde einem Nudelholz gleichen, das den Rumpf des Pferdes auf der inneren Seite aushöhlt. Gleichzeitig kann auch der äußere Schenkel ein wenig von sich weg biegen, indem die hintere Seite des Oberschenkels vorsichtig zum Pferderumpf gedreht wird.

Der formgebende Schenkel darf vibrieren, das Pferd dabei berühren und es immer und immer wieder erinnern. Die Grundlage für die Erinnerung muss aber ein Ereignis aus der Vergangenheit sein. Soll heißen: Unser Pferd hat bereits in der Bodenarbeit mittels zeigender und berührender Gerte gelernt, den inneren Schenkel als ein um sich herumbiegendes Element zu verstehen.

Die Hilfe wird am besten aus der Bodenarbeit direkt in den Sattel übertragen. Wenn möglich hilft eine Assistenz am Boden und zeigt dem Pferd nun die altbekannte Hilfe, während der Reiter eine noch nicht allzu intensive Hilfe des Schenkels hinzufügt.

Ist kein Helfer vorhanden, kann der Ausbilder freilich zuerst die Übung vom Boden aus schulen und dann in den Sattel mitnehmen. Gerne auch aus mehreren Positionen, wie der Frontposition, bei der Handarbeit, beim Longieren, bei der Arbeit mit dem Langzügel oder eben vom Sattel aus.

Wenn sich der Reiter im Stand oder auch in der Bewegung – bei Verständnisschwierigkeiten für den lösenden und formgebenden Schenkel wird der Schritt empfohlen – selbst longiert, dann zeigt die innere, direkte Zügelhand in Richtung Zirkelzentrum, souffliert also bei der Biegung. Der innere Schenkel bleibt als lösende Hilfe so lange im Einsatz, bis das Pferd eine richtige Idee hat. Erst dann macht es Sinn, unmittelbar zu loben und dementsprechend auch hier ein korrektes Timing zu finden.

Der lösende und formgebende, innere Schenkel ist übrigens eines der wichtigsten Werkzeuge, um die Aufmerksamkeit des Pferdes auf die Aufgabe oder auf den Reiter zu lenken. Erschrickt sich unser Pferd im Gelände, wird der Gedanke an Flucht omnipräsent. Vorwärts gehen zu dürfen, oder anders gesagt, sich mit einer Schenkelhilfe auseinanderzusetzen, kann den Fokus leichter zurückholen und die Konzentration auf die allgemeine Hilfengebung des Reiters verbessern. Unser Reflex beim Reiten ist dann eher, an den Zügeln zu ziehen, wenn es zu einem Schreckmoment kommt. Auch unser Timing, um in einer Schrecksekunde auf den inneren Schenkels zurückzugreifen, muss trainiert werden.

Wenn wir mit unserem Pferd auf der rechten Hand unterwegs sind – das Pferd sieht links einen gruseligen Gegenstand – dann können wir freilich den Gegenstand zeigen, was aber nicht in jeder Situation möglich ist. Die beste Lösung ist immer, das Pferd zu entspannen und so für eine Deeskalation zu sorgen. Was jedoch, wenn man beispielsweise im Gelände unterwegs ist und das Pferd fürchtet sich vor einem Gegenstand links von seinem Körper? Das Pferd wird sich eher nach links biegen wollen und mit der rechten Körperhälfte schief werden. Der rechte Schenkel, als innerer Schenkel, kann aber die Konzentration und die Rechtsbiegung einfordern. Vielleicht bellt da links neben dem Pferd ein Hund in einem Garten – und darauf waren weder Reiter noch Pferd vorbereitet. Schaut das Pferd in den Garten, wird die Hinterhand nach rechts ausfallen – möglicherweise in die Straße hinein. Sicherer ist es in dem Fall, das Pferd mit sanfter Stimme zu beruhigen und den rechten Schenkel als inneren Schenkel einzusetzen, damit die Stelle sicher passiert werden kann.

Auch hier kann der innere Schenkel als »Fokus«-Hilfe Ruhe und Konzentration vermitteln, wenn das Pferd in der Bodenarbeit bereits gelernt hat, dass es in einem ersten Schritt unangenehme Reize selbst ausschalten kann (z.B. das Rascheln einer Tüte, wenn es sich auf Nachfrage um den inneren Schenkel biegt und abwärts löst), aber auch zur Losgelassenheit findet. (Vergleiche die Lächeltherapie: Wer die Mundwinkel hochzieht, der fühlt sich nach einiger Übung automatisch heiter.)

Der innere Schenkel ist somit die Basis für alle weiteren Schritte. Ein ausführliches Üben zahlt sich aus – es zeigt sich hier nach dem ersten Aufsteigen die Qualität der Basis am Boden!

Das Timing für das korrekte Vorwärts

Wie reitet man ein korrektes Vorwärts im Schritt, Trab und Galopp? Die Zutaten:

- vorwärts treibende Hilfen
- begleitende Hilfen

Wenn wir im Schritt aus dem Stand anreiten wollen, müssen wir uns im Klaren sein, wie das Pferd steht. Steht das Pferd mit allen vier Beinen geschlossen – oder ist ein Hinterbein etwas weiter nach vorne verlagert, ein Hinterbein etwas weiter hinten platziert? Wird Bewegung eingeleitet, dann wird das weiter vorgelagerte Hinterbein für den Schub und die Bewegung nach vorne sorgen. Somit weiß der Reiter genau, welches Hinterbein mit dem direkten Schenkel angesprochen werden soll. Der direkte Schenkel liegt locker platziert am Pferderumpf. Der Schenkel gleitet gegen die Fellrichtung nach vorne in Richtung Schulter und kann so die Bewegung des Pferdes begleiten. Allerdings haben die meisten Reitschüler die Angaben des ersten Reitlehrers gewissermaßen falsch interpretiert. Wir können abwechselnd jeweils im Takt des gleichseitigen Spielbeins treiben, aber wir wollen eigentlich kein ständiges Treiben forcieren.

Für das Anreiten spielt also nicht der Schenkel die Hauptrolle, sondern die Bewegung aus der eigenen Hüfte sowie die Schwerpunktverlagerung. Bei einem

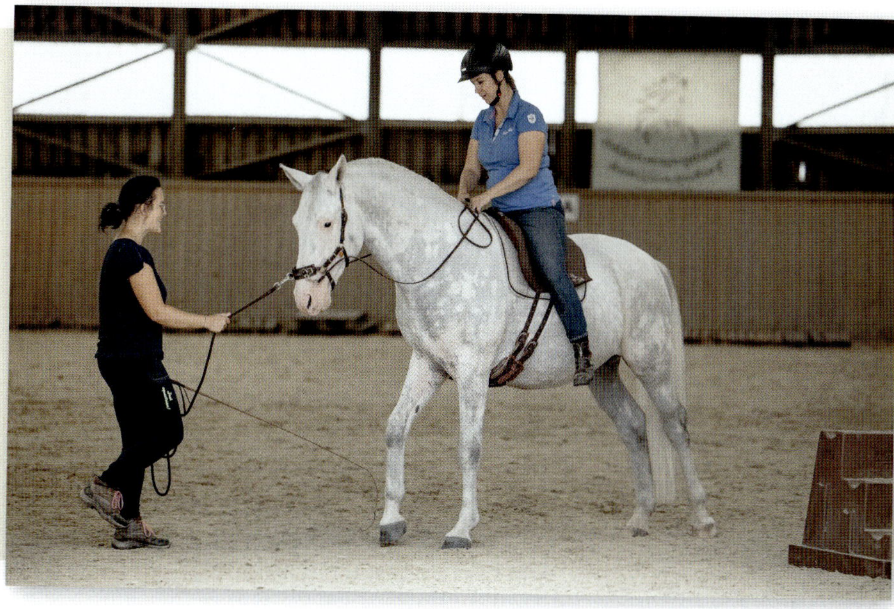

Das erste Mal »Angehen mit Reiter«: Schnucks ist skeptisch und verwirrt, er kommt mit der neuen Belastung noch nicht so gut zurecht. Wenn wir jetzt übereilen, sorgen wir für unnötigen Stress. Judith gibt die Bewegung vor. Wir probieren ein paar Schritte, dann ist es auch wieder gut.

jungen Pferd aber auch einem Pferd das umlernt, kann somit die Hilfe zum Angehen vor allem durch die Stimme, aber auch vorsichtig durch eine Berührung mit der Gerte eingeleitet werden. Die Stimmhilfen sind meist schon aus der Bodenarbeit bekannt – ebenso haben wir in der Bodenarbeit Schwerpunktverlagerungen gespiegelt. Pferde kommunizieren beinahe ausschließlich über Körpersprache. Daher ist das Spiegeln eine wunderbare Möglichkeit, eine gemeinsame Sprache zu entwickeln. Während unsere eigene Körpersprache mit zunehmendem Erwachsenenalter und Seriosität im Berufsalltag verloren geht, haben uns die Pferde erneut einiges voraus. Sie sind nicht nur darauf angewiesen, Körpersprache zu sehen, sie fühlen auch genau, ob wir unseren Schwerpunkt verlagern. Eine kleine Schwerpunktverlagerung – so minimal dosiert, dass der Brustkorb des Pferdes zwischen den Schultern nicht niedergedrückt wird, kann also schon eine Einladung für das Pferd sein, sich in Bewegung zu setzen.
Wenn wir dann im Schritt unterwegs sind, überwiegen die begleitenden Hilfen. Wir spüren, wie das Pferd das innere Hinterbein absetzt und nach vorne greift. Der Rumpf kommt nun innen tiefer, der tiefste Punkt ist erreicht, wenn das Pferd das innere Hinterbein auf den Boden aufsetzt. Der höchste Punkt befindet sich nun außen im Rumpf, dann ist das Pferd mit dem äußeren Hinterbein am weitesten von der Körpermasse entfernt und schiebt den Körper nach vorne, ehe das äußere Hinterbein zum Spielbein wird. Der Rumpf bewegt uns jetzt allmählich auf und ab, vor und zurück. Jedes Pferd wird eine eigene und individuelle Rotation des Brustkorbes aufweisen.

Für manche Reiter kann es schwierig sein, vom Pony aufs Großpferd zu wechseln und umgekehrt. Wer mit Trakehnern und deren typischen großen Rückenschwung groß geworden ist, wird es schwerer haben, den Bewegungen eines Ponys zu folgen, wobei der Takt und der Rhythmus des Rückenschwungs kürzer und schneller sind. Auch unsere Synapsen lernen und speichern Bewegungskonzepte.

In der jeweiligen Gangart spüren wir nun, wie das Pferd uns auf und ab – vor und zurück bewegt.
Diese Bewegung wollen wir in der Rotation begleiten. Manchmal können wir uns einfach mitnehmen lassen. Dann wiederum ist das Pferd gehetzt und der

Reiter kommt nicht zum Treiben. Dazu später mehr. Sind Tempo und Takt jedoch gleichmäßig, wird der Reiter versuchen, das innere Hinterbein gefühlvoll zu begleiten. Er findet der Bewegung entsprechend einen kleinen Kreis in der eigenen inneren Hüfte und konzentriert sich nun auf ein gewisses Gleichmaß der eigenen Hüftbewegung.

Bei Bedarf kann der direkte Schenkel von der Hüfte abwärts – das inkludiert demnach auch den Oberschenkel – die Bewegung begleiten oder forcieren.

Auch für den Trab und für den Galopp gelten dieselben Regeln. Der Reiter begleitet das Pferd in der Bewegung, die treibenden Hilfen sollen möglichst nur sporadisch eingesetzt werden. Das angestrebte Ziel ist freilich eine gewisse Selbstständigkeit und Verantwortung beim Pferd. Der direkte Schenkel jedenfalls treibt immer dann, innen, wie außen, wenn das jeweilige Hinterbein auf der gleichen Seite abfußt. Im Galopp treiben innerer und äußerer Schenkel aufgrund des rasch hintereinander folgenden Abfußens fast gleichzeitig.

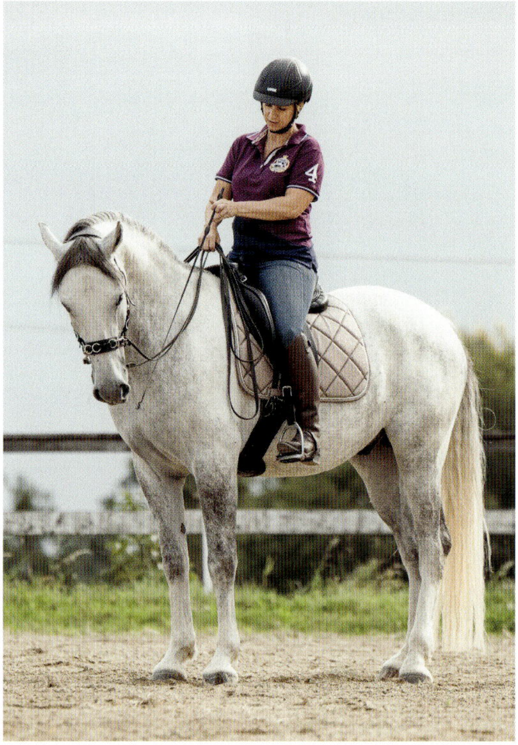

Amena interpretiert die Berührung mit der Gerte richtig und bleibt stehen. So brauche ich bei den ersten Paraden nicht allzu viel Einwirkung mit der Hand und kann die Wahrnehmung des Pferdes auf den Sitz nach und nach verfeinern.

Das Timing für verwahrende (bremsende) und treibende Hilfen

Es kann gut möglich sein, dass das Pferd ungleich im Brustkorb schwingt und dadurch Tempo und Takt gefühlt durcheinanderkommen. Deswegen ist es von großer Bedeutung, dass der Reiter auch über den Moment des Ab- und Auffußens Bescheid weiß.

Wenn das Pferd zu schnell unterwegs ist und der Reiter das Tempo in Ordnung bringen möchte, kann es ausreichen:

Den Kreis in der eigenen inneren Hüfte möglichst klein und langsam auszuführen. Nun ist es wie beim Tanzen: Wenn der Herr nicht führen kann, dann muss die Dame übernehmen. Der Reiter lässt sich vom Pferd nicht mitnehmen, er beginnt, die Bewegung etwas langsamer vorzugeben. Wichtig ist, das eigene Gesäß im Fall von Eile nicht anzuspannen. In diesem Moment kann der Reiter sein Gesäß im Sattel ausbreiten wie einen Keksteig. Im Oberkörper sollte praktisch kaum (An)Spannung vorhanden sein. Es lohnt sich, an dieser Stelle auch den eigenen Absatz zu überprüfen. Absatz tief mag zwar optisch etwas hermachen, allerdings können stark nach unten gestreckte Fersen die Ursache für ein verspanntes Gesäß und somit einen geringeren Kontakt zum Pferderücken sein. Wer sich im Sattel besonders in der Po-Muskulatur verspannt, »hebt« sich eher aus dem Sattel.

In Takt und Tempo unruhige Pferde lassen sich gut beruhigen, indem der Reiter einen gleichmäßigen »Kreislauf« in der eigenen, inneren Hüfte vorgibt. Die äußere Hüfte folgt meist automatisch. Zu Beginn ist es empfehlenswert, einmal nur über die innere Hüfte nachzudenken.

So wird der Reiter auch bald herausfinden, ob er an der inneren oder äußeren Gesäßhälfte tiefer zum

Sitzen kommt. Hebt das Pferd den Reiter innen mehr nach oben, ist Folgendes zu tun: Wir verändern nun den Kreislauf – wenn das innere Hinterbein abfußt, winkelt der Reiter außen das Knie etwas an, zieht es sogar ein bisschen hoch, damit das Gesäß etwas mehr aus dem Sattel kommt. Anstelle innen unbedingt »abwärts« in der Rotation zu denken, hebt der Reiter sich außen durch das Anziehen des Knies an der äußeren Gesäßhälfte etwas hoch, um dem Brustkorb bewusst Platz zu machen, nach oben zu kommen.

Die Ursache für unsteten Takt und Tempo – egal ob zu schnell oder zu langsam – kann häufig aus einer unklaren Brustkorbrotation kommen.

Das Timing für den korrekten Takt

Takt ist nichts ohne Tempo und Tempo nichts ohne Takt. Wenn wir über den korrekten Viertakt, Zweitakt und Dreitakt nachdenken, dann lohnt es sich beim Reiten, den Gedanken auch mal laut auszusprechen. Wenn wir das Pferd beruhigen wollen oder vielleicht auch etwas aufmuntern, kann es helfen, den Takt laut vorzugeben. Das unterstützt uns bei der eigenen Schwingung aus der Hüfte heraus, aber freilich auch das Pferd.

Möchte ich definitiv langsamer werden, dann zähle ich den Takt extra langsam mit tiefer Stimme und stimmlich zäher Aussprache. Für eine Taktsteigerung nutze ich mehr Stakkato in der Stimme sowie höhere Töne und mehr Energie.

Das Timing für den schnelleren Takt

Sollen die Hinterbeine früher abfußen, dann werfen wir einen Blick auf die Schultern des Pferdes (ohne diese dabei durch das Senken des Kopfes nieder zu drücken). Auch unser Kopf bringt ein schönes Gewicht auf die Waage – schon die Bewegung des Kopfes reicht aus, um den Brustkorb mehr oder weniger zu belasten.

Wenn wir die Hinterbeine früher abfußen lassen möchten, dann brauchen wir den versammelnden Schenkel. Für das Pferd bedeutet das, dass es gelernt hat, auf Berührung des Schenkels auch tatsächlich das gleichseitige Hinterbein anzuheben.

Auch hier gibt es ein spezielles Timing. Schon in der Bodenarbeit können wir das Pferd darauf vorbereiten, den versammelnden Schenkel tatsächlich als

Konrad unterscheidet genau, ob die Gerte einen Travers möchte oder ein früheres Abfußen der Hinterhand in Richtung Versammlung.

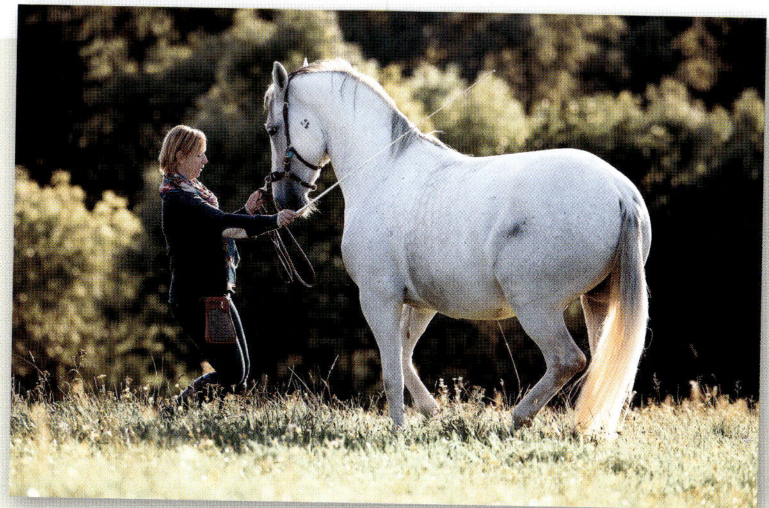

Hilfe zum früheren Abfußen zu verstehen. Wenn wir allerdings den direkten Schenkel permanent einsetzen und ständig »dran« sind, das Pferd immer im Abfußmoment begleiten, wenngleich dies gar nicht nötig ist, dann wird das Pferd lernen, den Schenkel so zu ignorieren, wie es auch gelernt hat, den Sattelgurt zu ignorieren.

Soll außerdem heißen: Den versammelnden Schenkel können wir auch schon frühzeitig üben; die Basis und damit die Aufforderung abzufußen, kann beispielsweise bereits bei der Veränderung vom Viertakt in den Zweitakt geübt werden, wenn die Hinterbeine für den Übergang vom Schritt in den Trab schneller werden. Später kombinieren wir dann auch mit Paraden das Tempo – so können wir durch den versammelnden Schenkel den Takt erhöhen oder gleich behalten, dafür das Tempo erhöhen und umgekehrt.

Muss der Schenkel immer treiben? Wer treibt eigentlich? Und wann?

Der Schenkel muss nicht immer treiben. Sobald sich das Pferd in Bewegung gesetzt hat, gilt es, die Hilfen möglichst auszusetzen. Vor dem Schulpferd steht freilich die Ausbildung eines Gebrauchspferdes – und hier kommt es auf Verlässlichkeit und Selbstständigkeit an. Wenn wir also den inneren und äußeren Hinterfuß des Pferdes immer mit dem gleichseitigen Schenkel als direkten Schenkel begleiten, dann wird es abstumpfen und uns bald nicht mehr zuhören, was freilich den um sich herum biegenden, formgebenden Schenkel sehr leicht konterkariert, ebenso wie den versammelnden Schenkel.

Das Timing für die korrekte Brustkorbrotation

Wenn unser Pferd im Brustkorb nicht korrekt rotiert, kann das viele Ursachen haben. Manche Pferde verspannen im langen Rückenmuskel, sie heben die innere Hüfte und dabei auch gleichseitig die innere Seite des Brustkorbes in der Spielbeinphase, anstelle innen den Rumpf zu senken. Für diese Korrektur braucht der Reiter viel Gefühl – oder einen Helfer vom Boden, der den Abfußmoment des inneren Hinterbeins feinfühlig und vor allem rechtzeitig (Timing!) kommentiert. Sobald das innere Hinterbein den Boden verlässt, hebt der Reiter den äußeren Sitzknochen etwas durch ein Anheben des Knies an. Dadurch wird der Brustkorb außen eingeladen, etwas mehr nach oben zu kommen – anders gesagt – dem Gesäß zu folgen. Ist viel Rückschub die Ursache für die inkorrekte Rotation, kann auch ein versammelnder Schenkel helfen, das Abfußen des schiebenden Hinterbeins früher zu erfragen.

Das Timing für den äußeren, von sich weg biegenden Schenkel

Der äußere, von sich weg biegende Schenkel kommt im Abfußmoment des äußeren Hinterbeins zum Einsatz. Der äußere Schenkel wirkt vor allem aus der Hüfte heraus. Die äußere Hüfte ist deutlich weiter zurück gelagert als die innere Hüfte. Die Rückseite

Wenn das äußere Hinterbein abfußt, dirigiert der äußere Schenkel das gleichseitige Hinterbein in der traversalen Schwungrichtung mehr in Richtung Schwerpunkt.

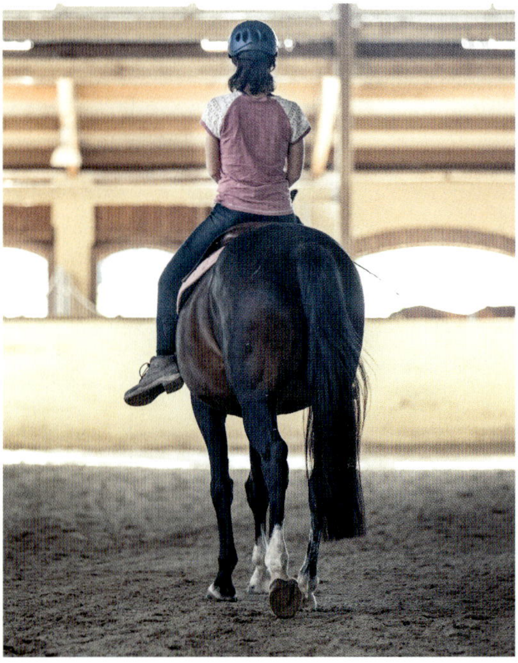

des Oberschenkels dreht sich etwas mehr zum Pferd, die äußere Zehenspitze des Reiters darf etwas vom Pferd weg zeigen.

Dem Pferd kann diese Hilfe am besten im Stand erklärt werden – ebenso wie in der Bodenarbeit wird nun vorsichtig Schritt für Schritt die korrekte Reaktion erklärt. Wichtig ist, dass sich der Reiter nicht in der inneren Gesäßhälfte fest macht und den inneren Fuß in den Bügel stemmt. Der innere, indirekte Zügel kann eine kleine Parade geben.

Das Timing für den rahmenden Schenkel

Eine wichtige Hilfe ist die rahmende Schenkelhilfe. Nehmen wir an, unser Pferd tritt mit dem linken Hinterbein kurz und stark seitlich unter die Körpermasse. Der linke Schenkel möchte als direkter Schenkel das innere Hinterbein weiter nach vorne holen, scheitert jedoch, da das Pferd nun mehr Seitwärts als Vorwärts anbietet. Der äußere Schenkel kann in der Standbeinphase des äußeren Hinterbeins sehr konkret auf den inneren Hinterfuß einwirken – denn dieser ist ja in der Luft. So kann der gegenüberliegende Schenkel das innere Hinterbein nach vorne schicken, ohne mehr Seitwärts zu verlangen und damit den Vorgriff abzukürzen.

Das Timing für die korrekte »Lenkung«

Grundsätzlich lenkt der Reiter ja nicht mit den Zügeln. Wir unterscheiden zwischen direkten und indirekten Zügelhilfen. Der indirekte Zügel führt die Schulter des Pferdes. Wenn unser Pferd beispielsweise über die äußere Schulter eine Linie (wie einen Zirkel) vergrößert, kann der äußere Zügel das Pferd wieder auf die Linie führen – und das gelingt am besten im Moment, wenn das äußere Vorderbein in der Luft ist. Spielbeine haben keinen Widerstand – das klingt beinahe übergriffig – soll aber eher bedeuten, dass wir keine Schubkräfte überwinden müssen. Ist das Bein in der Luft, lässt es sich leichter »lenken« oder führen. Somit sind unsere Spielbeine die Beine, die wir jederzeit in eine bestimmte Richtung verändern können.

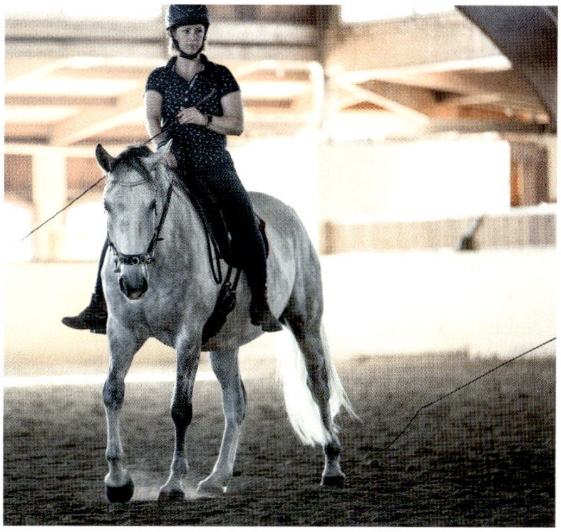

Die Gerte unterstützt den äußeren Zügel, sollte Konrad den äußeren, indirekten Zügel nicht verstehen. Wenn das äußere Vorderbein in der Spielbeinphase ist, kann der äußere Zügel mitteilen, in welche Richtung das Vorderbein schwingen soll. Hier versuchen wir eine korrekte Zirkellinie einzuhalten.

Die Intensität der indirekten Zügelhilfe darf dabei nicht zu stark sein. Der Zügel darf vor allem als äußerer Zügel nicht zu kurz gefasst sein und die äußere Oberlinie abkürzen. Dann beeinflussen wir durch unser »Lenkungsvorhaben« die Formgebung sowie die gewünschte Rotation des Brustkorbes. Und da alle Bewegung in der Wirbelsäule ihren Ursprung findet, dürfen indirekte Zügelhilfen niemals ihren Schwung behindern.

Die Lenkung aus dem Sitz heraus

Stellen wir uns vor, unser Brustbein verlängert sich wie Pinocchios Nase. Oder ein Laserpointer zeigt uns aus dem Brustbein heraus den Weg. Das Pferd soll zwischen unseren Oberschenkeln direkt unter dem Schambein bleiben. Soll heißen – Brustbein und Schambein bilden eine Linie. Wenn sich das Brustbein dreht (und das kann gerne langsam passieren, so als wären wir ein verrosteter Roboter), dann sollen Schambein und Widerrist des Pferdes mitkommen. Ganz wichtig ist unser Steißbein – wenn wir uns aus der Vogelperspektive betrachtet – eine gleichmäßige Längsbiegung des Pferdes wünschen, dann bilden Genick und Schweif die Endpunkte der Biegung. Der Schweif sollte sich also in die entsprechende

Biegungsrichtung bewegen und nicht entgegen. (Das gilt auch für den Reiter, wenn wir uns eine Verlängerung des Steißbeins als Schweif vorstellen.) Der Reiter darf sich aber auch nur so weit im Oberkörper drehen, wie das eigene Steißbein noch nach innen zeigen kann. Wir können uns hier vorstellen, wir hätten ebenso wie das Pferd einen Schweif, der auf der inneren Körperhälfte des Pferdes hinter dem Sattel herabhängt.

Dreht sich das Steißbein nach außen, dann wird auch das gewünschte Wenden unplanmäßig verlaufen. Der äußere Oberschenkel hilft bei der Wendung mit. Demnach kann die äußere Vorderseite des Oberschenkels sowie das Knie in die gewünschte Bewegungsrichtung zeigen. Ein schönes Bild dazu kommt aus dem Alpinsport. Stellen wir uns vor, wir hätten am äußeren Bein einen Ski montiert. Das innere Vorderbein des Pferdes ist unsere Torstange, um die wir die Wendung einleiten möchten. Wenn wir Skifahren, muss die Skispitze in Wendungsrichtung zeigen. Dies macht ein Wegnehmen der Wade vom Pferderumpf notwendig. Das äußere Bein hält also nur bis zum Knie Kontakt mit dem Pferderumpf, die Wade berührt den Fuß nicht mehr – der Steigbügel kann ein wenig vom Pferd weg getreten werden, die äußere Zehenspitze wird nun wie die Spitze des Skis in Bewegungsrichtung gedreht. Für die meisten Reiter ist es erstaunlich, wie leicht ein Pferd in die Wendung zu begleiten ist, wenn man den äußeren Schenkel, wie hier beschrieben, einsetzt. Auch die Schenkelhilfen begleiten das äußere Vorderbein in die Wendung, wenn es sich in der Spielbeinphase befindet. Ist das jeweilige Vorderbein in der Luft, kann es leichter bewegt werden – das gilt beispielsweise für ein Verkleinern des Zirkels ebenso wie für ein Vergrößern.

Verdrehen wir uns im Oberkörper, dann kann das Pferd dem Sitz nicht mehr folgen.

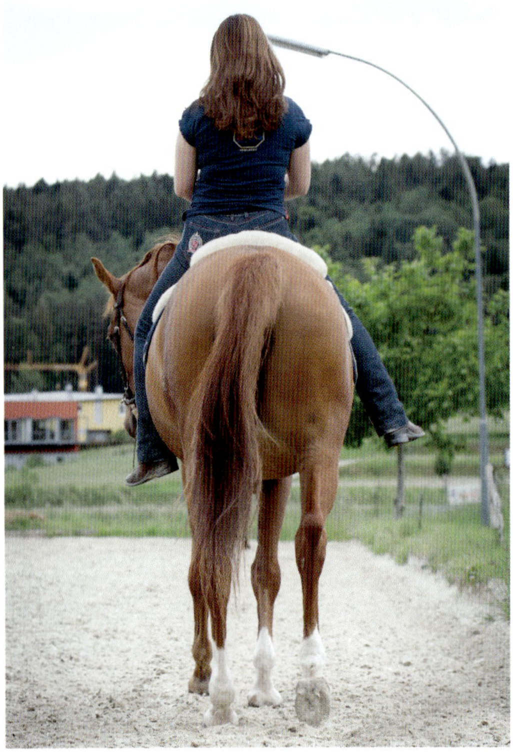

Timing für das Entfernen des Klebers – wenn das Pferd an der Bande klebt und nicht wenden möchte

Prävention ist immer die beste Lösung. Das beutet: Am besten wir reiten gar nicht am ersten Hufschlag. Wände haben auf Pferde eine magische Anziehungskraft. Ob sich das Pferd auch in korrekter Balance befindet – darüber wird der erste Hufschlag nur schlecht Aufschluss geben. Auch das Geraderichten ist ungleich schwieriger, wenn die äußere Schulter magnetisch von der Bande angezogen wird und die Kruppe dann (auch aufgrund der körperlichen Breite) weiter nach innen schwingt.

Wenn das Pferd an der Bande klebt und nicht wenden möchte:

- Der äußere Zügel leitet die Wendung ein, darf aber nicht zu kurz gefasst werden. Eventuell kann es helfen, die Gerte zur Unterstützung des äußeren Zügels nach außen zu wechseln. Der beste Moment, um vom äußeren Zügel sowie der Gerte die Wendung einzuleiten, ist der Abfußmoment des äußeren Vorderbeins.
- Ausrichtung des eigenen Oberkörpers – Stirn-Brustbein-Nabel-Schambein – auf die gewünschte Linie.

- Die Drehung des Oberkörpers darf nicht dazu führen, dass das eigene Steißbein nach außen dreht.
- Die Wendung kann ebenso durch die Vorderseite des äußeren Oberschenkels sowie das äußere Knie eingeleitet werden.
- Der innere Schenkel sorgt für Biegung und treibt das innere Hinterbein unter.
- Nicht den äußeren Schenkel vergessen. Dieser kann als direkter Schenkel den Abfußmoment des äußeren Hinterbeins unterstützen, aber auch verwahrend oder rahmend wirken.
- Nicht am inneren Zügel ziehen – ein Festhalten des inneren Zügels – auch beim »Sich-selbst-Longieren« kann dazu führen, dass das Pferd stärker auf die äußere Schulter fällt und erst recht keine Wendung einleiten kann.

Das korrekte Timing, wenn das Pferd nach innen fällt

Wenn wir uns selbst longieren, kann es bei 3:1-Zügelführung passieren, dass das Pferd in den Zirkel hineinfällt. War es nun der innere, direkte Zügel, der dieses Verkleinern in den Zirkel ausgelöst hat? Diese Frage lässt sich in den meisten Fällen verneinen. Viel eher ist es der innere Schenkel, der das Pferd nicht ausreichend um sich herum biegt. Das Pferd fällt gegen den inneren Schenkel, der Reiter longiert sich nun nicht mehr selbst, sondern gibt mit dem inneren Zügel nach. Eventuell nimmt das Pferd nun eine Außenstellung ein und fällt über die innere Schulter erst recht wieder in den Zirkel hinein.

Wenn das Pferd gegen den inneren Schenkel fällt, dann hilft nur eins: Den inneren Schenkel und dessen um sich herum biegende Funktion immer wieder wiederholen, bis das Pferd das innere Hinterbein sicher unter den Reiter setzt. Sofort stellt sich ein weiches Gefühl ein. Der Reiter spürt die Balance unmittelbar. Das Pferd fällt nicht nach innen und der Zirkel lässt sich spielerisch vergrößern.

Wichtig an dieser Stelle: Eine Hilfe kann nur helfen, wenn sie helfen darf. Ergo darf eine Hilfe niemals ausgesetzt werden, bis das Pferd sie auch im Lernprozess tatsächlich richtig interpretiert hat. Von

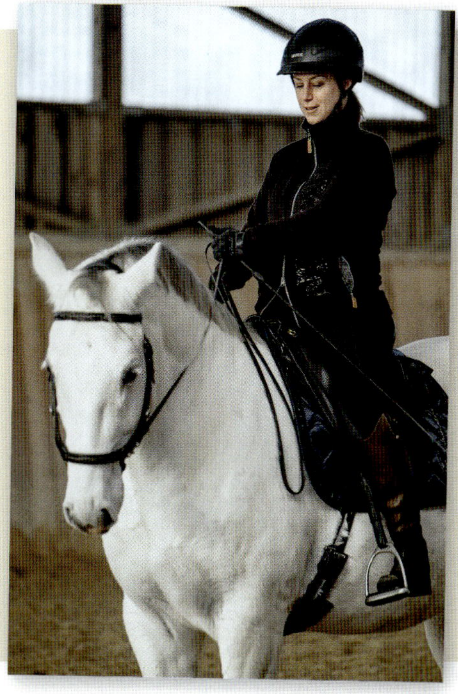

Wenn das Pferd nach innen fällt, drücken wir gerne mit dem inneren, indirekten Zügel nach außen. So korrigieren wir allerdings nur das Symptom. Da der Kopf bekanntlich keine Beine hat, müssen wir die Ursache bei den Hinterbeinen suchen, vornehmlich dem inneren Hinterbein. Ansonsten würden wir ständig Sisyphos spielen und immer wieder das Symptom, aber nicht die Ursache korrigieren.

Verständnis kann zu diesem Zeitpunkt freilich noch nicht gesprochen werden, deswegen macht Wiederholung auch den Meister.

Sich selbst zu longieren sorgt für die notwendige Hohlheit in der Halswirbelsäule und verhindert durch den am Hals liegenden, indirekten Bosalzügel ein Abwenden in den Zirkel hinein.

Timing in verschiedenen Wendungen

Beim Zirkelverkleinern ist die Rollenverteilung wie folgt: Der innere Schenkel begleitet den Vorgriff des inneren Hinterbeins als direkten Schenkel. Der äußere Schenkel verwahrt das äußere Hinterbein, falls dieses die Spur verlässt. Vorsicht: Meint es der

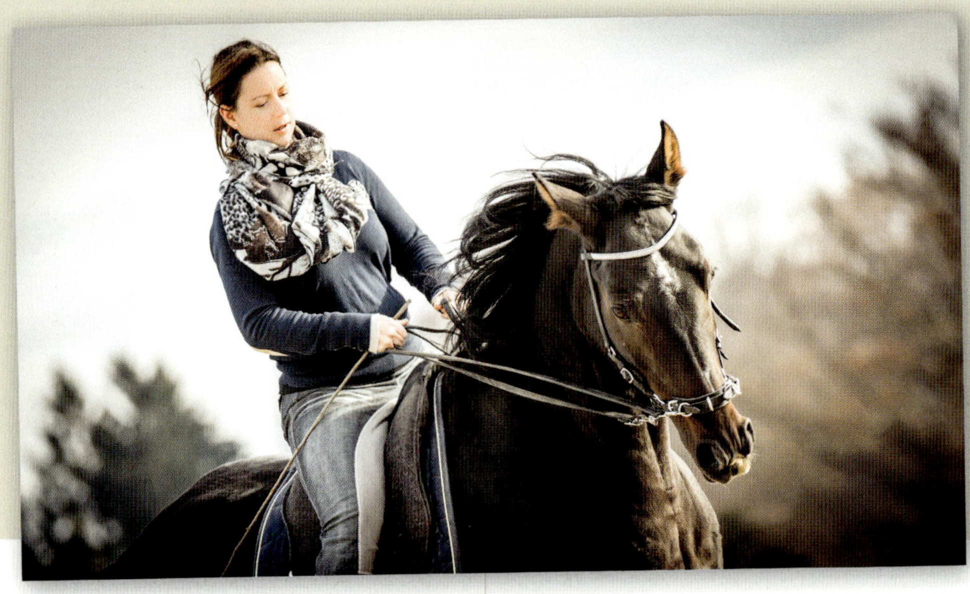

Schulter parallel zu Schulter, Schambein und Brustbein richten sich nach der Wendung aus.

innere Schenkel zu gut und neigt das Pferd dazu, eher kurz und dafür stark seitlich unter die Masse zu treten, werden wir einen rahmenden Schenkel im Abfußmoment des inneren Hinterbeins benötigen. Dann wird das äußere Hinterbein das innere Hinterbein zum geraden Vorfußen einladen. Das Timing ist also die Spielbeinphase des inneren Hinterbeins – dann kommt der äußere Schenkel zum Einsatz. Er liegt dabei etwas hinter der Gurtlage und treibt gegen die Fellrichtung sanft nach vorne.

Der Oberkörper des Reiters richtet sich wie bei den Wendungen beschrieben in Bewegungsrichtung aus. Der äußere Zügel begleitet die Wendung, darf aber nicht zu stark anstehen. Der innere Zügel gibt immer wieder nach und überprüft die Leichtigkeit.

Je kleiner der Zirkeldurchmesser, umso größer die Biegung. Nicht vergessen: Die Zügel nachfassen und an den entsprechenden Rahmen anpassen!

Beim Zirkelvergrößern darf sich der Reiter nicht zu stark mit dem Oberkörper nach »draußen« – also außerhalb des Zirkels drehen. Wir möchten vermeiden, dass das Pferd über die äußere Schulter den Zirkel vergrößert und dabei den Rumpf auf der inneren Körperseite anhebt. Daher im Vergrößern des Zirkels immer an ein leichtes Schultervor denken. Von der Intensität der Hilfen bedeutet das Vergrößern freilich ein intensiveres Ansprechen des inneren Hinterbeins. Der äußere Zügel überwacht die äußere Schulter. Sachtes Vorgehen verhindert viele spätere Korrekturen.

Timing zwischen gebogener und gerader Linie

Wenn wir den Zirkel oder eine Ecke verlassen und auf die gebogene Linie reiten, dann achten wir penibel darauf, dass im Übergang zur geraden Linie die Pferdenase nicht zu stark in Richtung inneres Buggelenk zeigt. Die Pferdenase soll perfekt zwischen den Vorderbeinen platziert sein. Im Grunde sollte ein Geradeausreiten nach einem Zirkel oder einer Ecke völlig unproblematisch ablaufen. Wenn der innere Zügel als indirekter Zügel die innere Schulter auf den Hufschlag führen muss, dann ist das Pferd bereits auf der Zirkellinie gegen den inneren Schenkel gefallen. Wenn wir geradeaus unterwegs sind, vergessen wir jedoch nicht, dass es immer ein Innen und ein Außen gibt – der äußere Schenkel als direkter Schenkel wird häufig in seiner Bedeutung unterschätzt.

Ein Zirkel bedeutet stets ein etwas größeres Maß an Biegung. Für die gerade Linie sollten wir also ohne Probleme am inneren Zügel etwas nachgeben können, der innere Schenkel führt das Pferd auf die Linie, der äußere Schenkel begleitet das äußere Hinterbein und reduziert ebenso etwas die Biegung.

Wenn das Pferd zwischen gebogener und gerader Linie ins »Schlingern« gerät, versuchen wir immer eine Korrektur über die Hinterbeine nach vorne einzuleiten. Die Kraftübertragung aus der Hinterhand verläuft von hinten nach vorne – demnach kann eine Korrektur zwischen den Schultern nur eine Symptomkorrektur sein.

Hilfreich ist in jeder Wendung oder auf gerader Linie der Fokus auf eine Teilstrecke. Wenn wir uns die gesamte Strecke vorstellen, kann dies zu Beginn noch schwierig sein – besser wir stellen uns einen Zirkel beispielsweise mit 4 Merkpunkten (Beispielsweise der Uhrzeit) vor. Nun reiten wir einmal im und einmal gegen den Uhrzeigersinn. Von 12 Uhr schauen wir zu drei Uhr. Sind wir sicher, drei Uhr zu erreichen, dann schauen wir schon gleich weiter zu sechs Uhr usw.

Tabby beim Zirkelverkleinern.

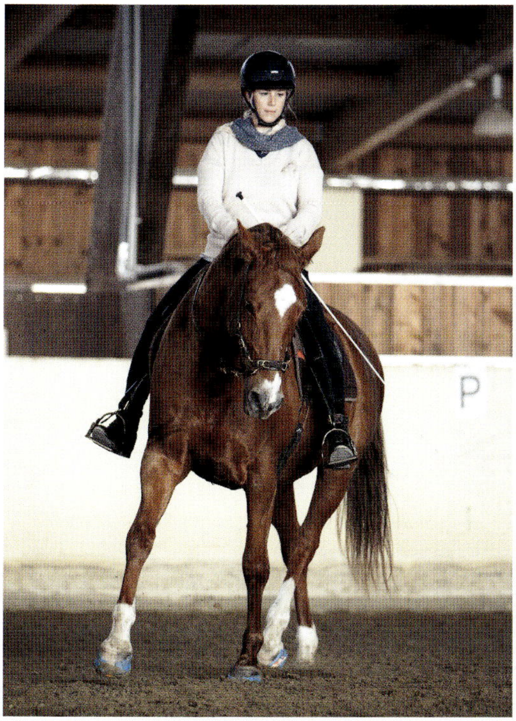

Auch auf der Geraden lassen sich beispielsweise die einzelnen Bahnpunkte als Merkpunkte nutzen – der Fantasie sind keine Grenzen gesetzt. Von Punkt zu Punkt reiten macht die einzelnen Ziele übersichtlicher und auch »schaffbarer«.

Wenn eine Wendung zum Vergrößern oder vom Zirkel auf die Gerade eingeleitet werden soll, kann es dem Pferd auch helfen, die äußere, indirekte Zügelhand etwas nach außen zu nehmen, um den Kontakt des äußeren Zügels vom Pferdehals zu entfernen. Dies sollte freilich nur eine Momentaufnahme sein – mit breiten Händen sollte nicht geritten werden.

Timing für den Handwechsel

Bei einem Handwechsel übernimmt sofort der neue innere Schenkel die Führung. Der alte innere Schenkel wird zum äußeren, sachte von sich weg biegenden Schenkel. Gerade bei der 3:1-Zügelführung bedarf es zu Beginn etwas Übung, um die Zügel rasch zu wechseln – gerade deswegen ist es auch wichtig, bei einem Handwechsel die Reihenfolge der Hilfengebung genau zu durchdenken. Der neue innere Schenkel übermittelt sofort die Information an das Pferd, um welchen Schenkel nun die Biegung stattfindet. Gleichzeitig dirigiert er auch als direkter Schenkel das gleichseitige Hinterbein in Bewegungsrichtung.

Vorsicht: Bei Handwechseln immer auf eine kurze Gerade in der Wechsellinie achten. Dies verschafft uns Zeit beim Umstellen der Biegungsrichtung. Wenn wir die Biegungsrichtung zu abrupt ändern, fällt das Pferd gegen den inneren Schenkel, wir müssen es mühsam nach außen dirigieren und benötigen viel zu viele Sekundarhilfen gleichzeitig.

Handwechsel sollten – wie jede Linie – immer gut geplant und durchdacht sein. Die Hauptrolle

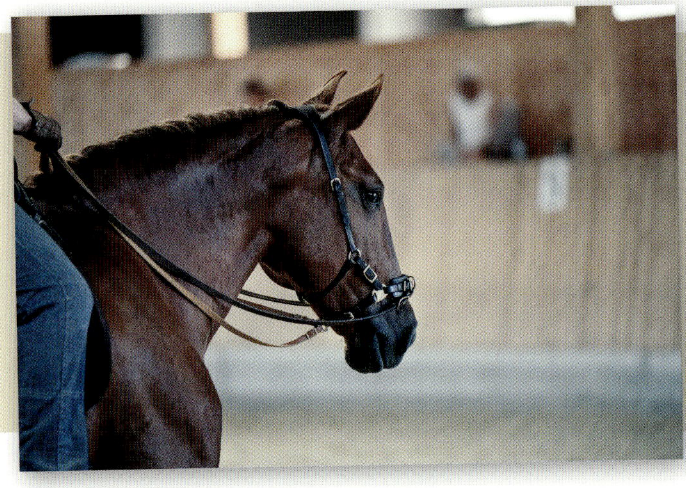

Das wird ein Handwechsel: Andrea hat noch nicht die Zügel in der 3:1-Zügelführung umgefasst, Galáctica folgt jedoch bereits Andreas Sitz und wechselt allmählich in eine Formgebung mit Rechtsstellung.

übernehmen dabei immer die Schenkelhilfen, die Zügel können in aller Ruhe gewechselt werden, wenn Schenkel und Sitz hier die Solisten sind. Vom Sitz her ist es freilich wichtig, den Sattel durch einen Tritt in den Steigbügel gegebenenfalls in die neue Biegungsrichtung mitzunehmen. Ein kurzes Aufstehen in den Bügeln bzw. je nach Sattel und Sitzfläche Umsetzen in die neue Biegungsrichtung ebenso nicht vergessen!

Und hopp, Konrad ist vom äußeren Schenkel angaloppiert, der innere Schenkel erhält die Biegung und den Galopp.

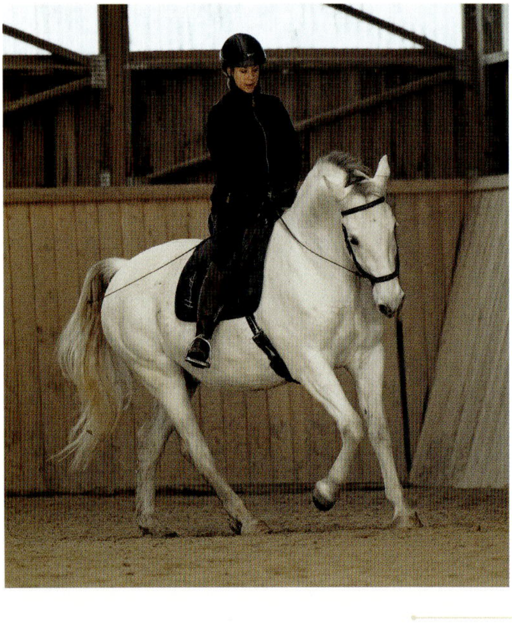

Timing für alle Übergänge

Übergang vom Halten in den Schritt

Der Reiter spürt, ob ein Hinterbein etwas weiter nach vorne gelagert ist. Dieses Hinterbein wird die Körpermasse nach vorne schieben, demnach wird der direkte Schenkel das weiter nach hinten gelagerte Hinterbein antreiben.

Übergang vom Schritt in den Trab

Bei diesem Übergang kann der Reiter das innere Hinterbein diagonal zum Abfußmoment des äußeren Vorderbeins treiben oder das äußere Hinterbein diagonal zum Abfußmoment des inneren Vorderbeins. Wenn ein Vorderbein den Boden verlässt, verändert der Reiter den Takt, das diagonal angesprochene Hinterbein muss nun schneller werden und so verändert sich der Viertakt in den Zweitakt.

Übergang in den Galopp

Der Galopp wird vom äußeren Hinterbein eingeleitet, die Diagonale zwischen innerem Hinterbein und äußerem Vorderbein bleibt erhalten. Für den Reiter sind die Hilfen wie folgt: Es ist möglich, das innere Hinterbein in den Galopp zu schicken, dieses fußt dann etwas rascher nach vorne, das äußere Hinterbein schiebt in den Galopp. Grundsätzlich ist es hilfreich, das Pferd durch 1/8-Paraden aufmerksam zu machen. Das Timing ist, die Parade auf das innere

Hinterbein in dessen Spielbeinphase zu leiten, also auch ein wenig aufs äußere Hinterbein hin in der Standbeinphase zu versammeln und die Galopphilfe auf den kurz darauf folgenden Abfußmoment des äußeren Hinterbeins zu legen. Der Galopp wird vom äußeren Hinterbein eingeleitet, die Diagonale zwischen innerem Hinterfuß und äußerem Vorderfuß bleibt erhalten. Das Einleiten der Galopphilfe startet, wenn das innere Hinterbein, respektive das äußere Vorderbein nach vorne schwingen.

Übergang vom Galopp in den Trab und Schritt

Beim Übergang in den Trab ist der Moment der diagonalen Phase zwischen innerem Hinterbein und äußerem Vorderbein im Galopp essenziell. In diesem Moment kann das Pferd in die gewünschte niedrigere Gangart wechseln. Das bedeutet – die halbe Parade für den Übergang kommt zum Höhepunkt, wenn das diagonale Beinpaar am Boden steht; von dieser Zweibeinstütze leitet das Pferd in die nächste diagonale Fußführung – den Trab – über. Oder aber auch den Schritt, denn auch hier finden wir eine diagonale Fußführung.

Übergang vom Trab in den Schritt

Ähnliches beobachten wir beim Übergang vom Trab in den Schritt. Das Pferd wird den Zweitakt im Trab nutzen, um in jener Phase der Schrittfolge zu übersetzen, wo ebenso ein Zweitakt zu finden ist. Danach löst sich der Zweitakt in den Viertakt auf.

Übergang vom Schritt zum Halten

Einer der schwierigsten Übergänge. Hier benötigt das Pferd ein sehr gutes Verständnis für die Parade. Die Schulung der Hilfengebung erfolgt zuerst vom Boden, dann vom Sattel. Der Reiter soll immer die Vorstellung haben, eine neue Gangart zu beginnen – nicht die gerittene Gangart zu beenden – das gilt vor allem auch für den Übergang in den Stand, zum Erhalt von Energie.

Timing für alle Seitengänge

Schulterherein

- Schulterherein bewirkt eine **erhabene Schulter** und **hebt den Brustkorb** durch den gezielten Einsatz des inneren Hinterbeins.

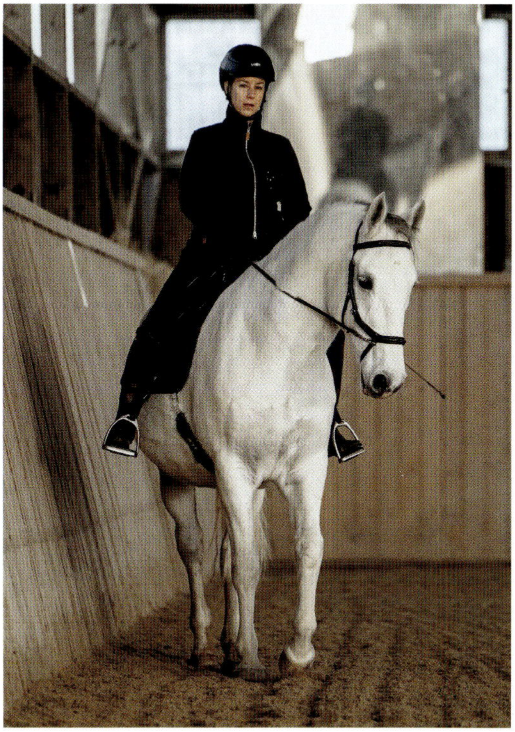

Konrad im Schulterherein links.

- Durch das Schulterherein werden die **Hanken** mehr **gebogen** und eine verbesserte **Tragkraft** der Hinterbeine erzielt.
- Schulterherein unterstützt **Geraderichtung** und hilft Schiefe auszugleichen.
- Schulterherein im Schritt und Trab hilft ein gerades **Angaloppieren** zu erarbeiten.
- Schulterherein kann Unregelmäßigkeiten des **Tempos** im Trab verbessern.
- Das **Herandehnen** und die Anlehnung an den äußeren Zügel werden durch Schulterherein verbessert.
- Das Schulterherein führt zu einem **lockeren Genick** und entspanntem Kiefergelenk.
- Verspannungen werden gelöst, **Dehnungshaltung** im Schritt wird verbessert.
- Schulterherein bzw. Schultervorstellung verbessert auch die **Piaffe**.
- Schulterherein verbessert die **Grundgangarten**, auf vier Hufschlägen ausgeführt, kann es auch Pferden, die im Schritt zum Pass neigen, helfen, wieder in den Schritt zu finden.

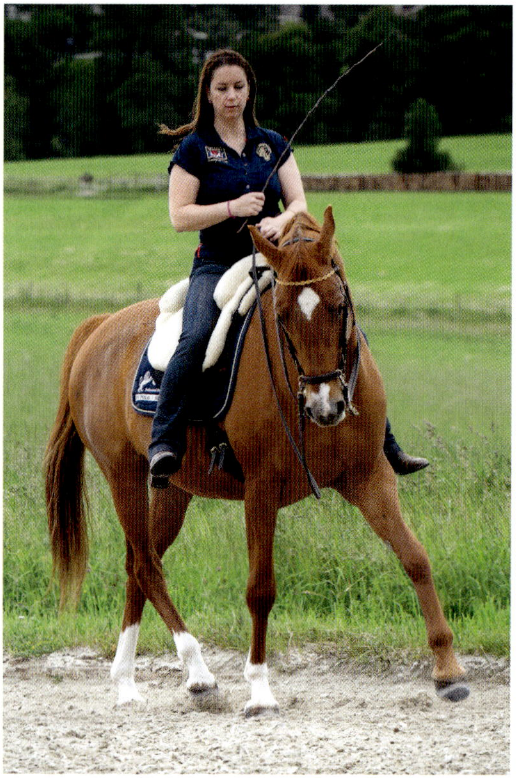

Tabby im Schulterherein rechts.

Timing für das Schulterherein

Stellen wir uns vor, wir reiten auf der linken Hand. Für das korrekte Schulterherein dreht der Reiter nun den Oberkörper etwas nach links, sodass die linke Schulter etwas hinter die linke Hüfte des Reiters kommt. Die äußere Schulter wird etwas nach vorne genommen. Das Schambein »nimmt« den Widerrist des Pferdes etwas einwärts. Stellen wir uns einen Schweif für den Reiter vor, dann liegt der Schweif an der inneren Rumpfseite des Pferdes.

Der innere Schenkel treibt nun vermehrt gegen die Fellrichtung. Der äußere Schenkel »überwacht« die Tätigkeit des äußeren Hinterbeins. Der äußere Zügel wird an den Hals des Pferdes gelegt, der innere Zügel löst und prüft, ob das Pferd leicht wird am inneren Schenkel.

Im Schulterherein gibt es Lehren, die dazu raten, etwas belastender in Richtung äußerer Körperseite des Pferdes zu sitzen. Dies wäre ja genau kontraproduktiv, da der äußere Rückenmuskel in der Dehnung nicht belastet werden soll. Allerdings ist dieser empfohlene Sitz von Vorteil, wenn man mehr Seitwärtsbewegung spüren soll. Die Qualität der Seitwärtsbewegung leidet jedoch stark. Das Ziel – eine leichte äußere Schulter bei angehobenem Brustkorb außen – wird nicht erreicht.

Da wir im Schulterherein so sitzen, als wollten wir abwenden, ist es ratsam, mit den Augen nach vorne zu blicken und sich vorzustellen, die eigene Schwerpunktkugel, die wir im Bauch mit uns bewegen, in die gewünschte gerade oder zirkuläre Bewegungsrichtung zu schicken. Wir blicken also bewusst in Bewegungsrichtung und schauen genau dahin, wo wir unser inneres Hinterbein hin dirigieren wollen.

Wenn wir vermehrt vorwärtsreiten wollen, dann wird der Schwerpunkt sachte in Bewegungsrichtung dirigiert, wenn wir mehr versammeln wollen, dann wandert der Schwerpunkt mehr in Richtung Schweif des Pferdes.

Was im Schulterherein schiefgehen kann?

- Der Reiter sitzt zu stark nach innen
- Der Reiter sitzt zu stark nach außen
- Der Reiter zieht das Pferd am inneren Zügel herein
- Der Reiter hat den äußeren Zügel zu stark dran
- Der Reiter dreht seine eigene Schulter nach außen
- Der Reiter treibt mit dem inneren Schenkel zu viel und zieht die Fersen hoch
- Der Reiter verspannt
- Der Reiter knickt in der äußeren Hüfte ein
- Der Reiter führt beide Unterarme nach innen und verspannt sie dabei
- Der Reiter konzentriert sich zu sehr aufs Seitwärts

Der Reiter sitzt zu stark nach innen oder nach außen

Wenn der Reiter zu stark nach innen sitzt, tritt das Pferd mit dem inneren Hinterbein nicht zum Schwerpunkt. Bildlich kann man sich den inneren Sitzknochen wie einen Pfeil nach unten darstellen, als Wegweiser für das Pferd (»da sollst du hin steigen«), der eigene Schwerpunkt im Bauch darf dabei ein wenig in Richtung der äußeren Schulter des Pferdes wandern – oder noch besser vorgestellt – in die

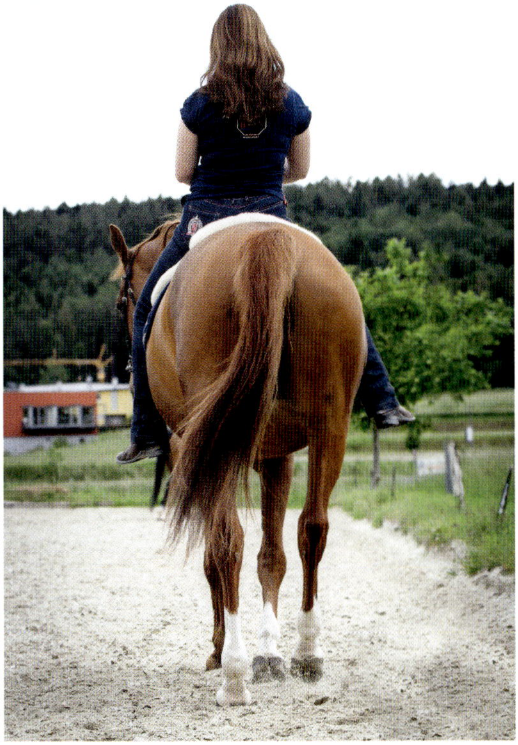

Es nützt nichts, stark nach innen zu sitzen, davon wird die äußere Schulter nicht leichter. Schulterherein gehört mit Sicherheit zu den schwierigsten Inhalten, was die eigene Losgelassenheit im Sitz anbelangt.

gewünschte Bewegungsrichtung. Oft hilft es schon die Augen in »Fahrtrichtung« zu wenden. Wenn der Reiter nach außen sitzt, dann sitzt er praktisch dort belastend, wo es eigentlich zu einer Dehnung kommen sollte. Der Brustkorb des Pferdes sowie der äußere Rippenbogen sollten sich heben, die äußere Schulter freier werden. Es gibt unterschiedliche Auffassungen, wo der Reiter im Schulterherein sitzen sollte. In Bewegungsrichtung? Das wäre dann praktisch nach außen. Nach innen? Steinbrecht schreibt hier beispielsweise: bei einer korrekten Ausführung des Schulterhereins wird dem Reiter durch das Pferd ein sanfter Hang nach innen verliehen. Wo sollte man nun sitzen? Der innere Sitzknochen ist quasi der Kompass und Zielvorgabe für das auffußende innere Hinterbein. Wird der Schwerpunkt in Richtung äußerer Schulter verlagert (der Schwerpunkt und nicht der äußere Sitzknochen) kann mehr Vorwärts im Schulterherein geritten werden. Wird der Schwerpunkt in Richtung innerer Hüfte verlagert, wird das Schulterherein zunehmend versammelnd.

Ein weiteres Bild ist das Platzieren des inneren Gesäßknochens nahe der Pferdewirbelsäule sowie ein gerades Aufeinandertreffen der eigenen Wirbelsäule auf der Wirbelsäule des Pferdes.

Wenn der Reiter zu stark nach außen sitzt, dann kann zur Korrektur der äußere Gesäßknochen angehoben werden, wenn das innere Hinterbein des Pferdes abfußt. Der äußere Gesäßknochen wird durch ein leichtes Anheben des äußeren Knies angehoben.

Der Reiter zieht das Pferd am inneren Zügel herein/ Der Reiter hat den äußeren Zügel zu stark dran

Die Hilfengebung beim Schulterherein sieht vor, dass eine sachte Einwirkung des äußeren Zügels dazu führt, die Vorhand ein wenig nach innen zu holen. Wenn Reiter mit dem Außenzügel nicht durchkommen, kann es passieren, dass sie den Druck am Außenzügel erhöhen. Dies führt nur dazu, dass die äußere Schulter erst recht nicht freier wird.

So nicht: Der äußere Zügel hat das Schulterherein zu stark eingeleitet, der innere Zügel muss nun quasi reduzieren, was der innere Schenkel noch nicht auffangen kann.

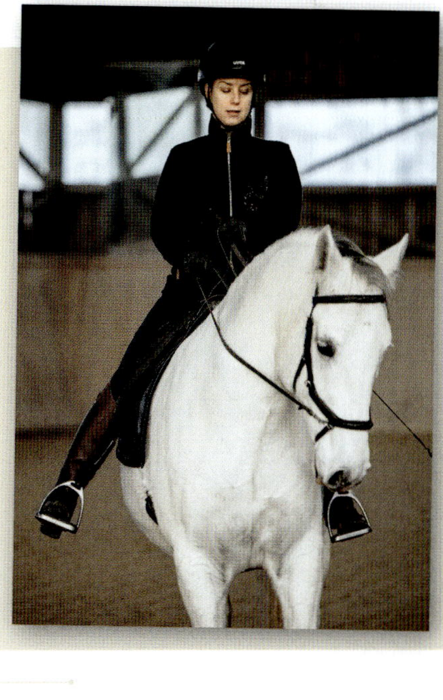

Das Pferd kippt dann auf die äußere Schulter bzw. verliert die Richtung, manche Pferde kommen dann auch nach innen. In so einem Fall wird auch gerne »überkorrigiert« – das heißt, anstelle außen leichter zu werden, hält nun der innere Zügel dagegen und drückt das Pferd wieder nach außen. Was als leichte Parade am inneren Zügel gemeint war, wird nun zu einem ständigen Zug, der das Pferd weniger leicht nach innen, als auf die äußere Schulter kippen lässt. Die Lösung? Wer das Pferd gut auf das Schulterherein vorbereitet und durch sachte Paraden vom inneren Zügel löst, bekommt leichter den Kontakt zum inneren Hinterbein und somit auch den gewünschten Schwung in Richtung Schwerpunkt.

Abgesehen vom richtigen Timing ist freilich auch eine sanfte Steigerung der Hilfengebung eine wichtige Hilfe – denn so kann vermieden werden, dass der Reiter eine Hilfe zu stark einsetzt und danach erst recht wieder eine Korrektur benötigt.

Der Reiter treibt mit dem inneren Schenkel zu viel und zieht die Fersen hoch/ Der Reiter knickt in der äußeren Hüfte ein

Wenn der Reiter sich zu sehr auf das innere Hinterbein konzentriert, können zweierlei Fehler passieren. Einerseits kann er das innere Hinterbein ähnlich wie beim Schenkelweichen zu weit nach innen – und damit vom Schwerpunkt weg treiben. Das Pferd fällt dann auch auf die äußere Schulter. Vor lauter Treiben kommt der Reiter mit dem Innenschenkel zu stark nach hinten, seine eigene Hüfte fällt dann zurück, die Hinterhand des Pferdes fällt aus. Das Pferd steigt hinter dem Schwerpunkt vorbei und schwingt aus einer zurückgelagerten inneren Hüfte nach vorne. Oder aber durch das übermäßige Treiben werden die Fersen hochgezogen. Die Folge: Der innere Sitzknochen wird angehoben, der äußere Sitzknochen wird vermehrt belastet. Dasselbe Problem passiert, wenn der Reiter in der äußeren Hüfte einknickt. Auch dann wird der äußere Sitzknochen vermehrt belastet.

Der Reiter verspannt sich (in den Unterarmen)

Die Konzentration steigert sich. Alles ist aufs Schulterherein konzentriert. **Entspannung** auf Knopfdruck ist leider ein Ding der Unmöglichkeit. Gäbe es die Entspannung auf Knopfdruck, würden wir wohl mit

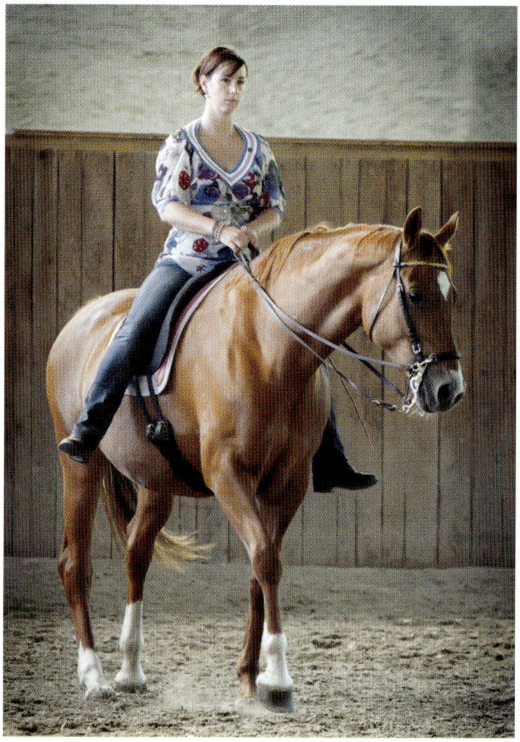

Nicht der beste Moment: Das Pferd geht zwar seitwärts, ist aber sehr angespannt.

freundlicheren Gesichtern durch die Straßen laufen. Rasche Abhilfe kann eine tiefe und bewusste Bauchatmung sein. Oder genau auf den eigenen Körper zu hören. Wo sitzen Verspannungen? Habe ich vor lauter Konzentration die Schultern hochgezogen. Halte ich die Unterarme fest und übertrage die Spannung auf den Zügel. Vor lauter Konzentration und »ins Pferd schauen« nicht den eigenen Körper vergessen – denn dieser ist zuständig für die Primärhilfe Sitz! Manchmal hilft hier auch eine Parade zum Halt, um seinen Geist und Körper zu sortieren und schon kann es weitergehen. Wenn man vor lauter Konzentration zur Anspannung neigt, kann es auch hilfreich sein, nur kurze Reprisen Schulterherein zu verlangen.

Der Reiter konzentriert sich zu sehr aufs Seitwärts

Wenn sich der Reiter zu sehr auf das Seitwärts konzentriert, kommt es meist zu den Folgefehlern: Ausfallen des äußeren Hinterbeins, das Pferd lässt sich auf die äußere Schulter fallen, eine falsche Brustkorbrotation wird zu Gunsten des Seitwärts in Kauf genommen. Das Pferd weicht eher dem Schenkel, als dass der innere Hinterfuß nach vorne schwingen kann. Für das Schulterherein gilt: Je mehr Versammlung, umso mehr Seitwärts darf verlangt werden. Im Vorwärts sollte man sich daher nicht auf die Ausführung auf vier Hufschlägen kaprizieren. Auch hier gilt: Weniger ist mehr.

Verlangen wir gerade am Anfang ein paar gute Schritte Schulterherein und konzentrieren uns vor allem auf das Freiwerden der äußeren Schulter – weniger auf das Seitwärts.

Der Reiter findet die richtige Dosis nicht

Eine sachte Dosierung der Hilfengebung ist ratsam, um später nicht von einer Korrektur in die nächste zu reiten. Eine gute Empfehlung lautet hier das Schulterherein in der Hilfengebung separat zu üben. Das bedeutet sich einmal in der Hilfengebung vermehrt auf die indirekten Zügelhilfen zu konzentrieren, einmal auf den eigenen Oberkörper und dessen Drehung, dann ganz konkret das eigene Gesäß unter die Lupe zu nehmen und dann wieder die Schenkelhilfen achtsam und bewusst einzusetzen. Jedes Pferd benötigt eine individuelle Dosierung der Hilfengebung. Als Reiter und Ausbilder unseres Pferdes kann es spannende Detektivarbeit sein, die genaue Dosis herauszufinden.

Kruppeherein/Traversale

- Durch das Kruppeherein werden die **Hanken** mehr **gebogen** und eine verbesserte **Tragkraft** der Hinterbeine – vor allem des äußeren Hinterbeins – erzielt.
- Kruppeherein mit einem korrekten Schulterherein als Basis unterstützt **Geraderichtung** und hilft »Schiefheiten« auszugleichen.
- Kruppeherein im Schritt und Trab hilft ein gerades **Angaloppieren** zu erarbeiten.
- Kruppeherein aktiviert das äußere Hinterbein zum Tragen und macht die **innere Schulter leichter**.
- Kruppeherein ist eine gute Vorbereitung für **Pirouetten**, **Traversalen** und **Galoppwechsel**.
- Kruppeherein am Zirkel geritten verbessert die **Versammlungsfähigkeit**.
- Das abwechselnde Reiten von Schulterherein und Kruppeherein verbessert die **Durchlässigkeit** und **Losgelassenheit**.

Timing für das Kruppeherein

Stellen wir uns vor, wir reiten auf der linken Hand. Auch im Kruppeherein oder Travers gilt: Die innere Schulter ist etwas hinter der inneren Hüfte des Reiters platziert, die äußere Schulter soll – ebenso wie die äußere Schulter des Pferdes – immer etwas weiter nach vorne kommen. Somit gilt: Das richtige

Gitti und ihre Billy Jean üben das Kruppeherein. Vor lauter Konzentration aber nicht aufs Atmen verzichten.

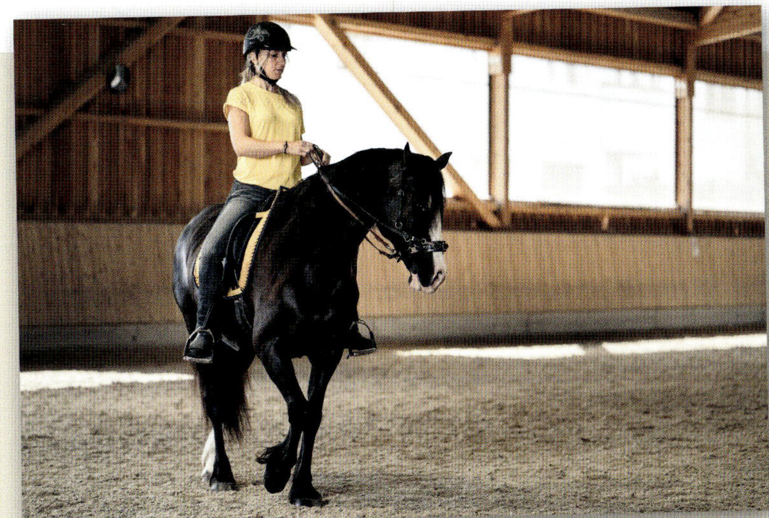

Kruppeherein wird aus dem Schulterherein erarbeitet. Das Schambein »nimmt« auch jetzt den Widerrist des Pferdes in Bewegungsrichtung mit. Das Steißbein des Reiters bleibt nach innen gebogen. Auf der geraden Linie zeigen somit Schambein und Stirnlinie des Pferdes geradeaus, auf der gebogenen Linie zeigt das Schambein penibel in die gewünschte Bewegungsrichtung.

Der innere Schenkel »überwacht« die Neigung um den inneren Schenkel, der äußere Schenkel treibt nun vermehrt mit der Rückseite des äußeren Oberschenkels im Abfußmoment des äußeren Hinterbeins eben dieses vermehrt in Richtung Schwerpunkt. Idealerweise kann das Pferd diese Hilfe bereits im Stand umsetzen und differenzieren zwischen einem um sich herum biegenden, inneren und von sich weg biegenden, äußeren Schenkel. Der äußere Zügel überwacht am Hals liegend die äußere Schulter, der innere Zügel erhält die Stellung und verwahrt die innere Schulter. Der Schwerpunkt des Reiters – wir erinnern uns an die verschluckte Billardkugel – wird nach vorne-innen in Richtung der inneren Schulter des Pferdes verlagert, wenn wir vorwärts reiten möchten. Wenn wir etwas mehr versammeln wollen, wird der Schwerpunkt in Richtung der inneren Hüfte des Pferdes verlagert.

Um es dem Pferd leichter zu machen, die äußere Oberlinie vermehrt zu dehnen und den Brustkorb außen etwas anzuheben, kann der Reiter das äußere Knie im Abfußmoment des inneren Hinterbeins leicht anheben. Die Schultern von Reiter und Pferd sollten ebenso parallel zusammenpassen, wie die Hüften von Reiter und Pferd.

Was im Kruppeherein schiefgehen kann?

- Der Reiter sitzt zu stark nach außen.
- Der Reiter hat den inneren Zügel zu stark dran.
- Der Reiter dreht seine Schultern nach außen.
- Der Reiter führt beide Unterarme nach außen und verspannt sie dabei.
- Der Reiter treibt nur noch mit dem äußeren Schenkel.
- Der Reiter verspannt.
- Der Reiter konzentriert sich zu sehr auf das Seitwärts.

Der Reiter sitzt zu stark nach außen

Sitzt der Reiter zu stark nach außen und knickt dabei in der äußeren Hüfte ein, wird der innere Sitzknochen vom Pferd weggehoben. Dabei wollen wir ja weiterhin vom Pferd eine Biegung um den inneren Sitz haben. Wohin soll der Schwerpunkt also? Hier kommt die berüchtigte Statik ins Spiel. Möchte ich vorwärtsreiten im Kruppeherein, dann verlagere ich den Schwerpunkt in Richtung der inneren Schulter, also nach vorne-innen, in Bewegungsrichtung. Wer im Kruppeherein versammeln möchte, der sollte seinen Schwerpunkt in Richtung der inneren Hüfte des Pferdes verlagern. Nur weil man sich auf das äußere Hinterbein konzentriert heißt es also nicht – volle Kraft nach außen.

Der Reiter hat den inneren Zügel zu stark dran

Die Hilfengebung im Kruppeherein sieht vor, dass eine sachte Einwirkung des inneren Zügels am Hals dazu führt, die innere Schulter zu verwahren. Wenn der Reiter mit dem inneren Zügel zu stark gegen den Hals presst und das Genick nicht mehr ausreichend gelöst wurde, wird das Pferd stark nach außen gedrückt. Es kommt zu einem Schenkelweichen nach außen. Ist der innere Zügel zu stark dran, wird das Pferd außerdem auf die äußere Schulter gedrückt. Dabei ist auch im Kruppeherein darauf zu achten, dass die äußere Schulter des Pferdes frei und leicht bleibt. Auch soll der innere Zügel das Pferd nicht zu stark stellen. Wer beispielsweise geradeaus an der langen Seite unterwegs ist, kann prüfen, ob die Stirn des Pferdes noch parallel zur kurzen Seite der Halle oder des Vierecks unterwegs ist oder ob das innere Pferdeohr höher scheint. In diesem Fall hätte sich das Pferd im Genick verworfen.

Der Reiter dreht seine äußere Schulter nach außen/ Der Reiter dreht seine Unterarme nach außen und verspannt sich dabei

Egal ob Schulterherein oder Kruppeherein – es gilt immer: Kopf parallel zu Kopf, Schultern parallel zu Schultern, Hüfte parallel zu Hüfte. Damit das Pferd im Kruppeherein nicht auf die äußere Schulter fällt, kann es schon ausreichen, sich in Erinnerung zu rufen, die äußere Schulter ein wenig nach vorne zu nehmen – die eigene Brustkorbrotation also

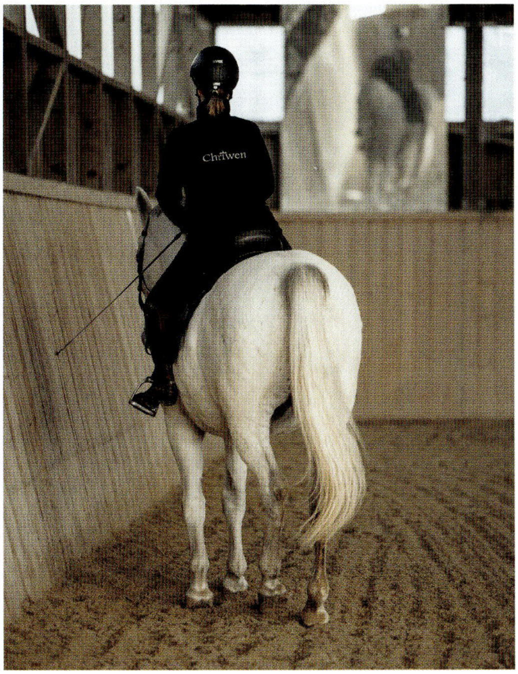

So nicht: Hier sitze ich deutlich nach außen, meine Schultern zeigen ebenso nach außen. Links habe ich einen falschen Knick in der Hüfte.

im Überblick zu behalten. Die innere Schulter sollte dabei hinter die innere Reiterhüfte gebracht werden.

Der Reiter treibt mit dem äußeren Schenkel zu viel/ Der Reiter konzentriert sich zu viel aufs Seitwärts

Wenn sich der Reiter zu sehr auf das äußere Hinterbein konzentriert, geht das innere Hinterbein oftmals verloren. Es tritt dann weit aus der Masse nach innen heraus und somit weit vom Schwerpunkt weg. Hier muss der innere Schenkel dafür sorgen, den inneren Hinterfuß zu verwahren. Auch wenn der Reiter mehr »Gewicht« am inneren Zügel spürt, kann dies ein Zeichen für zu viel Seitwärts und ein Ausfallen des inneren Hinterbeins im Kruppeherein sein. Übermäßiges Treiben mit dem äußeren Bein kann aber auch dazu führen, dass das Pferd mit dem äußeren Hinterbein vom Schwerpunkt wegschiebt.

Der Reiter verspannt sich

Kaum denken wir an eine »Lektion« geht die schöne Entspannung verloren. Die meisten Reiter verspannen

Jasmin und Rusty konzentrieren sich auf die traversale Schwungrichtung. Am Anfang hilft es, sich wenige gute Schritte vorzunehmen, um sich im Sitz nicht zu verspannen.

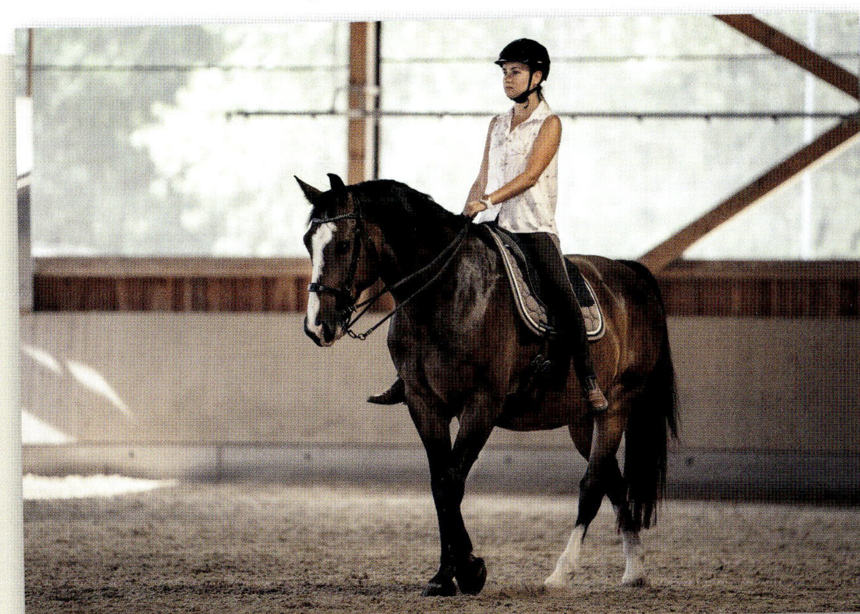

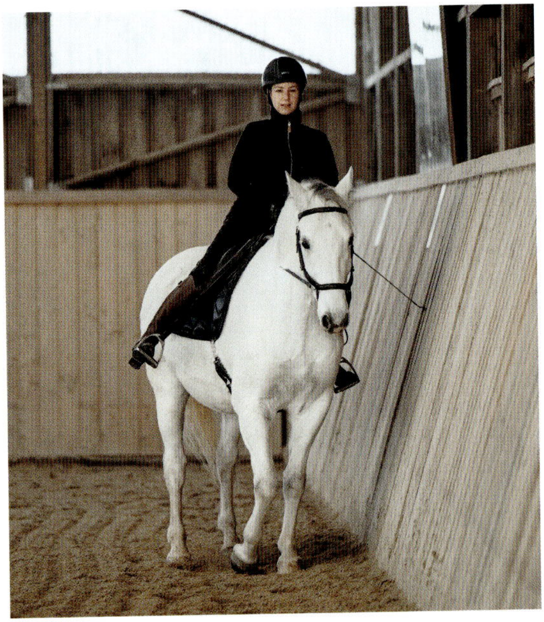

Verspannt und trotzdem seitwärts. Konrad ist mit meinem Sitz hier nicht glücklich.

sich sofort in der inneren Körperhälfte, wenn das Kommando: »Kruppeherein« laut wird. Wo noch gerade auf dem Zirkel entspannt das innere Hinterbein unter den Schwerpunkt geholt wurde, die Rotation des Brustkorbes vom Pferd schön fühlbar war – auf einmal – Kommando Kruppeherein und der gesamte Körper des Reiters verspannt. Durch den Fokus auf den äußeren Schenkel, die innere Zügelhilfe und die »Lektion« an sich, verspannen zuerst der Reiter und in weiterer Folge natürlich das Pferd. Für die Kopfsache kann es wirklich hilfreich sein, den Inhalt zu reiten und eben nicht an die Lektion zu denken. Einfach mal anders formulieren kann da schon helfen: *»Also einfach im Anschluss an die Konzentration auf das innere Hinterbein, nun das äußere Hinterbein zum Schwerpunkt zu holen.«* Klappt das noch immer nicht, kann der Reiter vermehrt auf seine Atmung achten. Wie entspannt habe ich auf dem Zirkel durchgeatmet und wie verändert sich die Atmung dann im Kruppeherein. Wo sitzen nun Verspannungen? Plötzlich wird das Hochziehen der Schultern, oder das übermäßige Stemmen des Unterschenkels in den inneren Steigbügel bewusst. Hier kann auch die Arbeit im Stehen hilfreich sein, um dem eigenen Körper Zeit zu geben, in den Sitz zu spüren und Veränderungen wahrzunehmen, wenn der Sitz zum Kruppeherein auffordert. Auch Trockenübungen ohne Pferd können hier hilfreich sein. Wer einmal versucht, Kruppeherein geradeaus zu laufen, wird feststellen, wie er seinen eigenen Brustkorb bewegt und möglicherweise automatisch nach außen wendet.

Der Reiter findet die richtige Dosis nicht

Auch im Kruppeherein muss die Dosis der Hilfengebung penibel abgestimmt werden. Separat getestet kann der Einsatz des indirekten, inneren Zügels ausprobiert werden, ebenso wie das intensivere Zurücknehmen der äußeren Hüfte, oder das Treiben des äußeren Hinterbeins mit der Rückseite des äußeren Oberschenkels. Ein häufiger Fehler ist auch die

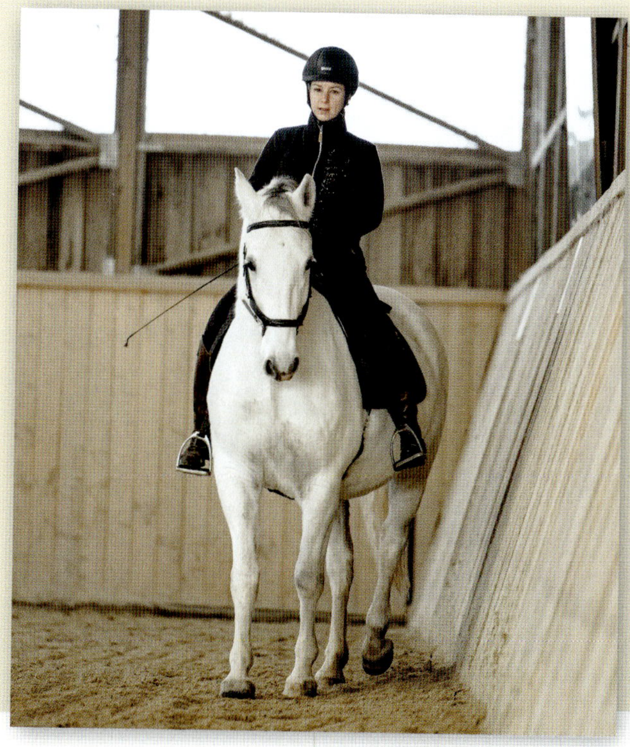

Konrad im Renvers aus der Ecke heraus.

übermäßige Konzentration auf das äußere Hinterbein und das Außer-Acht-Lassen des restlichen Pferdekörpers. Achtsamkeit sollte auch immer auf den eigenen Sitz gelegt werden. Zur korrekten Dosierung gehört ein bewusster Check von Kopf bis Fuß – das gilt für Reiter und Pferd.

Renvers

- Ob Renvers oder Travers – darüber entscheidet quasi die Bande bzw. ob der Reiter den Zirkel verkleinert oder vergrößert. Geradeaus geritten bleibt nun die Hinterhand des Pferdes an der Bande, während die Vorhand nach innen geführt wird. Daher kann man den Renvers auf gerader Linie geritten auch als Spiegelbild des Travers bezeichnen. Beim Zirkelverkleinern entsteht im Travers eine Pirouette, während im Renvers eine Renversalwendung – eine Wendung um die Vorhand entsteht.
- Der gymnastische Effekt des Renvers zielt nicht nur auf die Vorhand ab, sondern auf die Hinterhand, die nun die Vorhand tragen muss, obwohl sie auf einem größeren Zirkel in der Renversalwendung geht.
- Renvers fördert somit die Geschmeidigkeit und die Balance.
- Das äußere Vorderbein muss vor dem inneren Vorderbein kreuzen – dies ist das Indiz für die korrekte Brustkorbrotation.
- Renvers hilft bei der Erarbeitung des korrekten **Kontergalopps**.
- Renversgalopp kann eine Grundlage für fliegende **Galoppwechsel** sein.
- Renvers am Zirkel geritten verbessert die **Versammlungsfähigkeit**.
- Das abwechselnde Reiten von Schulterherein und Renvers verbessert die **Durchlässigkeit** und **Losgelassenheit**.

Timing für das Renvers

Stellen wir uns vor, wir reiten auf der linken Hand. Zuerst leiten wir ein Schulterherein ein. Beim Schulterherein

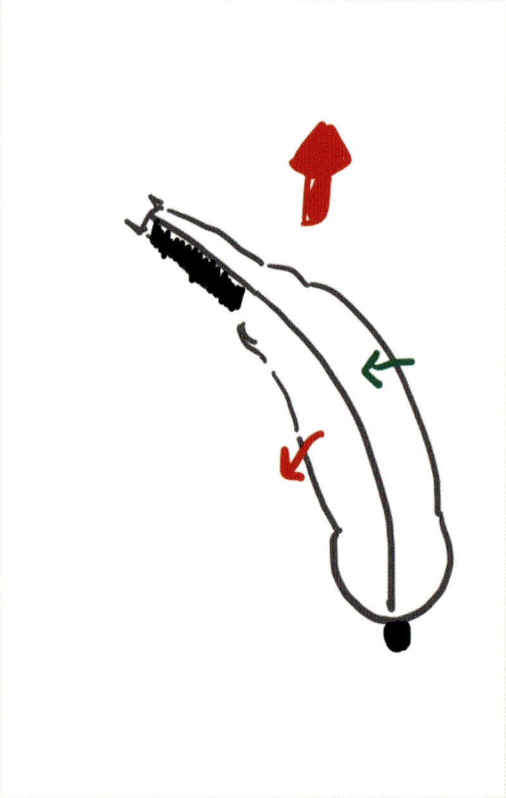

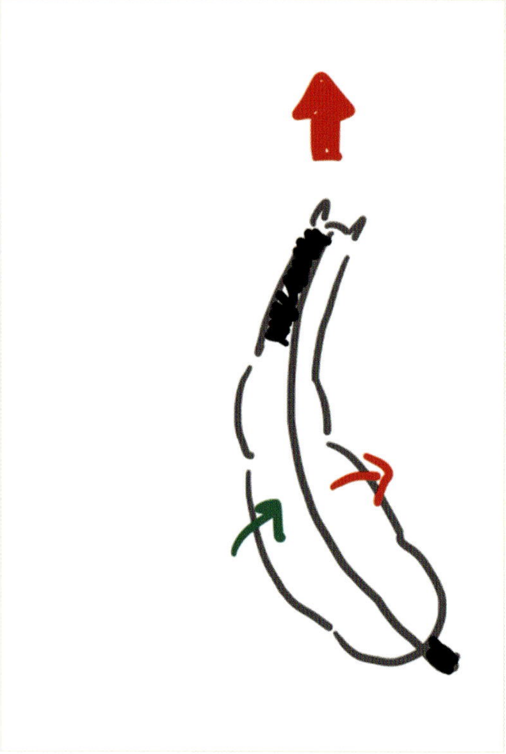

links wird das linke Hinterbein vermehrt in Richtung Schwerpunkt geritten, das rechte Hinterbein muss in der Standbeinphase beugen sowie die Last aufnehmen. Im Renvers arbeiten wir im Prinzip dieselben Hinterbeine – allerdings stellen wir das Pferd nun in der Biegungsrichtung nach rechts um.

Die Schulter rechts wird jetzt noch immer einwärts geführt, nun allerdings nicht mehr vom äußeren Zügel, sondern vom neuen »inneren«, rechten Zügel. Der rechte Zügel führt jetzt als indirekter Zügel die rechte Schulter nach links, weg vom Hufschlag, gleichzeitig hat er als direkter Zügel für die korrekte Stellung zu sorgen. Der rechte Schenkel sorgt nun für die Biegung um sich herum, der linke Schenkel wird vom inneren zum äußeren Schenkel und biegt von sich weg.

In der Abbildung links sehen wir oben ein Schulterherein unten den Renvers entlang der Bande. Die rechte Schulter wird einwärts geführt, allerdings in unterschiedlicher Biegung, das linke Hinterbein wird zum Schwerpunkt gearbeitet, im Schulterherein und im Renvers ändert sich mit der Biegung freilich auch die Richtung der Brustkorbrotation.

Im Renvers beim Zirkelverkleinern muss der innere Zügel auch die Schulter verwahren, die Hinterbeine müssen einen immer größer werdenden Zirkel beschreiten, wenn die gebogene Linie verkleinert wird. Der Reiter sitzt freilich auch hier nach »innen« – dies ist die größte Schwierigkeit, wenn innen zu außen wird und umgekehrt, kann dies schon für Denkfehler sorgen.

Die innere Schulter ist etwas hinter der inneren Hüfte des Reiters platziert, die äußere Schulter soll – ebenso wie die äußere Schulter des Pferdes immer etwas weiter nach vorne kommen. Das Schambein »nimmt« jetzt im Renvers den Widerrist des Pferdes in Bewegungsrichtung mit. Auf der geraden Linie zeigt das Schambein sowie die Stirnlinie des Pferdes geradeaus, auf der gebogenen Linie zeigt das Schambein nicht in Richtung Zirkelzentrum, sondern von dieser weg nach »außen«. Gerade diese Begrifflichkeit kann den Reiter verwirren. Wo ist innen? Wo ist außen? Für den Reiter ist die Richtung zum Zirkelzentrum außen, vom Zirkel weg gesessen beschreibt den Innensitz. Das Steißbein des Reiters bleibt dann weg vom Zirkel gedreht.

Der innere Schenkel »überwacht« die Biegung um den inneren Schenkel, der äußere Schenkel treibt nun vermehrt mit der Rückseite des äußeren Oberschenkels im Abfußmoment des äußeren Hinterbeins eben dieses vermehrt in Richtung Schwerpunkt. Idealerweise kann das Pferd diese Hilfe bereits im Stand umsetzen und differenzieren zwischen einem um sich herum biegenden, inneren und von sich weg biegenden, äußeren Schenkel. Der innere Zügel überwacht am Hals liegend die innere Schulter und sorgt für die korrekte Stellung, der äußere Zügel kann im Zweifel das Einwärtsführen der äußeren Schulter sowie die Halsbiegung begrenzen. Die Hilfe des indirekten, inneren Zügels sollte demnach auch fein dosiert sein, damit der äußere Zügel nicht korrigierend eingreifen muss.

Sachte Paraden auf den Abfußmoment der Vorderbeine angepasst, fördern die Versammlung. Der Schwerpunkt des Reiters wird in Richtung innerer Hüfte des Pferdes genommen, im Vorwärts neigt sich der Schwerpunkt in Richtung innerer Schulter.

Um es dem Pferd leichter zu machen, die äußere Oberlinie vermehrt zu dehnen und den Brustkorb außen etwas anzuheben, kann der Reiter das äußere Knie im Abfußmoment des inneren Hinterbeins leicht anheben. Die Schultern von Reiter und Pferd sollten ebenso parallel zusammenpassen, wie die Hüften von Reiter und Pferd.

Was im Renvers schiefgehen kann?

- Der Reiter sitzt zu stark nach außen
- Der Reiter hat den inneren Zügel zu stark dran
- Schulter nicht parallel zu Schultern, Hüfte nicht parallel zu Hüfte
- Der Reiter treibt mit dem äußeren Schenkel zu viel und konzentriert sich zu stark aufs Seitwärts
- Der Reiter verspannt sich
- Der Reiter findet den Renvers nach der Traversale nicht
- Der Reiter pariert zu stark, der Bewegungsfluss geht verloren

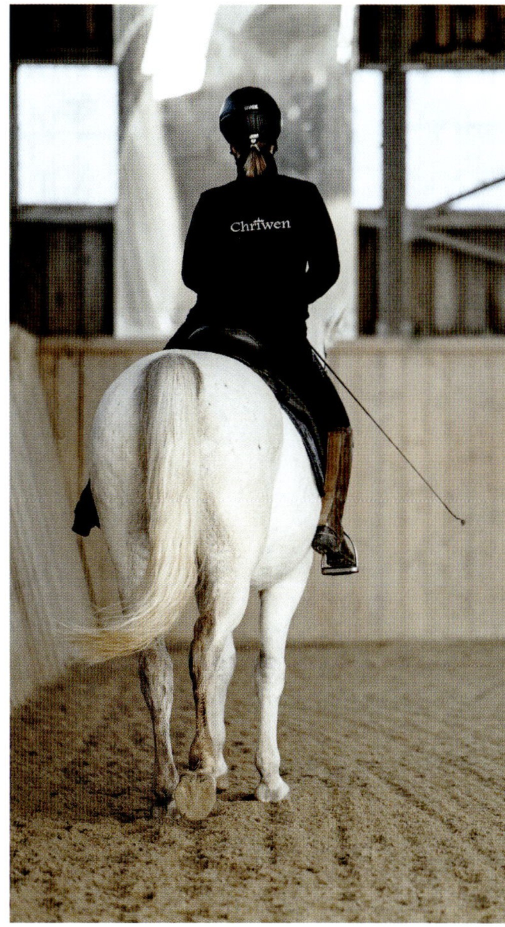

Ich sitze zu stark nach rechts, strecke das linke Bein zu weit nach vorne und belaste zu stark die rechte Seite des Brustkorbes. Wenn man diesen Fehler bemerkt, kann die Vorstellung helfen, ein Riese würde uns – in diesem Fall – am linken Ärmel wieder ein bisschen nach links ziehen. Auch das Anheben des rechten Knies kann helfen, den Brustkorb rechts etwas leichter durch ein Anheben des Gesäßes zu machen.

Bei einem Wechsel von Traversale in Renvers neigen viele Reiter dazu, an dem Übergang zwischen den Seitengängen stark nach außen zu sitzen und die äußere Körperhälfte des Pferdes niederzudrücken. Das wirkt sich freilich auch auf die äußere Schulter des Pferdes aus, die ja eigentlich leichter werden und über das innere Vorderbein kreuzen sollte. Dies ist ein Qualitätskriterium für die korrekte Brustkorbrotation. Der Reiter wird dann vermehrt am äußeren Zügel versuchen, die Schulter respektive das äußere Vorderbein in die gewünschte Schwungrichtung zu leiten – jedoch vergeblich, wenn der Sitz und die Belastung nicht entsprechend angepasst werden. Der innere Sitzknochen sollte etwas weiter weg von der Wirbelsäule rücken. Wenn der Reiter zu stark nach außen sitzt, kann es helfen, bewusst nach innen zu blicken, die Achtsamkeit bezüglich der Schwungrichtung ist schon die halbe Miete, das Anheben des äußeren Knies kann ebenso die korrekte Platzierung unterstützen.

Der Reiter hat den inneren Zügel zu stark dran

Das Pferd verwirft sich im Genick und läuft über die äußere Schulter davon. Dadurch wird wiederum die korrekte Biegung aufgehoben, die Rotation des Brustkorbs verläuft nicht korrekt, der innere Brustkorb hebt sich fälschlicherweise. Lässt sich das Pferd von den indirekten Zügelhilfen nur sehr schwer führen, dann heißt es prinzipiell zurück an den Start – Üben der indirekten Zügelhilfen. Auch die Intensität des Seitengangs muss dem Können entsprechend angepasst werden. Ein leichterer, innerer Zügel vermag vielleicht nicht sofort eine Renversal-Wendung auszulösen, aber ein bisschen Renvers richtig ist besser als viel Renvers und dafür viel falsch.

Schultern nicht parallel zu Schultern, Hüfte nicht parallel zu Hüfte

Für jeden Seitengang gilt: Schultern parallel zu Schultern, Hüfte parallel zu Hüfte. Wenn der Reiter nun die Schulter verdreht, dann beeinflusst er unmittelbar die Rotation und Belastung des Brustkorbs – allerdings entgegen der gewünschten Schwungrichtung!

Der Reiter treibt mit dem äußeren Schenkel zu viel/ Der Reiter konzentriert sich zu stark aufs Seitwärts

Wenn sich der Reiter zu sehr auf das äußere Hinterbein konzentriert, geht das innere Hinterbein oftmals verloren. Es tritt dann weit aus der Masse nach innen heraus und somit weit vom Schwerpunkt weg. Hier muss der innere Schenkel dafür sorgen, den inneren Hinterfuß zu verwahren. Auch wenn der Reiter mehr »Gewicht« am inneren Zügel spürt, kann dies ein Zeichen für zu viel Seitwärts und ein Ausfallen des inneren Hinterbeins im Renvers sein. Übermäßiges Treiben mit dem äußeren Bein kann aber auch dazu führen, dass das Pferd mit dem äußeren Hinterbein vom Schwerpunkt wegschiebt oder sich zu stark auf die äußere Schulter stützt, die ja im Renvers leichter werden sollte. Wie immer – auf die Dosis kommt es an!

Der Reiter verspannt sich

Denkt der Reiter beim Kruppeherein ist alles gut. Diese Übung ist bereits bekannt. Will man einen Renvers erarbeiten, verspannt sich die komplette innere Körperhälfte des Reiters, hilft nur entspannen, Gesäß ausbreiten wie einen Keksteig, vor allem das innere, und dabei etwas Luft zur Wirbelsäule des Pferdes lassen. Tief ins Gesäß atmen und den Oberkörper in die gewünschte Schwungrichtung mitnehmen. Es ist viel wichtiger, entspannt auf dem Pferd zu sitzen, als seitlich in einer Verspannung unterwegs zu sein.

Der Reiter findet den Renvers nach dem Travers nicht

Wird der Renvers aus dem Schulterherein erarbeitet, dann ist meist alles gut. Der Reiter hat sogar Zeit, die Stellung und Biegung zu sortieren und die Schenkel achtsam nun in völlig neuer Funktion einzusetzen. Wenn der Reiter aus der Traversale in den Renvers wechselt, geht häufig die Schwungrichtung des äußeren Vorderbeins verloren – das muss nicht sein, wenn der Reiter nach der Renversalwendung in der Ecke sofort wieder an einen Travers auf die kurze Seite zu denkt.

Der Reiter pariert zu stark, der Bewegungsfluss geht verloren

Wenn Paraden zu stark sind, sich der Reiter festzieht, dann mag ein braves Pferd auf die Stelle kommen, keinen Meter mehr vorwärtszugehen, der Brustkorb sackt dann jedoch rasch ab. Wenn der Reiter das Pferd zu stark mit der Hand versammeln möchte, hilft nur noch eines – vorwärtsreiten, wenn möglich im Renvers – wenn nicht möglich – beispielsweise in Konterstellung und anschließend wieder Stück für Stück die Dosis in Richtung Versammlung und Renvers hinzufügen.

Das korrekte Timing in Seitengängen

Welche Hilfe verwende ich wozu? Passiert in einem Seitengang ein Fehler, lässt sich dieser anhand der folgenden Fragen aufspüren:

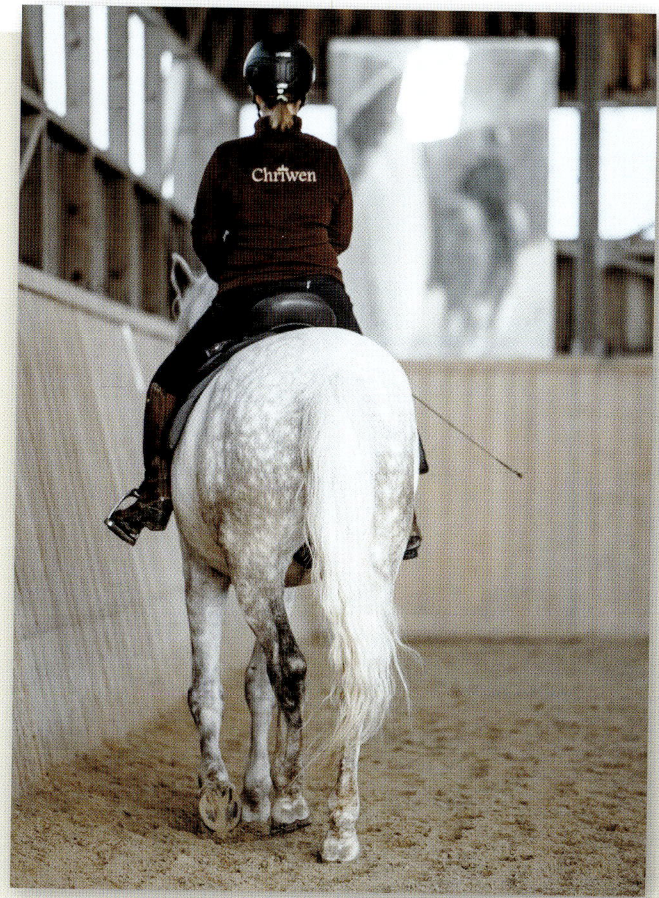

Mandrake bei einem seiner ersten Versuche im Kruppeherein.

- War eine Sekundarhilfe zu stark?
- War eine Primärhilfe aus dem Sitz zu stark?
- War eine Hilfe zu schwach?
- Kann eine verwahrende oder rahmende Schenkelhilfe korrigieren?
- Korrektur oder Prävention?
- Wie viele Sekundarhilfen werden verwendet?
- Wann wird welche Hilfe eingesetzt?

Das korrekte Timing für Sekundarhilfen

Passend zu den Korrekturen in den Seitengängen stellt sich die Frage – Prävention oder Korrektur – lieber gleich richtig machen oder später korrigieren. Neben dem korrekten Timing für Sekundarhilfen sollte jeder Reiter sorgsam überprüfen, ob die Hilfen immer intensiver und mehr werden, oder ob sich Sekundarhilfen auf ein Minimum reduzieren lassen. Dies sollte immer das Ziel sein. Im Zweifel dem Pferd lieber im Stand oder im ruhigen Schritt eine Aufgabe langsam und mit großer Sorgfalt erklären, damit in hohem Tempo später nicht zu viel korrigiert werden muss. Ein »Knigge« für Reiter sollte daher immer den Ratschlag beinhalten nicht zu viele Sekundarhilfen gleichzeitig zu verwenden, am besten immer nur eine Sekundarhilfe.

Das korrekte Timing für das richtige Händchen

Das Timing für stellende/lösende Hilfen

Stellung und Biegung bedingen sich freilich gegenseitig. Der um sich herum biegende, formgebende Schenkel sollte neben dem Sitz die Hauptrolle im Schauspiel der Hilfengebung übernehmen. Der innere Schenkel darf den Brustkorb hohl machen, indem er wie ein Nudelholz von der Hüfte abwärts wirkt. Der Innensitz sollte später Mitteilung genug sein für das Pferd, um zu wissen, in welche Richtung Stellung und Biegung stattfinden sollen.

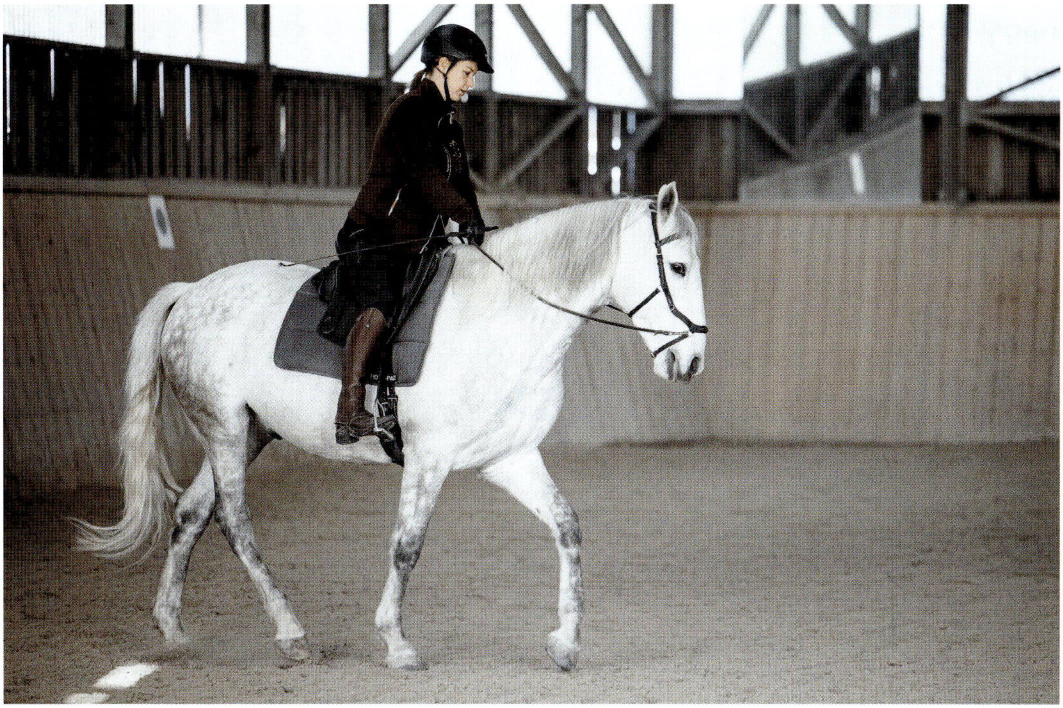

Da waren die Stellung und die Rotation des Unterkiefers nicht korrekt. Ich habe diesen Fehler bemerkt und gehe lieber mit der Hand vor und beginne nochmal.

Wenn wir uns vorstellen, auf dem Pferd zu sitzen, dann wird sich zu Beginn in den meisten Fällen nicht viel tun. Selbst wenn Pferde akribisch vom Boden aus vorbereitet wurden. Es kann sein, dass die neue Position des Ausbilders große Fragezeichen verursacht. Daher erinnern wir uns an die Übung, die wir in der Bodenarbeit zuerst mit dem Pferd ausgeführt haben.

Die nachgiebige Hand

Bei dieser Übung haben wir in der Bodenarbeit einfach den Kopf des Pferdes nach links und nach rechts bewegt – eigentlich mehr Einfluss auf den Hals genommen und damit keine korrekte Längsbiegung erarbeitet. Dies war auch nicht Ziel der Sache. Immer dann, wenn das Pferd den Kopf zur Seite genommen hat, kam ein bisschen Nachgiebigkeit im Genick dazu, die sofort durch eine nachgiebige Hand belohnt werden konnte.

Ähnlich können wir auch hier vom Sattel aus verfahren. Im Stand nehmen wir den Kopf des Pferdes zur Seite, so als ob sich der Reiter selbst longieren würde. Gleichzeitig wirken Sitz und Schenkel. Das Pferd nimmt den Kopf zur Seite und löst die gestellte Aufgabe perfekt. Der Reiter gibt unmittelbar nach. Mit der Zeit wird die Handeinwirkung immer präziser – von der Grobmotorik zur feinen Hand dauert es meist nicht lange, da das Pferd die stellende und lösende Wirkung ohnehin immer intensiver mit den Hilfen von Sitz und Schenkel in Verbindung bringt.

Das Pferd kann nicht ausschließlich durch die Hand in Bewegung in die gewünschte Form gebracht werden. Aber es lohnt sich mit steter Hand eine Mitteilung vorsichtig und nachgiebig über einen längeren Zeitraum aufrechtzuerhalten. Wir erinnern uns: Nur eine Hilfe, die hilft, kann tatsächlich helfen. Und nach einer anfänglich ersten, korrekten Interpretation erarbeiten wir langsam das Verständnis.

Der beste Moment, um in Bewegung abwärts zu lösen oder die Stellung zu korrigieren ist, wenn das

Pferd das innere Vorderbein vom Boden löst. Dann wird es den Kopf ohnehin ein wenig einwärts pendeln lassen. So wird nicht entgegen dem natürlichen Rückenschwung eine lösende Hilfe gegeben.

Das Timing für Paraden

Arbeit mit den Paraden

- ⅛-Parade spürt in das Pferd hinein und forscht, ob Widerstände vorhanden sind. Sie macht aufmerksam auf kommende Aufgaben.
- ¼-Parade korrigiert die Form, ohne das Tempo zu ändern. Sie kann in jeder Gangart umgesetzt werden, natürlich auch im Stand.
- ½-Parade führt zu vermehrter Hankenbeugung, ohne das Tempo zu ändern. Sie kann auch im Stehen gegeben werden. Nach Weyrother, Seeger und Steinbrecht bedeutet die halbe Parade die beugende Belastung eines Hinterbeins durch die gleichseitige Gewichts- und Zügelhilfe, während die ganze Parade durch gleichzeitig verstärkte Beugung beider Hinterbeine daraus hervorgeht.
- ¾-Parade bringt das Gewicht nach hinten auf die Hanken und verlangsamt das Tempo, wobei der Takt erhalten bleibt. Der Rhythmus wird ruhiger, die Energie bleibt jedoch erhalten.
- Die ganze Parade führt im Idealfall zur vollständigen Beugung der Hanken und zur Bewegung auf der Stelle oder zum Stehen, zum Beispiel beim Anhalten aus dem Galopp, dem Übergang von Trab zur Piaffe oder dem Übergang von Piaffe zur Levade.
- Das Pferd darf durch die Arbeit mit den Paraden nicht schwer werden in der Hand.
- Verständnis für die Parade ist die oberste Prämisse (und mangelndes Verständnis ist häufig Grund für die meisten Fehler). Verständnis kommt immer zuerst.
- Die Parade darf die Tätigkeit der Hinterhand, also die Energie, nicht beeinträchtigen!

Was soll überhaupt pariert werden?

Bei einer Parade möchten wir immer ein oder beide Hinterbeine ansprechen. Das bedeutet, wir können sowohl in der Beugephase ein Hinterbein ansprechen als auch in der Standbeinphase. Vereinfacht gesagt: Wenn wir wissen, was das entsprechende Hinterbein in diesem Moment tut, dann wissen wir auch, wie wir es ansprechen können.

»Über die Art der Ausführung der ganzen Parade herrschen wohl keine auseinandergehenden Meinungen«, so schreibt Waldemar Seunig, 1943

Ich spüre im Stand in die Wirbelsäule des Pferdes hinein. Konrad reagiert brav auf meinen Sitz und lässt sich entsprechend formen.

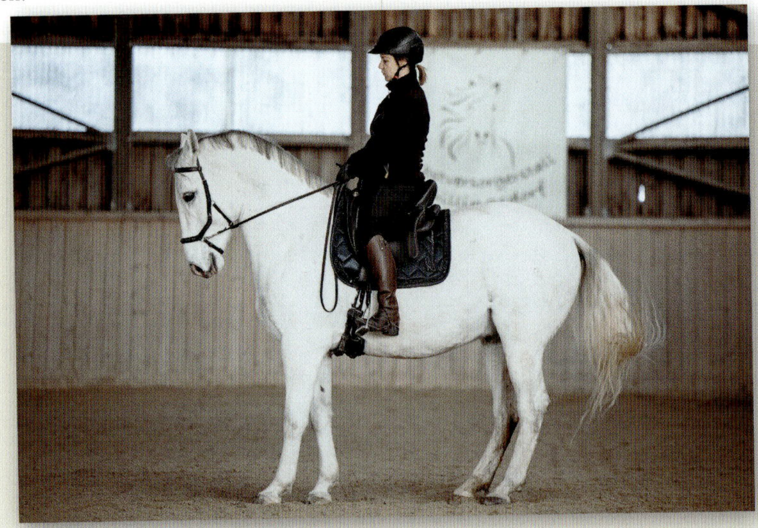

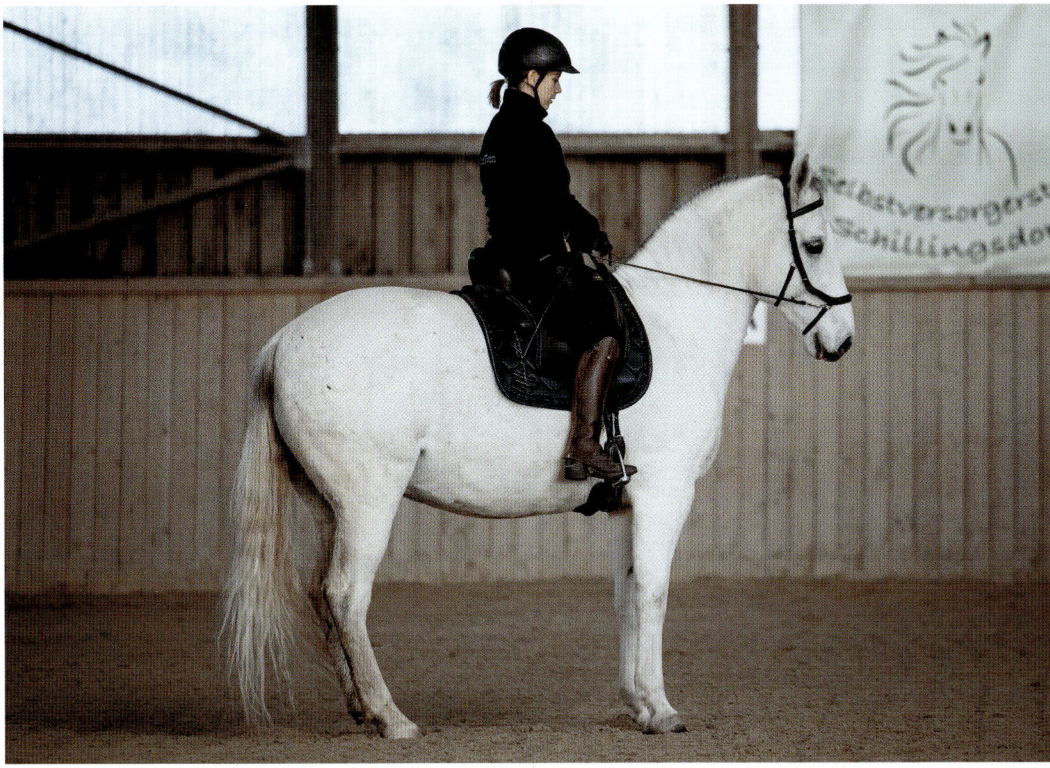

Eine schöne Parade zum Halten von Konrad.

in *»Von der Koppel bis zur Kapriole«*. Es ist anzunehmen, dass aufgrund der Einstimmigkeit sich häufig weitere Definitionen in der Literatur erübrigten. Max Ritter von Weyrother und der berühmte Gustav Steinbrecht haben die Meinung vertreten, dass einerseits eine halbe Parade die beugende Belastung eines Hinterbeins durch die gleichseitige Gewichts- und Zügelhilfe bedeutet, während aus der ganzen Parade durch gleichzeitige, verstärkte Gewichts- und Zügelhilfen die Beugung beider Hinterbeine resultiere.

Paraden passieren nicht auf Knopfdruck, sie werden mit der Zeit immer feiner. Wenn wir also wie beispielsweise bei den Übergängen wissen, wann die Parade ihren Höhepunkt hat, dann können wir auch das Timing entsprechend anpassen.

Übung macht hier wahrlich den Meister, die Parade wird einseitig oder beidseitig gegeben, dabei soll ein leichtes Schließen der Hand freilich ausreichen.

Der Oberkörper unterstützt die Parade, so kann die Kopfparade bei leichtem Zurücknehmen des Kopfes mehr Gewicht in Richtung Hinterhand leiten, es folgen Brustwirbelsäule und zuletzt die Lende. Würde der Reiter zuerst die Lende verwenden, würde sich das auch unmittelbar auf die Lendenwirbelsäule des Pferdes auswirken – das Pferd würde versammeln, aber »ohne Rücken«.

Wenn wir das linke Hinterbein in der Standbeinphase parieren wollen, dann parieren wir links, wenn das linke Vorderbein in der Luft ist. Wenn das linke Vorderbein am Boden steht, dann ist das linke Hinterbein in der Luft. So können wir in die Spielbeinphase hinein parieren.

Gleichseitiger Zügelanzug wirkt sich wie bei Steinbrecht im »Gymnasium des Pferdes« beschrieben auf das gleichseitige Hinterbein aus. Aber je nach Bewegungsphase parieren wir in die Standbein- oder eben Spielbeinphase.

Hand aufs Herz – wie oft wurden 1/8-Paraden geübt und auch belohnt, wenn das Pferd die Aufmerksamkeit auf den Reiter richtet und geduldig die nächste Aufgabe abwartet? Auf jeder Pädagogik-Liste sollte daher auch unbedingt das differenzierte Schulen der Paraden stehen sowie die Detektivarbeit – wie intensiv ist die Parade JETZT und wie viel leichter kann sie morgen werden.

Das Timing für das Nachgeben

Nachgeben ist die schwierigste Hilfe – man kann sie scheinbar nicht verstärken. Allerdings kann man auf einen leichten Zügel noch einmal das Nachgeben intensivieren.

- Ist das Pferd noch nicht an den Hilfen, ist die Formgebung, Stellung und Biegung noch nicht erreicht, dann ist es vielleicht noch zu früh um nachzugeben. Wie lange darf eine Mitteilung an das Pferd lauten, ohne sich festzufahren? Es wäre hilfreich, wenn wir hier ein Sekundenmaß als Hilfestellung anbieten könnten. Die Individualität von Pferd und Reiter macht dies nahezu unmöglich. Eine kleine Faustregel: Länger als einen halben Zirkel sollte man den Zügel keinesfalls annehmen – manchmal wird der Zügel von selbst leichter, wenn das Pferd die Mitteilung des Reiters korrekt umsetzt – in anderen Fällen wird es notwendig sein, dem Pferd ein nachgebendes Angebot zu machen – ins Nachgeben hinein löst es die Aufgabe richtig. Auch hier muss dem jeweiligen Pferd entsprechend eine gute Lösung gefunden werden – der Merksatz aus dem Knigge für Reiter kann allerdings lauten:
- Nicht länger als eine halbe Zirkellänge aufnehmen, die stete Hand nutzen oder parieren.
- Niemals von der Hand alleine die Lösung suchen (immer in Verbindung mit Schenkelhilfen).
- Sich immer wieder an das Nachgeben erinnern und es vor allem langsam ausführen. Viele Reiter geben viel zu schnell nach – stellen wir uns daher vor, wir würden eine Tasse Tee auf dem Tablett

Im Zweifel immer wieder »Hand vor«. Manchmal stelle ich mir vor, ich würde einen sehr leichten Einkaufswagen vor mir her »tragen« (nicht schieben).

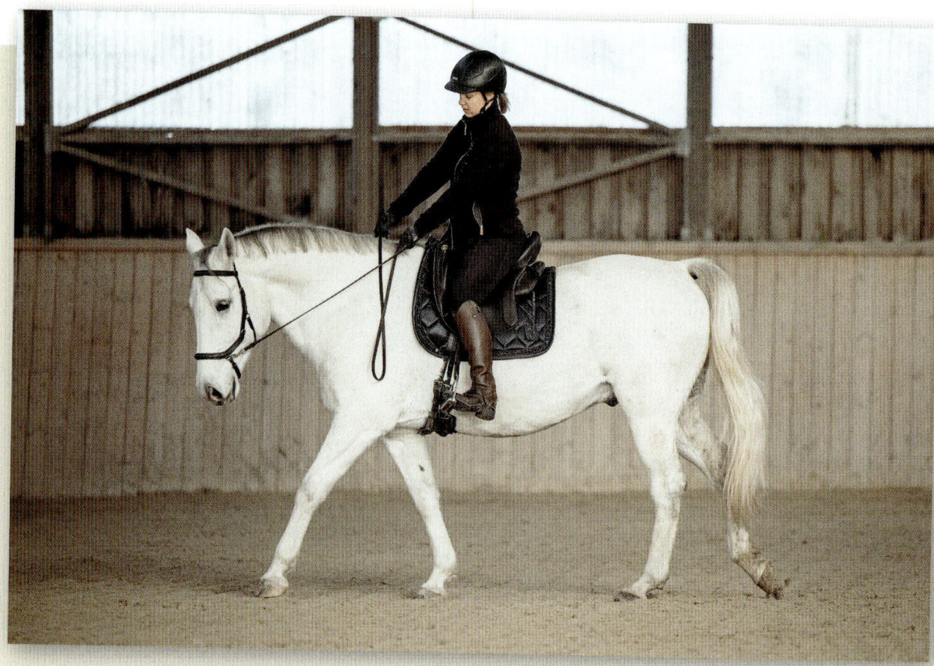

servieren. Wir könnten die Tasse ja auch nicht völlig unvermittelt auf den Tisch knallen. Nachgeben ist immer wie das Servieren von heißem Tee: langsam, achtsam und mit Vorsicht.

- **Merke:** Das Pferd darf immer Zeit haben, über die angebotene Hilfe nachzudenken!

Das Timing für das korrekte Rückwärtsrichten

Beim Rückwärtsrichten bewegt sich das Pferd rückwärts im Zweitakt, anstelle der Bewegung des Viertakts im Schritt. Das diagonale Beinpaar rechts vorne und links hinten bewegen sich also beispielsweise gleichzeitig. Eine entsprechende Qualität im Rückwärtsrichten ist nur dann gegeben, wenn das Pferd die Beine vom Boden hebt und zurücksetzt, die Beine allerdings nicht am Boden schleifen lässt und Spuren im Sand hinterlässt.

Rückwärts wird heute in Prüfungen zur Überprüfungen von Gehorsam und Durchlässigkeit verlangt, die Schaukel, bei der das Pferd 6 Schritte vorwärts und 6 Schritte rückwärts geritten wird, stellt in den Grand-Prix-Prüfungen den Prüfstein für den Bewegungsablauf und Durchlässigkeit dar.

Alois Podhajsky bemerkt in seinem Werk *»Die klassische Reitkunst«* zum Rückwärtsrichten: *»Da das richtige Rückwärtstreten eine starke Hankenbiegung erfordert, soll es nie zu lange ausgedehnt werden. Beim Lehren der Übung wird der Ausbilder schon damit zufrieden sein, dass das Pferd, dem Zügelanzug folgend, ein bis zwei Tritte zurück geht. Zum Rückwärtsreten wird das korrekt auf allen vier Beinen stehende Pferd mit beiden Schenkeln an der Gurte zum Anreiten in den Schritt aufgefordert, wobei die Zügel nur mäßig nachgeben. Sobald es aber im Begriff ist die Bewegung anzutreten, wird es auf Grund der vermehrten Zügelanzüge die Beine nach hinten am Boden aufsetzen. Der Schenkeldruck lässt zwar in diesem Moment nach, hört aber nicht auf weil er nicht nur die Versammlung aufrecht zu erhalten hat, sondern auch sofort vermehrt werden muss, sobald das Pferd anfängt zurückzukriechen, anstatt zu treten.«*

Waldemar Seunig beschreibt in *»Von der Koppel bis zur Kapriole«* die Hilfen zum Rückwärtsrichten folgendermaßen: *»Zum Rückwärtsrichten gibt der Reiter dem in versammelter Haltung am Zügel stehenden Pferd dieselben Gewichts- und Schenkelhilfen wie zum Antreten der Bewegung nach vorwärts, die Zügel aber wirken in dem Augenblick, als sich ein Hinterbein erhebt, so weit verhaltend, dass dieses und das diagonale Vorderbein nach rückwärts statt nach vorwärts gesetzt werden. In diesem Moment muss der Anzug sofort leichter werden. Dies wiederholt sich so oft, wie die vom Reiter vorher bestimmte Trittzahl beträgt. Vermehrte Kreuzeinwirkung muss je nach dem Grade des Nachgebens der Hand sofortiges Halten oder durch kein Nebeneinandersetzen der Beine unterbrochenen flüssiges Vorwärtsgehen zur Folge haben. Der Oberkörper des Reiters soll dabei ohne Schwierigkeiten eine senkrechte Lage behalten können. Es darf nicht den Anschein haben, als ob die zurückgezerrte Vorhand die Hinterhand zurückschöbe. Bei richtiger Beugung der Hinterhand nimmt diese durch die Mitarbeit von Rücken- und Halsmuskeln die Vorhand nach rückwärts mit.«*

Des Weiteren betont **Seunig**, dass auch im Rückwärts die Vorwärtstendenz sichtbar sein muss. Der Beobachter müsse das Gefühl haben, das Pferd laufe sogar im Rückwärts vorwärts.

»Bei einem Pferde, das gerade diese nach rückwärts gerichtete Bewegung in der beschriebenen korrekten Haltung und Form ausführt, können wir mit vollster Berechtigung sagen, es sei gut nach vorwärts geritten, denn just die Art und Weise, wie es an den Hilfen rückwärts tritt, gibt uns die weitgehendsten Aufschlüsse über den Grad seines »Nachvorwärtsgerittenseins«.«

Fehlerquellen

Rückwärts braucht also eine Vorwärtstendenz. Dennoch sieht man oft unschöne Bilder von zu viel Zügelzug, weggedrückte Rücken und schleifende Beine, die eine tiefe Spur in den Sandboden ziehen. Auch zu schnelles Rückwärtstreten oder ein verlorener Takt sind Indizien für unkorrekten Rückenschwung und mangelnde Durchlässigkeit. Keine gesunde Sache für den Pferdekörper, schließlich kann sich das Pferd durch die zu rasche und starke Beugung im Iliosakralgelenk verletzen, auch Zerrungen an der Psoasmuskulatur sind möglich.

Korrektes Rückwärts ist aber nicht nur ein Prüfstein für Gehorsam und Durchlässigkeit. Gerne wird Rückwärtsrichten auch in Kombination mit Antraben verwendet, um die Hankenbeugung zu verbessern.

Rückwärts versus Schulhalt

In der Schulparade schulen wir die Biegsamkeit der Hanken, die Durchlässigkeit, wir empfangen eine Mitteilung vom Pferd in unserer Hand – umgekehrt spüren wir Widerstände im Pferdekörper auf.

Verschieben wir die Balance etwas mehr in Richtung Hinterhand, bringen wir das Pferd etwas mehr auf die Hanken und erlauben dann den Hinterbeinen zu

Konrad im Rückwärtsrichten.

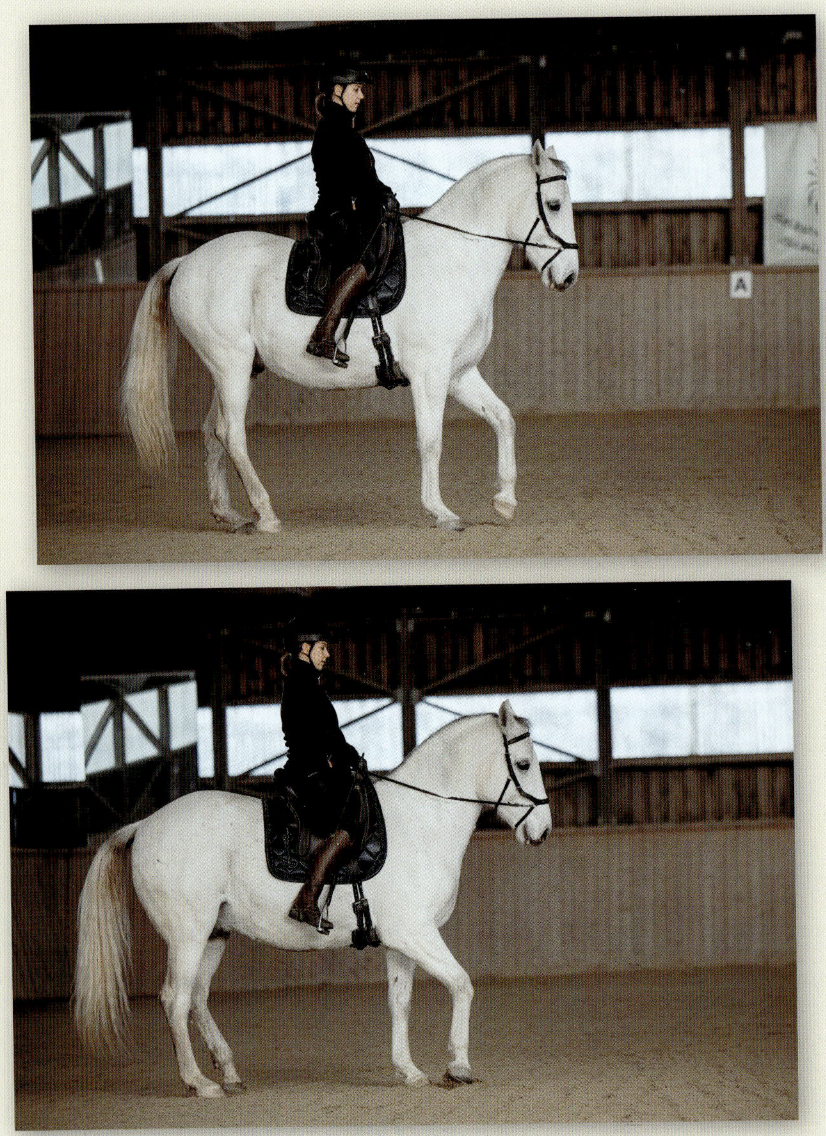

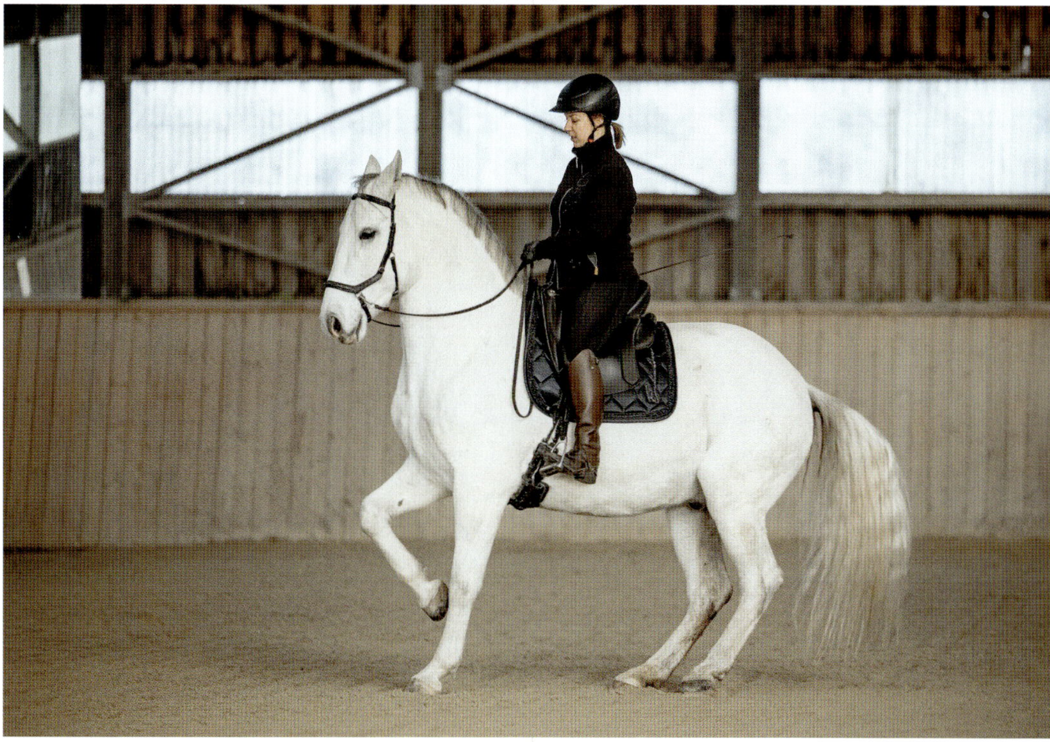

Konrad im Schulhalt. Er kann sehr genau unterscheiden, ob meine Schenkel Bewegung der Hinterbeine wollen oder die Hinterbeine einrahmen.

folgen – dann haben wir ein korrektes Rückwärts. Im Schulhalt oder in der Levade reiten wir die Hinterbeine vorwärts und geben dem Pferd eine Mittelung über den Sitz die Hanken im Stand vermehrt zu beugen.

Das Pferd sollte die Hilfen für Schulhalt und Rückwärtsrichten gut unterscheiden. Die oben angegeben Zitate von **Podhajsky** und **Seunig** gehen allerdings vom bereits gerittenen Pferd aus.

In der **Bodenarbeit, Longen- und Handarbeit** lernt das Pferd erstmals auf die **Körpersprache** des Ausbilders zu reagieren, sowie ein erstes Verständnis für die Arbeit mit den Paraden.

Gehen wir quasi von der Grundschule – der Arbeit vom Boden aus in den Sattel über –, wird dem Reiter ein Helfer zur Seite stehen. Nun werden die Hilfen vom Bodenpersonal und aus dem Sattel gemeinsam durchgeführt. Somit verhindern wir beim Rückwärtstreten ein Zerren an den Zügeln – auch hier ist die Verfeinerung der Sekundarhilfen sowie das Verständnis für die Schwerpunktverlagerung beim Pferd zuerst durch sanfte Unterstützung von unten zu fördern, ehe der Reiter alleine die Hilfen abfragen kann.

So lassen sich auch unschöne Bilder, wie Gezerre und zu weites Nach-hinten-Lehnen vermeiden.

Man könnte nun fragen: Reicht die Schulung der Parade nicht aus, um das Pferd in puncto Hankenbiegung auszubilden? Ja, vielleicht, allerdings bin ich persönlich mit meinen Pferden nicht nur im »Sandkasten« unterwegs. Es kann schon vorkommen, dass man mal im Gelände kurz rückwärts muss, sei es vom Sattel wie vom Boden aus. Und hier möchte ich ein vielseitig geschultes Pferd, das seine Kenntnisse in der Praxis unweit eines Vierecks ebenso einsetzen kann.

Timing für Gertenhilfen

Gertenhilfen dienen als Signalverstärker. So ist die Gerte ein wichtiges Hilfsmittel, wenn wir den inneren Schenkel, den äußeren Schenkel, den inneren Zügel und den äußeren Zügel verstärken möchten. Drückt das Pferd etwa gegen eine indirekte Zügelhilfe, dann kann die Gerte parallel zum Zügel verlaufen und das Pferd im Moment des Hebens des gleichseitigen Vorderbeins in die gewünschte Richtung dirigieren.

Die Gerte kann den um sich herum biegenden, von sich weg biegenden, direkten verwahrenden, rahmenden und versammelnden Schenkel unterstützen – freilich zum gleichen Zeitpunkt, wenn die jeweilige Schenkelhilfe zum Einsatz kommt.

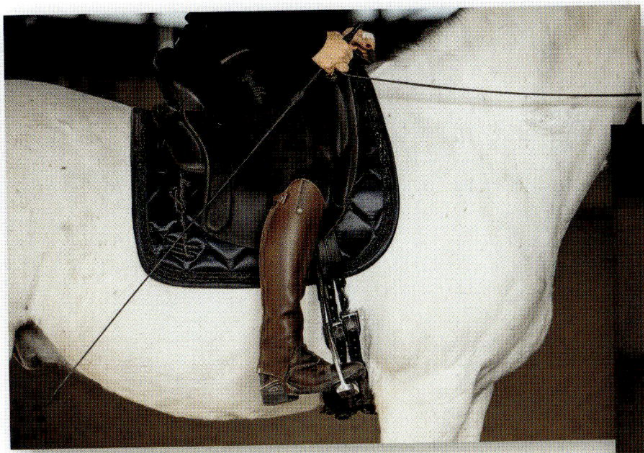

Die verschiedenen Gertenhilfen: Die Gerte hinter dem Schenkel kommuniziert Biegung und Energie.

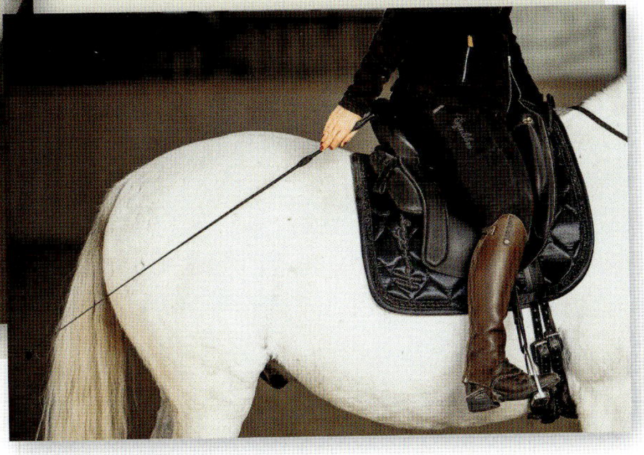

Noch weiter hinten können wir vermehrten Vorgriff und vermehrte Beugung von Hüft- und Kniegelenk erfragen. Auf der Kruppe respektive am Schweifansatz kommuniziert die Gerte ebenso ein Absenken der Kruppe.

Die Gerte kann für vermehrten Schub sorgen, sie kann etwas oberhalb des Schweifs zu einem vermehrten Beugen in der Lende einladen, unterhalb des Schweifs spricht sie das Hüftgelenk an, hinter dem Knie sorgt sie für stärkeres Beugen von Hüfte und Knie und schließlich fordert sie, an den Röhrbeinen benutzt, mehr Heben des Hinterbeins ein.

Die Gertenhilfen sollten auch immer bewusst gesetzt werden. Hier reicht ein kurzes Touchieren, oder Berühren an der äußeren Schulter, um diese beispielsweise einwärts zu bewegen. Im Vergleich dazu kann die Gerte in der Bewegung, beispielsweise im Schritt so lange vorsichtig hinter der Wade des Reiters vibrieren oder touchieren, bis das Pferd die formgebende Wirkung des Schenkels verstanden hat.

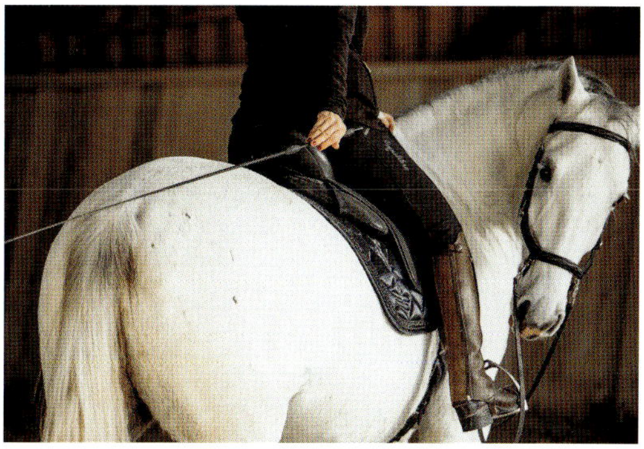

Die indirekten Zügelhilfen innen oder außen am Hals können ebenso durch die Gerte unterstützt werden – diese Hilfen kennt das Pferd bereits vom Boden aus.

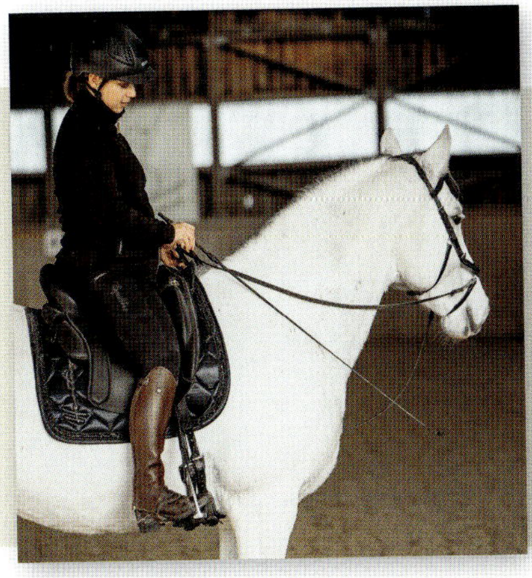

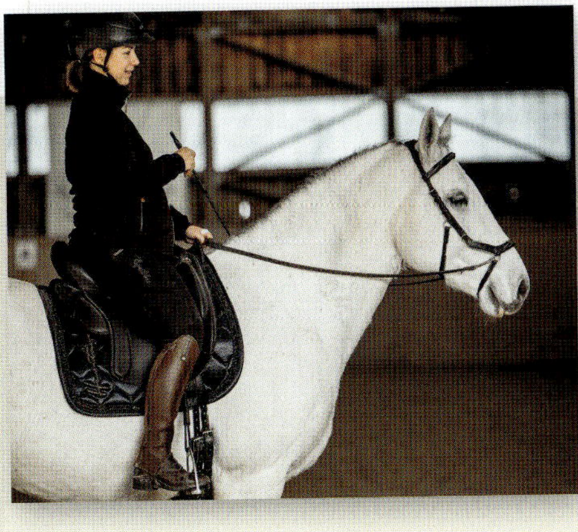

Das Timing für das Aussetzen der Hilfen

Wir haben einen vollen Werkzeugkoffer, der uns zur Verfügung steht. Wir dürfen ihn nutzen, aber wir müssen auch unser Pferd immer wieder in die Selbstständigkeit entlassen und überprüfen, ob das Pferd im Falle des Aussetzens der Hilfen noch immer an den Hilfen steht. Wenn wir dies erst ausprobieren, wenn wir der Meinung sind, das Pferd wäre »fertig« ausgebildet, so rufen wir uns doch in Erinnerung: **Fertig ist man beim Reiten nie.** Wir sind immer auf einer spannenden Entdeckungsreise.

Wir können jedoch unterscheiden zwischen erzeugenden Hilfen, die uns beispielsweise bei einem Übergang vom Schritt in den Trab unterstützen. Sobald das Pferd trabt, müssen wir den Trab freilich nicht mehr »erzeugen«.

Neutrale Hilfen oder abwartende Hilfen bezeichne ich als Hilfen, die ich sofort und unmittelbar zur Verfügung habe. Lernt das Pferd beispielsweise den Zirkel kennen und damit die adäquate Biegung und Stellung, versucht der Reiter freilich so oft wie möglich die Hilfen auszusetzen, um zu überprüfen, ob das Pferd noch auf der gewünschten Linie unterwegs ist. Der Reiter muss aber jederzeit reaktionsbereit sein.

Eine wunderbare Übung ist das Durchparieren nur über den Sitz. Die Hand schleicht hier komplett aus und wir überprüfen, ob wir das Pferd tatsächlich »am Sitz« haben. Konrad beim Übergang vom Trab in den Schritt ohne Zuhilfenahme der parierenden Hand.

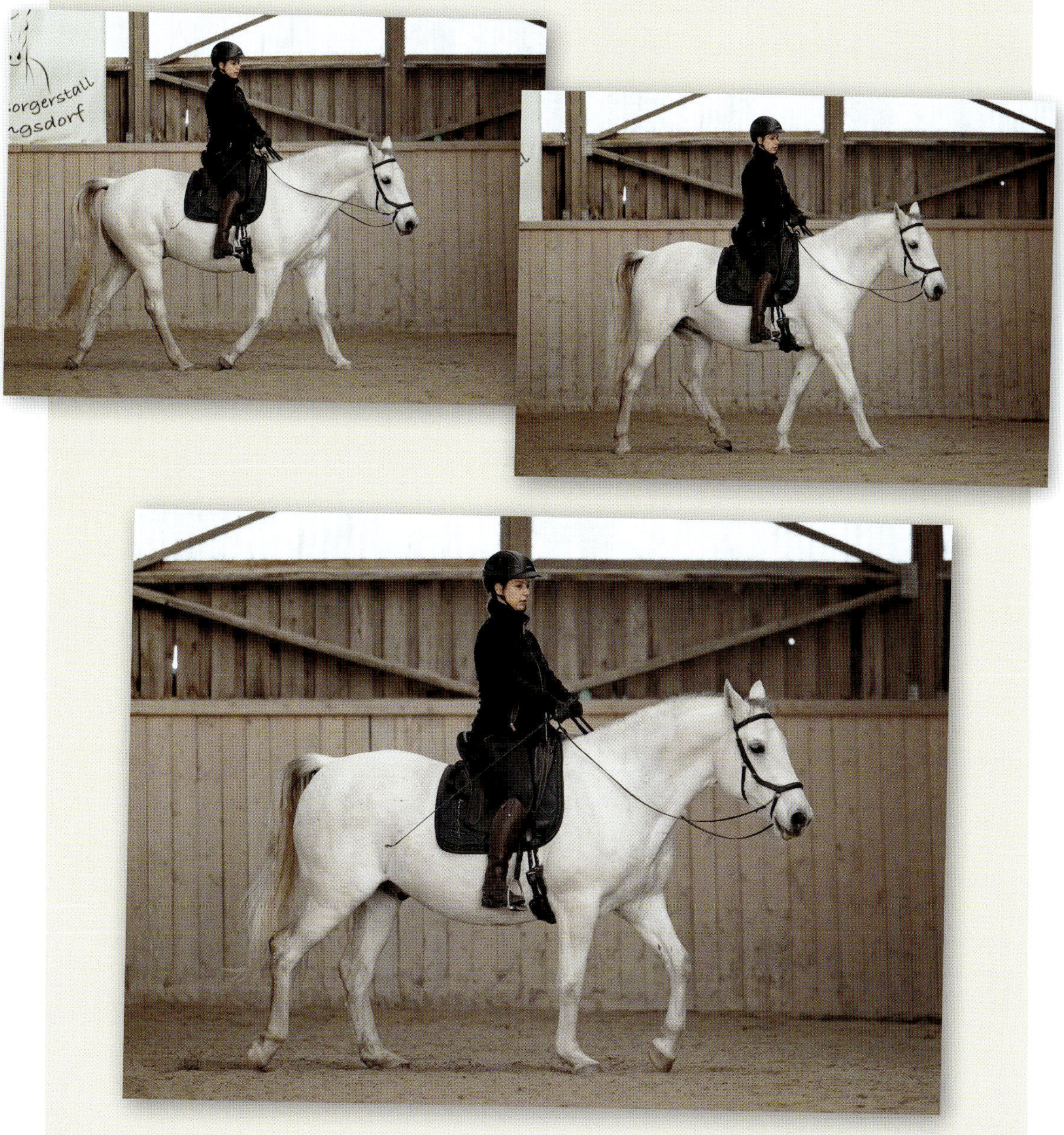

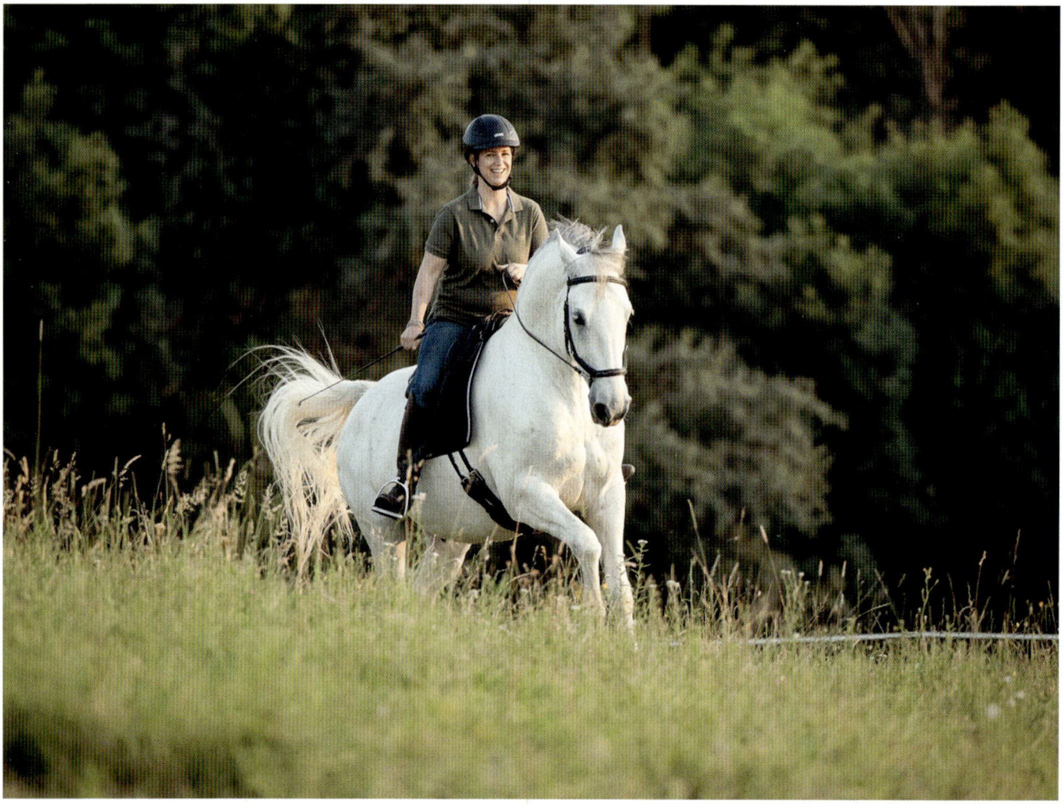

Der schönste Moment, wenn wir uns einig über Richtung, Gangart und Form sind und die Hilfen aussetzen können.

Häufig wirkt sich die Schiefe gerne an einer bestimmten Stelle der Reitbahn aus – etwa wenn sich das Pferd mit der äußeren Schulter der Wand nähert und von der offenen Zirkelseite in Richtung Tourenpunkt an der Bande unterwegs ist. Der Reiter darf sich freilich einen ersten Eindruck verschaffen – er registriert, dass das Pferd nun auf die äußere Schulter fällt, die Rotation im Brustkorb falsch wird und sich das Pferd im Genick verwirft.

Es ist immer gut, bei einer ersten Analyse anzusetzen. Wiederholen sich Situationen, ist es allerdings die Pflicht eines guten Ausbilders, die Schwierigkeiten vorherzusehen und entsprechend die Hilfengebung zu timen.

Das ist die Handlungsempfehlung und der Knigge für den Reiter – der stets die Verpflichtung hat, sein Bestes zu geben.

Traust du dich, das Pferd in die Selbständigkeit zu entlassen?

Akademisch Reiten bedeutet, sich viele Gedanken zu machen. Es bedeutet aber auch, Kontrolle abzugeben und den Partner Pferd in puncto Balance, Losgelassenheit, Durchlässigkeit, Tempo, Takt, Schwung und Formgebung nicht ständig zu bevormunden. Es geht ja schließlich um eine Partnerschaft. Zwei Geister müssen wollen, was zwei Körper können.

Wenn wir unser Pferd mental stärken möchten, dann ist es ganz wichtig, den Gedanken einer Partnerschaft niemals in den Hintergrund zu drängen. Wir bilden uns ein, die Lehrmeister unserer Pferde zu sein, häufig ist es jedoch umgekehrt, wir lernen so viel mehr von unseren Pferden. Unter anderem auch Losgelassenheit, die wir zudem in uns selbst suchen müssen!

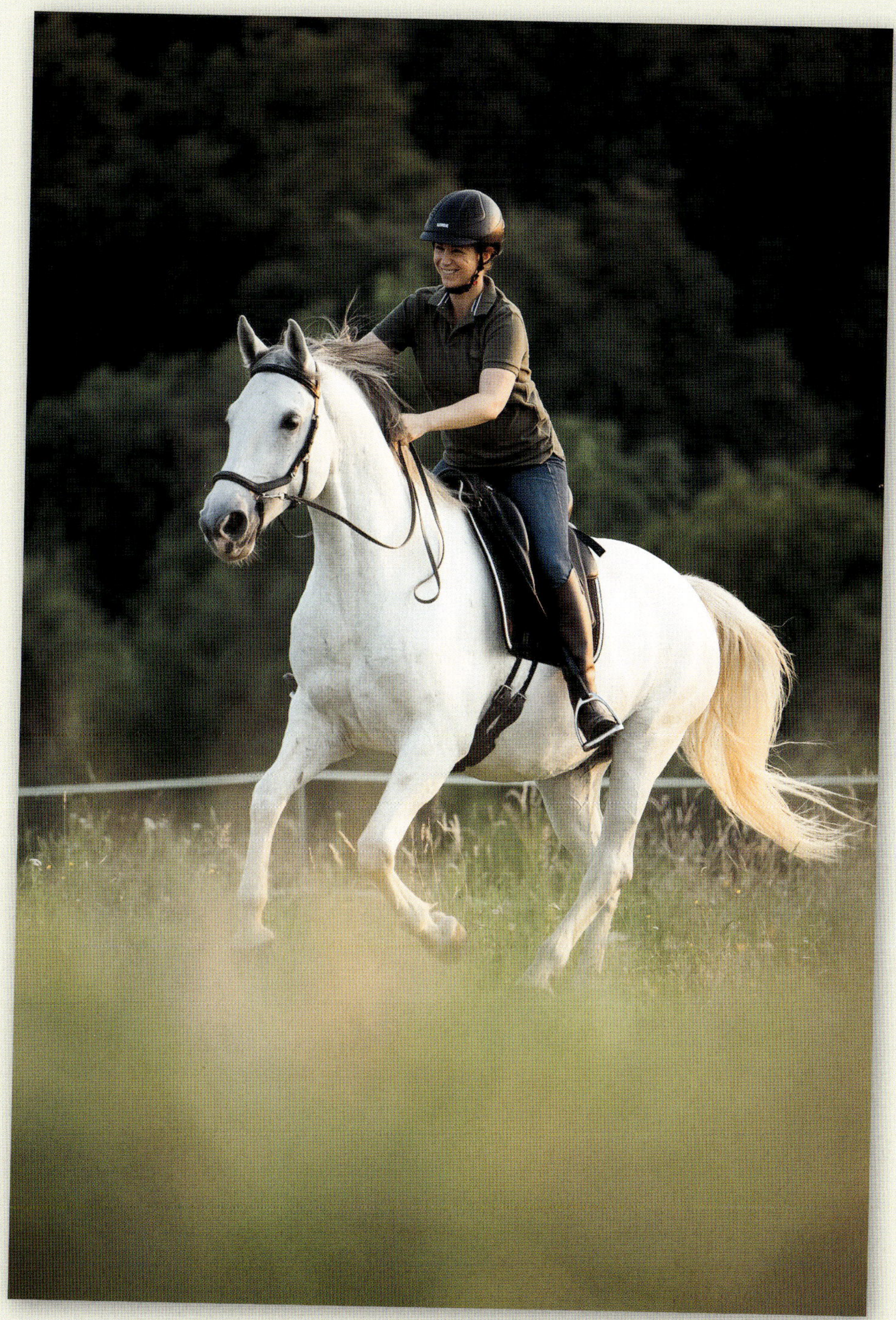

Freude verdoppelt sich, wenn man sie teilt.

Fragen aus der Praxis

Was mache ich, wenn das Pferd eine Hilfe nicht versteht?

Wenn das Pferd eine Hilfe nicht versteht, dann heißt es Ursachenforschung. Ist die Hilfe gänzlich neu oder dem Pferd bereits vom Boden bekannt? Bin ich als Ausbilder im Sattel meinem Pferd im Weg, hat sich mein Sitz durch die neue Herausforderung etwa stark verändert? Habe ich eine Hilfe mit meinem Körper zu deutlich gegeben, sodass ich das Pferd zum (Ver)Zweifeln gebracht habe? Bin ich mit meinen Anforderungen zu schnell gewesen?

Habe ich eine Grundlage nicht ausreichend vorbereitet? Die Analyse fängt natürlich immer bei der eigenen Pädagogik an. Wie habe ich die Hilfe dem Pferd am Boden beigebracht? Ist sie der Hilfe aus dem Sattel sehr ähnlich oder brauche ich hier vielleicht einen Zwischenschritt. Es ist nicht schlimm, wenn wir noch einmal absteigen und einen Inhalt vom Boden aus wiederholen.

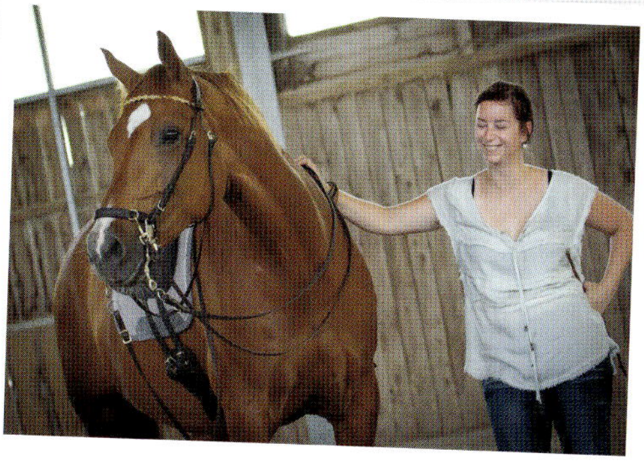

Einfach mal absteigen und durchatmen. Die Analyse stets mit Humor nehmen und dann geht's wieder weiter.

Nehmen wir uns das Antraben als Beispiel: Natürlich können wir unseren Schwerpunkt etwas mehr in Richtung Widerrist verlagern. Wenn wir uns vorstellen, unsere Sitzknochen wären zwei Füße im Sattel, dann hilft manchmal das Bild, sich auf die Zehenspitzen oder anders gesagt, etwas mehr in Richtung Schambein zu setzen. Manchen Pferden missfällt jedoch eine solche Gewichtsverlagerung. Sie fühlen sich überlastet und das Antraben fällt ihnen nun doppelt schwer. Bevor wir nun unseren Sitz stark entlastend verändern, nehmen wir so im Sattel Platz, dass wir die Lende nicht über Gebühr belasten. Manchmal sind auch die Schenkel im Moment des Antrabens zu »Klammern« des Rumpfes geworden. Das Pferd fühlt sich ebenso eingeschränkt und wird seine Antwort dementsprechend formulieren. Wenn wir das Pferd an der Longe genau auf den Takt antraben, das heißt den inneren Schenkel durch die Touchiergerte auf kürzere Distanz in Schenkellage nutzen, sobald das äußere Vorderbein abfußt, um das innere Hinterbein diagonal zum schnelleren Abfußen aufzufordern, haben wir bereits den ersten wichtigen Meilenstein geschafft. Stimmhilfen runden hier die Kommunikation ab und können sehr einfach in den Sattel übertragen werden. Lieber auch vom Sattel aus die Gerte vorsichtig zu Hilfe nehmen, als mit den Schenkeln übermäßig zu treiben. Erinnern wir uns: Das junge Pferd lernt ja auch den Sattelgurt zu ignorieren – es soll jedoch nicht von Beginn an die Strategie entwickeln, dass es besser ist, die sehr unangenehme Schenkelhilfe ebenso zu behandeln.

Judith begleitet Mandrake vorsichtig im Trab. Der junge Lusitano darf die Balance finden, die nun vom Viertakt in den Zweitakt bei kürzerer Standbein- und Spielbeinphasen sicherlich stark verändert wurde. Auch er darf spüren, wo sich Wasser im gläsernen Pferd verteilt oder gar die Billardkugel durch den Körper rollt.

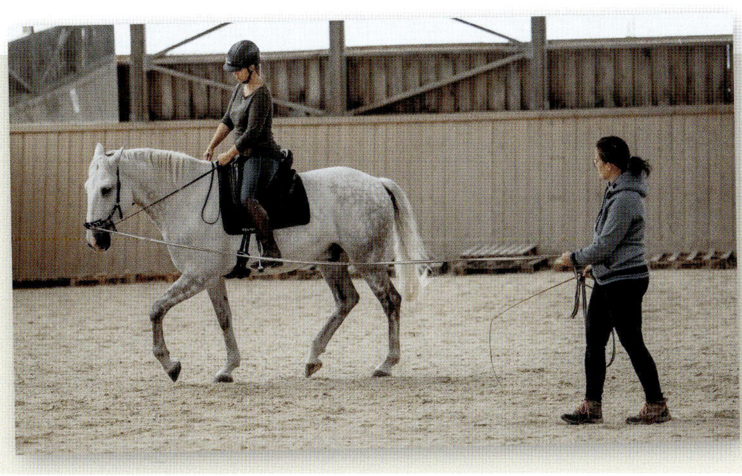

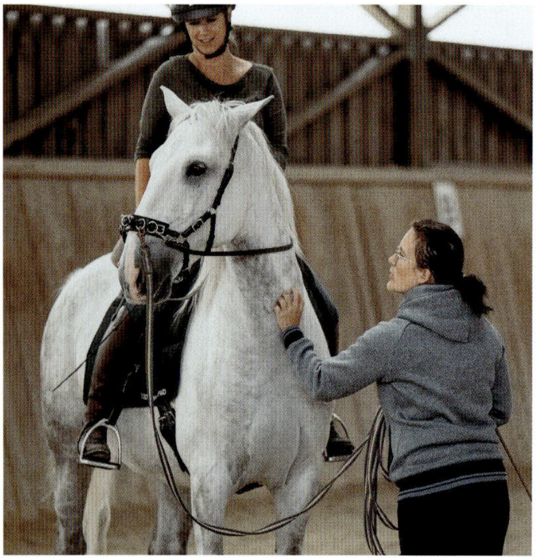

Mandrake hat seine Ideen eingebracht, wir hören im zu und geben Feedback.

Je mehr Positionen wir am Boden für das Antraben nutzen können, umso leichter wird uns das auch aus dem Sattel gelingen. Haben wir keinen Longeur bei der Hand, dem wir vertrauen, können wir auch einen Freund aus dem Stall bitten, sich in die Mitte zu stellen und synchron zu unseren Trabhilfen selbst aus dem Schritt in trabartige Tritte auf der Stelle zu wechseln. Der Begleiter muss sich gar nicht viel mitbewegen. Es reicht ein Trab auf der Stelle und ein bisschen Unterstützung mit der Stimme.

Wenn ein Pferd eine Hilfe nicht versteht, dann sollten wir immer prüfen, ob das Pferd sich am Boden an eine Übung erinnert, oder tatsächlich die Hilfe verstanden hat. Wir dürfen nicht außer Acht lassen, dass unser Pferd eine Fülle an Hilfen lernt, die sich noch dazu nicht stark unterscheiden. Daher ist es wichtig zu prüfen, ob sich das Pferd beispielsweise daran erinnert, dass an einer bestimmten Stelle der Bahn nach dem Kruppeherein oder eben dem Trab gefragt wird, anderswo niemals. Aus diesem Grund sollten im Ausbildungs-Stundenplan zum Reitpferd unbedingt möglichst abwechslungsreiche Aufgaben stehen. Wir müssen unser Pferd noch nicht von Anfang an mit vielen unterschiedlichen Hilfen belasten – aber sobald das Pferd halbwegs sicher das gewünschte Ergebnis zeigt, ist eine gewisse Variation der Inhalte hilfreich, um zu testen, ob es sich tatsächlich eine Antwort auf unsere Frage überlegt oder einfach Lektionen abspult. Das ist vor allem bei übereifrigen Pferden ein wichtiger Prüfstein.

Und sollte trotz hervorragender Vorbereitung einmal etwas nicht sofort gelingen, vergessen wir nicht, dass wir mit unserer Sitzhilfe sehr präsent für das junge Pferd sind. Andere, bereits gut gemerkte Hilfen können dann sehr stark in den Hintergrund treten. Sie werden vom Sitz praktisch überschattet. »Lauter« mit den Hilfen zu werden ist in diesem Fall aber keine Lösung. Lieber noch einmal in aller Ruhe die Inhalte erklären. Auch absteigen und nochmal die Übung vom Boden aus abfragen, am Boden mit den verschiedenen Positionen spielen und dann zum Abschluss die Position aus dem Sattel heraus dazunehmen, kann eine gute Möglichkeit sein, den nächsten Meilenstein zu bewältigen. Auch hier wird der Vorteil einer zweiten Person am Boden wieder deutlich – wer von einer Vertrauensperson unterstützt wird, kann sich ganz auf die Hilfengebung konzentrieren, ohne zu verkrampfen. Auch für das Pferd ist die Sache wesentlich einfacher, da ihm sehr klare und bekannte Mittel zur Kommunikation zur Verfügung stehen.

Was mache ich, wenn das Pferd beim Anreiten nicht vorwärts geht?

Bevor wir die Schenkelhilfen einsetzen, überprüfen wir immer erst unseren Sitz. Der innere Schenkel ist aus der Hüfte heraus etwas weiter vorgelagert, der äußere Schenkel ist etwas mehr zurück. Das ergibt sich auch entsprechend der Intensität der Biegung. Vielleicht ist aber noch keine Biegung im Pferdekörper vorhanden, vor allem, wenn es sich tatsächlich um die ersten Schritte unter dem Reiter handelt. In diesem Fall geben wir trotzdem schon ein wenig Biegung vor – auch wenn wir noch nicht das gewünschte Endresultat erreichen. Wir sollten schon jetzt dem Pferd einen Links- oder Rechtssitz in aller Ruhe zeigen. Wir lassen also unser inneres Gesäß bewusst sinken, für manche Pferde reicht bereits die Präsenz des Oberschenkels. Wenn ich beim jungen

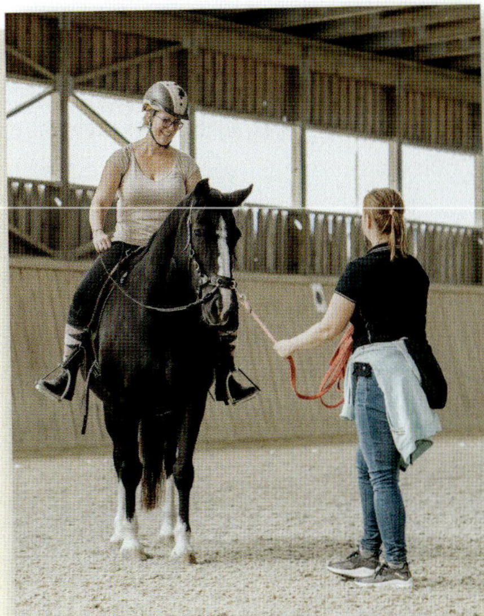

Eine typische Situation beim Anreiten. Xeni ist sich noch unsicher, jetzt mit den Schenkeln zu pressen würde keinen Sinn machen. Judith kann sich auf mich als Bodenpersonal verlassen.

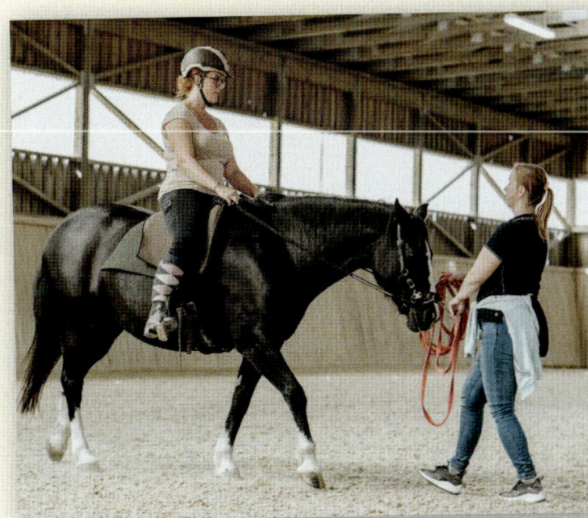

Im nächsten Moment sind Judith und Xeni sichtlich entspannter. Es tut gut, Orientierung vom Boden zu bekommen.

Pferd arbeite, vibriere ich gerne mal mit der Wade und »twiggle« mit dem Unterschenkel.

Das ist für die meisten jungen Pferde sehr schwierig. Mit ALLEN jungen Pferden habe ich mich daher eine Zeit lang wirklich führen lassen. Und das, was wir am Boden gemacht haben, das können wir in der Regel dann auch gemeinsam von oben tun.

Beispielsweise »Führpersonal« in der seitlichen Position – Gewichtsverlagerung nach vorne – wie es das Pferd bereits aus den Basisführübungen kennt – Reiter verlagert den Schwerpunkt minimal. Minimal ist auch deswegen wichtig, weil manche Pferde den Brustkorb gerade am Anfang noch nicht so gut heben können. Kommt jetzt noch zusätzlich Gewicht auf den Widerristbereich, dann bleiben die Pferde erst recht stehen. Es muss also wirklich eine minimale Verlagerung sein.

Dann ganz wichtig: Stimmhilfen dazu geben! Und auch gerne mal mit der Gerte berühren, während die Führperson mit der Gerte in Richtung Hinterhand zeigt und schon selbst auf der Stelle »Wasser tritt« – bevor es eben in Bewegung geht.

Als ich 14 war, war ich aufgrund der Schwangerschaft meiner Führperson plötzlich auf mich alleine gestellt. Aber das Vertrauen zwischen mir und meinem Kobold war sehr groß. Der Herr Graf, bei dem wir eingestellt waren, brachte mir eine Gerte und ermunterte mich, um den Hof zu reiten. Kobold hatte auf keine einzige Schenkelhilfe reagiert. Berührte ich mit dem Schenkel seinen Brustkorb, drehte er den Kopf zur Seite und beknabberte meinen Schuh.

Stehen konnten wir. Ich habe dann natürlich die Kruppe bzw. den Oberschenkel mit der Gerte angetippt und war vorsichtig »lästig« – also grade so wie eine Gelse, die etwas surrend lästig ist und nicht wie eine wilde Hornisse, vor der man flüchten würde. Jedenfalls setzte sich der Kobold in Bewegung und wir umrundeten stolz das Areal. Später haben wir auch versucht, einem Führpferd zu folgen, was sich am Einfachsten herausstellte.

Die neue Position aus dem Sattel stellt freilich auch alles auf den Kopf – das bedeutet, dass häufig wirklich auch Themen, die am Boden bereits gut verstanden wurden, neu besprochen werden müssen.

Wichtig: Nicht die Geduld verlieren. Nicht mit den Schenkeln klopfen, lieber mit der Gerte die »zirpende Grille oder surrende Gelse« simulieren. Sobald das Pferd einen Schritt geht – loben!

Gerne mit Führpersonal üben – auch wenn das noch länger dauert. Und wirklich nur mal das Angehen üben. Mal mit Führposition von unten begleiten und dann diese Hilfe ausschleichen lassen – aus der Nähe zuerst seitlich, dann auf Distanz an der Longe. Im nächsten Schritt die Longe abhängen, mit der Gerte von unten noch mit begleiten und und sich dann an den Rand setzen!

Was mache ich, wenn das Pferd sich nicht formen lässt?

Formgebung ist für uns häufig ein sehr emotionales Thema. Zumindest war es das für mich. Wenn Pferde mit Hilfszügeln in der Grundausbildung unterwegs waren, die noch dazu komplett unsachgemäß genutzt wurden – und da gibt es einige Varianten – von kurz geknoteten Martingalringen, welche die Zügeleinwirkung gleichsam einem Hebel gewaltsam durchsetzen, bis hin zu Schlaufzügeln und anderen gruseligen Konstruktionen. Ein Jungpferd, das so »gelernt« hat, eine Form anzunehmen, wird nur noch schwer zu korrigieren sein. Das Prinzip »Form folgt der Funktion« ist diesen Pferden natürlich nicht klar. Dabei muss die Form immer aus sich heraus entstehen dürfen.

Vergessen wir nicht: Formgebung hat auch eine große emotionale Komponente für das Pferd. Leicht zu verstehen ist das natürlich in den Extremen, wie beispielsweise in der Rollkur, wenn das Pferd in seinem Blickfeld so eingeschränkt wird, dass es sich dem Reiter mehr oder minder ergeben muss. Auf der anderen Seite gibt es aber auch noch die emotionale Komponente des Reiters und Ausbilders. Die Formgebung über den Rücken zeugt schließlich von der reiterlichen Qualität des Ausbilders. Lassen wir uns an dieser Stelle noch einmal gesagt sein: Es gibt keinen Zeitpunkt, an dem wir »fertig« mit der Ausbildung sein müssen, geschweige denn sein werden. Der sehr von

»Mandrake, erlaubst du mir, dich zu formen?«
Eine sehr intime Frage.

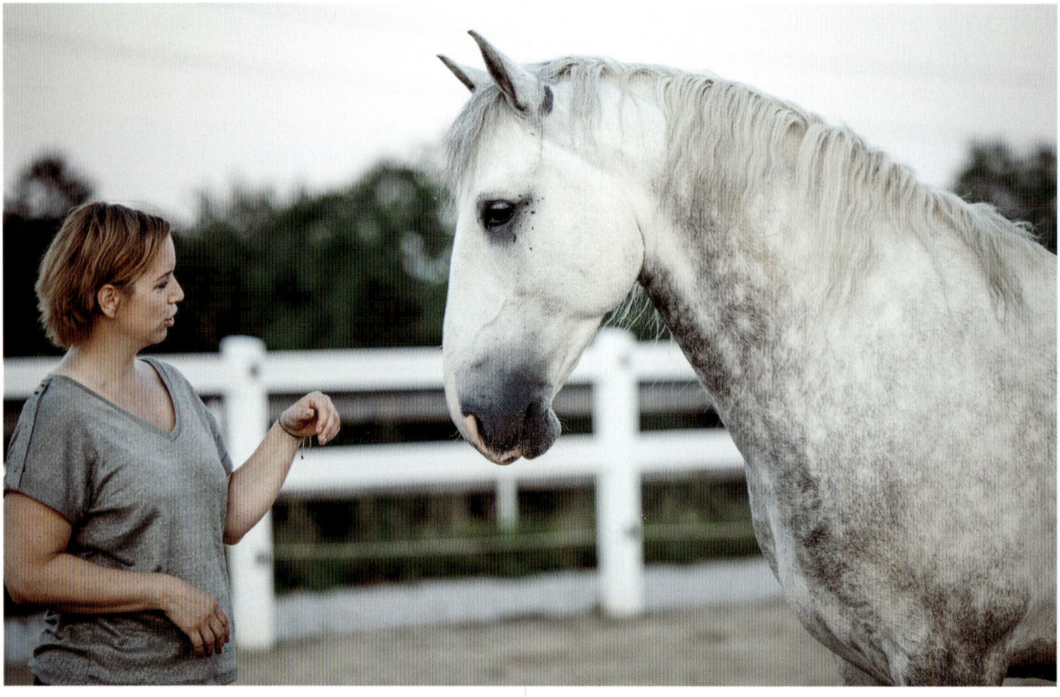

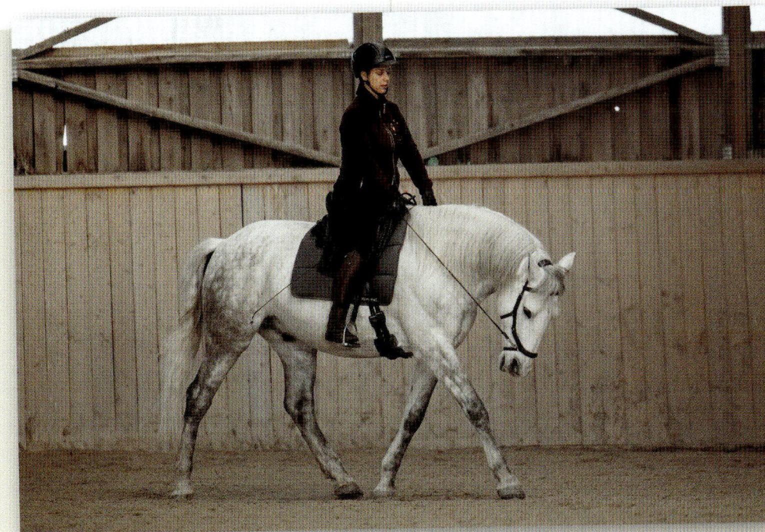

Mandrake schnaubt zufrieden. Hier kommt er etwas tief. Die Hand begleitet und gestattet Mandrake, sich in der Form auszuprobieren.

mir geschätzte Arthur Kottas-Heldenberg, ehemaliger 1. Oberbereiter der Spanischen Hofreitschule hat mir einmal gesagt: »Nimm dir die Zeit, aber vergeude sie nicht.«

Ein wichtiger Satz, über den wir lange nachdenken sollten. Im Sinne einer pferdefreundlichen Ausbildung ist es wichtig, dem Pferd zuerst die Zeit zu geben, die es braucht, um sich mit dem Reitergewicht und der neuen Belastung zu arrangieren. Wir haben bereits festgestellt, dass in den ersten Wochen der gerittenen Arbeit die Zügel nicht eingreifen dürfen, sie dürfen lediglich parieren, wenn wir die Gangart mäßigen wollen, sie dürfen niemals rückwärts einwirken und sie dürfen keine Form erzwingen. Das bedeutet ein so langes Zügelmaß, dass das Pferd seinen Hals benutzen und so tragen darf wie es möchte. Eine leichte Verbindung, also kein zu straffer und zu leichter Zügel, stellt das geforderte Mittelmaß dar. Wir begleiten das Pferd mit der Hand und wir begleiten es so lange, bis auch andere Elemente der Ausbildung erreicht sind. Das kann ein gleichmäßiger Takt sein, ein gleichmäßiges Tempo. Die Form ist ja lediglich auch ein Symptom dafür, was noch nicht im Pferdekörper mental und physisch passiert ist. Das Pferd muss sich loslassen können, es muss die Verbindung zur Zügelhand durch treibende Schenkelhilfen zulassen und es muss, wenn es zur nachgiebigen Hand sucht, die gewünschte Form noch nicht lange erhalten. Das ergibt sich dann aus der Übung.

Manchmal kann es allerdings schwierig sein, das Pferd zum Loslassen einzuladen. Wenn ich keine helfende Person bei der Hand habe, die dem Pferd z.B. die Formgebung an der Longe unterstützend zeigen könnte, dann – und nur dann – greife ich gerne zur Zügelführung 3:1 mit dem Cavesal zurück. Das Cavesal, das bereits eingangs vorgestellt wurde, hat den Vorteil, Kappzaumzügel und Bosalzügel zu kombinieren. Wenn wir also drei Zügel in der äußeren Zügelhand führen, wobei der äußere Kappzaumzügel ganz außen zwischen kleinem Finger und Ringfinger geführt wird, die beiden Bosalzügel zwischen Ringfinger und Mittelfinger sowie Mittelfinger und Zeigefinger, hält die innere Hand den inneren Kappzaumzügel.

Nun kann ich mit der äußeren Zügelhand die Schulter des Pferdes verwahren, während ich mich selbst longiere. Ich nehme meine direkte Zügelhand am Kappzaum etwas von meiner Körpermitte weg – so als würde ich in ein Zirkelzentrum zu einem imaginären

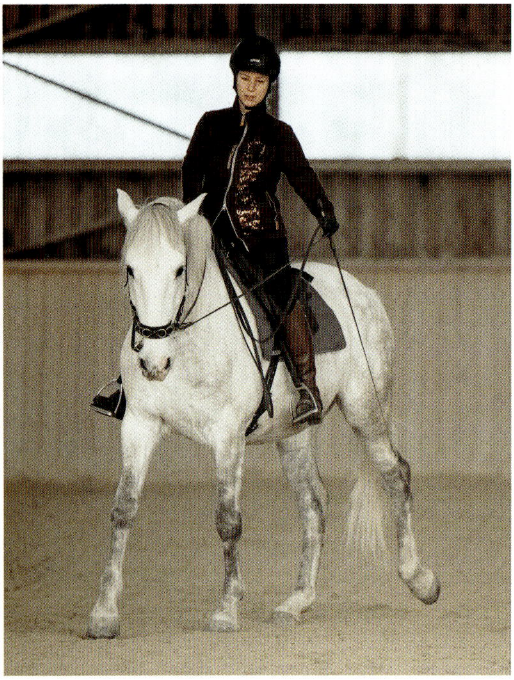

Mandrake war kein Fan von 3:1. Es hat zwar etwas länger gedauert, einfach zu warten, dafür darf Mandrake die Form jedoch selbstständig finden und das üben.

Longeur zeigen wollen. Ich kann mich nun selbst longieren und das Pferd dadurch auch etwas im Hals lösen. Manchmal hat diese Idee vor allem bei Pferden mit einem sehr tiefen, festen Halsansatz geholfen. Vorsicht ist natürlich immer geboten – so kann ein Pferd mit einem kurzen, stark bemuskelten und höher tonisierten Hals einerseits durch diese Hilfengebung profitieren – ist es jedoch auch sehr eng in der Ganasche ist ein Verwerfen im Genick häufig die nächste »Baustelle«, die wir produzieren.

Sich selbst zu longieren kann eine Möglichkeit sein, um zu testen, ob das Pferd der Hand folgen und nachgeben würde – es ist aber keine Ausbildungsmethode, die ich generell und permanent anwenden möchte. Zu groß sind die Risiken und Nebenwirkungen. Schnell ist das Pferd überbogen und wird in einer zu starken Biegung gearbeitet. Das gleichmäßige Herangehen an beide Zügel auf gerader Linie wird erschwert, eventuell wird auch der positive Schub des Pferdes durch die sehr starke Führung auf dem Zirkel zum Nachteil. Auch für uns als Ausbilder gilt es, sich hier auf die Finger zu klopfen, sollten wir im Falle eines unnachgiebigen Pferdes das Problem lediglich mit den Händen lösen wollen.

Fällt dem Pferd das Lösen zwischen den Zügeln schwer, dann kann auch die indirekte Zügelführung die Entspannung des Übergangs zwischen Hals- und Brustwirbelsäule lösen, indem wir das Pferd einmal etwas nach innen führen und einmal wieder auf eine größere Linie zurück. Der äußere Zügel führt nach innen, der innere Zügel allmählich wieder nach außen. So lösen wir das Pferd zwischen den Schultern und nicht am Nasenrücken oder gar durch starke manuelle Einwirkung im Genick.

Für die meisten Rechtshänder ist es übrigens auch Usus, auf der linken Hand generell mehr Stellung vom Pferd einzufordern, als auf der rechten Hand. Ein Gesetz der eigenen natürlichen Schiefe und dem Umstand geschuldet, dass wir in der linken Hand ein schlechteres haptisches Gefühl haben und somit auch etwas stärker einwirken. Prallen die Schiefe des Pferdes und jene des Menschen aufeinander, verstärkt sich dieses Phänomen.

Weniger ist auf jeden Fall mehr und die Zeit dürfen wir uns immer nehmen. Für Mandrake war, wie schon häufiger in diesem Buch beschrieben, besonders die Formgebung eine schwierige Sache. Physisch gesehen bringt Mandrake einen sehr kurzen Körperbau mit, er steht eher im Quadrat- als im Rechtecktyp und hat stark ausgebildete Ganaschen und wenig Ganaschenfreiheit. Einflussnahme mit der Hand bei noch nicht gedehntem Hals würde hier mit großer Sicherheit zu Fehlern in Stellung und damit in weiterer Folge der Biegung führen. Für Mandrake war es ein langer Weg, sich einerseits an die rahmenden Zügel zu gewöhnen, andererseits aber auch die Verbindung zur Hand zu suchen. Mit Hilfe an der Longe war dies sogar nicht immer einfacher; manche Pferde wie Mandrake fühlen sich schnell von zu viel Hilfengebung überfordert. Wir haben uns also Zeit genommen. Zeit, ein geordnetes Tempo und einen gleichmäßigen Takt in den Grundgangarten Schritt und Trab zu finden. Zeit, um die Verbindung zur Hand wahrzunehmen, darüber nachzudenken und schließlich auch zur nachgiebigen Hand zu suchen.

Meine Hand war hier stets freundlich, wobei ich mich natürlich auch sehr zurücknehmen musste, nicht eine bestimmte Form abzufragen. Es ist bei weitem einfacher, darüber zu schreiben, als in der Praxis dann seine Hände tatsächlich nicht zu benutzen. Die Geduld hat sich jedoch ausgezahlt – und Mandrakes Selbstbewusstsein wurde immer größer, je wohler er sich bei den Reiteinheiten fühlte und je besser er die Form fand und halten konnte.

Lässt sich das Pferd am Boden und an der Longe formen, dann ist es meist eine Frage der Geduld und der Übung hinsichtlich anderer Basiskomponenten. Findet das Pferd allerdings auch am Boden schwer in eine Dehnungshaltung, dann ist unbedingt ein Fachmann zu konsultieren.

Was mache ich, wenn das Pferd das Tempo nicht einhalten kann und den Takt verliert?

Die Frage ist immer: Wann kann das Pferd das Tempo nicht einhalten? Sprechen wir hier von Differenzen zwischen vorwärts-abwärts und vorwärts-aufwärts? Oder fällt es dem Jungpferd bereits im Schritt beim ersten Zügelkontakt schwer, das Tempo zu halten, auch wenn noch keine höheren Gangarten als Schritt geritten werden?

Es kann sein, dass wir ein Jungpferd unter dem Sattel haben, das noch sehr empfindsam auf die Schenkelhilfen reagiert. In solch einem Fall würden wir das Tempo zunächst mal über den Sitz und das Zählen des Taktes beeinflussen. Den Schenkel nicht zu benutzen ist jedoch auch keine Lösung. Wir schränken uns so in der Hilfengebung massiv ein und haben nur ein kleines Kammer- anstelle eines Symphonieorchesters der Hilfengebung zur Verfügung. Die Schenkelhilfe kann im Stand für die Formgebung geübt werden. Hier können wir am Boden beginnen und in jeder Position nach dem Lösen um den inneren Schenkel fragen, zuletzt steigen wir in den Sattel und wiederholen die Übung auch hier. An dieser Stelle lohnt es sich ein wenig, das Erinnerungsvermögen an die Übung zu nutzen, um letztlich auch zum Verständnis für die Hilfengebung vorzudringen. Sind wir durch den Sitz zu einem ruhigen Schritt gekommen, fügen wir vorsichtig die Schenkelhilfe hinzu und achten dabei sorgsam auf die Steigerung der Dosierung.

Mandrake in einer Rahmenerweiterung. Er könnte etwas weniger eilig sein. Für ihn ist Ruhe besonders wichtig in der Ausbildung.

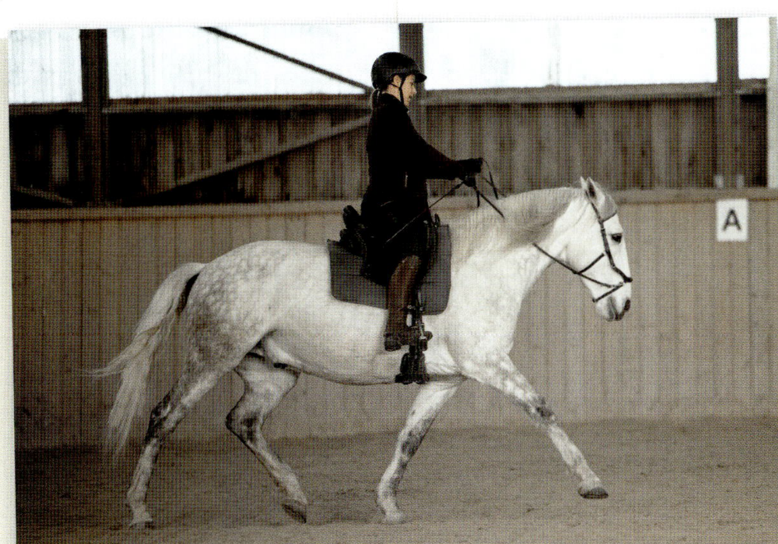

Wird das Pferd beim Verlängern des Rahmens schneller, ist das meist ein Zeichen für Balanceverlust. Das kann noch durch mangelnde Übung sein, die Ursache könnte aber auch in einer zu festen Verbindung im mittleren Rahmen liegen, wenn das Pferd bei Nachgiebigkeit der Hand förmlich auseinanderfällt. Umgekehrt gibt es auch die Möglichkeit, dass das Pferd langsamer wird, wenn wir den Rahmen verkürzen. In solch einem Fall unbedingt wieder den Rahmen etwas länger werden lassen und langsam den Rahmen verkürzen, dabei aber den Moment genau erspüren, wann das Pferd langsamer wird und dafür Sorge tragen, dass die Energie nicht verloren geht.

Auch Cavaletti oder einfache Trabstangen helfen, das Gefühl für Tempo und Takt zu verbessern und – nicht zuletzt – Musik. Musik kann häufig dabei unterstützen, einen ruhigen Rhythmus einzuhalten oder auch etwas mehr Energie zu wecken. Ist das Pferd sehr triebig, hat es vielleicht schon Bekanntschaft mit klemmenden Schenkelhilfen gemacht, dann hilft auch folgende Übung: Das Pferd wird prompt in Bewegung geschickt – das kann aus dem Halten in den Schritt oder sogar in den Trab sein. Wir können die Gerte als Energiefächer nutzen, wir können das Pferd natürlich auch mit der Gerte berühren – wichtig ist eine Reaktion – diese kann auch sehr klein sein. In einem solchen Fall spüren wir, wie das Pferd durch die Zufuhr von Energie etwas größer unter uns wird. Wir loben diese Reaktion sofort und machen eine Pause – auch wenn wir uns noch keinen Millimeter vom Fleck wegbewegt haben. Die Übung wird langsam gesteigert, wichtig ist, dass wir lediglich die Hergabe von Energie bestätigen und loben, gar nicht die Anzahl der Schritte. Für das Pferd soll es wieder erstrebenswert werden, uns seine Energie zur Verfügung zu stellen. Und was sich immer wieder bewahrheitet: Die Gehlust fördern wir im Gelände.

Viele Pferde werden völlig zu Unrecht aufgrund ihrer Triebigkeit als stumpf oder unintelligent bezeichnet. Allerdings ist es gerade ihre Intelligenz, die sie häufig daran zweifeln lässt, ob für einen Bewegungsökonomen wie das Pferd die permanente Bewegung in der Bahn, Runde für Runde, so überhaupt Sinn macht. Aufgaben aus der Working Equitation beispielsweise oder ein einfacher Geschicklichkeitsparcours der Kinderreitschule machen Spaß, geben Reiter und Pferd einen »Sinn« und schüren die Energie. Wenn es um Energie geht, können wir ruhig auch kreativ an die Sache herangehen.

Was mache ich, wenn das Pferd beim Anreiten nicht vorwärtsgeht?

Das erste Mal anzutreten unter dem Reiter ganz ohne fremde Hilfe ist für die meisten jungen Pferde eine schwierige Aufgabe. Es lohnt sich, für die ersten Schritte helfendes »Bodenpersonal« zur Seite zu haben.

Was mache ich, wenn das Pferd mich nicht sitzen lässt?

Warten und sich selbst nicht zum Sitzen zwingen – das wäre die kurze Antwort. Wenn ich an meine Jungpferde zurückdenke, dann hatte ich alle Varianten dabei. Tarabaya, vierjährig und eine Ganggewalt, Pina, zwar bereits achtjährig, aber nach langer Reitpause wieder unter dem Sattel und dem Reiter entgegenkommend mit ihren sehr weichen Gängen. Konrad, der sich sehr schwer getan hat, überhaupt kraftvoll abzufußen und dabei im Bewegungsfluss zu bleiben, Amena, von Anfang an butterweich zu sitzen. Mandrake – weich zu sitzen, jedoch noch keinen regelmäßigen Takt und Tempo ...

Auf meiner persönlichen Reise zur Reitkunst habe ich viele Pferderücken und beinahe noch mehr Sättel und Pads ausprobiert. Wovor ich immer wieder warne, ist die dauerhafte Nutzung eines Pads, das uns zwar bequem sitzen lässt, jedoch dazu anregt, die Schwingungen des Pferderückens durch Sitz und Hand immer kleiner zu gestalten. Der Rücken des Pferdes muss frei schwingen können – das ist das oberste Gebot der Jungpferdeausbildung. Die einen verteufeln das Leichttraben, da es schon historisch betrachtet nicht zu den Übungen in der kultivierten Reitbahn geschaffen war, sondern für

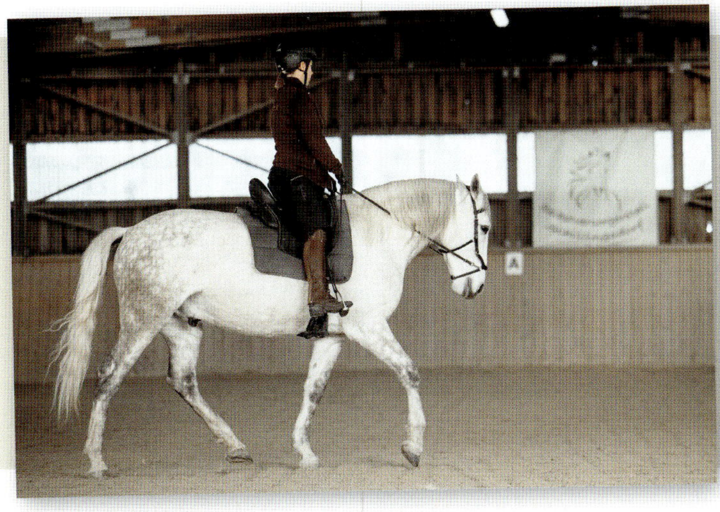

Lieber mal ein bisschen leicht reiten und entlasten, als das Pferd ständig »bequem« zu bremsen.

den schnellen Truppentransport. Was man aber bei der Kritik mit einbeziehen muss, ist dass das Pferd, wie wir Menschen, Gehen nur durchs Gehen und die Praxis lernt. Dazu kommt natürlich, dass wir Pferde gezüchtet haben, die es unseren Beckenbewegungen nicht unbedingt leichter machen. Ein Pferd mit großen Bewegungen wird uns eher stoßen und unsanft bewegen, unsere Hüfte schafft es nicht, in der Bewegung des Pferdes mitzukommen. Natürlich träumen wir später davon, das Pferd so zu führen, wie der Herr die Dame auf dem Tanzparkett. Allerdings verliert der führende Tanzpartner niemals das Ziel aus den Augen, die Dame in jedem Fall gut aussehen zu lassen. Damit wir gut aussehen, dürfen wir das Pferd nicht zum Sitzenlassen »zwingen«, es in seiner natürlichen Bewegung einschränken. Das würde das Pferd auf Dauer auch nicht gut aussehen lassen; und da es ja nicht nur um die Optik, sondern das emotionale Wohlbefinden des Pferdes geht, lautet das Gebot, dem Pferd den Sitz zu geben, der es am meisten unterstützt. Das kann Leichttraben sein, das kann auch ein leichter Sitz auf den Oberschenkeln sein. Bis wir die Hergabe des Rückens bei gleichmäßigem Takt und Tempo erarbeitet haben, wird es wohl eine Zeit lang dauern. So lange ich mein junges Pferd noch nicht sitzen kann, trabe ich für gewöhnlich gerne leicht. Reitkunst hin oder her. Ein Geigenvirtuose wird auch nicht als Künstler geboren, sondern muss die Fingerfertigkeit seiner linken und rechten Hand gleichmäßig schulen. So geht es uns auch gemeinsam mit dem Pferd. Erst wenn das Pferd den Rücken hergegeben hat, erst wenn wir das Gleichmaß der Bewegung wahrnehmen, ist der Zeitpunkt gekommen, sich für wenige Momente in den Sattel zu setzen.

Und auch ganz wichtig: Ich habe sehr häufig beobachtet, dass das junge Pferd vorwiegend im Schritt geritten wurde, weil es eben im Trab und Galopp noch sehr unbequem zu sitzen war. Das widerspricht aber auch dem Ziel der Reitkunst, denn das Pferd möchte sich ja gerne bewegen und eine Bewegungseinschränkung wirkt sich auf lange Sicht gesehen auch nicht zum Vorteil für das Pferd aus. Gerade wenn wir die Gehlust und die Schubkraft des jungen Pferdes im Gelände fördern wollen, dürfen wir seinen – und unseren – Rücken entlasten. Wir müssen es uns nicht unnötig schwerer machen!

Was mache ich, wenn das Pferd in den Seitengängen an Tempo verliert?

Seitengänge sollen ja die Tragkraft des Pferdes fördern. »Verhungern« im Tempo bedeutet jedoch nicht, dass tatsächliche Tragkraft entwickelt wurde. Da der

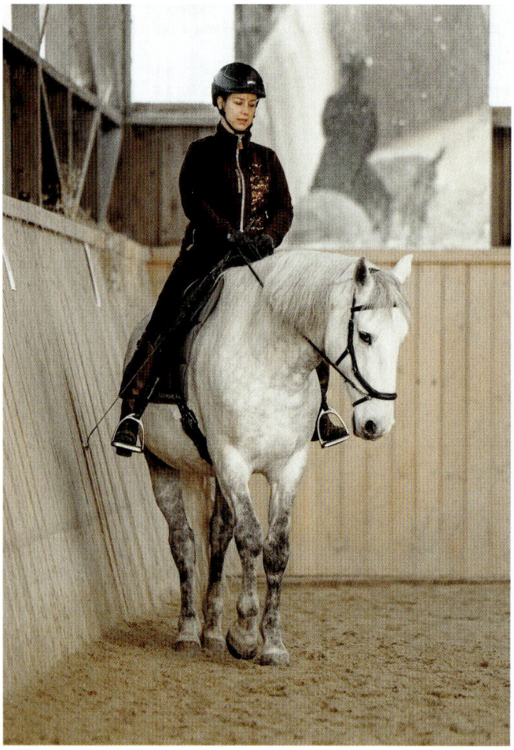

Mandrake im Schulterherein. Für ihn ist es eine gute Möglichkeit, sich sehr differenziert mit dem inneren Schenkel auseinanderzusetzen und nicht eilig zu werden. Konrad hingegen wurde eher langsamer in den Seitengängen und verlor die Energie. Jedes Pferd ist anderes.

Seitengang per se die Schubkraft mildert, sollte zu Beginn der Ausbildung unbedingt so vorgegangen werden, dass nur wenige Schritte seitwärts abgefragt werden, auch die Intensität des Seitengangs ist wohldosiert zu steigern. Am Anfang gilt wie so oft: Weniger ist mehr. Je mehr Seitengang wir verlangen, umso größer ist natürlich auch der Versammlungsgrad. Bei unserem jungen Pferd geht es in den ersten zwei Ausbildungsjahren jedoch lediglich um das Verständnis der Hilfengebung. Demnach ist der Ausbilder klar im Vorteil, der ein flüssiges Tempo beibehalten kann und mehr Fokus auf den Erhalt des Tempos, als das Maß an Seitwärts legt.

Es kann natürlich auch sein, dass das Pferd im Seitwärts noch schneller wird. Das ist vor allem im Schenkelweichen möglich, wenn das Pferd die seitwärts-vorwärts treibende Hilfe noch nicht gut einordnen kann und sich förmlich schnell zur Seite »fallen« lässt, als aktiv in der Kraft zu bleiben. Auch hier gilt: Weniger ist mehr. Wird das Pferd eilig, dann lieber aus dem Trab in den Schritt durchparieren oder im Schritt nur wenige Tritte verlangen. Jede Änderung des Tempos ist entweder durch eine zu starke Intensität des Seitwärts oder mangelnde Balance verursacht. Ein wichtiger Tipp ist daher auch immer genau den Übergang zwischen Vorwärts und Seitwärts im Fokus zu behalten. Wurde es zu viel Seitwärts, hat das Pferd gar die Form über den Rücken verloren. Mit zunehmender Ausbildung und Erfahrung leiten wir den Seitengang am besten auch nur dann ein, wenn wir Formgebung, Tempo und Takt als gleichmäßig, zuverlässig und gut beschreiben. Erst dann fügen wir die nächste Aufgabe hinzu und achten sehr genau auf die Dosierung – die meisten Fehler lassen sich so ganz einfach vermeiden.

Was mache ich, wenn das Pferd immer wieder fest wird?

Erster Schritt: Die Überprüfung der eigenen Hand. Habe ich mich hier festgemacht oder eine Form durch ein Feststellen der Hand erzwungen? Zweiter Schritt: Überprüfung des Tempos. Wird das individuelle Tempo des Pferdes übergangen und zu hoch gewählt, dann muss sich das gehetzte Pferd förmlich auf der Hand des Reiters abstützen.

Generelle Überforderung kann natürlich auch eine Ursache sein – daher auch bei den ersten Reiteinheiten mittels der Uhr prüfen, wie lange wir unser Pferd bereits reiten? Auch der individuelle Muskeltonus gibt Aufschluss darüber, wie wir das Pferd gymnastizieren sollten. Haben wir ein Pferd mit eher weichem Tonus, wird es vermutlich im ersten Schuljahr schneller ermüden, als ein Pferd mit einem höheren Tonus. Dieses »wirkt« unter Umständen stabil und in der Kraft, allerdings herrscht auch hier die Gefahr eines nachhaltigen Muskelkaters, den das Pferd mit Sicherheit in keiner guten Erinnerung behält.

Pausen sind wirklich einzuplanen und einzuhalten – auch wenn Reiter und Pferd gerade motiviert unterwegs sind.

Was mache ich, wenn es mit dem Galopp nicht klappt?

Der erste Galopp auf dem Jungpferd ist immer eine spannende Sache. Einerseits ein Angst- und Sicherheitsthema, andererseits eine enorme Herausforderung in puncto Balance für das Pferd. Wenn die ersten Galoppsprünge nicht klappen, dann sollten wir diese nicht übermäßig forcieren. Der Helfer vom Boden aus, auch ohne Longe, kann uns unterstützen, indem er den Galopp stimmlich und durch die eigene Körpersprache begleitet. Wichtig ist, sich für den Galopp Zeit zu nehmen und nicht nach dem Motto »Hauptsache, wir haben es hinter uns«, zu verfahren. Erinnern wir uns an die »10-Regel«. Wenn wir den Galopp als sehr großen Meilenstein ansehen, dann schadet es nicht, mindestens 10 Mal im Trab ein so gutes Gefühl zu haben, dass wir angaloppieren könnten. Die Betonung liegt auf könnten. Wir müssen uns nicht von unserer inneren Stimme antreiben lassen. Aber denken wir auch an: »Nimm dir die Zeit, vergeude sie aber nicht.« Erster Schritt ist also die Zielsetzung, zweiter Schritt die Vorbereitung aus dem Trab mit der Analyse eines guten Moments zum Angaloppieren. Dritter Schritt ist die Planung der Umsetzung, wobei wir hier eben auch Hilfe vom Boden hinzuziehen können oder die eigene Hilfengebung Stück für Stück planen. Der äußere Schenkel liegt etwas hinter dem Gurt, wir können aus dem Englisch-Leichttraben in den Galopp gleiten, dabei darf der Trab marginal schneller, jedoch nicht eilig werden. Die Hilfe zum Angaloppieren kann auch aus dem Aussitzen erfolgen, der beste Moment, um das erste Anspringen einzuleiten ist, wenn der äußere

Das Angaloppieren kann mal so oder so gelingen. Selbst wenn Mandrake mal eher rasant losstartet – der Galopp entsteht durch Übung.

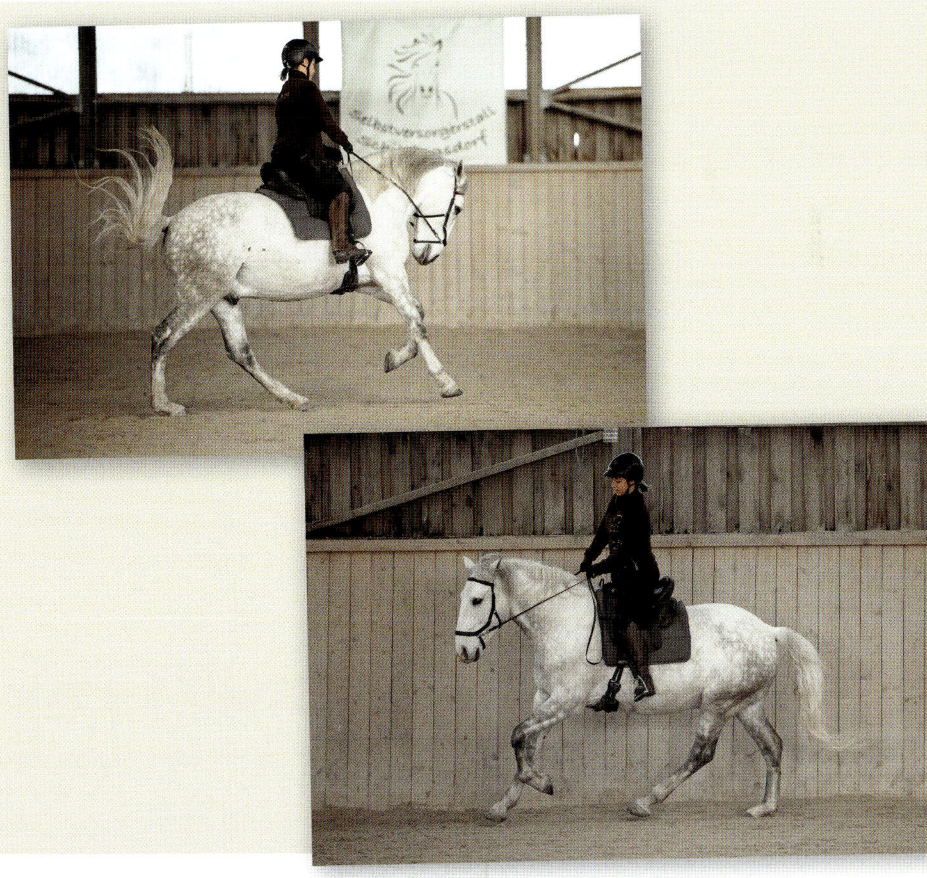

Vorderfuß des Pferdes sich hebt – in diesen Moment treiben wir vom äußeren Schenkel in den Galopp und erhalten diesen dann für wenige Sprünge am inneren Schenkel.

Wird das Pferd eilig, galoppiert es im Kreuzgalopp oder Außengalopp an, dann wie beim »Mensch ärgere dich nicht« und genau nach diesem Motto: Zurück an den Start.

Für manche Pferde kann es ein enormer Vorteil sein, das Kruppeherein im Zirkel auf dem Trab bereits gut umsetzen zu können. Andere wiederum galoppieren mühelos einem Führpferd hinterher, wenn es ins Gelände geht. Die Schwierigkeiten, die wir jedoch am Boden hatten, werden sich auch unter dem Sattel zeigen.

So war es beispielsweise für Mandrake eine große Aufgabe, den Zirkel im Galopp ruhig und gleichmäßig einzuhalten. Gleichzeitig war der Galopp für ihn emotional so aufregend – im positiven Sinn – dass er am liebsten wild den Kopf und seine lange Mähne schüttelte. Dieses Verhalten übertrug sich natürlich auch auf die gerittene Arbeit und daher waren auch hier Ruhe und ordentliche Vorbereitung wichtig, aber auch das Verständnis für die Freude an der Bewegung. Auch wenn wir es gerne ganz ruhig und gemächlich hätten – es hilft schon ungemein, dem Pferd gegenüber zu zeigen, dass wir den Bewegungsdrang und die Freude am Galopp verstehen – auch wenn wir sie vielleicht nicht auf die gleiche Weise teilen.

Mein Trakehner Kobold hatte riesige Freude beim Galopp auf dem Feld. Hier haben wir zu zweit geübt – wieder mein Vater mit Führpferd Felix innen, ich außen auf der gerittenen Linie. Wir dürfen ruhig kreativ sein, aber niemals vergessen – Bewegung ist auch Ausdruck der Psyche. Das gilt für beide Seiten. Wenn wir emotional noch ein großes Angstthema mit dem Galopp haben, dann können wir mit der überschwänglichen Lebensfreude eines wilden Lusitanos vermutlich nicht so gut umgehen. Vorbereitung am Boden wird uns Sicherheit geben, ermöglicht aber auch den Unterschied zwischen kontrollierter und ausgelassener Bewegung zu etablieren.

Was mache ich, wenn sich das Pferd hinter die Hand stellt?

Wenn sich das Pferd einrollt, analysieren wir zunächst genau, wann es hinter die Hand kommt. Ist es in einer bestimmten Gangart der Fall? Bei einer bestimmten Übung? Welche Einwirkung war von Seiten des Reiters vorherrschend?

Ist es ein generelles Problem, dann ist natürlich auch die Frage des Equipments zu prüfen. Pina war mit Gebiss beispielsweise immer gerne eher hinter der Hand. Ich habe ein einziges Mal eine Kandare am Putzplatz ausprobiert – lediglich um die Größe des Gebissstückes zu testen und Pina rollte sich ein, kannte bis dato die Einwirkung der Kandare noch nicht. Das Gebiss war für sie viel zu schwer. Da Pina sehr scharfkantige, schmale Laden hat und sehr zarte Lippen, war das relativ dicke Mundstück für sie sehr unbequem. Die Lippen des Pferdes drehen sich etwas nach innen ein und genau an der Stelle, an der das Gebiss sitzt, wird auf der Weide aussortiert, was gefressen wird und was nicht. Halme, die nicht schmecken, verlassen genau seitlich an den Lefzen das Maul. Ein überaus sensibler Bereich, so kann manchmal auch die Form und Dicke des Gebisses an den Lippen schmerzhaft sein. Für Pina war daher die klare Entscheidung, gebisslos zu arbeiten, auch weil ich ihr noch einmal den Weg der Dehnung zur nachgiebigen Hand erklären wollte. Ich habe dann später mit einem für sie passenden Gebiss (tatsächlich doppelt gebrochene Trense oder Kimblewick als Trense verschallt) überprüft, ob das Verständnis erarbeitet wurde und das Gebiss sie nicht beeinträchtigt. Aufgrund einer Verletzung am Becken als Jährling, die einen nachhaltigen und irreparablen Beckenschiefstand zur Folge hatte, ist das Thema Rückenschwung und gleichmäßiger Vorgriff der Hinterbeine ohnehin immer im Fokus. Je gleichmäßiger Pina über den Rücken schwingen konnte, umso feiner war auch die Dehnungshaltung möglich. Davor hatte sich Pina immer etwas in der Bewegung verhalten.

Wenn sich Pferde hinter die Hand stellen, ist dies somit auch immer ein Zeichen für einen inkorrekten Rückenschwung. Wir sind als Ausbilder aus diesem

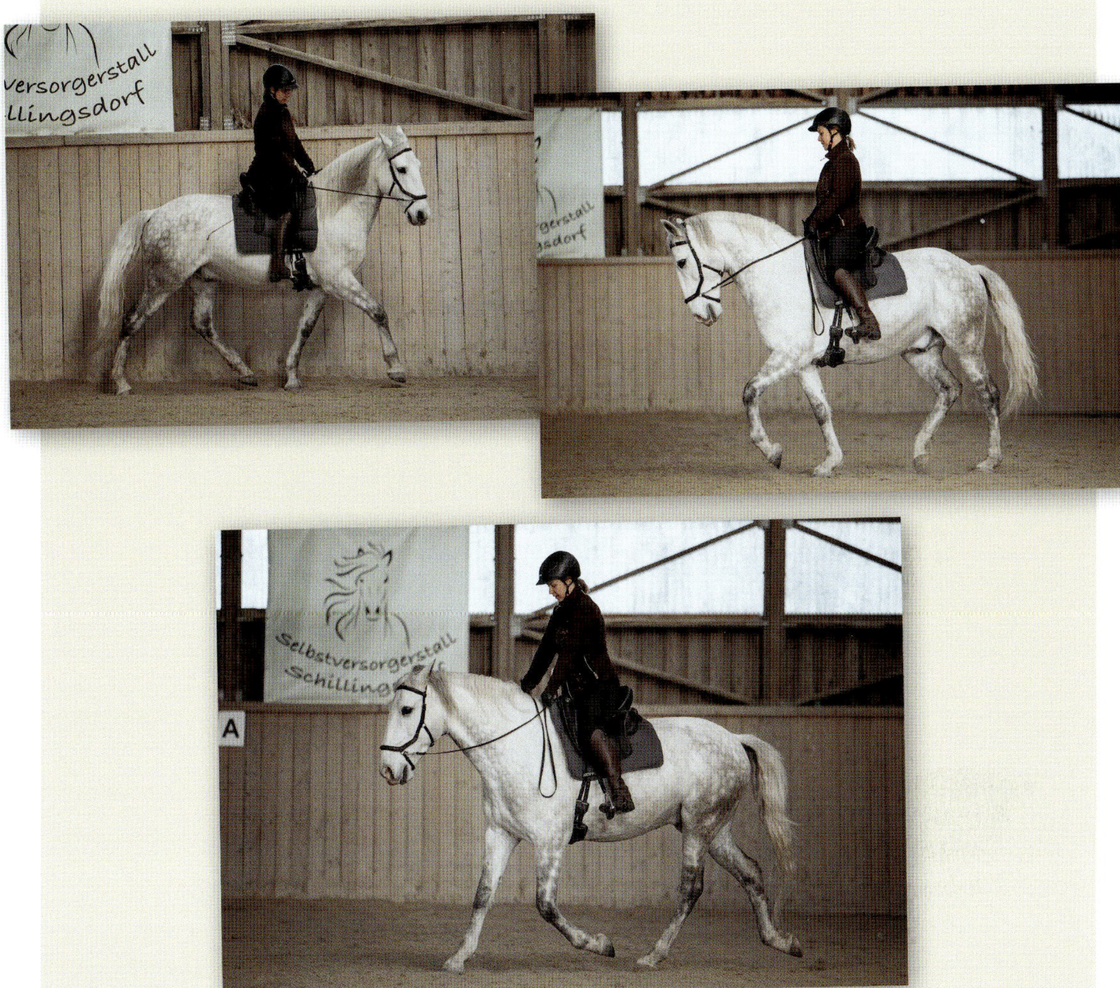

Phasen der Jungpferdeausbildung: Mal ist Mandrake über der Hand, mal hinter der Hand, mal suchen wir wieder zur Hand. Ein völlig normaler Prozess, der uns Reiter jedoch nicht unter Zugzwang bringen darf (im wahrsten Sinne des Wortes), das Pferd in eine Form zu pressen.

Grund sehr gefordert, mit der Hand lediglich zu begleiten und aus dem Sitz heraus den Rückenschwung in seiner dreidimensionalen Bewegung zu fördern. Häufiges Verlängern des Rahmens, ohne die Trittlänge zu vergrößern, ist ebenso ratsam, wobei wir hier auch geduldig sein müssen – schließlich handelt es sich zuerst um ein Angebot, das vom Pferd angenommen wird und nicht aus der Reiterhand geformt werden kann. Je besser das Pferd gelernt hat, über den formgebenden, inneren Schenkel zur Hand hin zu suchen, umso leichter lässt sich der gelernte Inhalt aus der Arbeit im Stand in die Bewegung umsetzen.

Schlusswort und Widmung

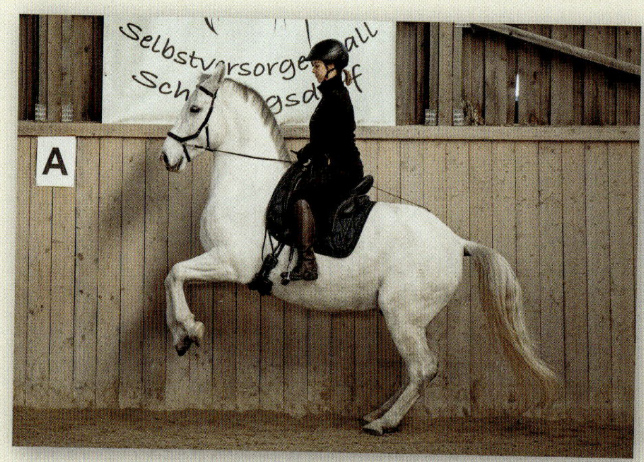

Ja, ein schöner Moment. Und dass Konrad so viele verschiedene Hilfen und Zeichen unterscheiden kann, macht mich immer wieder sprachlos. Das erreichte Ausbildungsziel war für uns Verlässlichkeit und Vertrauen im Gelände in allen Grundgangarten und Tempi. Mehr brauchte es eigentlich nicht.

Das einzige Pferd, das im Lehrbuch steht, ist das Pferd, das tatsächlich im Lehrbuch steht. Es ist gut möglich, dass sich unser Jungpferd also vom »Lehrbuchpferd« unterscheidet und eine Frage ausgelassen wurde.

Sollte dir eine Frage fehlen, dann zögere nicht und schreib mir eine Mail an **anna@annaeichinger.com**.

Unterstützung beim Anreiten und Ausbilden findest du auch in meiner Akademie: **www.akademie.einfachreiten.com**. Viele Artikel, Podcastfolgen und Videos gibt es unter **www.einfachreiten.com**.

Ich widme dieses Buch meiner Stute **Barilla**, die mich zum Nachdenken und Umdenken gebracht hat, sowie all meinen vierbeinigen Lehrmeistern, die mich auf meinem Weg unterstützt haben.

Für Pinzi!

WEITERE INTERESSANTE BÜCHER
aus dem Verlag Müller Rüschlikon

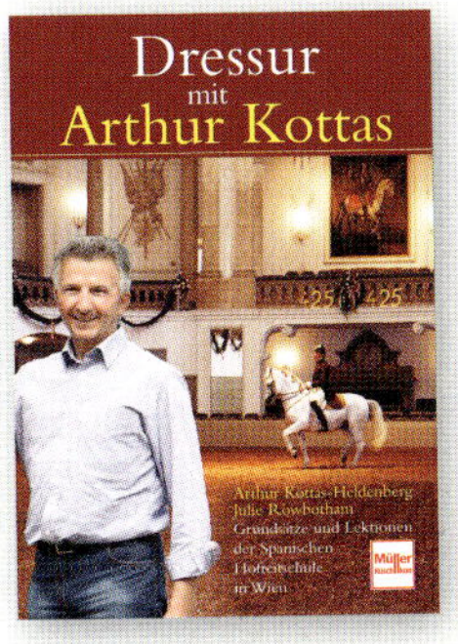

Arthur Kottas-Heldenberg / Julie Rowbotham

Dressur mit Arthur Kottas

Grundsätze und Lektionen der Spanischen Hofreitschule in Wien

224 Seiten, 187 Abb.
ISBN 978-3-275-01722-5
€ 29,90 / € (A) 30,80

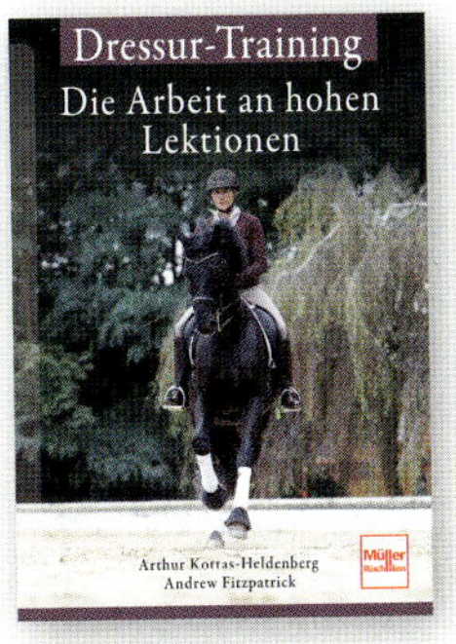

Arthur Kottas-Heldenberg / Andrew Fitzpatrick

Dressur-Training

Die Arbeit an hohen Lektionen

208 Seiten, 136 Abb.
ISBN 978-3-275-01991-5
€ 24,90 / € (A) 25,60

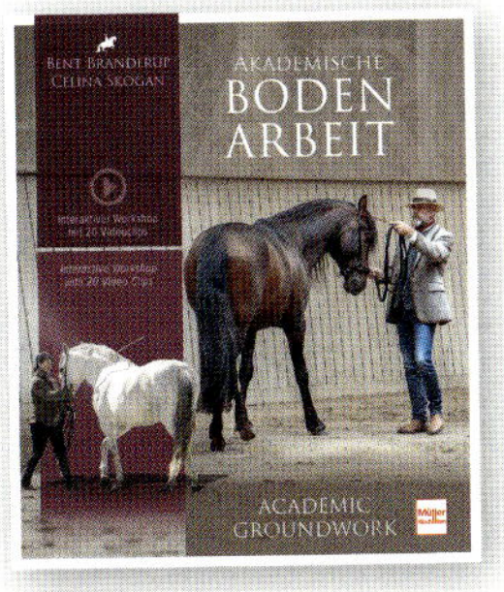

Celina Skogan / Bent Branderup (Hrsg.)

Akademische Bodenarbeit
Interaktiver Workshop mit 20 Videoclips

Academic Groundwork
Interactive Workshop with 20 Video Clips

208 Seiten, 150 Bilder
ISBN 978-3-275-02217-5
€ 39,90 / € (A) 41,10

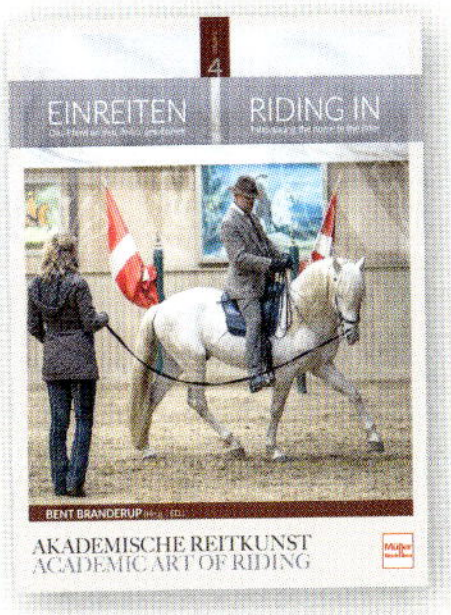

Bent Branderup (Hrsg.)

Einreiten in der Akademischen Reitkunst
Akademische Reitkunst (Band 4)

Riding In within the Academic Art of Riding
Academic Art of Riding (Volume 4)

224 Seiten, 150 Bilder
ISBN 978-3-275-02149-9
€ 34,90 / € (A) 35,90

Überall, wo es Bücher gibt, oder unter
WWW.MUELLER-RUESCHLIKON.DE

Änderungen in Preis und Lieferfähigkeit vorbehalten.
Service-Hotline: 0711 / 78 99 21 51

Folgen Sie uns für mehr Infos zu unseren Pferdebüchern auf:

www.instagram.com/muellerrueschlikon.pferd

www.facebook.com/muellerrueschlikonverlag

Müller Rüschlikon